Java a f

Curso de programación

Actualizado a Java 8
Incluye introducción a Hibernate y Spring

Ing. Pablo Augusto Sznajdleder

Alfaomega

marcombo
ediciones técnicas

Java a fondo. Curso de programación
Pablo Augusto Sznajdleder

Tercera edición ampliada: Ciudad Autónoma de Buenos Aires: Alfaomega Grupo Editor Argentino, 2015

Primera edición: MARCOMBO, S.A. 2016

ISBN: 978-84-267-2324-6

D.L.: B-8567-2016

Impreso en ServicePoint

Printed in Spain

"Luchadores", por Octaviano Sznajdleder

Dedico este trabajo, con todo mi amor, a mi esposa Analía y a mi hijo Octaviano.
Sin ellos, nada tendría sentido.

Dedicado también a la memoria de mi tío Beno que, aunque nunca se lo dije,
siempre ocupó un lugar importante en mi corazón.

Agradecimientos

Quiero agradecer muy especialmente a mi madre Nelly, quien me permitió trabajar en su casa cada vez que Octaviano no me permitió hacerlo en la mía.

Mi agradecimiento también a Damián Fernández quien confió en mí y me brindó esta gran oportunidad, y a Carlos Álvarez, que, cuando le propuse hacer la revisión técnica, sin dudarlo me respondió "me interesa revisar tu libro".

Agradezco también a Analía Mora con quién cuento incondicionalmente para investigar y resolver cuestiones relacionadas con la tecnología y el desarrollo de aplicaciones.

Finalmente, quiero agradecer a Pablo Bergonzi, gurú indiscutido de Java en Argentina, quien siempre está dispuesto a darme una mano cada vez que las cosas no funcionan como deberían hacerlo.

Mensaje del Editor

Los conocimientos son esenciales en el desempeño profesional. Sin ellos es imposible lograr las habilidades para competir laboralmente. La universidad o las instituciones de formación para el trabajo ofrecen la oportunidad de adquirir conocimientos que serán aprovechados más adelante en beneficio propio y de la sociedad. El avance de la ciencia y de la técnica hace necesario actualizar continuamente esos conocimientos. Cuando se toma la decisión de embarcarse en una vida profesional, se adquiere un compromiso de por vida: mantenerse al día en los conocimientos del área u oficio que se ha decidido desempeñar.

Alfaomega tiene por misión ofrecerles a estudiantes y profesionales conocimientos actualizados dentro de lineamientos pedagógicos que faciliten su utilización y permitan desarrollar las competencias requeridas por una profesión determinada. Alfaomega espera ser su compañera profesional en este viaje de por vida por el mundo del conocimiento.

Alfaomega hace uso de los medios impresos tradicionales en combinación con las tecnologías de la información y las comunicaciones (IT) para facilitar el aprendizaje. Libros como este tienen su complemento en una página Web, en donde el alumno y su profesor encontrarán materiales adicionales, información actualizada, pruebas (test) de autoevaluación, diapositivas y vínculos con otros sitios Web relacionados.

Esta obra contiene numerosos gráficos, cuadros y otros recursos para despertar el interés del estudiante, y facilitarle la comprensión y apropiación del conocimiento.

Cada capítulo se desarrolla con argumentos presentados en forma sencilla y estructurada claramente hacia los objetivos y metas propuestas. Cada capítulo concluye con diversas actividades pedagógicas para asegurar la asimilación del conocimiento y su extensión y actualización futuras.

Los libros de Alfaomega están diseñados para ser utilizados dentro de los procesos de enseñanza-aprendizaje, y pueden ser usados como textos guía en diversos cursos o como apoyo para reforzar el desarrollo profesional.

Alfaomega espera contribuir así a la formación y el desarrollo de profesionales exitosos para beneficio de la sociedad.

Pablo Augusto Sznajdleder

Es Ingeniero en Sistemas de Información egresado de la Universidad Tecnológica Nacional (UTN.BA, 1999).

Es profesor ordinario con categoría de asociado en la cátedra de "Algoritmos y estructura de datos" y, promotor y profesor en la materia optativa: "Algoritmos complejos para estructuras avanzadas"; ambas materias en UTN.BA.

Es autor de los libros *JEE a fondo* (Alfaomega, 2015), *Algoritmos a fondo* (Alfaomega 2013), *Java a fondo* (Alfaomega, 2010/12) y *HolaMundo.pascal* (CEIT, 2007). Se desempeñó como instructor Java para Sun Microsystems y Oracle obteniendo, en 1997, las certificaciones SCJP y SCJD; estas fueron las primeras certificaciones Java acreditadas en Argentina y estuvieron entre las primeras logradas en latinoamérica.

Actualmente, se desempeña en el ámbito profesional como consultor e instructor en tecnologías Java/JEE proveyendo servicios de *coaching* y capacitación en las empresas líderes del país.

En el ámbito académico, es candidato del "Programa de Maestría en Ingeniería de Sistemas de Información" de la Universidad Tecnológica Nacional (UTN.BA); e Investigador Tesista del Laboratorio de Investigación, Desarrollo e Innovación en Espacios Virtuales de Trabajo de la Universidad Nacional de Lanús.

THE JAVA LISTENER
Learning music, enjoying Java

thejavalistener.com

Revisor técnico: Carlos Álvarez

Es Licenciado en Análisis de Sistemas, egresado de la Facultad de Ingeniería (UBA). Trabajó durante 10 años como consultor en desarrollo y *performance* de aplicaciones y, desde el 2010, es Gerente de calidad técnica de software de despegar.com.

Contenido

Material disponible en la Web de apoyo

Todos los capítulos cuentan con autoevaluaciones online, además los docentes tienen presentaciones para apoyar el dictado de las clases.

Encontrará videotutoriales sobre:

- Instalar Java y Eclipse.
- Crear y ejecutar nuestro primer programa en Eclipse.
- Pasar argumentos en línea de comandos en Eclipse.
- Compilar y ejecutar un programa Java desde la línea de comandos (sin utilizar Eclipse).
- Utilizar la herramienta "javadoc" para documentar nuestro código fuente.
- Empaquetar clases utilizando la herramienta "jar".
- Usar Eclipse como cliente SQL.
- Utilizar herramientas visuales para diseño y desarrollo de interfaz gráfica.
- Compilar y ejecutar una aplicación RMI.

Lecturas complementarias:

- Apéndice A Nociones básicas de programación
- Apéndice B Applets

Además:

- Código fuente de cada capítulo.
- Hipervínculos de interés.
- Fe de erratas.

Registro en la Web de apoyo

Para tener acceso al material de la plataforma de contenidos interactivos de este libro, siga los siguientes pasos:

1. Ir a la página http://libroweb.alfaomega.com.mx
2. Ir a la sección Catálogo y seleccionar la imagen de la portada del libro, al dar doble clic sobre ella, tendrá acceso al material descargable.

Estimado profesor:

Si desea acceder a los contenidos exclusivos para docentes por favor contacte al representante de la editorial.

	Videotutoriales que complementan la obra.
	Bajo este ícono se encuentran nuevas formas de resolver algunas cuestiones en Java.
	Conceptos para recordar: bajo este ícono se encuentran definiciones importantes que refuerzan lo explicado en la página.
	Comentarios o información extra: este ícono ayuda a comprender mejor o ampliar el texto principal.

Prólogo

A partir de los años ochenta, la Humanidad ha comenzado una nueva revolución, equiparable a la Primera Revolución Industrial: estamos hablando de fines del siglo XVIII y principios del XIX de nuestra era, la actual revolución a la que me refiero es la Tecnológica, con la aparición de las primeras computadoras nos referimos a la década de los sesenta y a partir de los ochenta con las primeras computadoras personales.

Luego de este último periodo, hemos vivido avances tecnológicos de manera vertiginosa con cambios que, en un principio, fueron paulatinos pero, ahora, son cada vez más rápidos debido a la aparición de nuevos dispositivos electrónicos como computadoras, celulares, videojuegos, televisores, etcétera.

El hardware es cada vez más pequeño, pero más potente, más eficiente en cuanto a la capacidad en el manejo de la información, siendo atractivo para los usuarios finales en precios, portabilidad, tamaño, resolución de pantalla, peso, etcétera.

En cuanto al software, este ha avanzado más rápido que el hardware con el desarrollo de nuevos lenguajes de programación, lo que ha obligado a las empresas desarrolladoras del hardware a la compactación y eficiencia del mismo.

Uno de los lenguajes de programación que tiene mayor importancia sobre los demás es Java, el cual es dominante en la creación de aplicaciones empresariales, elaboración de videojuegos, sitios Web, etcétera.

Otra característica importante es que Java es multiplataforma, lo que significa que las aplicaciones programadas con este lenguaje pueden "correr" en cualquier sistema operativo y hardware. Esto lo posiciona como el lenguaje de programación más versátil de, al menos, los últimos 15 años.

Java, como lenguaje de Programación Orientada a Objetos (POO) requiere del conocimiento de diversas técnicas (Herencia, Polimorfismo, Abstracción, Encapsulamiento, etc.) las cuales son importantes que el lector domine para poder desarrollar aplicaciones flexibles, mantenibles, robustas y escalables.

Llevado al ámbito empresarial, las aplicaciones Java pueden interactuar con bases de datos, servidores de mensajería asincrónica, servicios de nombres y directorios, *Web services*, etcétera, lo que facilita enormemente las tareas de integración y el desarrollo de sistemas distribuidos.

Por lo expuesto, Java es "mucho más" que un simple lenguaje de programación; y para conocerlo no solo se requiere aprender su sintaxis y semántica. También es fundamental conocer técnicas de diseño que, sumadas a las potencialidades del lenguaje, nos ayuden a desarrollar aplicaciones duraderas en el tiempo.

El libro *Java a fondo* explica cómo desarrollar aplicaciones Java desde un enfoque de diseño y en sintonía con los lineamientos recomendados por los expertos de la industria.

Comienza desde cero y avanza progresivamente incorporando conceptos, que se van reforzando a medida que expone ejemplos sencillos y eficaces.

El libro se diferencia de los demás porque no aburre con extensas e interminables listas de palabras reservadas, operadores, reglas, clases y métodos. Por el contrario, los conocimientos se proporcionan conforme van siendo necesarios, según sea el ejemplo o caso práctico que se esté analizando en cada capítulo.

Aunque Java a fondo solo cubre JSE (*Java Standard Edition*), plantea y explica las técnicas y los patrones de diseño que son pilares en JEE (*Java Enterprise Edition*), dejando al lector en la puerta del desarrollo de aplicaciones empresariales. *Session Facade*, *Model View Controller*, *Factory Method*, *Data Access Object* son algunos de los patrones de diseño que el autor explica con una simpleza que sorprende, haciendo fácil lo que en Internet y en otros libros se presenta como imposible, elitista o para pocos.

Java a fondo hace hincapié en el diseño de aplicaciones desarrolladas en capas lógicas, las cuales proveen sus servicios a las capas anteriores y se nutren de los servicios provistos por las capas posteriores. Me refiero a las famosas "capa de presentación", "capa de negocios" y "capa de acceso a datos".

Cabe destacar que el autor complementa la obra con una serie de tutoriales en video en los que él mismo explica aquellos temas que, dada su naturaleza, resultan difíciles de explicar en papel. Estos videos cubren, desde cómo instalar Eclipse (la herramienta de desarrollo que el autor recomienda utilizar), hasta cómo montar un entorno de objetos distribuidos RMI; pasando por cómo diseñar visualmente interfaces gráficas, cómo usar el *debugger*, cómo conectarse a la base de datos para ejecutar consultas, etcétera.

Se incorporan dos capítulos que introducen al lector en el uso de Hibernate y Spring; estos *frameworks* de "persistencia de objetos" e "inyección de dependencias" respectivamente son extensamente usados en la industria de desarrollo y muchas veces se requiere conocerlos para incorporarse al mercado laboral.

Finalmente, en esta nueva edición, se presentan las novedades de Java 8.

Mtro. Jorge Armando Villarreal Ramírez
DOCENTE DE TIEMPO COMPLETO
UNIVERSIDAD DEL VALLE DE MÉXICO / CAMPUS COYOACÁN

Introducción

Java a fondo propone un curso de lenguaje y desarrollo de aplicaciones Java basado en un enfoque totalmente práctico, sin vueltas ni rodeos, y contemplando el aprendizaje basado en competencias.

El libro comienza desde un nivel "cero" y avanza hasta llegar a temas complejos como Introspección de clases y objetos, Acceso a bases de datos (JDBC), multiprogramación, *networking* y objetos distribuidos (RMI), entre otros.

Se hace hincapié en la teoría de objetos: polimorfismo, clases abstractas, *interfaces* Java y clases genéricas así como en el uso de patrones de diseño que permiten desacoplar las diferentes partes que componen una aplicación para que esta resulte ser mantenible, extensible y escalable.

La obra explica cómo diseñar y desarrollar aplicaciones Java respetando los estándares y lineamientos propuestos por los expertos de la industria lo que la convierte en una herramienta fundamental para obtener las certificaciones internacionales SCJP (*Sun Certified Java Programmer*) y SCJD (*Sun Certified Java Developer*).

Para ayudar a clarificar los conceptos, el autor incluye diagramas UML y una serie de videotutoriales que incrementan notablemente la dinámica del aprendizaje, además de guiar al alumno en el uso de una de las herramientas de desarrollo más utilizadas y difundidas: Eclipse.

Java a fondo puede utilizarse como un libro de referencia o como una guía para desarrollar aplicaciones Java ya que la estructuración de los contenidos fue cuidadosamente pensada para este fin.

Entre los Capítulos 1 y 3, se explica el lenguaje de programación, el paradigma de objetos y JDBC que es la API a través de la cual los programas Java se conectan con las bases de datos.

El Capítulo 4 explica cómo desarrollar una aplicación Java separada en capas lógicas ("presentación", "aplicación" y "acceso a datos") poniendo en práctica los principales patrones de diseño. La aplicación de estudio se conecta a una base de datos e interactúa con el usuario a través de la consola (teclado y pantalla en modo texto).

El Capítulo 5 explica AWT y *Swing* que son las APIs provistas por el lenguaje con las que podemos desarrollar interfaces gráficas, permitiendo que el lector programe una capa de presentación más vistosa y amigable para la aplicación desarrollada en el capítulo anterior.

En los Capítulos 6 y 7, se estudian los conceptos de multiprogramación y *networking*: cómo conectar programas a través de la red utilizando los protocolos UDP y TCP, y RMI.

Con los conocimientos adquiridos hasta este momento, en el Capítulo 8, se vuelve a analizar la aplicación de estudio del Capítulo 4, pero desde un punto de vista físico diferenciando entre capas lógicas y capas físicas e implementando la capa de aplicación detrás de los servicios de un *server*.

Entre los Capítulos 9 y 11, se estudian conceptos de estructuras de datos, *parseo* de contenidos XML e introspección de clases y objetos para luego, en el Capítulo 12, aplicarlos en el análisis y desarrollo de un *framework* que automatiza las tareas rutinarias y repetitivas que hubo que realizar (por ejemplo) para leer archivos XML y para acceder a la base de datos, entre otras cosas.

En el Capítulo 13, se estudian conceptos de entrada y salida (I/O *streams*).

El Capítulo 14 profundiza sobre cuestiones que, adrede, no fueron tratadas para evitar confundir al lector. Principalmente, consideraciones sobre concurrencia, *multithreading* y sobre el uso ciertas clases "*legacy*".

Los Capítulos 15 y 16 introducen al uso de dos *frameworks* ineludibles: Hibernate y Spring; estos *frameworks* de "persistencia de objetos" e "inyección de dependencias" respectivamente son ampliamente usados en la industria del software.

El último capítulo menciona las principales novedades que incluye la API de Java 7 y 8; novedades que también se han ido destacando a lo largo de todo el libro.

Para aquellos lectores que no tienen las bases mínimas y necesarias de programación estructurada, se incluye un apéndice de programación inicial. Se ofrece también un apéndice que explica cómo desarrollar *Applets*.

El docente debe saber que, en cada capítulo, se mencionan las competencias específicas a desarrollar y que en la página Web del libro dispone de una guía detallada de las competencias que se desarrollan a lo largo del libro y las evidencias que se pueden recolectar.

Introducción al lenguaje de programación Java

1

Contenido

Objetivos del capítulo

- Desarrollar ejemplos simples que le permitan al lector familiarizarse con el lenguaje de programación Java.
- Identificar los elementos del lenguaje: estructuras, tipos de datos, operadores, *arrays*, etc.
- Conocer la clase `String` y realizar operaciones sobre cadenas de caracteres.
- Entender qué son el JDK, el JRE y la JVM.

1.1 Introducción

Java es un lenguaje de programación de propósitos generales. Podemos usar Java para desarrollar el mismo tipo de aplicaciones que programamos con otros lenguajes como C o Pascal.

Habitualmente, tendemos a asociar el término "Java" al desarrollo de páginas de Internet. La gente cree que "Java es un lenguaje para programar páginas Web", pero esto es totalmente falso. La confusión surge porque Java permite "incrustar" programas dentro de las páginas Web para que sean ejecutados en el navegador del usuario. Estos son los famosos *Applets*, que fueron muy promocionados durante los años noventa pero que hoy en día son obsoletos y, prácticamente, quedaron en desuso.

Tampoco debemos confundir Java con *JavaScript*. El primero es el lenguaje de programación que estudiaremos en este libro. El segundo es un lenguaje de *scripting* que permite agregar cierta funcionalidad dinámica en las páginas Web. Nuevamente, la similitud de los nombres puede aportar confusión por eso, vale la pena aclarar que *JavaScript* no tiene nada que ver con Java. Son dos cosas totalmente diferentes.

No obstante, podemos utilizar Java para desarrollar páginas Web. La tecnología Java que permite construir este tipo de aplicaciones está basada en el desarrollo de Servlets, pero esto es parte de lo que se conoce como JEE (*Java Enterprise Edition*) y excede el alcance de este libro.

> JSE (*Java Standard Edition*) incluye al lenguaje de programación, el *runtime* y un conjunto de herramientas de desarrollo.
> JEE (*Java Enterprise Edition*) básicamente es una biblioteca orientada al desarrollo de aplicaciones empresariales.

Solo mencionaremos que JEE es un conjunto de bibliotecas que permiten desarrollar "aplicaciones empresariales" con Java. Es decir que para programar con JEE primero debemos conocer el lenguaje de programación Java.

Java, como lenguaje de programación, se caracteriza por dos puntos bien definidos:

- Es totalmente orientado a objetos.
- La sintaxis del lenguaje es casi idéntica a la del lenguaje C++.

Más allá de esto, debemos mencionar que incluye una biblioteca muy extensa (árbol de clases) que provee funcionalidad para casi todo lo que el programador pueda necesitar. Esto abarca desde manejo de cadenas de caracteres (*strings*) hasta *Sockets* (redes, comunicaciones), interfaz gráfica, etcétera.

1.2 Comencemos a programar

Desarrollaremos un programa Java que escribe la frase `"Hola Mundo !!!"` en la consola (pantalla).

```
package libro.cap01;

public class HolaMundo
{
   public static void main(String[] args)
   {
      System.out.println("Hola Mundo !!!");
   }
}
```

Antes de pasar a analizar el código del programa debo solicitarle al lector que sea paciente y que me permita pasar por alto la explicación de algunas de las palabras o sentencias que utilizaremos en los ejemplos de este primer capítulo. Este es el caso de las palabras `public`, `static`, `class`, `package`, etc. Todas estas palabras serán explicadas en detalle en el capítulo de programación orientada a objetos.

Ahora sí analicemos el código de nuestro programa.

Un programa Java es una clase (`class`) que contiene el método (o función) `main`.

Este método tiene que ser definido con los modificadores `public`, `static`, `void` y debe recibir un `String[]` como parámetro.

Los bloques de código se delimitan con `{ }` (llaves) y las sentencias finalizan con `;` (punto y coma).

Podemos ver también que el programa comienza definiendo un `package`. Por último, con `System.out.println` escribimos el texto que vamos a mostrar en la consola.

En Java siempre codificamos clases y **cada clase debe estar contenida dentro de un archivo de texto con el mismo nombre que la clase y con extensión .java**. Así, nuestro programa debe estar codificado en un archivo llamado **HolaMundo.java** (respetando mayúsculas y minúsculas).

1.2.1 El Entorno Integrado de Desarrollo (IDE)

Si bien podemos editar nuestro código utilizando cualquier editor de texto y luego compilarlo en línea de comandos, lo recomendable es utilizar una herramienta que nos ayude en todo el proceso de programación.

Una IDE (*Integrated Development Enviroment*) es una herramienta que permite editar programas, compilarlos, depurarlos, documentarlos, ejecutarlos, etc.

Para trabajar con Java existen en el mercado diferentes IDE. Algunas son de código abierto (*open source*) como *Eclipse* y *NetBeans* y otras son pagas e impulsadas por las empresas de tecnología como *JBuilder* (de *Borland*), *JDeveloper* (de *Oracle*), *WebPhere* (de IBM), etcétera.

Instalar Java y *Eclipse*.

Crear y ejecutar nuestro primer programa en *Eclipse*.

En este libro utilizaremos *Eclipse* que, además de ser gratis, es (para mi gusto) la mejor herramienta de programación de todos los tiempos.

Para no "ensuciar" el contenido del capítulo con una excesiva cantidad de imágenes y contenidos básicos que (probablemente) para el lector podrían resultar triviales se proveen videotutoriales en los que se explica en detalle cómo instalar Java y *Eclipse* y cómo utilizar *Eclipse* para escribir y ejecutar programas Java. Si el lector no tiene conocimientos previos de programación se provee también un apéndice donde se explican las bases necesarias para que pueda comprender los contenidos expuestos en este libro.

1.3 Estructuras de control

A continuación, analizaremos una serie de programas simples que nos ayudarán a ver cómo definir variables, cómo utilizar estructuras de decisión, estructuras iterativas, cómo comentar código, etcétera.

1.3.1 Entrada y salida de datos por consola

Llamamos "consola" al conjunto compuesto por la pantalla (en modo texto) y el teclado de la computadora donde se ejecutará nuestro programa. Así, cuando hablemos de "ingreso de datos por consola" nos estaremos refiriendo al teclado y cuando hablemos de "mostrar datos por consola" nos referiremos a la pantalla (siempre en modo texto).

El siguiente programa pide al usuario que ingrese su nombre, lee el dato por teclado y luego lo muestra en la consola.

```
package libro.cap01;

import java.util.Scanner;

public class HolaMundoNombre
{
   public static void main(String[] args)
   {
      // esta clase permite leer datos por teclado
      Scanner scanner = new Scanner(System.in);

      // mensaje para el usuario
      System.out.print("Ingrese su nombre: ");

      // leemos un valor entero por teclado
      String nom = scanner.nextLine();

      // mostramos un mensaje y luego el valor leido
      System.out.println("Hola Mundo: " + nom);
   }
}
```

La clase `Scanner` permite leer datos a través del teclado. Para no confundir al lector simplemente aceptaremos que el uso de esta clase es necesario y no lo explicaremos aquí, pero obviamente quedará explicado y comprendido a lo largo del libro.

Luego mostramos un mensaje indicando al usuario que debe ingresar su nombre a través del teclado. A continuación, leemos el nombre que el usuario vaya a ingresar y lo almacenamos en la variable `nom`. Por último, mostramos un mensaje compuesto por un texto literal `"Hola Mundo: "` seguido del valor contenido en la variable `nom`.

Notemos **la diferencia entre:** `System.out.print` **y** `System.out.println`. **El primero imprime en la consola el valor del argumento que le pasamos. El segundo hace lo mismo, pero agrega un salto de línea al final.**

1.3.2 Definición de variables

Podemos definir variables en cualquier parte del código simplemente indicando el tipo de datos y el nombre de la variable (identificador).

Identificadores válidos son:

```
fecha
iFecha
fechaNacimiento
fecha_nacimiento
fecha3
_fecha
```

Identificadores NO válidos son:

```
3fecha
fecha-nacimiento
fecha+nacimiento
-fecha
```

1.3.3 Comentarios en el código

Java soporta comentarios *in-line* (de una sola línea) y comentarios de varias líneas.

Comentarios de una sola línea:

```
// esto es una linea de codigo comentada
```

> Java admite los mismos tipos de comentarios que C: comentarios "en línea" que comienzan con // y comentarios en bloque delimitados por /* y */.

Comentarios de más de una línea:

```
/*
Estas son varias
lineas de codigo
comentadas
*/
```

El siguiente programa pide al usuario que ingrese su nombre, edad y altura. Estos datos deben ingresarse separados por un espacio en blanco. Luego los muestra por consola.

```
package libro.cap01;

import java.util.Scanner;

public class HolaMundoNombre
{
   public static void main(String[] args)
   {
      Scanner scanner = new Scanner(System.in);

      // Mensaje para el usuario
      System.out.print("Ingrese nombre edad altura: ");

      // leemos el nombre
      String nom = scanner.next();

      // leemos la edad
      int edad= scanner.nextInt();

      // leemos la altura
      double altura = scanner.nextDouble();

      // mostramos los datos por consola
      System.out.println("Nombre: "+nom
                        +" Edad: "+edad
                        +" Altura : "+altura);
   }
}
```

Este ejemplo ilustra el uso de datos de diferentes tipos: `String`, `int` y `double`. También muestra que podemos definir variables en cualquier parte del código fuente (igual que en C++) y, por último, muestra cómo concatenar datos de diferentes tipos para emitir la salida del programa.

1.3.4 Estructuras de decisión

En Java disponemos de tres estructuras de decisión o estructuras condicionales:

Decisión simple: `if`

Decisión múltiple: `switch`

Decisión *in-line*: `a>b ? "a es Mayor" : "a es Menor"`

Comenzaremos analizando la sentencia `if` cuya estructura es la siguiente:

```
if( condicion )
{
   accion1;
}
else
{
   accion2;
}
```

Ejemplo: ¿es mayor de 21 años?

En el siguiente ejemplo, utilizamos un `if` para determinar si el valor (`edad`) ingresado por el usuario es mayor o igual que 21.

```
package libro.cap01;

import java.util.Scanner;

public class EsMayorQue21
{
   public static void main(String[] args)
   {
      Scanner scanner=new Scanner(System.in);

      System.out.print("Ingrese su edad: ");
      int edad=scanner.nextInt();

      if( edad >= 21 )
      {
         System.out.println("Ud. es mayor de edad !");
      }
      else
      {
         System.out.println("Ud. es es menor de edad");
      }
   }
}
```

Ejemplo: ¿es par o impar?

El siguiente programa pide al usuario que ingrese un valor entero e indica si el valor ingresado es par o impar.

Recordemos que un número es par si es divisible por 2. Es decir que el resto en dicha división debe ser cero. Para esto, utilizaremos el operador `%` (operador módulo, retorna el resto de la división).

```
package libro.cap01;

import java.util.Scanner;

public class ParOImpar
{

   public static void main(String[] args)
   {
      Scanner scanner=new Scanner(System.in);

      System.out.print("Ingrese un valor: ");
      int v = scanner.nextInt();

      // obtenemos el resto de dividir v por 2
      int resto = v % 2;
```

```
        // para preguntar por igual utilizamos ==
        if( resto == 0 )
        {
           System.out.println(v+" es Par");
        }
        else
        {
           System.out.println(v+" es Impar");
        }
    }
}
```

Para resolver este problema, primero obtenemos el resto que se origina al dividir `v` por 2. Luego preguntamos si este resto es igual a cero. Notemos que el operador para comparar es `==` (igual igual). **Java (como C) utiliza `==` como operador de comparación ya que el operador `=` (igual) se utiliza para la asignación.**

El `if` *in-line* tiene la siguiente estructura:

`condicion ? retornoPorTrue : retornoPorFalse;`

Lo anterior debe leerse de la siguiente manera: si se verifica la `condicion` entonces se retorna la expresión ubicada entre el `?` (signo de interrogación) y los `:` (dos puntos). Si la `condicion` resulta falsa entonces se retorna la expresión ubicada después de los `:` (dos puntos).

Ejemplo: ¿es par o impar? (utilizando `if` *in-line*)

```
package libro.cap01;

import java.util.Scanner;

public class ParOImpar2
{
   public static void main(String[] args)
   {
      Scanner scanner=new Scanner(System.in);

      System.out.print("Ingrese un valor: ");
      int v=scanner.nextInt();

      // obtenemos el resto de dividir v por 2
      int resto= v % 2;

      // utilizando un if in-line
      String mssg = (resto == 0 ) ? "es Par": "es Impar";

      // muestro resultado
      System.out.println(v+" "+mssg);
   }
}
```

La decisión múltiple `switch` tiene la siguiente estructura:

```
switch( variableEntera )
{
   case valor1:
      accionA;
      accionB;
        :
      break;
   case valor2:
      accionX;
      accionY;
        :
      break;
    :
   default:
      masAcciones;
}
```

A partir de Java 7 la sentencia `switch` admite evaluar cadenas de caracteres.

Dependiendo del valor de `variableEntera`, el programa ingresará por el `case`, cuyo valor coincide con el de la variable. Se ejecutarán todas las acciones desde ese punto hasta el final, salvo que se encuentre una sentencia `break` que llevará al control del programa hasta la llave que cierra el `switch`. Por este motivo (al igual que en C), **es muy importante recordar poner siempre el** `break` **al finalizar cada** `case`.

Ejemplo: muestra día de la semana.

En el siguiente programa, pedimos al usuario que ingrese un día de la semana (entre 1 y 7) y mostramos el nombre del día. Si ingresa cualquier otro valor informamos que el dato ingresado es incorrecto.

```
package libro.cap01;

import java.util.Scanner;

public class DemoSwitch
{
   public static void main(String[] args)
   {
      Scanner scanner = new Scanner(System.in);

      System.out.print("Ingrese un dia de la semana (numero): ");
      int v = scanner.nextInt();

      String dia;

      switch( v )
      {
         case 1:
            dia = "Lunes";
            break;
         case 2:
            dia = "Martes";
            break;
```

```
         case 3:
            dia = "Miercoles";
            break;
         case 4:
            dia = "Jueves";
            break;
         case 5:
            dia = "Viernes";
            break;
         case 6:
            dia = "Sabado";
            break;
         case 7:
            dia = "Domingo";
            break;
         default:
           dia = "Dia incorrecto... El valor debe ser entre 1 y 7.";
      }

      System.out.println(dia);
   }
}
```

Como vemos, el `switch` permite decidir entre diferentes opciones (siempre deben ser numéricas).

Dependiendo de cuál sea el valor ingresado por el usuario el programa optará por el `case` correspondiente. En caso de que el usuario haya ingresado un valor para el cual no hemos definido ningún `case` entonces el programa ingresará por `default`.

Notemos también que utilizamos la sentencia `break` para finalizar cada `case`. Esto es muy importante ya que si no la utilizamos el programa, luego de entrar al `case` correspondiente, seguirá secuencialmente ejecutando todas las sentencias posteriores. Si el lector conoce algo de lenguaje C, esto no le llamará la atención ya que funciona exactamente igual.

1.3.5 Estructuras iterativas

Disponemos de tres estructuras iterativas: el `while`, el `do-while` y el `for`.

Nuevamente, para aquellos que conocen lenguaje C estas instrucciones son idénticas.

Comencemos por analizar el uso del `while` cuya estructura es la siguiente:

```
while( condicion )
{
   accion1;
   accion2;
   :
}
```

El ciclo itera mientras `condicion` resulte verdadera.

Ejemplo: muestra números naturales.

El siguiente programa utiliza un `while` para mostrar los primeros *n* números naturales. El usuario ingresa el valor *n* por teclado.

```java
package libro.cap01;

import java.util.Scanner;

public class PrimerosNumeros1
{
   public static void main(String[] args)
   {
      Scanner scanner = new Scanner(System.in);

      // leo el valor de n
      int n = scanner.nextInt();

      int i = 1;

      while( i <= n )
      {
         // muestro el valor de i
         System.out.println(i);

         // incremento el valor de i
         i++;
      }
   }
}
```

Vemos que el ciclo `while` itera mientras que el valor de `i` sea menor o igual que el valor de `n` (que fue ingresado por teclado). Por cada iteración mostramos el valor de la variable `i` y luego la incrementamos.

Analicemos el ciclo `do-while` cuya estructura es la siguiente:

```
do
{
    accion1;
    accion2;
    :
}
while( condicion );
```

Este ciclo también itera mientras se verifique la `condicion`, pero a diferencia del ciclo anterior en este caso la entrada al ciclo no está condicionada; por lo tanto, las acciones encerradas entre el `do` y el `while` se ejecutarán al menos una vez.

Ejemplo: muestra números naturales (utilizando `do-while`).

```java
package libro.cap01;

import java.util.Scanner;

public class PrimerosNumeros2
{
   public static void main(String[] args)
   {
```

```
        Scanner scanner=new Scanner(System.in);
        int n = scanner.nextInt();

        int i = 1;

        do
        {
            System.out.println(i);
            i++;
        }
        while( i <= n );
    }
}
```

Por último, veremos el ciclo `for` cuya estructura es la siguiente:

```
for( inicializacion; condicion; incremento )
{
    accion1;
    accion2;
    :
}
```

Este ciclo tiene tres secciones separadas por `;` (punto y coma). En la primera sección, se define e inicializa una variable entera que llamaremos variable de control. En la segunda sección, se especifica una condición lógica que (frecuentemente) estará en función de esta variable. En la tercera sección, se define el incremento de la variable de control.

El `for` de Java es exactamente el mismo `for` de C++.

Ejemplo: muestra números naturales (utilizando `for`).

```
package libro.cap01;

import java.util.Scanner;

public class PrimerosNumeros3
{
    public static void main(String[] args)
    {
        Scanner scanner=new Scanner(System.in);
        int n = scanner.nextInt();

        for( int i=1; i<=n; i++ )
        {
            System.out.println(i);
        }
    }
}
```

1.4 Otros elementos del lenguaje

En esta sección estudiaremos otros elementos del lenguaje Java tales como tipos de datos, definición de constantes, *arrays*, etcétera.

1.4.1 Tipos de datos

Java provee los siguientes tipos de datos:

Tipo	Descripción	Longitud
`byte`	entero con signo	1 *byte*
`char`	entero sin signo	2 *bytes*
`short`	entero con signo	2 *bytes*
`int`	entero con signo	4 *bytes*
`long`	entero con signo	8 *bytes*
`float`	punto flotante	4 *bytes*
`double`	punto flotante	8 *bytes*
`boolean`	lógico (admite `true` o `false`)	1 *byte*
`String`	objeto, representa una cadena de caracteres	

> En Java no existe el modificador *unsigned* como en C. Por esta razón, los tipos de datos enteros admiten o no valores negativos según se muestra en esta tabla.

Si el lector conoce algo de lenguaje C, podrá observar que en ambos lenguajes los tipos de datos son prácticamente los mismos.

En otros lenguajes las longitudes de los tipos de datos pueden variar dependiendo de la arquitectura y del compilador que se esté utilizando. Es decir: en C (por ejemplo) no siempre se reservará la misma cantidad de memoria para una variable de tipo `int`.

En Java (dado que los programas Java corren dentro de una máquina virtual) las longitudes siempre serán las expresadas en la tabla anterior. Este tema será tratado en detalle más adelante.

1.4.2 Algunas similitudes y diferencias con C y C++

Para aquellos lectores que tienen conocimientos de estos lenguajes, voy a marcar algunos puntos que les resultarán útiles. A quien no conozca nada de C o C++, considero que también podrá resultarle de utilidad leer esta sección, pero si el lector nota que esta lectura le resulta algo confusa entonces le recomiendo directamente pasarla por alto.

El modificador `unsigned` no existe en Java. Los tipos enteros tienen o no tienen bit de signo (según la tabla anterior) y esto no puede alterarse.

El tipo de datos `boolean`: en Java existe este tipo de datos que admite los valores `true` y `false`. En C y C++, se utiliza el tipo `int` como booleano aceptando que el valor cero es `false` y cualquier otro valor distinto de cero es `true`. Esto en Java no es aceptado. Los `int` no tienen valor de verdad.

Operadores unarios y binarios son los mismos que en C, por lo tanto, las siguientes sentencias son válidas tanto en C como en Java:

```
int i=0;

// incrementa en 1 el valor de i pero retorna el valor anterior
i++;

// incrementa en 1 el valor de i y retorna nuevo valor
++i;

i+=10;  // suma 10 al valor de i
i-=5;   // resta 5 al valor de i
i*=3;   // incrementa 3 veces el valor de i
```

Recolección automática de memoria: esta es una diferencia clave entre Java y C/C++. En Java el programador no tiene la responsabilidad de liberar la memoria que va quedando desreferenciada. Esta tarea es automática y la lleva a cabo un proceso llamado *Garbage Collector* (el "recolector de basura").

1.4.3 Definición de constantes

Las constantes se definen fuera de los métodos utilizando el modificador `final`.

Habitualmente, se las define como públicas y estáticas (`public`, `static`). Más adelante, explicaremos el significado de `public`, `static` y "método".

Ejemplo: muestra día de la semana (utilizando constantes).

```
package libro.cap01;

import java.util.Scanner;

public class DemoConstantes
{
   // definimos las constantes
   public static final int LUNES = 1;
   public static final int MARTES = 2;
   public static final int MIERCOLES = 3;
   public static final int JUEVES = 4;
   public static final int VIERNES = 5;
   public static final int SABADO = 6;
   public static final int DOMINGO = 7;
   public static void main(String[] args)
   {
      Scanner scanner = new Scanner(System.in);

      System.out.print("Ingrese un dia de la semana (numero): ");
      int v = scanner.nextInt();

      String dia;

      switch( v )
      {
         case LUNES:
            dia = "Lunes";
            break;
         case MARTES:
            dia = "Martes";
            break;
```

```
            case MIERCOLES:
               dia = "Miercoles";
               break;
            case JUEVES:
               dia = "Jueves";
               break;
            case VIERNES:
               dia = "Viernes";
               break;
            case SABADO:
               dia = "Sabado";
               break;
            case DOMINGO:
               dia = "Domingo";
               break;
            default:
              dia = "Dia incorrecto... Ingrese un valor entre 1 y 7.";
         }

         System.out.println(dia);
      }
   }
```

1.4.4 Arrays

Un *array* es un conjunto de variables del mismo tipo cuyas direcciones de memoria son contiguas. Esto permite definir un nombre para el *array* (conjunto de variables) y acceder a cada elemento del conjunto (a cada variable) a través del nombre común (nombre del *array*) más un subíndice que especifica la posición relativa del elemento al que queremos acceder.

En Java los arrays comienzan siempre desde cero y se definen de la siguiente manera:

```
// define un array de 10 elementos enteros numerados de 0 a 9
int arr[] = new int[10];
```

También podemos construir un *array* de *n* elementos, siendo *n* una variable.

```
int n = 10;
int arr[] = new int[n];
```

Debe quedar claro que el *array* es estático. Una vez definido su tamaño este será fijo. No se pueden agregar ni eliminar elementos en un *array*.

Para acceder a un elemento del *array*, lo hacemos a través de un subíndice.

```
// asigno el numero 123 en la posicion 5 del array arr
arr[5] = 123;
```

Ejemplo: almacena valores en un *array*.

En el siguiente ejemplo, definimos un *array* de 10 enteros. Luego pedimos al usuario que ingrese valores numéricos (no más de diez) y los guardamos en el *array*. Por último, recorremos el *array* para mostrar su contenido.

```
package libro.cap01;

import java.util.Scanner;

public class DemoArray
{
   public static void main(String[] args)
   {
      // defino un array de 10 enteros
      int arr[] = new int[10];

      // el scanner para leer por teclado...
      Scanner scanner = new Scanner(System.in);

      // leo el primer valor
      System.out.print("Ingrese un valor (0=>fin): ");
      int v = scanner.nextInt();

      int i=0;

      // mientras v sea distinto de cero AND i sea menor que 10
      while( v!=0 && i<10 )
      {
         // asigna v en arr[i] y luego incrementa el valor de i
         arr[i++] = v;

         // leo el siguiente valor
         System.out.print("Ingrese el siguiente valor (0=>fin): ");
         v = scanner.nextInt();
      }

      // recorro el array mostrando su contenido
      for( int j=0; j<i; j++ )
      {
         System.out.println(arr[j]);
      }
   }
}
```

La lógica del ejemplo es bastante simple, pero utilizamos algunos recursos que no fueron explicados hasta ahora.

Operador	Significa
`!=`	Distinto
`&&`	Operador lógico "*and*"

Es decir que el `while` itera mientras `v` sea distinto de cero y mientras `i` sea menor que 10.

Si conocemos de antemano los valores que vamos a almacenar en el *array* entonces podemos definirlo "por extensión". Esto crea el *array* con la dimensión necesaria para contener el conjunto de valores y asigna cada elemento del conjunto en la posición relativa del *array*.

```
// creo un array de Strings con los nombres de los Beatles
String beatles[]  = { "John", "Paul", "George", "Ringo" };
```

> The Beatles: Banda de rock inglesa de la década del sesenta, tal vez, la más popular de la historia. Extendieron su influencia a los movimientos sociales y culturales de su época.

En Java los *arrays* son objetos y tienen un atributo `length` **que indica su dimensión.**

```
// imprime en consola cuantos son los Beatles
System.out.println("Los Beatles son: "+ beatles.length);
```

Nuevamente, debo recordarle al lector que no debe preocuparse por los términos "objeto" y "atributo". Estos temas los estudiaremos en el capítulo correspondiente.

Las siguientes son formas correctas y equivalentes para definir *arrays*:

```
String arr[];
String []arr;
String[] arr;
```

Notemos también que no es lo mismo "definir" un *array* que "crear (o instanciar)" el *array*.

```
// definimos un array de Strings (aun sin dimensionar)
String arr[];

// creamos (instanciamos) el array
arr = new String[10];
```

O bien

```
// definimos e instanciamos el array de 10 Strings
String arr[] = new String[10]
```

Ejemplo: muestra día de la semana (utilizando un *array*).

```
package libro.cap01;

import java.util.Scanner;

public class DemoArray2
{
   public static void main(String[] args)
   {
      String dias[] = { "Lunes", "Martes", "Miercoles", "Jueves"
                      , "Viernes", "Sabado", "Domingo" };

      Scanner scanner = new Scanner(System.in);
```

```
        System.out.print("Ingrese un dia de la semana (numero): ");
        int v = scanner.nextInt();

        if( v <= dias.length )
        {
           // recordemos que los arrays se numeran desde cero
           System.out.println( dias[v-1] );
        }
        else
        {
           System.out.println("Dia incorrecto...");
        }
    }
}
```

1.4.5 Matrices

Una matriz es un *array* de dos dimensiones. Se definen de la siguiente manera:

```
// define una matriz de enteros de 3 filas por 4 columnas
int mat[][]=new int[3][4];
```

Ejemplo: llena matriz con números aleatorios.

En el siguiente programa, pedimos al usuario que ingrese las dimensiones de una matriz (filas y columnas), creamos una matriz de esas dimensiones y la llenamos con números generados aleatoriamente.

```
package libro.cap01;

import java.util.Scanner;

public class DemoMatriz
{
   public static void main(String[] args)
   {
      Scanner scanner = new Scanner(System.in);

      System.out.print("Ingrese cantidad de filas: ");
      int n=scanner.nextInt();

      System.out.print("Ingrese cantidad de columnas: ");
      int m=scanner.nextInt();

      // creo una matriz de n filas x m columnas
      int mat[][]=new int[n][m];

      int nro;
      for(int i=0; i<n; i++ )
      {
         for(int j=0; j<m; j++)
         {
            // genero un numero aleatorio entre 0 y 1000
            nro=(int)(Math.random()*1000);
```

```
                // asigno el numero en la matriz
                mat[i][j]=nro;
            }
        }
        for(int i=0; i<n; i++ )
        {
            for(int j=0; j<m; j++)
            {
                // imprimo la celda de la matriz
                System.out.print(mat[i][j]+"\t");
            }
            System.out.println();
        }
    }
}
```

En este ejemplo utilizamos `Math.random` para generar un número aleatorio. El método `random` de la clase `Math` genera un número aleatorio mayor que cero y menor que 1. Lo multiplicamos por 1000 y luego lo *casteamos* a `int` para obtener la parte entera del número y asignarlo en la matriz.

Notemos también que casi al final, donde imprimimos cada celda de la matriz con la sentencia,

```
System.out.print(mat[i][j]+"\t");
```

concatenamos un carácter especial: `\t` (léase "barra te"). Este carácter representa al tabulador. Es decir que luego de mostrar el contenido de cada celda imprimimos un tabulador para que los números de la matriz se vean alineados.

La salida de este programa será la siguiente:

```
Ingrese cantidad de filas: 3
Ingrese cantidad de columnas: 4
714 529 331 200
580 25  374 12
554 345 979 620
```

Dijimos que una matriz es un *array* de dos dimensiones, pero también podríamos decir que una matriz es un *array* de *arrays*. Viéndolo de esta manera entonces podemos conocer la cantidad de filas y columnas de una matriz a través del atributo `length`.

```
int [][]mat = new int[5][3];
int filas  = mat.length;     // cantidad de filas
int colums = mat[0].length; // cantidad de columnas
```

Se puede inicializar una matriz definiendo sus valores por extensión como veremos en el siguiente ejemplo.

```
int mat[][] = { {3, 2, 1 }
               ,{5, 3, 7 }
               ,{1, 9, 2 }
               ,{4, 6, 5 } };
```

Esto dimensiona la matriz `mat` con 4 filas y 3 columnas y además asigna los valores en las celdas correspondientes.

1.4.6 Literales de cadenas de caracteres

Una cadena de caracteres literal se representa encerrada entre comillas dobles, por ejemplo: `"Esto es una cadena"`. En cambio, un carácter literal se representa encerrado entre comillas simples, por ejemplo: `'A'`.

En Java **las cadenas son tratadas como objetos**, por lo tanto, `"Esto es una cadena"` es un objeto y podemos invocar sus métodos como veremos a continuación:

```
// imprime ESTO ES UNA CADENA (en mayusculas)
System.out.println( "Esto es una cadena".toUpperCase() );
```

En cambio, **los caracteres (al igual que en C) son valores numéricos enteros**. Por ejemplo, `'A'` es, en realidad, el valor 65 ya que este es el código ASCII de dicho carácter.

Notemos además que no es lo mismo `"A"` que `'A'`. El primero es una cadena de caracteres que contiene un único carácter; es un objeto. El segundo es un `char`; un valor numérico.

Veamos el siguiente ejemplo:

```
package libro.cap01;

public class DemoCaracteres
{
   public static void main(String[] args)
   {
      for( int i=0; i<5; i++ )
      {
         System.out.println(i+"A");
      }
   }
}
```

Java concatena al valor numérico de `i` la cadena `"A"` entonces la salida de este programa será la siguiente:

```
0A
1A
2A
3A
4A
```

Si en lugar de concatenar `"A"` hubiéramos concatenado `'A'` así:

```
System.out.println(i+'A');
```

La salida sería la siguiente:

```
65
66
67
68
69
```

Esto se debe a que `'A'` es, en realidad, el valor numérico 65 entonces en cada iteración del `for` imprimimos `i+65` comenzando con `i` igual a 0.

Recomiendo al lector pensar cuál será la salida del siguiente programa:

```
package libro.cap01;

public class DemoCaracteres2
{
   public static void main(String[] args)
   {
      for( int i='A'; i<='Z'; i++ )
      {
         System.out.println(i);
      }
   }
}
```

Seguramente, el lector pensará que la salida del programa anterior es:

```
A
B
C
:
Z
```

Sin embargo, no es así. La salida será:

```
65
66
67
:
90
```

¿Por qué? Porque lo que estamos imprimiendo, en realidad, es el valor de `i` que es una variable `int` cuyo valor inicial será 65 y se incrementará en cada iteración del `for`. Por lo tanto, `System.out.println` imprime su valor numérico. Claro que esto se puede arreglar *casteando* a `char` como vemos a continuación.

```
package libro.cap01;

public class DemoCaracteres3
{
   public static void main(String[] args)
   {
      char c;
      for( int i='A'; i<='Z'; i++ )
      {
         // para asignar un int en un char debemos "castear"
         c = (char) i;
         System.out.println(c);
      }
   }
}
```

Para asignar `i` (tipo `int`) a `c` (tipo `char`) debemos "*castear*" su valor. Esto no es otra cosa que "asegurarle al compilador" que el valor del entero `i` podrá ser contenido en la variable `c` (de tipo `char`).

Recordemos que un `int` se representa en 4 *bytes* con bit de signo mientras que un `char` se representa en dos *bytes* sin bit de signo. Por lo tanto, no siempre se podría asignar un `int` a un `char` ya que el `char` no puede almacenar valores negativos ni valores superiores a 2^{16}-1 (máximo valor que se puede almacenar en 2 *bytes* sin bit de signo).

1.4.7 Caracteres especiales

En Java (igual que en C) existen caracteres especiales. Estos caracteres se pueden utilizar anteponiendo la barra `\` (léase "barra" o carácter de "escape"). Algunos de estos son:

`\t` – tabulador
`\n` – salto de línea
`\"` – comillas dobles
`\'` – comillas simples
`\\` – barra

Como vemos, para representarlos es necesario utilizar dos caracteres (la barra más el carácter especial en sí mismo), pero esto no ocasiona ningún inconveniente.

```
package libro.cap01;

public class DemoCaracteresEspeciales
{
   public static void main(String[] args)
   {
      System.out.println("Esto\t es un \"TABULADOR\"");
      System.out.println("Esto es un\nBARRA\nENE\n\n    :O)");
      System.out.println("La barra es asi: \\");
   }
}
```

La salida de este programa es la siguiente:

```
Esto     es un "TABULADOR"
Esto es un
BARRA
ENE

    :O)
La barra es asi: \
```

1.4.8 Argumentos en línea de comandos

Se llama así a los parámetros que un programa recibe a través de la línea de comandos. Por ejemplo, en el sistema operativo DOS, cuando hacemos *format c:* estamos invocando al programa *format* y le estamos pasando la cadena "c:" como argumento. El programa *format* **recibe un argumento en línea de comandos.**

En Java, podemos acceder a estos parámetros a través del `String[]` del método `main`.

Ejemplo: muestra los argumentos pasados a través de la línea de comandos.

```
package libro.cap01;

public class EchoJava
{
   public static void main(String[] args)
   {
      for(int i=0; i<args.length; i++)
      {
         System.out.println(args[i]);
      }

      System.out.println("Total: "+args.length+" argumentos");
   }
}
```

Si ejecutamos este programa desde la línea de comandos así:

```
c:\> java EchoJava Hola que tal?
```

La salida será:

```
Hola
que
tal?
Total: 3 argumentos
```

El lector podrá acceder al videotutorial donde se muestra cómo pasar argumentos en línea de comandos a un programa que se ejecuta desde *Eclipse*.

Pasar argumentos en línea de comandos en *Eclipse*.

1.5 Tratamiento de cadenas de caracteres

Como vimos anteriormente, **las cadenas de caracteres son tratadas como objetos porque** `String` **no es un tipo de datos simple.** `String` **es una clase.**

Aún no hemos explicado nada sobre clases y objetos y tampoco explicaremos nada ahora ya que este tema se tratará en detalle en el siguiente capítulo.

Sin embargo, el lector ya habrá llegado a la conclusión de que **un objeto es una variable que además de contener información contiene los métodos (o funciones) necesarios para manipular esta información.** Agreguemos también que las clases definen los tipos de datos de los objetos.

Con esta breve e informal definición, podremos estudiar algunos casos de manejo de cadenas de caracteres sin necesidad de tratar en detalle el tema de objetos que es ajeno a este capítulo.

1.5.1 Acceso a los caracteres de un String

Una cadena representa una secuencia finita de cero o más caracteres numerados a partir de cero. Es decir que la cadena `"Hola"` tiene 4 caracteres numerados entre 0 y 3.

Ejemplo: acceso directo a los caracteres de una cadena.

```
package libro.cap01.cadenas;

public class Cadenas
{
   public static void main(String[] args)
   {
      String s = "Esta es mi cadena";

      System.out.println( s.charAt(0) );
      System.out.println( s.charAt(5) );
      System.out.println( s.charAt(s.length()-1) );

      char c;
      for(int i=0; i<s.length(); i++)
      {
         c = s.charAt(i);
         System.out.println(i+" -> "+c);
      }
   }
}
```

El método `charAt` retorna al carácter (tipo `char`) ubicado en una posición determinada. El método `length` retorna la cantidad de caracteres que tiene la cadena.

No debemos confundir el atributo `length` de los *arrays* con el método `length` de los *strings*. En el caso de los *arrays*, por tratarse de un atributo se lo utiliza sin paréntesis. En cambio, en el caso de los *strings* está implementado como un método, por lo tanto, siempre debe invocarse con paréntesis. Veamos el siguiente ejemplo:

```
char c[] = { 'H', 'o', 'l', 'a' };
System.out.println( c.length );

String s = "Hola";
System.out.println( s.length() );
```

> No debemos confundir el `método length()` de las cadenas con el atributo `length` de los *arrays*.

1.5.2 Mayúsculas y minúsculas

Ejemplo: pasar una cadena a mayúsculas y minúsculas.

```
package libro.cap01.cadenas;

public class Cadenas1
{
```

```
    public static void main(String[] args)
    {
        String s = "Esto Es Una Cadena de caracteres";
        String sMayus = s.toUpperCase();
        String sMinus = s.toLowerCase();

        System.out.println("Original: "+s);
        System.out.println("Mayusculas: "+sMayus);
        System.out.println("Minusculas: "+sMinus);
    }
}
```

Recordemos que `s` es un objeto. Contiene información (la cadena en sí misma) y los métodos necesarios para manipularla. Entre otros, los métodos `toUpperCase` y `toLowerCase` que utilizamos en este ejemplo para pasar la cadena original a mayúsculas y a minúsculas respectivamente.

1.5.3 Ocurrencias de caracteres

Ejemplo: ubicar la posición de un carácter dentro de una cadena.

```
package libro.cap01.cadenas;

public class Cadenas2
{
    public static void main(String[] args)
    {
        String s = "Esto Es Una Cadena de caracteres";

        int pos1 = s.indexOf('C');
        int pos2 = s.lastIndexOf('C');
        int pos3 = s.indexOf('x');

        System.out.println(pos1);
        System.out.println(pos2);
        System.out.println(pos3);
    }
}
```

El método `indexOf` retorna la posición de la primera ocurrencia de un carácter dentro del *string*. Si la cadena no contiene ese carácter entonces retorna un valor negativo.

Análogamente, el método `lastIndexOf` retorna la posición de la última ocurrencia del carácter dentro del *string* o un valor negativo en caso de que el carácter no esté contenido dentro de la cadena.

1.5.4 Subcadenas

Ejemplo: uso del método `substring` para obtener diferentes porciones de la cadena original.

```
package libro.cap01.cadenas;

public class Cadenas3
{
```

```
    public static void main(String[] args)
    {
       String s = "Esto Es Una Cadena de caracteres";

       String s1 = s.substring(0,7);
       String s2 = s.substring(8,11);

       // toma desde el caracter 8 hasta el final
       String s3 = s.substring(8);

       System.out.println(s1);
       System.out.println(s2);
       System.out.println(s3);
    }
}
```

La salida de este programa es la siguiente:

```
Esto Es
Una
Una Cadena de caracteres
```

El método `substring` puede invocarse con dos argumentos o con un único argumento. Si lo invocamos con dos argumentos, estaremos indicando las posiciones *desde* (inclusive) y *hasta* (no inclusive) que delimitarán la subcadena que queremos extraer. En cambio, si lo invocamos con un solo argumento estaremos indicando que la subcadena a extraer comienza en la posición especificada (inclusive) y se extenderá hasta el final del *string*.

Decimos que un método está "sobrecargado" cuando podemos invocarlo con diferentes cantidades y/o diferentes tipos de argumentos. Este es el caso del método `substring`.

"Sobrecarga de métodos" es uno de los temas que estudiaremos en el capítulo de programación orientada a objetos.

1.5.5 Prefijos y sufijos

Con los métodos `startWith` y `endsWith`, podemos verificar muy fácilmente si una cadena comienza con un determinado prefijo o termina con algún sufijo.

```
package libro.cap01.cadenas;

public class Cadenas4
{
   public static void main(String[] args)
   {
      String s = "Un buen libro de Java";

      boolean b1 = s.startsWith("Un buen"); // true
      boolean b2 = s.startsWith("A");       // false
      boolean b3 = s.endsWith("Java");      // true
      boolean b4 = s.endsWith("Chau");      // false
```

```
      System.out.println(b1);
      System.out.println(b2);
      System.out.println(b3);
      System.out.println(b4);
   }
}
```

1.5.6 Posición de un substring dentro de la cadena

Los métodos `indexOf` y `lastIndexOf` están sobrecargados de forma tal que permiten detectar la primera y la última ocurrencia (respectivamente) de un *substring* dentro de la cadena en cuestión.

```
package libro.cap01.cadenas;

public class Cadenas5
{
   public static void main(String[] args)
   {
      String s = "Un buen libro de Java, un buen material";

      int pos1 = s.indexOf("buen");      // retorna 3
      int pos2 = s.lastIndexOf("buen"); // returna 26
      System.out.println(pos1);
      System.out.println(pos2);
   }
}
```

1.5.7 Concatenar cadenas

Para concatenar cadenas podemos utilizar el operador `+` como se muestra a continuación:

```
String x = "";
x = x + "Hola ";
x = x + "Que tal?";

System.out.println(x); // imprime "Hola Que tal?"
```

Si bien lo anterior funciona bien no es la opción más eficiente ya que cada concatenación implica instanciar una nueva cadena y descartar la anterior.

Mucho más eficiente será utilizar la clase `StringBuffer`.

1.5.8 La clase `StringBuffer`

Esta clase representa a un *string* cuyo contenido puede variar (mutable). Provee métodos a través de los cuales podemos insertar nuevos caracteres, eliminar algunos o todos y cambiar los caracteres contenidos en las diferentes posiciones del *string*.

El compilador utiliza un *string buffer* para resolver la implementación del operador de concatenación `+`. Es decir que, en el ejemplo anterior, se utilizará una instancia de `StringBuffer` de la siguiente manera:

```
String x = new StringBuffer().append("Hola ")
                             .append("Que Tal?")
                             .toString();
```

La diferencia de rendimiento entre utilizar el operador `+` y la clase `StringBuffer` para concatenar cadenas es abismal y a continuación lo demostraremos.

El siguiente programa utiliza un `StringBuffer` para concatenar *n* caracteres sobre un *string* inicialmente vacío. Al finalizar muestra la cadena resultante y el tiempo que insumió todo el proceso.

```
package libro.cap01.cadenas;

public class Cadenas5a
{
   public static void main(String[] args)
   {
      // obtengo el milisegundo actual
      long hi = System.currentTimeMillis();

      // instancio un StringBuffer inicialmente vacio
      StringBuffer sb=new StringBuffer();

      // voy a concatenar n caracteres
      int n=100000;

      char c;
      for(int i=0; i<n; i++)
      {
         // obtengo caracteres entre 'A' y 'Z'
         c = (char)('A' + i%('Z'-'A'+1));

         // concateno el caracter en el StringBuffer
         sb.append(c);
      }

      // obtengo el milisegundo actual
      long hf = System.currentTimeMillis();

      // muestro la cadena resultante
      System.out.println(sb.toString());

      // muestro la cantidad de milisegundos insumidos
      System.out.println((hf-hi)+" milisegundos");
   }
}
```

Este programa ejecutado en mi computadora (procesador *Intel Core 2 Duo T6670* con 2 GB de memoria RAM y sistema operativo *Windows XP*), con *n* = 100000 insume 15 milisegundos y con *n* = 1000000 insume 78 milisegundos.

Veamos el mismo programa, pero ahora utilizando el operador + para concatenar los caracteres.

```
package libro.cap01.cadenas;

public class Cadenas5b
{
```

```
   public static void main(String[] args)
   {
      long hi = System.currentTimeMillis();
      int n=100000;

      String s="";
      char c;
      for(int i=0; i<n; i++)
      {
         c = (char)('A' + i%('Z'-'A'+1));

         // concateno el caracter c utilizando el operador +
         s = s + c;
      }

      long hf = System.currentTimeMillis();
      System.out.println(s);
      System.out.println((hf-hi)+" milisegundos");
   }
}
```

En la misma computadora, con *n* = 100000, este programa insume 48171 milisegundos y con *n* = 1000000 el programa superó los 40 minutos de proceso y aún no arrojó ningún resultado.

n	**Con** `StringBuffer`	**Con operador** `+`	**Rendimiento**
100000	15 milisegundos	48171 milisegundos	3211 veces más lento
1000000	78 milisegundos	...	...

Las operaciones sobre `StringBuffer` son sincronizadas (ver Capítulo 6). La clase `StringBuilder` provee la misma funcionalidad y los mismos métodos, pero sin sincronización.

1.5.9 Conversión entre números y cadenas

Java provee clases para brindar la funcionalidad que los tipos de datos primitivos (`int, double, char,` **etc) no pueden proveer** (justamente) por ser solo tipos de datos primitivos. **A estas clases se las suele denominar *wrappers*** (envoltorios) y permiten, entre otras cosas, realizar conversiones entre cadenas y números, obtener expresiones numéricas en diferentes bases, etcétera.

En el siguiente ejemplo, vemos cómo podemos realizar conversiones entre valores numéricos y cadenas y viceversa.

Algunos ejemplos son:

```
// --- operaciones con el tipo int ---
int i = 43;

// convierto de int a String
String sInt = Integer.toString(i);

// convierto de String a int
int i2 = Integer.parseInt(sInt);
```

```
// --- operaciones con el tipo double ---
double d = 24.2;

// convierto de double a String
String sDouble = Double.toString(d);

// convierto de String a double
double d2 = Double.parseDouble(sDouble);
```

A partir de Java 7 se puede utilizar el carácter "guión bajo" para agrupar dígitos en los valores literales enteros. Por ejemplo:

```
// 25 de noviembre de 2012
int fecha = 2012_11_25;
```

En la siguiente tabla, vemos el *wrapper* de cada tipo de datos primitivo.

Tipo	**Wrapper**
`byte`	`Byte`
`short`	`Short`
`char`	`Character`
`int`	`Integer`
`long`	`Long`
`float`	`Float`
`double`	`Double`
`boolean`	`Boolean`

Todos estas clases tienen los métodos `parse`*Xxx* (siendo *Xxx* el tipo de datos al que se quiere *parsear* el *string*) y el método `toString` para convertir un valor del tipo que representan a cadena de caracteres.

1.5.10 Representación numérica en diferentes bases

Java, igual que C, permite expresar valores enteros en base 8 y en base 16. Para representar en entero en base 16, debemos anteponerle el prefijo `0x` (léase "cero equis").

```
int i = 0x24ACF;        // en decimal es 150223
System.out.println(i); // imprime 150223
```

Para expresar enteros en base 8, debemos anteponerles el prefijo `0` (léase cero).

```
int j = 0537;           // en decimal es 351
System.out.println(j); // imprime 351
```

Utilizando la clase `Integer` podemos obtener la representación binaria, octal, hexadecimal y en cualquier base numérica de un entero dado. Esto lo veremos en el siguiente programa.

Ejemplo: muestra un valor entero en diferentes bases numéricas.

```
package libro.cap01.cadenas;

import java.util.Scanner;

public class Cadenas6
{
   public static void main(String[] args)
   {
      Scanner scanner=new Scanner(System.in);
      System.out.print("Ingrese un valor entero: ");
      int v = scanner.nextInt();

      System.out.println("Valor Ingresado: "+v);
      System.out.println("binario = "+Integer.toBinaryString(v));
      System.out.println("octal = "+Integer.toOctalString(v));
      System.out.println("hexadecimal = "+Integer.toHexString(v));

      System.out.print("Ingrese una base numerica: ");
      int b = scanner.nextInt();

      String sBaseN=Integer.toString(v,b);
      System.out.println(v + " en base("+b+") = " + sBaseN);
   }
}
```

Aquí el usuario ingresa un valor numérico por teclado y el programa muestra sus representaciones binaria, octal y hexadecimal. Luego se le pide al usuario que ingrese cualquier otra base numérica para mostrar, a continuación, la representación del número expresado en la base numérica ingresada.

Si el usuario ingresa el valor 632 y luego ingresa la base 12, entonces la salida del programa será la siguiente:

```
Ingrese un valor entero: 632
Valor Ingresado: 632
binario = 1001111000
octal = 1170
hexadecimal = 278
Ingrese una base numerica: 12
632 en base(12) = 448
```

A partir de Java 7 se pueden representar números binarios anteponiendo el prefijo `0b` o `0B`. Por ejemplo:

```
int x = 0B0110001100111100;
```

o bien, separándolo con "guion bajo":

```
int x = 0B01100011_00111100;
```

1.5.11 La clase `StringTokenizer`

La funcionalidad de esta clase la explicaremos sobre el siguiente ejemplo.

Sea la cadena `s` definida en la siguiente línea de código:

```
String s  = "Juan|Marcos|Carlos|Matias";
```

Si consideramos como separador al carácter | (léase "carácter pipe") entonces llamaremos *token* a las subcadenas encerradas entre las ocurrencias de dicho carácter y a las subcadenas encerradas entre este y el inicio o el fin de la cadena `s`.

Para hacerlo más simple, el conjunto de *tokens* que surgen de la cadena `s` considerando como separador al carácter | es el siguiente:

`tokens = { Juan, Marcos, Carlos, Matias }`

Pero si en lugar de tomar como separador al carácter | consideramos como separador al carácter `a` sobre la misma cadena `s` el conjunto de *tokens* será:

`tokens = { Ju, n|M, rcos|C, rlos|M, ti, s };`

Utilizando la clase `StringTokenizer` podemos separar una cadena en *tokens* delimitados por un separador. En el siguiente ejemplo, veremos cómo hacerlo.

```
package libro.cap01.cadenas;

import java.util.StringTokenizer;

public class Cadenas7
{
   public static void main(String[] args)
   {
      String s = "Juan|Marcos|Carlos|Matias";
      StringTokenizer st = new StringTokenizer(s,"|");

      String tok;
      while( st.hasMoreTokens() )
      {
         tok = st.nextToken();
         System.out.println(tok);
      }
   }
}
```

Primero, instanciamos el objeto `st` pasándole como argumentos la cadena `s` y una cadena `"|"` que será considerada como separador. Luego, el objeto `st` (objeto de la clase `StringTokenizer`) provee los métodos `hasMoreTokens` y `nextToken` que permiten (respectivamente) controlar si existen más *tokens* en la cadena y avanzar al siguiente *token*.

Notemos que el recorrido a través de los *tokens* de la cadena es *forward only*. Es decir, solo se pueden recorrer desde el primero hasta el último (de izquierda a derecha). No se puede tener acceso directo a un *token* en particular, ni tampoco se puede retroceder para recuperar el *token* anterior.

Nuevamente, debo ofrecer las disculpas del caso ya que estoy utilizando términos que no he explicado aún (instancia, clase, objeto). Si la comprensión de este tema resulta complicada por la falta de explicación de estos conceptos le propongo al lector que siga avanzando hasta leer el capítulo de programación orientada a objetos. Luego podrá retomar para volver a leer aquellos conceptos que pudieran no haber quedado lo suficientemente claros.

1.5.12 Usar expresiones regulares para particionar una cadena

La clase `String` provee el método `split` que permite particionar una cadena a partir de una expresión regular. Si el lector tiene conocimientos sobre expresiones regulares, entonces este método le resultará más útil que la clase `StringTokenizer`.

El siguiente ejemplo es equivalente al ejemplo anterior, pero utiliza el método `split` que provee la clase `String`.

```
package libro.cap01.cadenas;

public class Cadenas7a
{
   public static void main(String[] args)
   {
      String s = "Juan|Marcos|Carlos|Matias";
      String[] tokens = s.split("[|]");

      for(int i=0; i<tokens.length; i++)
      {
         System.out.println(tokens[i]);
      }
   }
}
```

La salida será:

```
Juan
Marcos
Carlos
Matias
```

1.5.13 Comparación de cadenas

En el lenguaje Java (al igual que en C), no existe un tipo de datos primitivo para representar cadenas de caracteres. Las cadenas se representan como objetos de la clase `String`.

Ahora bien, la clase `String` tiene tanta funcionalidad y (yo diría) tantos "privilegios" que muchas veces se la puede tratar casi como si fuera un tipo de datos primitivo.

Informalmente, diremos que "un objeto es una variable cuyo tipo de datos es una clase". Así, en el siguiente código:

```
String s  = "Hola a todos !";
```

`s` resulta ser un objeto (una variable) cuyo tipo de datos es `String`. Es decir: un objeto de la clase `String` o (también podríamos decir) una instancia de esta clase.

> Como las cadenas son objetos y los objetos son punteros resulta que si comparamos cadenas con == estaremos comparando direcciones de memoria. Para comparar cadenas correctamente (y cualquier otro tipo de objetos) debemos utilizar el método `equals`.

Los objetos son, en realidad, referencias (punteros) que indican la dirección física de memoria en donde reside la información que contienen. Por este motivo, no podemos utilizar el operador de comparación `==` (igual igual) para comparar objetos, porque lo que estaremos comparando serán direcciones de memoria, no contenidos. Como las cadenas son objetos, comparar cadenas con este operador de comparación sería un error.

Esto podemos verificarlo con el siguiente programa en el que se le pide al usuario que ingrese una cadena y luego otra. El programa compara ambas cadenas con el operador `==` e informa el resultado obtenido. Recomiendo al lector probarlo ingresando dos veces la misma cadena y observar el resultado.

```
package libro.cap01.cadenas;

import java.util.Scanner;

public class Cadenas8
{
   public static void main(String[] args)
   {
      Scanner scanner = new Scanner(System.in);

      System.out.print("Ingrese una cadena: ");
      String s1 = scanner.next();

      System.out.print("Ingrese otra cadena: ");
      String s2 = scanner.next();

      // muestro las cadenas para verificar lo que contienen
      System.out.println("s1 = [" + s1 + "]");
      System.out.println("s2 = [" + s2 + "]");

      // esto esta mal !!!
      if( s1 == s2 )
      {
         System.out.println("Son iguales");
      }
      else
      {
         System.out.println("Son distintas");
      }
   }
}
```

La salida de este programa siempre será: `Son distintas`.

Lo correcto será comparar las cadenas utilizando el método `equals`. Este método compara los contenidos y retorna `true` o `false` según estos sean iguales o no. El ejemplo anterior debe modificarse de la siguiente manera:

```
      :
      // Ahora si !!!
      if( s1.equals(s2) )
      {
         System.out.println("Son iguales");
      }
      :
```

Recomiendo también probar el siguiente caso:

```
package libro.cap01.cadenas;

public class Cadenas9
{
   public static void main(String[] args)
   {
      // dos cadenas iguales
      String s1 = "Hola";
      String s2 = "Hola";
      System.out.println("s1 = [" + s1 + "]");
      System.out.println("s2 = [" + s2 + "]");

      if( s1 == s2 )
      {
         System.out.println("Son iguales");
      }
      else
      {
         System.out.println("Son distintas");
      }
   }
}
```

En este caso el operador `==` retorna `true`, es decir: compara "bien" y el programa indicará que ambas cadenas son idénticas. ¿Por qué? Porque Java asigna la cadena literal `"Hola"` en una porción de memoria y ante la aparición de la misma cadena no vuelve a alocar memoria para almacenar la misma información, simplemente obtiene una nueva referencia a dicha porción de memoria. En consecuencia, los dos objetos `s1` y `s2` apuntan al mismo espacio de memoria, son punteros idénticos y por este motivo el operador `==` retorna `true`. El método `equals` también hubiera retornado `true`.

1.6 Operadores

Veremos aquí los diferentes tipos de operadores soportados en Java. No nos preocuparemos por buscar ejemplos para mostrar su uso ya que los mismos se irán aplicando y explicando a medida que avancemos en los capítulos de este libro.

1.6.1 Operadores aritméticos

La siguiente tabla resume los principales operadores aritméticos del lenguaje.

Operador	Descripción
+	suma
-	resta
*	multiplicación
/	división
%	módulo
+=	acumulador
-=	restador
*=	multiplicador
/=	divisor

> En Java los operadores aritméticos, lógicos, relacionales, unarios y binarios son los mismos que en C.

1.6.2 Operadores lógicos

La siguiente tabla resume los operadores lógicos disponibles en Java.

Operador	Descripción
&&	*and*
||	*or*
!	*not*

1.6.3 Operadores relacionales

La siguiente tabla resume los operadores relacionales provistos en Java.

Operador	Descripción
==	igual
!=	distinto (*not equals*)
>	mayor que
<	menor que
>=	mayor o igual que
<=	menor o igual que

1.6.4 Operadores lógicos de bit

Operador	Descripción
&	*and* binario
|	*or* binario

1.6.5 Operadores de desplazamiento de bit

Operador	Descripción
<<	desplazamiento a izquierda
>>	desplazamiento a derecha
>>>	desplazamiento a derecha incluyendo el bit de signo

1.7 La máquina virtual y el JDK

Los programas Java son ejecutados dentro de una máquina virtual comúnmente llamada JVM (*Java Virtual Machine*) o también JRE (*Java Runtime Enviroment*). Esto significa que para poder correr cualquier programa Java previamente debemos tener instalado el JRE.

Muchos sistemas operativos traen el JRE preinstalado. Otros (como *Windows*) no lo traen y es necesario instalarlo manualmente.

El JRE define un entorno único y homogéneo sobre el cual se ejecutarán los programas Java. Como existen disponibles JRE para prácticamente todos los sistemas operativos y todas las arquitecturas de hardware, decimos que Java es un lenguaje multiplataforma.

Dicho de otro modo: un mismo programa Java puede correr en una PC con *Windows*, en una PC con *Linux*, en una *Mac*, en un equipo *Sun* con *Solaris*, etc. Solo debemos tener instalado el JRE correspondiente.

Dado que Java establece un estándar las diferentes empresas de tecnología están habilitadas para proveer sus propias implementaciones de JRE, obviamente, todos compatibles entre sí. Esto significa que existe un JRE desarrollado por *Oracle*, otro desarrollado por IBM, etcétera.

La página donde se publican las novedades del lenguaje y desde donde se pueden descargar los JRE es la siguiente: http://www.oracle.com/technetwork/java/index.html

Si además de ejecutar aplicaciones Java queremos poderlas programar debemos instalar el JDK (el compilador).

Compilar y ejecutar un programa Java desde la línea de comandos (sin utilizar *Eclipse*).

1.7.1 El JDK (Java Development Kit)

Al compilador de Java, se lo denomina JDK (*Java Development Kit*). El JDK incluye a la máquina virtual, por lo tanto, nosotros (como programadores) generalmente tendremos que instalar en nuestra computadora el JDK y dejar el JRE para las computadoras de los usuarios finales quienes no van a programar en Java, solo van a utilizar nuestras aplicaciones.

El JDK incluye la biblioteca de clases del lenguaje y los comandos para compilar, ejecutar una aplicación, documentarla, generar *headers* en lenguaje C para integrar programas Java con programas C, etcétera.

Algunos de estos comandos (en *Windows*) son: java.exe, javaw.exe, javac.exe, javadoc.exe, javah.exe, etcétera.

Recomiendo al lector mirar el videotutorial que explica cómo compilar y ejecutar programas Java desde la línea de comandos, sin utilizar *Eclipse*.

1.7.2 Versiones y evolución del lenguaje Java

La primera versión estable del lenguaje Java se llamó JDK 1.0.2 (1996). Luego apareció la versión JDK 1.1.x y más tarde la versión JDK 1.2.x. La versión actual es Java 8 y la anterior fue Java 7.

A partir de la versión JDK 1.2.x, se comenzó a hablar de *Java 2* y se construyeron dos distribuciones: J2SE (*Java 2 Standard Edition*) y J2EE (*Java 2 Enterprise Edition*). La primera contiene el lenguaje de programación y el *runtime*. La segunda agrega bibliotecas que facilitan el desarrollo de aplicaciones de índole empresarial cuyo análisis excede el contenido de este libro.

Es muy importante destacar que cada nueva versión del lenguaje que es liberada incluye totalmente a la versión anterior. Así, quien aprendió Java con JDK 1.1.8 conoce una buena parte de Java 5 (JDK 1.5), Java 6, Java 7 y Java 8.

1.8 Resumen

En este capítulo tuvimos una aproximación al lenguaje de programación Java. Desarrollamos una serie de ejemplos a través de los cuales conocimos su sintaxis y semántica, operadores lógicos, aritméticos y relacionales, sus estructuras de control de flujo de datos, etcétera.

Sin embargo, al ser Java un lenguaje fuertemente orientado a objetos hemos tenido que hacer la "vista gorda" con temas, conceptos y palabras propios de este paradigma ya que a esta altura, explicarlos solo hubiera aportado confusión.

En el próximo capítulo, estudiaremos en detalle el paradigma de Programación Orientada a Objetos para poder aprovechar al máximo las ventajas del lenguaje Java.

Programación orientada a objetos

2

Contenido

Objetivos del capítulo

- Estudiar el paradigma de la programación orientada a objetos.
- Incrementar el nivel de abstracción usando el polimorfismo.
- Utilizar UML como lenguaje gráfico y de comunicación visual.
- Manejar colecciones de objetos (*Java Collection Framework*).
- Comprender la importancia del uso de las *interfaces*.
- Implementar factorías de objetos.
- Tratar y propagar excepciones.

2.1 Introducción

Java es un lenguaje fuertemente tipado. Esto significa que a todo recurso que vayamos a utilizar previamente le debemos definir su tipo de datos.

Definición 1: llamamos "**objeto**" a toda variable cuyo tipo de datos es una "clase".

Definición 2: llamamos "**clase**" a una estructura que agrupa datos junto con la funcionalidad necesaria para manipular dichos datos.

Sin saberlo, durante el capítulo anterior trabajamos con objetos. Las cadenas de caracteres son objetos de la clase `String`, por lo tanto, almacenan información (la cadena en sí misma) y la funcionalidad necesaria para manipularla.

Por ejemplo:

```
String s = "Hola Mundo";
int i = s.indexOf("M");
```

El objeto `s` almacena la cadena `"Hola Mundo"` y provee la funcionalidad necesaria para informar la posición de la primera ocurrencia de un determinado carácter dentro de dicha cadena.

2.2 Clases y objetos

Las clases definen la estructura de sus objetos. Es decir que todos los objetos de una misma clase podrán almacenar el mismo tipo de información y tendrán la misma capacidad para manipularla.

Por ejemplo, pensemos en algunas fechas: 4 de junio de 2008, 15 de junio de 1973 y 2 de octubre de 1970. Evidentemente, las tres fechas son diferentes, pero tienen la misma estructura, todas tienen un día, un mes y un año.

Justamente, el día, el mes y el año son los datos que hacen que una fecha sea distinta de otra. Diremos que son sus "**atributos**". Una fecha es distinta de otra porque tiene diferentes valores en sus atributos. Aún así, todas son fechas.

A continuación, analizaremos un ejemplo basado en el desarrollo de la clase `Fecha`. Este desarrollo se hará de manera progresiva, agregando nuevos conceptos paso a paso. Por este motivo, le recomiendo al lector no detener la lectura hasta tanto el ejemplo no haya concluido.

Definiremos entonces la clase `Fecha` que nos permitirá operar con fechas en nuestros programas. Recordemos que en Java cada clase debe estar contenida en su propio archivo de código fuente, con el mismo nombre que la clase y con extensión ".java". En este caso, la clase `Fecha` debe estar dentro del archivo Fecha.java.

```
public class Fecha
{
   private int dia;
   private int mes;
   private int anio;
}
```

A simple vista, la clase se ve como un *struct* de C o un *record* de Pascal. Sin embargo, tiene varias diferencias. Para comenzar, los datos están definidos como `private` (privados). Esto significa que desde afuera de la clase no podrán ser accedidos porque son privados, están encapsulados y su acceso solo se permitirá estando dentro de la clase.

En otras palabras, el siguiente código no compila:

```
package libro.cap02.fechas;

public class TestFecha
{
   public static void main(String[] args)
   {
      Fecha f = new Fecha();
     f.dia = 2;      // la variable dia es privada, no tenemos acceso
      f.mes = 10;     // idem...
      f.anio = 1970; // olvidalo...
   }
}
```

Al intentar compilar esto, obtendremos un error de compilación diciendo: "The field Fecha.dia is not visible" (el campo dia de la clase Fecha no es visible).

Como las variables dia, mes y anio están definidas con private quedan encapsuladas dentro de la clase Fecha y cualquier intento de accederlas por fuera de la clase generará un error de compilación.

La única forma de asignar valores a estas variables será a través de los métodos que la clase Fecha provea para hacerlo.

2.2.1 Los métodos

Los métodos de una clase se escriben como funciones. Dentro de los métodos, podemos acceder a los atributos de la clase como si fueran variables globales.

A continuación, agregaremos, a la clase Fecha, métodos para asignar (*set*) y para obtener (*get*) el valor de sus atributos. A estos métodos se los suele denominar *setters* y *getters* respectivamente.

```
package libro.cap02.fechas;

public class Fecha
{
   private int dia;
   private int mes;
   private int anio;

   public int getDia()
   {
      // retorna el valor de la variable dia
      return dia;
   }

   public void setDia(int dia)
   {
      // asigna el valor del parametro a la variable dia
      this.dia = dia;
   }
```

```
    public int getMes()
    {
       return mes;
    }

    public void setMes(int mes)
    {
       this.mes = mes;
    }

    public int getAnio()
    {
       return anio;
    }

    public void setAnio(int anio)
    {
       this.anio = anio;
    }
}
```

Ahora la clase provee métodos a través de los cuales podemos acceder a sus atributos para asignar y/o consultar sus valores, como vemos en el siguiente código:

```
package libro.cap02.fechas;

public class TestFecha
{
   public static void main(String[] args)
   {
      Fecha f = new Fecha();
      f.setDia(2);
      f.setMes(10);
      f.setAnio(1970);

      // imprimo el dia
      System.out.println("Dia="+f.getDia());

      // imprimo el mes
      System.out.println("Mes="+f.getMes());

      // imprimo el anio
      System.out.println("Anio="+f.getAnio());

      // imprimo la fecha
      System.out.println(f);
   }
}
```

En este ejemplo utilizamos los *setters* y *getters* para (primero) asignar valores a los atributos de la fecha y (luego) para mostrar sus valores.
A estos métodos se los llama **métodos de acceso** o *accessor methods* ya que permiten acceder a los atributos del objeto para asignarles valor (*set*) o para obtener su valor (*get*). **Por convención deben llamarse setXxxx y getXxxx donde Xxxx es el atributo**

al que el método permitirá acceder. Genéricamente, **nos referiremos a los métodos de acceso como los "setters y getters" de los atributos**.

En el programa imprimimos por separado los valores de los atributos del objeto `f`, pero al final imprimimos el "objeto completo".

Contrariamente a lo que el lector podría esperar, la salida de:

```
System.out.println(f);
```

no será una fecha con el formato que habitualmente utilizamos para representarlas ni mucho menos. La salida de esta línea de código sera algo así:

```
libro.cap02.fechas.Fecha@360be0
```

¿Por qué? Porque `System.out.println` no puede saber de antemano cómo pretendemos que imprima los objetos de las clases que programamos. Para solucionarlo debemos **sobrescribir** el método `toString` que heredamos de la clase `Object`.

2.2.2 Herencia y sobrescritura de métodos

Una de las principales características de la programación orientada a objetos es la "herencia" que permite definir clases en función de otras clases ya existentes. Es decir, una clase define atributos y métodos y, además, hereda los atributos y métodos que define su "padre" o "clase base".

Si bien este tema lo estudiaremos en detalle más adelante, llegamos a un punto en el que debemos saber que en Java, por transitividad, todas las clases heredan de una clase base llamada `Object`. No hay que especificar nada para que ocurra esto. Siempre es así.

La herencia es transitiva. Esto quiere decir que, sean las clases `A`, `B` y `C`, si `A` hereda de `B` y `B` hereda de `C` entonces `A` hereda de `C`.

Pensemos en las clases `Empleado` y `Persona`. Evidentemente, un empleado primero es una persona ya que este tendrá todos los atributos de `Persona` (que podrían ser `nombre`, `fechaNacimiento`, `DNI`, etc.) y luego los atributos propios de un empleado (por ejemplo `legajo`, `sector`, `sueldo`, etc.). Decimos entonces que la clase `Empleado` hereda de la clase `Persona` y (si `Persona` no hereda de alguna otra clase entonces) `Persona` hereda de `Object`. Así, un empleado es una persona y una persona es un *object*, por lo tanto, por transitividad, un empleado también es un *object*.

Es muy importante saber que todas las clases heredan de la clase base `Object` ya que los métodos definidos en esta clase serán comunes a todas las otras clases (las que vienen con el lenguaje y las que programemos nosotros mismos).

En este momento nos interesa estudiar dos de los métodos heredados de la clase `Object`: el método `toString` y el método `equals`.

> En Java todas las clases heredan de `Object`. De este modo, los métodos definidos en esta clase serán comunes a todas las demás.

2.2.3 El método `toString`

Todas las clases heredan de `Object` el método `toString`, por lo tanto, podemos invocar este método sobre cualquier objeto de cualquier clase. Tal es así que cuando hacemos:

```
System.out.println(obj);
```

siendo `obj` un objeto de cualquier clase, lo que realmente estamos haciendo (implícitamente) es:

```
System.out.println( obj.toString() );
```

Ya que `System.out.println` invoca el método `toString` del objeto que recibe como parámetro. Es decir, `System.out.println` "sabe" que cualquiera sea el tipo de datos (clase) del objeto que recibe como parámetro este seguro tendrá el método `toString`.

Por este motivo, en la clase `Fecha` podemos **sobrescribir** el método `toString` para indicar el formato con el que queremos que se impriman las fechas.

Decimos que sobrescribirmos un método cuando el método que programamos también está programado en nuestro padre (o abuelo, o... en `Object`).

A continuación, veremos cómo podemos sobrescribir el método `toString` en la clase `Fecha`.

```
package libro.cap02.fechas;

public class Fecha
{
   private int dia;
   private int mes;
   private int anio;

   // sobrescribimos el metodo toString (lo heredamos de Object)
   public String toString()
   {
      // retorna una cadena tal como queremos que se vea la fecha
      return dia+"/"+mes+"/"+anio;
   }

   // :
   // setters y getters...
   // :
}
```

Ahora simplemente podremos imprimir el objeto `f` y la salida será la esperada: `"2/10/1970"` (considerando el ejemplo que analizamos más arriba).

2.2.4 El método `equals`

`equals` es otro de los métodos definidos en la clase `Object` y se utiliza para comparar objetos. El lector recordará que utilizamos este método para comparar *strings*. Pues bien, la clase `String` lo hereda de `Object` y lo sobrescribe de forma tal que permite determinar si una cadena es igual a otra comparando uno a uno los caracteres que las componen.

> Sobrescribirmos un método cuando el método que programamos también está programado en nuestro padre (o abuelo, o... en `Object`).

En nuestro caso tendremos que sobrescribir el método `equals` para indicar si dos fechas son iguales o no.

```java
package libro.cap02.fechas;

public class Fecha
{
   private int dia;
   private int mes;
   private int anio;

   // sobrescribimos el metodo equals que heredamos de Object
   public boolean equals(Object o)
   {
      Fecha otra = (Fecha)o;
      return (dia==otra.dia) && (mes==otra.mes) && (anio==otra.anio);
   }

   // :
   // setters y getters...
   // toString...
   // :
}
```

Como vemos el método `equals` retorna `true` si "nuestro día" es igual al día de la otra fecha y "nuestro mes" es igual al mes de la otra fecha y "nuestro año" es igual al año de la otra fecha. Si no es así entonces retorna `false`.

2.2.5 Definir y "crear" objetos

Para utilizar un objeto, no alcanza con definir su identificador (nombre de variable) y su tipo de datos. Además hay que "crearlo". En la siguiente línea de código, definimos un objeto pero no lo creamos.

```java
// define un objeto de tipo fecha
Fecha f;
```

El objeto `f` que definimos arriba no está listo para ser usado porque si bien fue definido, no fue "creado" (instanciado). Esto lo haremos a continuación:

```java
// creamos (instanciamos) el objeto f
f = new Fecha();
```

Las dos líneas de código anteriores podrían resumirse en una única línea en la que definimos e instanciamos el objeto `f`:

```java
// definimos e instanciamos el objeto f de la clase Fecha
Fecha f = new Fecha();
```

Los objetos son, en realidad, referencias (punteros); por lo tanto, al definir un objeto estaremos definiendo un puntero que, inicialmente, apuntará a una dirección de memoria nula (`null`). **Este objeto no podrá ser utilizado hasta tanto no apunte a una dirección de memoria válida.**

En el siguiente programa, definimos un objeto e intentamos utilizarlo sin haberlo creado. Al correrlo podremos ver un error de tipo `NullPointerException`.

```java
package libro.cap02.fechas;

public class TestFecha2
{
   public static void main(String[] args)
   {

      // definimos el objeto f (pero no lo creamos)
      Fecha f;
      f.setDia(2);      // aqui tira un error y finaliza el programa
      f.setMes(10);     // no se llega a ejecutar
      f.setAnio(1970); // no se llega a ejecutar

      System.out.println(f); // no se llega a ejecutar
   }
}
```

La salida de este programa es la siguiente:

```
Exception in thread "main" java.lang.NullPointerException
   at libro.cap02.fechas.TestFecha2.main(TestFecha2.java:9)
```

Este mensaje de error debe leerse de arriba hacia abajo y debe interpretarse de la siguiente forma:

El programa finalizó "arrojando una excepción" de tipo `NullPointerException` en la línea 9 de la clase `TestFecha2` (dentro del método `main`).

Vemos también que las líneas de código posteriores no llegaron a ejecutarse.

Más adelante, estudiaremos en detalle el tema de "excepciones". Por el momento, solo diremos que son errores que pueden ocurrir durante la ejecución de un programa Java.

2.2.6 El constructor

El constructor de una clase es un método "especial" a través del cual podemos crear los objetos de la clase.

Toda clase tiene (al menos) un constructor. Podemos definirlo (programarlo) explícitamente o bien aceptar el constructor por defecto que Java definirá por nosotros en caso de que no lo hayamos programado.

El constructor se utiliza para crear los objetos de las clases.

```java
// creamos un objeto a traves del constructor por default
Fecha f = new Fecha();
```

En esta línea de código, definimos y creamos el objeto `f` utilizando el constructor `Fecha()`. Vemos también que el operador `new` recibe como argumento al constructor de la clase.

Es decir: **el constructor de una clase es un método que se llama exactamente igual que la clase y que solo puede invocarse luego del operador `new` al crear objetos de la clase.**

Hasta el momento no hemos definido explícitamente un constructor para la clase `Fecha`, por lo tanto, los objetos de esta clase solo podrán ser creados mediante el uso del constructor "nulo" o "por defecto" que Java define automáticamente para este fin. Sería práctico poder crear objetos de la clase `Fecha` pasándoles los valores del día, mes y año a través del constructor. Con esto, evitaremos la necesidad de invocar a los *setters* de estos atributos.

Agregaremos entonces en la clase `Fecha` un constructor que reciba tres enteros (día, mes y año) y los asigne a sus atributos.

```
package libro.cap02.fechas;

public class Fecha
{
   private int dia;
   private int mes;
   private int anio;

   // constructor
   public Fecha(int d, int m, int a)
   {
      dia = d;
      mes = m;
      anio = a;
   }

   // :
   // setters y getters...
   // toString...
   // equals...
   // :
}
```

Como podemos ver, en el constructor, recibimos los tres valores y los asignamos a los atributos correspondientes. También podríamos haber invocado dentro del código del constructor a los *setters* y por ejemplo en lugar de hacer `dia = d` hacer `setDia(d)`. Sería lo mismo.

Es importante tener en cuenta que **desde el momento en que definimos explícitamente un constructor perdemos el contructor nulo o "por defecto". Por lo tanto (ahora), el siguiente código no compilará**:

```
// esto ahora no compila porque en la clase Fecha
// no existe un constructor que no reciba argumentos
Fecha f = new Fecha();
```

En cambio, podremos crear fechas especificando los valores iniciales para los atributos `dia`, `mes` y `anio`.

```
// Ahora si... creo la fecha del 2 de octubre de 1970
Fecha f = new Fecha(2, 10, 1970);
```

2.2.7 Un pequeño repaso de lo visto hasta aquí

Antes de seguir incorporando conceptos considero conveniente hacer un pequeño repaso de todo lo expuesto hasta el momento.

- Toda clase hereda (directa o indirectamente) de la clase `Object`.
- Los métodos de la clase `Object` son comunes a todas las clases.
- De `Object` siempre heredaremos los métodos `toString` y `equals`.
- Podemos sobrescribir estos métodos para definir el formato de impresión de los objetos de nuestras clases y el criterio de comparación (respectivamente).
- "Sobrescribir" significa reescribir el cuerpo de un método que estamos heredando (sin modificar su prototipo o encabezado).
- Los objetos no pueden ser utilizados hasta tanto no hayan sido creados.
- Para crear objetos utilizamos el constructor de la clase.
- Todas las clases tienen (al menos) un constructor.
- Podemos programar un constructor o bien aceptar el constructor por defecto que Java define por nosotros en caso de que no lo hayamos programado.
- Si programamos explícitamente el constructor entonces "perdemos" el constructor nulo.

Ejemplo: compara dos fechas ingresadas por el usuario.

En el siguiente programa, pedimos al usuario que ingrese dos fechas y las comparamos utilizando su método `equals`.

```java
package libro.cap02.fechas;

import java.util.Scanner;

public class TestFecha3
{
   public static void main(String[] args)
   {
      Scanner scanner=new Scanner(System.in);

      // el usuario ingresa los los datos de la fecha
      System.out.print("Ingrese Fecha1 (dia, mes y anio): ");
      int dia = scanner.nextInt();
      int mes = scanner.nextInt();
      int anio = scanner.nextInt();

      // creo un objeto de la clase Fecha
      Fecha f1=new Fecha(dia,mes,anio);

      // el usuario ingresa los los datos de la fecha
      System.out.print("Ingrese Fecha2 (dia, mes y anio): ");
      dia = scanner.nextInt();
      mes = scanner.nextInt();
      anio = scanner.nextInt();

      // creo un objeto de la clase Fecha
      Fecha f2=new Fecha(dia,mes,anio);

      System.out.println("Fecha 1 = "+f1);
      System.out.println("Fecha 2 = "+f2);
```

```
      if( f1.equals(f2) )
      {
         System.out.println("Son iguales !");
      }
      else
      {
         System.out.println("Son distintas...");
      }
   }
}
```

En este ejemplo creamos los objetos `f1` y `f2` de la clase `Fecha` utilizando el constructor que recibe tres `int` (es decir, el que programamos nosotros). Luego mostramos los objetos con `System.out.println` quien invoca sobre estos el método `toString`. La salida será *dd/mm/aaaa* porque en la clase `Fecha` sobrescribimos el `toString` espeficicando este formato de impresión. Por último, comparamos las dos fechas utilizando el método `equals` que también sobrescribimos indicando que dos fechas son iguales si coinciden los valores de sus atributos `dia`, `mes` y `anio`.

2.2.8 Convenciones de nomenclatura

Antes de seguir avanzando considero conveniente explicar las convenciones que comunmente son aceptadas y aplicadas a la hora de asignar nombres a las clases, métodos, atributos, constantes y variables.

2.2.8.1 Nombres de clases

Las clases siempre deben comenzar con mayúscula. En el caso de tener un nombre compuesto por más de una palabra, entonces, cada inicial también debe estar en mayúscula. Por ejemplo:

```
public class NombreDeLaClase
{
}
```

2.2.8.2 Nombres de métodos

Los métodos siempre deben comenzar en minúscula. En el caso de tener un nombre compuesto por más de una palabra, entonces, cada inicial debe comenzar en mayúscula, salvo (obviamente) la primera.

```
public void nombreDelMetodo(){ ... }
```

2.2.8.3 Nombres de atributos

Para los atributos se utiliza la misma convención que definimos para los métodos: comienzan en minúscula y si su nombre consta de más de una palabra entonces cada inicial (salvo la primera) debe ir en mayúscula.

```
public class Persona
{
   private String nombre;
   private Date fechaDeNacimiento;

   // :
}
```

2.2.8.4 Nombres de variables de instancia

Las variables de instancia (que no sean atributos) pueden definirse a gusto del programador siempre y cuando no comiencen con mayúscula. Algunos programadores utilizan la "notación húngara" que consiste en definir prefijos que orienten sobre el tipo de datos de la variable. Así, si tenemos una variable `contador` de tipo `int`, respetando esta notación la llamaremos `iContador` y si tenemos una variable `fin` de tipo `boolean` será: `bFin`.

2.2.8.5 Nombres de constantes

Para las constantes se estila utilizar solo letras mayúsculas. Si el nombre de la constante está compuesto por más de una palabra entonces debemos utilizar el "guion bajo" (o *underscore*) para separarlas.

```
public static final int NOMBRE_DE_LA_CONSTANTE = 1;
```

2.2.9 Sobrecarga

En el capítulo anterior, vimos que al método `indexOf` de la clase `String` le podemos pasar tanto un argumento de tipo `char` como uno de tipo `String`. Veamos:

```
String s = "Esto es una cadena";
int pos1 = s.indexOf("e"); // retorna 5
int pos2 = s.indexOf('e'); // retorna 5
```

En este código invocamos al método `indexOf` primero pasándole un argumento de tipo `String` y luego pasándole uno de tipo `char`. Ambas invocaciones son correctas y funcionan bien. Esto es posible porque el método `indexOf` de la clase `String` está "sobrecargado". Es decir, el mismo método puede invocarse con diferentes tipos y/o cantidades de argumentos.

Decimos que un **método está sobrecargado cuando admite más de una combinación de tipos y/o cantidades de argumentos**. Esto se logra escribiendo el método tantas veces como tantas combinaciones diferentes queremos que el método pueda adminir.

A continuación, veremos cómo podemos sobrecargar el constructor de la clase `Fecha` para que nos permita crear fechas a partir de los valores del día, mes y el año o sin ningún valor inicial a través de un constructor que no reciba argumentos.

```
package libro.cap02.fechas;

public class Fecha
{
   private int dia;
   private int mes;
   private int anio;

   // constructor recibe dia, mes y anio
   public Fecha(int d, int m, int a)
   {
      dia = d;
      mes = m;
      anio = a;
   }
```

```
    // constructor sin argumentos
    public Fecha()
    {
    }

    // :
    // setters y getters...
    // toString...
    // equals...
    // :
}
```

Luego de esto, las siguientes líneas de código serán correctas:

```
// creo una fecha indicando los valores iniciales
Fecha f1 = new Fecha(2,10,1970);

// creo una fecha sin indicar valores iniciales
Fecha f2 = new Fecha();
f2.setDia(4);      // asigno el dia
f2.setMes(6);      // asigno el mes
f2.setAnio(2008); // asigno el anio
```

Como vemos, ahora podemos crear fechas especificando o no los valores iniciales de sus atributos.

Es importante no confundir "sobrecarga" con "sobrescritura":

- Sobrecargamos un método cuando lo programamos más de una vez, pero con diferentes tipos y/o cantidades de parámetros.
- Sobrescribimos un método cuando el método que estamos programando es el mismo que heredamos de nuestro padre. En este caso, tenemos que respetar su encabezado (cantidades y tipos de parámetros y tipo del valor de retorno) ya que de lo contrario lo estaremos sobrecargando.

Mi propuesta ahora es hacer que la clase `Fecha` permita crear fechas a partir de una cadena de caracteres con este formato: "*dd/mm/aaaa*". Para esto, tendremos que agregar (sobrecargar) un constructor que reciba un *string* como argumento.

La estrategia será la siguiente: suponiendo que la fecha que recibimos en el constructor es "15/06/1973" entonces:

1. Buscamos la posición de la primera ocurrencia de `'/'` (la llamaremos `pos1`).
2. Buscamos la posición de la última ocurrencia de `'/'` (la llamaremos `pos2`).
3. Tomamos la subcadena ubicada entre 0 y `pos1` (no inclusive), la convertimos a `int` y la asignamos al atributo `dia`.
4. Tomamos la subcadena ubicada entre `pos1+1` y `pos2` (no inclusive), la convertimos a `int` y la asignamos en el atributo `mes`.
5. Tomamos la subcadena ubicada a partir de `pos2+1`, la convertimos a `int` y la asignamos en el atributo `anio`.

```java
package libro.cap02.fechas;

public class Fecha
{
   private int dia;
   private int mes;
   private int anio;

   public Fecha(String s)
   {
      // busco la primera ocurrencia de '/'
      int pos1=s.indexOf('/');

      // busco la ultima ocurrencia de '/'
      int pos2=s.lastIndexOf('/');

      // proceso el dia
      String sDia=s.substring(0,pos1);
      dia = Integer.parseInt(sDia);

      // proceso el mes
      String sMes=s.substring(pos1+1,pos2);
      mes = Integer.parseInt(sMes);

      // proceso el anio
      String sAnio = s.substring(pos2+1);
      anio = Integer.parseInt(sAnio);
   }
   // :
   // otros constructores...
   // setters y getters...
   // toString...
   // equals...
   // :
}
```

Ahora podremos crear fechas a partir de una cadena con formato "*dd/mm/aaaa*" o bien especificando los valores de los atributos `dia`, `mes` y `anio` por separado.

```java
// creo una fecha a partir de los tres valores por separado
Fecha f1 = new Fecha(25, 10,2004);

// creo una fecha a partir de una cadena con formato dd/mm/aaaa
Fecha f2 = new Fecha("25/10/2004");

// trabajo con las fechas, no importa como fueron creadas
if( f1.equals(f2) )
{
   System.out.println("Las fechas son iguales !");
}
```

2.2.10 Encapsulamiento

Uno de los objetivos que debemos perseguir cuando programamos clases es poder encapsular la complejidad que emerge de las operaciones asociadas a sus atributos. Me refiero a que debemos hacerle la vida fácil al programador que utilice objetos de nuestras clases exponiéndole las operaciones que podría llegar a necesitar, pero ocultándole la complejidad derivada de las mismas.

Por ejemplo, una de las operaciones asociadas a una fecha podría ser la de sumarle o restarle días, meses y años. Si definimos en la clase `Fecha` el método `addDias` entonces quien utilice esta clase fácilmente podría realizar esta operación sin necesidad de preocuparse por conocer el algoritmo que resuelve este problema. Simplemente, puede invocar al método y dar por resuelto el tema como veremos a continuación:

```
// creamos una fecha
Fecha f = new Fecha("23/12/1980");

// le sumamos 180 dias
f.addDias(180);

// mostramos como quedo la fecha luego de sumarle estos dias
System.out.println(f);
```

Obviamente para que esto sea posible tendremos que programar el método `addDias` en la clase `Fecha`.

Para facilitar los cálculos, y no perder tiempo en explicar cuestiones que en este momento resultarían ajenas y solo aportarían confusión, propongo considerar que todos los meses tienen 30 días, por lo tanto, en esta versión de la clase `Fecha` los años tendrán 360 días (12 meses por 30 días cada uno).

Teniendo en cuenta estas consideraciones el algoritmo para sumar días a una fecha consistirá en convertir la fecha a días, sumarle los días que se desean sumar y (teniendo la nueva fecha expresada en días) separarla en día, mes y año para asignar cada uno de estos valores en los atributos que correspondan.

Entonces serán tres los métodos que vamos a programar:

- El método `addDias` será el método que vamos a “exponer” para que los usuarios de la clase puedan invocar y así sumarle días a sus fechas.
- Desarrollaremos también el método `fechaToDias` que retornará un entero para representar la fecha expresada en días. Este método no lo vamos a “exponer”. Es decir, no será visible para el usuario: será `private` (privado).
- Por último, desarrollaremos el método inverso: `diasToFecha` que dado un valor entero que representa una fecha expresada en días, lo separará y asignará los valores que correspondan a los atributos `dia`, `mes` y `anio`. Este método también será `private` ya que no nos interesa que el usuario lo pueda invocar.

```
package libro.cap02.fechas;

public class Fecha
{
   private int dia;
   private int mes;
   private int anio;
```

```
    // retorna la fecha expresada en dias
    private int fechaToDias()
    {
       // no requiere demasiada explicacion...
       return anio*360+mes*30+dia;
    }

    // asigna la fecha expresada en dias a los atributos
    private void diasToFecha(int i)
    {
       // dividimos por 360 y obtenemos el anio
       anio = (int)i/360;

       // del resto de la division anterior
       // podremos obtener el mes y el dia
       int resto = i % 360;

       // el mes es el resto dividido 30
       mes = (int) resto/30;

       // el resto de la division anterior son los dias
       dia = resto % 30;


       // ajuste por si dia quedo en cero
       if( dia == 0)
       {
          dia=30;
          mes--;
       }

       // ajuste por si el mes quedo en cero
       if( mes == 0)
       {
          mes=12;
          anio--;
       }
    }

    public void addDias(int d)
    {
       // convierto la fecha a dias y le sumo d
       int sum=fechaToDias()+d;

       // la fecha resultante (sum) la separo en dia, mes y anio
       diasToFecha(sum);
    }

    // :
    // constructores...
    // setters y getters...
    // toString...
    // equals...
    // :
}
```

Ejemplo: suma días a una fecha.

Ahora podemos desarrollar una aplicación en la que el usuario ingrese una fecha expresada en formato *dd/mm/aaaa* y una cantidad de días para sumarle, y nuestro programa le mostrará la fecha resultante.

```
package libro.cap02.fechas;

import java.util.Scanner;

public class TestFecha4
{
   public static void main(String[] args)
   {
      Scanner scanner=new Scanner(System.in);

      // el usuario ingresa los datos de la fecha
      System.out.print("Ingrese Fecha (dd/mm/aaaa): ");

      // leo la fecha (cadena de caracteres) ingresada
      String sFecha = scanner.next();

      // creo un objeto de la clase Fecha
      Fecha f=new Fecha(sFecha);

      // lo muestro
      System.out.println("La fecha ingresada es: "+f);

      // el usuario ingresa una cantidad de dias a sumar
      System.out.print("Ingrese dias a sumar (puede ser negativo):
");
      int diasSum = scanner.nextInt();

      // le sumo esos dias a la fecha
      f.addDias(diasSum);

      // muestro la nueva fecha (con los dias sumados)
      System.out.println("sumando "+diasSum+" dias, queda: "+f);
   }
}
```

2.2.11 Visibilidad de métodos y atributos

En el ejemplo anterior, hablamos de “exponer” y “ocultar”. Esto tiene que ver con el nivel de visibilidad que podemos definir para los métodos y los atributos de nuestras clases.

Aquellos métodos y atributos que definamos como `public` (públicos) serán visibles desde cualquier otra clase. Por el contrario, los métodos y atributos que definamos como `private` (privados) estarán encapsulados y solo podrán ser invocados y manipulados dentro de la misma clase.

En el caso de la clase `Fecha`, los atributos `dia`, `mes` y `anio` son `private`, por lo tanto, no pueden ser manipulados directamente desde (por ejemplo) el método `main` de otra clase.

```
public class OtraClase
{
   public static void main(String args)
   {
      Fecha f=new Fecha();

      // error de compilacion ya que el atributo es private
      f.dia = 21;
   }
}
```

Lo mismo pasa con los métodos `fechaToDias` y `diasToFecha`. Ambos métodos son privados y, por lo tanto, no podrán ser invocados sobre los "objetos fecha" que sean creados fuera de la clase `Fecha`.

```
public class OtraClase
{
   public static void main(String args)
   {
      Fecha f=new Fecha("25/2/1980");

      // el metodo fechaToDias es private, error de compilacion
      int dias = f.fechaToDias();
   }
}
```

En cambio, podremos invocar cualquier método definido como `public`, como: todos los constructores y los métodos `toString`, `equals`, `addDias`, etc. Si la clase tuviese atributos definidos como `public`, entonces podríamos manipularlos directamente desde cualquier método dentro de cualquier clase.

En general, se estila que los atributos sean `private` y los métodos `public`. **Si para desarrollar un método complejo tenemos que dividirlo (estructurarlo) en varios métodos más simples, estos probablemente deberían ser `private` para prevenir que el usuario los pueda invocar**. Con esto, le evitaremos al usuario confusiones y pérdidas de tiempo innecesarias.

Existen dos niveles más de visibilidad: `protected` y *friendly*.

El primero hace que un método o variable sea visible dentro de la cadena de herencia (es decir, en todas las subclases) pero que no lo sea por fuera de esta.

El segundo (*friendly*) no existe como tal. Es un modificador tácito que surge cuando omitimos definir explícitamente alguno de los modificadores anteriores. En otras palabras, si a un miembro de la clase no lo definimos como `private`, `protected` o `public` entonces (por omisión) será *friendly*.

Un método o variable *friendly* será accesible por todas las clases que comparten el mismo paquete, pero no lo será para las clases que estén ubicadas en otros paquetes.

2.2.12 Packages (paquetes)

Los paquetes proporcionan un mecanismo a través del cual podemos organizar nuestras clases por algún criterio determinado. Además, constituyen un *namespace* (espacio de nombres) en el cual pueden convivir clases que tengan el mismo nombre, siempre y cuando estén empaquetadas en diferentes paquetes.

Para que una clase esté ubicada en un determinado paquete la primera línea de código del archivo que la contiene debe ser `package` seguido del nombre del paquete que la contendrá.

¿Qué hubiera pasado si a nuestra clase en lugar de llamarla "Fecha" la hubiéramos llamado "Date"? No hubiera pasado absolutamente nada. Java trae, por lo menos, dos clases llamadas "Date". La nuestra podría ser la tercera.

Siendo así, ¿cómo pueden convivir tres clases con el mismo nombre? Es simple, están ubicadas en paquetes diferentes.

Por ejemplo, Java provee las clases: `java.util.Date` y `java.sql.Date`. La nuestra (si la hubiéramos llamado "Date") sería: `libro.cap02.fechas.Date`.

Físicamente, los paquetes son directorios (o carpetas). Así, para que una clase esté dentro de un determinado paquete (supongamos el paquete `pkgtest`) tendrá que comenzar con la línea `package pkgtest;` y estar ubicada en el disco en una carpeta con el mismo nombre.

2.2.13 La estructura de los paquetes y la variable CLASSPATH

Los proyectos Java deben estar ubicados dentro de una carpeta que será la base de las carpetas que constituyen los paquetes. A esta carpeta la llamaremos *package root* (raíz de los paquetes).

Por ejemplo, la clase `Fecha` está en el paquete `libro.cap02.fechas`, si consideramos como *package root* a la carpeta c:\misproyectos\demolibro entonces la estructura del proyecto será la siguiente:

```
c:\
 |_misproyectos\
       |_demolibro\
                |_src\
                |   |_libro\
                |       |_cap02\
                |           |_fechas\
                |                |_Fecha.java
                |                |_TestFecha.java
                |                |_      :
                |
                |_bin\
                    |_libro\
                        |_cap02\
                            |_fechas\
                                 |_Fecha.class
                                 |_TestFecha.class
                                 |_      :
```

Cuando trabajamos con *Eclipse* esto es totalmente "transparente" ya que esta herramienta lo hace automáticamente. Sin embargo, si queremos ejecutar algún programa Java desde afuera de la herramienta entonces tendremos que tener en cuenta la estructura anterior y los pasos a seguir serán los siguientes:

- Definir la variable de ambiente `CLASSPATH=c:\misproyectos\demolibro\bin`
- Asegurarnos de que la carpeta que contiene java.exe esté dentro del `PATH`.

Con esto, podremos ejecutar desde línea de comandos nuestro programa Java haciendo:

```
java libro.cap02.fechas.TestFecha
```

En la variable `CLASSPATH`, podemos definir más de una ruta, por lo que si tenemos varios *package root* de diferentes proyectos podemos agregarlos al `CLASSPATH` y así, en las clases de un proyecto, podremos utilizar clases que fueron desarrolladas en otros proyectos. Las diferentes rutas deben separarse con `;` (punto y coma):

```
set CLASSPATH=c:\...\pkgroot1;c:\...\pkgroot2;...
```

2.2.14 Las APIs (Application Programming Interface)

Dado que usualmente los paquetes agrupan clases funcionalmente homogéneas, es común decir que determinados paquetes constituyen una API (*Application Programming Interface*).

Llamamos API al conjunto de paquetes (con sus clases y métodos) que tenemos disponibles para desarrollar nuestros programas.

Todos los paquetes que provee Java constituyen la API de Java. Pero podemos ser más específicos y, por ejemplo, decir que el paquete `java.net` constituye la API de *networking* y decir que el paquete `java.sql` contituye la API de acceso a bases de datos (o la API JDBC).

En resumen, una API es un paquete o un conjunto de paquetes cuyas clases son funcionalmente homogéneas y están a nuestra disposición.

Las APIs suelen documentarse en páginas HTML con una herramienta que se provee como parte del JDK: el **javadoc**. Recomiendo al lector mirar el videotutorial que explica cómo utilizar esta herramienta.

Es común utilizar APIs provistas por terceras partes o bien, desarrollar nosotros nuestras propias APIs y ponerlas a disposición de terceros. Dado que una API puede contener cientos o miles de clases se utiliza una herramienta para unificar todos los archivos (todos los *.class*) en un único archivo con extensión *.jar*. Esta herramienta es provista como parte del JDK y su uso está documentado en el videotutorial correspondiente.

Utilizar la herramienta "javadoc" para documentar nuestro código fuente.

2.2.15 Representación gráfica UML

Como dice el refrán, "una imagen vale más que mil palabras". Un gráfico puede ayudarnos a ordenar los conceptos e ideas a medida que los vamos incorporando.

Si bien no es tema de este libro, utilizaré algunos de los diagramas propuestos por UML (*Unified Modeling Language,* Lenguaje Unificado de Modelado) cuando considere que estos puedan aportar claridad sobre alguno de los conceptos analizados.

UML es, en la actualidad, el lenguaje gráfico de modelado de objetos más difundido y utilizado. Su gran variedad de diagramas facilitan las tareas de análisis, diseño y documentación de sistemas. Está respaldado por el OMG (*Object Management Group*).

En este caso, utilizaremos un diagrama de clases y paquetes para representar lo que estudiamos más arriba.

Empaquetar clases utilizando la herramienta "jar".

Los paquetes se representan como “carpetas”, las clases se representan en “cajas” y las flechas indican una relación de herencia entre clases. Si de una clase sale una flecha que apunta hacia otra clase, será porque la primera es una subclase de la segunda. Si de un paquete sale una flecha que apunta hacia otro paquete, estará representando que el primer paquete es dependiente del segundo.

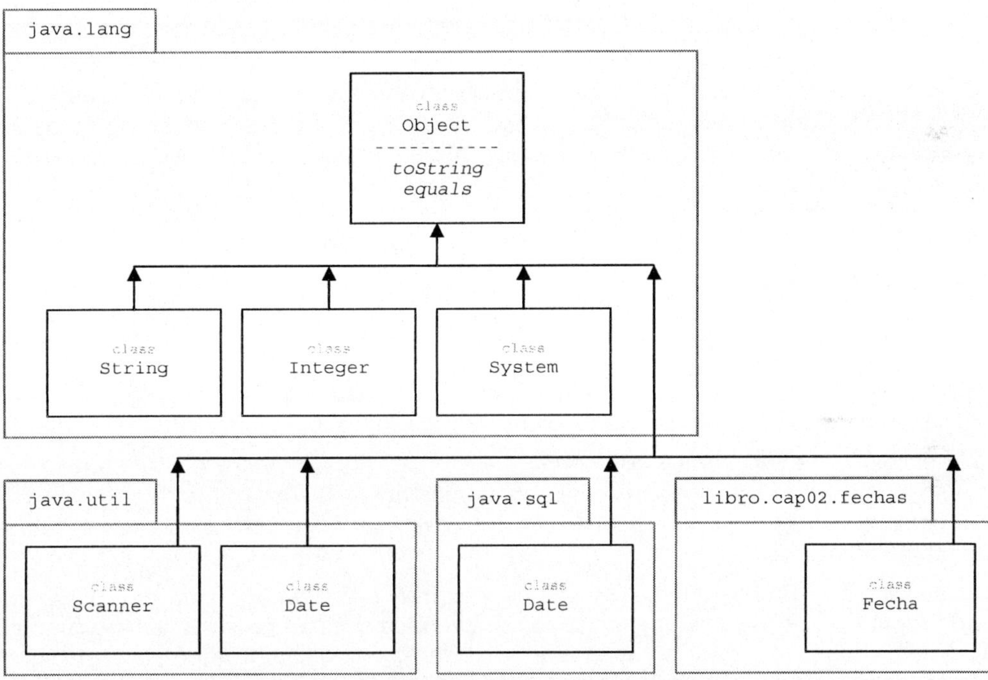

Fig. 2.1 Diagrama de clases y paquetes de UML.

Este diagrama muestra algunas de las clases que hemos utilizado ubicándolas dentro del paquete al cual pertenecen. También representa la relación de herencia entre estas clases y la clase base `Object`, en la que además se destacan los métodos `equals` y `toString`. Es decir, todas las clases heredan estos métodos.

Podemos observar que existen dos clases `Date`, pero esto no ocasiona ningún problema porque cada una está ubicada en un paquete diferente.

Obviamente, la clase `Object` tiene más métodos, los paquetes `java.lang`, `java.util` y `java.sql` tienen más clases y, además, Java provee muchos otros paquetes. En el diagrama solo representamos aquellos elementos que necesitamos reflejar.

2.2.16 Importar clases de otros paquetes

En nuestras clases podemos utilizar otras clases independientemente del paquete en que estas estén contenidas. Simplemente, "las importamos" y las usamos. Para esto, se utiliza la sentencia `import`.

Si observamos bien, en todos los programas que desarrollamos hasta ahora incluimos la sentencia `import java.util.Scanner`. Gracias a esta sentencia pudimos utilizar la clase `Scanner` que, evidentemente, nosotros no desarrollamos, pero la utilizamos.

Sin embargo, también utilizamos muchas otras clases que no necesitamos importar, tales como: `String`, `System`, `Integer`, `Object`. Todas estas clases (y muchísimas más) son parte de la API (biblioteca) que provee Java y están ubicadas en el paquete `java.lang`. Este paquete se importa solo, no es necesario importarlo explícitamente.

Si el lector tiene conocimientos de lenguaje C, probablemente relacionará la sentencia `import` con la instrucción de preprocesador `include`. Pues bien, no funcionan de la misma manera. La primera (el `import` de Java) solo define referencias, rutas en las cuales el compilador debe buscar las clases que utilizamos en nuestros programas. La segunda (el `include` de C) incluye físicamente el contenido de un archivo dentro de otro.

2.3 Herencia y polimorfismo

Como mencionamos anteriormente, la herencia permite definir nuevas clases en función de otras clases ya existentes. Diremos que la "clase derivada" o la "subclase" hereda los métodos y atributos de la "clase base". Esto posibilita, partiendo de una base, redefinir el comportamiento de los métodos heredados y/o extender su funcionalidad.

En la sección anterior, trabajamos con la clase `Fecha`. Supongamos que no tenemos acceso al código de esta clase. Es decir, podemos utilizarla, pero no la podemos modificar porque, por ejemplo, fue provista por terceras partes. Hagamos de cuenta que no la desarrollamos nosotros.

La clase `Fecha` nos es útil, funciona bien y es muy práctica. Sin embargo, queremos modificar la forma en la que una fecha se representa a sí misma cuando le invocamos el método `toString` (recordemos que no la podemos modificar porque estamos suponiendo que nosotros no la hemos desarrollado).

La solución será crear una nueva clase que herede de `Fecha` y que modifique la manera en la que esta se representa como cadena. Esto lo podremos hacer sobrescribiendo el método `toString`. Llamaremos a la nueva clase `FechaDetallada` y haremos que se represente así: "25 de octubre de 2009".

```
package libro.cap02.misclases;

import libro.cap02.fechas.Fecha;

public class FechaDetallada extends Fecha
{
```

```
   private static String meses[]={"Enero"
                                 ,"Febrero"
                                 ,"Marzo"
                                 ,"Abril"
                                 ,"Mayo"
                                 ,"Junio"
                                 ,"Julio"
                                 ,"Agosto"
                                 ,"Septiembre"
                                 ,"Octubre"
                                 ,"Noviembre"
                                 ,"Diciembre"};

   public String toString()
   {
      return getDia()+" de "+meses[getMes()-1]+" de "+getAnio();
   }
}
```

La clase `FechaDetallada` hereda de la clase base `Fecha` y sobrescribe el método `toString` para retornar una representación más detallada que la que provee su padre.

Para indicar que una clase hereda de otra, se utiliza la palabra `extends`. Decimos entonces que `FechaDetallada` "extiende" a `Fecha`.

Otras expresiones válidas son:

- `FechaDetallada` "hereda" de `Fecha`
- `FechaDetallada` "es una" `Fecha`
- `FechaDetallada` "es hija" de `Fecha`
- `FechaDetallada` "es una subclase" de `Fecha`
- `FechaDetallada` "subclasea" a `Fecha`

La lógica de programación que utilizamos para resolver el método `toString` en la clase `FechaDetallada` es simple: definimos un `String[]` (léase "string array") conteniendo los nombres de los meses. Luego retornamos una cadena de caracteres concatenando el día seguido del nombre del mes y el año.

Notemos que (por ejemplo) si la fecha contiene el mes 10, el nombre "Octubre" se encuentra en la posición 9 del *array* porque en Java los *array* siempre comienzan desde cero.

El *array* `meses` fue definido como `static`. Esto significa que es una "variable de clase", pero este tema lo estudiaremos más adelante.

Notemos también que para acceder a los atributos `dia`, `mes` y `anio` que la clase `FechaDetallada` hereda de `Fecha` fue necesario utilizar los *getters*. Esto se debe a que los atributos son privados y si bien existen en la clase derivada, no son accesibles sino a través de sus métodos de acceso.

Probemos la clase `FechaDetallada` con el siguiente programa:

```
package libro.cap02.misclases;

public class TestFechaDetallada
{
   public static void main(String[] args)
   {
      FechaDetallada f=new FechaDetallada();
      f.setDia(25);
      f.setMes(10);
      f.setAnio(2009);

      System.out.println(f);
   }
}
```

En este programa creamos un objeto de tipo `FechaDetallada`, asignamos valor a sus atributos y lo imprimimos.

Lamentablemente, los constructores no se heredan; por lo tanto, por el momento, la clase `FechaDetallada` solo tiene el constructor por defecto. Sin embargo, para agregar el constructor que recibe un `String` bastará con las siguientes líneas de código.

```
public FechaDetallada(String f)
{
   super(f);
}
```

En el siguiente diagrama, vemos representado el ejemplo anterior.

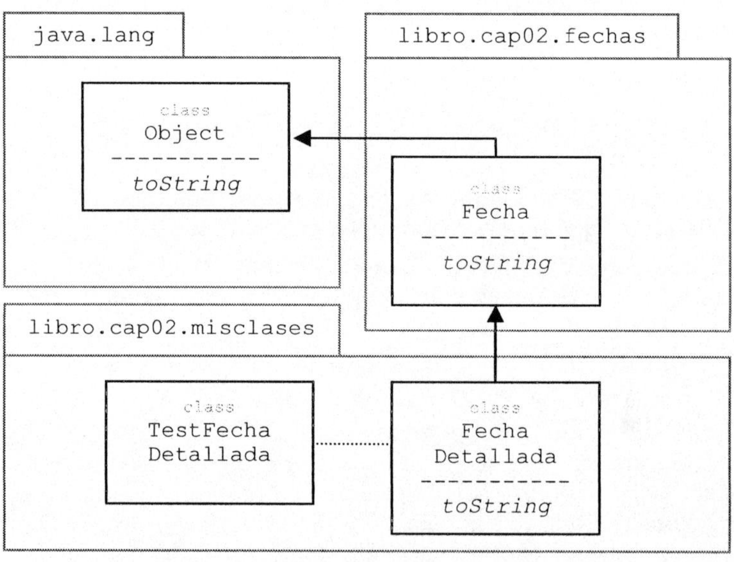

Fig. 2.2 Representación de las clases `Fecha` y `FechaDetallada`.

El diagrama representa la relación de herencia entre las clase `FechaDetallada`, `Fecha` y `Object`, cada una en su propio paquete. También representa que el método toString se sobrescribe en Fecha y en FechaDetallada ya que viene heredado de Object. Por último, muestra que la clase TestFechaDetallada "usa" a la clase FechaDetallada.

Obviamente, la clase TestFechaDetallada también hereda de Object. Sin embargo, esta relación no es relevante en nuestro ejemplo por lo que decidimos no reflejarla en el diagrama.

2.3.1 Polimorfismo

Los objetos nunca dejan de reconocerse como miembros de una determinada clase. Por tal motivo, independientemente del tipo de datos de la variable que los esté conteniendo, estos ante la invocación de cualquiera de sus métodos siempre reaccionarán como su propia clase lo defina.

Será más simple analizarlo directamente sobre un ejemplo concreto.

En el siguiente programa, asignamos un objeto de tipo FechaDetallada a una variable de tipo Fecha y otro objeto también de tipo FechaDetallada en una variable de tipo Object. Luego imprimimos los dos objetos invocando al método toString.

```
package libro.cap02;

import libro.cap02.fechas.Fecha;
import libro.cap02.misclases.FechaDetallada;

public class TestPolimorfismo
{
   public static void main(String[] args)
   {
      // a fec (de tipo Fecha) le asigno un objeto FechaDetallada
      Fecha fec = new FechaDetallada("25/02/2009");

      // a obj (de tipo Object) le asigno un objeto FechaDetallada
      Object obj = new FechaDetallada("3/12/2008");

      // Imprimo los dos objetos
      System.out.println("fec = "+fec); // invoca a toString de fec
      System.out.println("obj = "+obj); // invoca a toString de obj
   }
}
```

La variable fec puede contener un objeto de tipo FechaDetallada porque esta última clase hereda de Fecha (el tipo de datos de fec). A su vez, Fecha hereda de Object. Por lo tanto, un objeto FechaDetallada también puede asignarse en una variable de tipo Object. Luego de imprimir ambos objetos la salida del programa será la siguiente:

```
fec = 25 de Febrero de 2009
obj = 3 de Diciembre de 2008
```

> Los objetos nunca pierden su identidad, aun cuando estén siendo referenciados por una variable de algún tipo de datos más básico. Por esto, cuando invocamos a cualquiera de sus métodos siempre lo resolverán como lo indique la clase a la que pertenecen.

Aunque `fec` es de tipo `Fecha` y `obj` es de tipo `Object`, ambos se imprimieron con el formato definido en la clase `FechaDetallada` porque las dos variables contienen objetos de esta clase y, como comentamos más arriba, un objeto nunca se olvida de su clase. Así, por **polimorfismo**, se invoca al método `toString` definido en la clase a la cual pertenece el objeto (recordemos que `System.out.println(x)` imprime la cadena que retorna el método `toString` del objeto `x`).

Para terminar de comprender la idea, pensemos en una clase con un método para imprimir un conjunto de objetos. Este método recibirá un `Object[]` (léase "object array") para recorrerlo e imprimir cada uno de sus elementos en pantalla.

```
package libro.cap02;

public class MuestraConjunto
{
   public static void mostrar(Object[] arr)
   {
      for( int i=0; i<arr.length; i++ )
      {
         System.out.println("arr["+i+"] = "+ arr[i]);
      }
   }
}
```

Como podemos ver, dentro del método `mostrar` no conocemos el tipo de cada uno de los objetos que contiene `arr`. Solo sabemos que son de tipo `Object`, pero como todas las clases heredan de `Object`, potencialmente `arr` puede tener objetos de cualquier tipo. Sin embargo, esto no nos impide imprimirlos ya que cada objeto "sabrá" cómo mostrarse al momento de invocársele su método `toString`.

Veamos ahora el programa principal donde invocamos al método `mostrar` de la clase `MuestraConjunto`.

```
package libro.cap02;

import libro.cap02.fechas.Fecha;
import libro.cap02.misclases.FechaDetallada;

public class TestMuestraConjunto
{
   public static void main(String[] args)
   {
      Object[] arr = { new Fecha(2,10,1970)
                     , new FechaDetallada("23/12/1948")
                     , new String("Esto es una cadena")
                     , new Integer(34) };

      // como el metodo es estatico lo invoco a traves de la clase
      MuestraConjunto.mostrar(arr);
   }
}
```

Efectivamente, el *array* `arr` contiene objetos de tipos muy diferentes: `Fecha`, `FechaDetallada`, `String` e `Integer`. Todos ellos tienen el método `toString` porque sus clases lo heredan de `Object` y por más que estén contenidos en variables de tipo `Object` (`arr[i]`), cuando se les invoca el método `toString` se ejecutará el que defina su propia clase. Por lo tanto, la salida de este programa será la siguiente:

```
arr[0] = 2/10/1970
arr[1] = 23 de Diciembre de 1948
arr[3] = Esto es una cadena
arr[4] = 34
```

El polimorfismo es (para mi entender) la característica fundamental de la programación orientada a objetos. Este tema será profundizado a lo largo de este capítulo. Por el momento, alcanza con esta breve explicación.

Antes de terminar debemos mencionar que el método `mostrar` de la clase `MuestraConjunto` es un método estático. Esto lo convierte en un "método de la clase". Si bien este tema lo analizaremos más adelante, podemos ver que en el método `main` lo invocamos directamente sobre la clase haciendo: `MuestraConjunto.mostrar`. Es el mismo caso que el de `Integer.parseInt` que utilizamos para convertir cadenas a números enteros.

2.3.2 Constructores de subclases

Lo primero que hace el constructor de una clase derivada es invocar al constructor de su clase base. Si esto no se define explícitamente (programándolo) entonces se invocará al constructor nulo de la clase base y si este no existe tendremos un error de compilación.

En la clase `FechaDetallada`, no hemos definido ningún constructor, por lo tanto, el único constructor disponible será el constructor nulo. Este constructor lo único que hará será invocar al constructor nulo de la clase base (`Fecha`). Recordemos que habíamos sobrecargado el constructor de `Fecha` y justamente uno de los constructores que dejamos definido era el constructor nulo (el que no recibe parámetros).

Recomiendo al lector comentar el código del constructor nulo de la clase `Fecha` y volver a compilar la clase `FechaDetallada`. Obtendrá el siguiente error de compilación:

```
Implicit super constructor Fecha() is undefined
         for default constructor. FechaDetallada.java (line 6)
```

Este mensaje indica que no está definido el constructor nulo (o sin argumentos) en la clase `Fecha`.

En el mensaje de error, vemos que aparece la palabra *super*. El significado y el uso de esta palabra reservada los estudiaremos a continuación.

2.3.3 La referencia `super`

Si en una clase base tenemos definido un constructor que recibe una determinada combinación de parámetros, en las clases derivadas tendremos que definirlo explícitamente o bien, resignarnos a no tenerlo disponible porque, como comentamos más arriba, los constructores no se heredan.

Como en la clase `Fecha` teníamos definidos tres constructores, lo razonable será definir estos mismos constructores también en la clase `FechaDetallada`.

```
package libro.cap2.misclases;

public class FechaDetallada extends Fecha
{
   // :
   // definicion del array meses...
   // :

   public FechaDetallada(int dia, int mes, int anio)
   {
      // invocamos al constructor del padre
      super(dia,mes,anio);
   }

   public FechaDetallada(String s)
   {
      // invocamos al constructor del padre
      super(s);
   }

   public FechaDetallada()
   {
      // invocamos al constructor del padre
      super();
   }

   // :
   // metodo toString...
   // :
}
```

Con esto, tendremos en la clase `FechaDetallada` los mismos constructores que teníamos definidos en la clase `Fecha`.

En cada uno de estos constructores, invocamos al constructor del padre a través de la palabra `super`. Esta palabra representa al constructor del padre (que en este caso es el constructor de la clase `Fecha`).

¿Qué ocurrirá si en alguno de estos constructores no invocamos explícitamente al constructor del padre? Sucederá lo siguiente:

1. Por omisión se invocará al constructor nulo de la clase `Fecha`, pero como este existe no tendremos ningún error de compilación.
2. Como el constructor nulo de `Fecha` no hace nada, quedarán sin asignar los atributos `dia`, `mes` y `anio`.
3. Cuando imprimamos una fecha con `System.out.println` se invocará al método `toString` de `FechaDetallada`, el que accederá al *array* `meses[mes-1]`. Pero como el atributo `mes` no tiene valor esto generará un error en tiempo de ejecución: un `ArrayIndexOutOfBoundException`.

Sugiero al lector probar la modificación del constructor que recibe tres enteros anulando la llamada al constructor del padre de la siguiente manera:

```
public FechaDetallada(int dia, int mes, int anio)
{
   // super(dia,mes,anio);
}
```

Luego si hacemos:

```
public static void main(String args[])
{
   FechaDetallada f=new FechaDetallada(25,10,2009);
   Sytstem.out.println(f);
}
```

tendremos el siguiente error en tiempo de ejecución:

```
Exception in thread "main" java.lang.ArrayIndexOutOfBoundsException: -1
at libro.cap2....FechaDetallada.toString(FechaDetallada.java:42)
   at java.lang.String.valueOf(String.java:2577)
   at java.io.PrintStream.print(PrintStream.java:616)
   at java.io.PrintStream.println(PrintStream.java:753)
   at lib....TestFechaDetallada.main(TestFechaDetallada.java:15)
```

Como vemos, `super` se utiliza para hacer referencia al constructor del padre. **En Java no existe la "herencia múltiple", por lo tanto, para cualquier clase siempre se tendrá un único padre**. Claro que este podría tener varios constructores entonces dependiendo de los argumentos que le pasemos a `super` se invocará al constructor que concuerde exactamente con esa combinación de argumentos.

La palabra `super` también puede utilizarse como un objeto y en este caso funciona como una "referencia al padre".

Para ejemplificar su uso extenderemos aún más la funcionalidad de nuestras clases desarrollando la clase `FechaHora` que extenderá a `FechaDetallada` proveyendo la capacidad para almacenar también la hora (hora, minutos y segundos).

```
package libro.cap2.misclases;

public class FechaHora extends FechaDetallada
{
   private int hora;
   private int minuto;
   private int segundo;

   public FechaHora(String sFecha,int hora,int min, int seg)
   {
      super(sFecha);
      this.hora = hora;
      this.minuto = min;
      this.segundo = seg;
   }

   public String toString()
   {
      // invocamos al metodo toString de nuestro padre
     return super.toString()+" ("+hora+":"+minuto+":"+segundo+")";
   }
```

```
    // :
    // otros constructores...
    // setters y getters...
    // :
}
```

Esta clase extiende la funcionalidad de `FechaDetallada` proveyendo además la posibilidad de trabajar con la hora.

En el método `toString` (que sobrescribimos), utilizamos la palabra `super` para invocar al método `toString` de `FechaDetallada`. A la cadena que obtenemos le concatenamos otra cadena representando la hora y eso es lo que retornamos.

Ahora veremos un programa donde utilizamos un objeto de tipo `FechaHora` y lo imprimimos.

```
package libro.cap2.misclases;

public class TestFechaHora
{
   public static void main(String[] args)
   {
      FechaHora fh = new FechaHora("25/2/2006",14,30,10);
      System.out.println(fh);
   }
}
```

La salida de este programa será:

```
25 de Febrero de 2006 (14:30:10)
```

2.3.4 La referencia `this`

Así como `super` hace referencia al constructor del padre, la palabra `this` hace referencia a los otros constructores de la misma clase.

Para ejemplificar el uso de `this`, replantearemos el desarrollo de los constructores de la clase `FechaDetallada` de la siguiente manera:

```
package libro.cap2.misclases;

public class FechaDetallada extends Fecha
{
   // definicion del array meses...

   public FechaDetallada(int dia, int mes, int anio)
   {
      super(dia,mes,anio);
   }

   public FechaDetallada()
   {
      // invocamos al constructor de tres int pasando ceros
      this(0,0,0);
   }
```

```
    // :
    // contructor que recibe un String
    // metodo toString...
    // :
}
```

Como vemos, desde el constructor que no recibe parámetros invocamos al constructor que recibe tres enteros y le pasamos valores cero. Con esto, daremos valores iniciales (aunque absurdos) a la fecha que está siendo creada.

También, `this` puede ser usado como referencia a "nosotros mismos". Esto ya lo utilizamos en la clase `Fecha` cuando en los *setters* hacíamos:

```
public void setDia(int dia)
{
    this.dia = dia;
}
```

Dentro de este método asignamos el valor del parámetro `dia` al atributo `dia`. Con `this.dia` nos referimos al atributo `dia` (que es un miembro o variable de instancia de la clase) y lo diferenciamos del parámetro `dia` que simplemente es una variable automática del método.

Los conceptos de "instancia", "atributo" y "variable de instancia" los estudiaremos en detalle más adelante, en este mismo capítulo.

2.3.5 Clases abstractas

En ocasiones podemos reconocer la existencia de ciertos objetos que claramente son elementos de una misma clase y, sin embargo, sus operaciones las realizan de maneras muy diferentes. El caso típico para estudiar este tema es el caso de las figuras geométricas.

Nadie dudaría en afirmar que "toda figura geométrica describe un área cuyo valor se puede calcular". Sin embargo, para calcular el área de una figura geométrica será necesario conocer cuál es esa figura. Es decir, no alcanza con saber: "es una figura geométrica", necesitamos además conocer qué figura es.

Dicho de otro modo, podemos calcular el área de un rectángulo, podemos calcular el área de un círculo y también podemos calcular el área de un triángulo, pero no podemos calcular el área de una figura geométrica si no conocemos concretamente de qué figura estamos hablando.

Una clase abstracta es una clase que tiene métodos que no pueden ser desarrollados por falta de información concreta. Estos métodos se llaman "métodos abstractos" y deben desarrollarse en las subclases, cuando esta información esté disponible.

En nuestro ejemplo `FiguraGeometrica`, será una clase abstracta con un único método abstracto: el método `area`.

```
package libro.cap02.figuras;

public abstract class FiguraGeometrica
{
```

```
    // metodo abstracto
    public abstract double area();

    public String toString()
    {
       return "area = " + area();
    }
}
```

Las clases abstractas se definen como `abstract class`. En nuestro caso el método `area` es un método abstracto, por esto se lo define como `abstract` y no se lo resuelve. Simplemente, se finaliza su declaración con `;` (punto y coma).

Las clases abstractas no pueden ser instanciadas. Es decir, no podemos crear objetos de clases definidas como abstractas porque, por definición, hay métodos de la clase que no están resueltos aún.

No podemos hacer esto:

```
// MAL, esto no compila
FiguraGeometrica fg = new FiguraGeometrica();
```

Dejo planteado un interrogante para el lector: en la clase `FiguraGeometrica` sobrescribimos el método `toString` y dentro de este invocamos al método `area` (que es abstracto). ¿Esto tiene sentido?

En general las clases abstractas deben ser *subclaseadas* y toda clase que herede de una clase abstracta tendrá que sobrescribir los métodos abstractos de su padre o bien también deberá ser declarada abstracta y (por lo tanto) no se podrá instanciar.

Ahora podemos pensar en figuras geométricas concretas como el círculo, el rectángulo y el triángulo. Serán subclases de `FiguraGeometrica` en las cuales podremos sobrescribir el método `area` ya que estaremos hablando de figuras concretas. Por ejemplo, el área de un círculo se calcula como π *x radio*^{2} (léase "pi por radio al cuadrado") y el de un rectángulo será *base x altura*, mientras que el de un triángulo será *base x altura / 2*.

```
package libro.cap02.figuras;

public class Rectangulo extends FiguraGeometrica
{
   private double base;
   private double altura;

   public Rectangulo(double b, double h)
   {
      base = b;
      altura = h;
   }

   public double area()
   {
      return base * altura;
   }
```

```
   // :
   // setters y getters
   // :
}
```

Como vemos, en la clase `Rectangulo`, definimos los atributos que caracterizan a un rectángulo y sobrescribimos adecuadamente el método `area` retornando el producto de los atributos `base` y `altura`.

Lo mismo haremos con las clases `Circulo` y `Triangulo`.

```
package libro.cap02.figuras;

public class Circulo extends FiguraGeometrica
{
   private int radio;

   public Circulo(int r)
   {
      radio = r;
   }

   public double area()
   {
      // retorno "PI por radio al cuadrado"
      return Math.PI*Math.pow(radio,2);
   }
}
```

El número π está definido como una constante estática en la clase `Math`. Para acceder a su valor, lo hacemos a través de `Math.PI`. Para calcular la potencia *radio*^{2}, utilizamos el método `pow` también estático definido en la misma clase `Math`.

El concepto de "estático" lo estudiaremos más adelante, pero como comentamos más arriba, sabemos que los métodos estáticos pueden invocarse directamente sobre la clase sin necesidad de instanciarla primero (por ejemplo `Math.pow`, `System.out.println`, `Integer.parseInt`, etc.).

```
package libro.cap02.figuras;

public class Triangulo extends FiguraGeometrica
{
   private double base;
   private double altura;

   public Triangulo(int b, int h)
   {
      base = b;
      altura = h;
   }
```

```
   public double area()
   {
      return base*altura/2;
   }
}
```

Pensemos ahora en un programa que utilice estas clases.

```
package libro.cap02.figuras;

public class TestFiguras
{
   public static void main(String[] args)
   {
      Circulo c = new Circulo(4);
      Rectangulo r = new Rectangulo(10,5);
      Triangulo t = new Triangulo(3,6);

      System.out.println(c);
      System.out.println(r);
      System.out.println(t);
   }
}
```

La salida será:

```
area = 50.26548245743669
area = 50.0
area = 9.0
```

Este resultado demuestra lo siguiente:

- Las clases `Circulo`, `Rectangulo` y `Triangulo` heredan el método `toString` definido en `FiguraGeometrica` (heredado de `Object`). Recordemos que dentro de este método invocábamos al método `area` (abstracto).
- Cuando en `toString` se invoca al método `area` en realidad se está invocando al método `area` de la clase concreta del objeto sobre el cual se invocó el `toString`. Por este motivo, resulta que el cálculo del área es correcto para las tres figuras que definimos en el `main`.

2.3.6 Constructores de clases abstractas

Que una clase abstracta no pueda ser instanciada no implica que esta no pueda tener constructores. De hecho (como sucede con todas las clases), si no definimos un constructor explícitamente igual existe el constructor nulo.

¿Qué sentido tiene definir un constructor en una clase que no podremos instanciar? El sentido es el de "obligar" a las subclases a *settear* los valores de los atributos de la clase base (en este caso la clase abstracta).

Agregaremos el atributo `nombre` en clase `FiguraGeometrica` y también un constructor que reciba el valor para este atributo. Así cada figura podrá guardar su nombre para brindar información más específica al momento de definir el método `toString`.

```
package libro.cap02.figuras;

public abstract class FiguraGeometrica
{
   private String nombre;

   // metodo abstracto
   public abstract double area();

   // agregamos un contructor
   public FiguraGeometrica(String nom)
   {
      nombre = nom;
   }

   // ahora en el toString muestro tambien el nombre
   public String toString()
   {
      return nombre +" (area = "+ area()+") ";
   }

   public String getNombre()
   {
      return nombre;
   }

   public void setNombre(String nombre)
   {
      this.nombre = nombre;
   }
}
```

Ahora tenemos que modificar las subclases e invocar explícitamente al constructor definido en la clase base.

```
package libro.cap02.figuras;

public class Rectangulo extends FiguraGeometrica
{
   private double base;
   private double altura;

   public Rectangulo(double b, double h)
   {
      super("Rectangulo"); // constructor del padre
      base = b;
      altura = h;
   }

   // :
   // metodo area
   // setters y getters...
   // :
}
```

Lo primero que debemos hacer en el constructor de la clase derivada es invocar al constructor del padre. Como el constructor de `FiguraGeometrica` espera recibir el nombre de la figura le pasamos como argumento nuestro propio nombre: "Rectángulo". Algún lector con experiencia podrá pensar que estamos *hardcodeando* el nombre "Rectángulo", pero no es así. Se trata del nombre de la figura y este nunca podrá cambiar arbitrariamente.

Apliquemos los cambios en `Circulo` y `Triangulo`.

```
package libro.cap02.figuras;

public class Circulo extends FiguraGeometrica
{
   private int radio;

   public Circulo(int r)
   {
      super("Circulo");
      radio = r;
   }

   // :
   // metodo area
   // setters y getters...
   // :
}
```

```
package libro.cap02.figuras;

public class Triangulo extends FiguraGeometrica
{
   private double base;
   private double altura;

   public Triangulo(int b, int h)
   {
      super("Triangulo");
      base = b;
      altura = h;
   }

   // :
   // metodo area
   // setters y getters...
   // :
}
```

Ahora ejecutando el programa principal tendremos la siguiente salida:

```
Circulo (area = 50.26548245743669)
Rectangulo (area = 50.0)
Triangulo (area = 9.0)
```

Por último, informalmente, dijimos que los métodos estáticos pueden invocarse directamente sobre las clases sin necesidad de instanciarlas. Podríamos definir un método estático en la clase `FiguraGeometrica` para calcular el área promedio de un conjunto de figuras.

```
package libro.cap02.figuras;

public abstract class FiguraGeometrica
{
   private String nombre;

   // metodo abstracto
   public abstract double area();

   public static double areaPromedio(FiguraGeometrica arr[])
   {
      int sum=0;
      for( int i=0; i<arr.length; i++ )
      {
         sum += arr[i].area();
      }
      return sum/arr.length;
   }

   // :
   // constructor
   // setters y getters...
   // :
}
```

Es fundamental notar la importancia y el poder de abstracción que se logra combinando métodos abstractos con polimorfismo. En el método `areaPromedio`, recorremos el conjunto de figuras y a cada elemento le invocamos el método `area` sin preocuparnos por averiguar cuál es la figura concreta. Nos alcanza con saber que es una figura geométrica y (por lo tanto) que tiene el método `area`. Cada figura resolverá este método tal como lo defina su propia clase, por polimorfismo.

Veamos un programa principal que defina un *array* de figuras geométricas y calcule su área promedio invocando al método `areaPromedio`.

```
package libro.cap02.figuras;

public class TestAreaPromedio
{
   public static void main(String[] args)
   {
      FiguraGeometrica arr[] = { new Circulo(23)
                               , new Rectangulo(12,4)
                               , new Triangulo(2,5) };

      double prom = FiguraGeometrica.areaPromedio(arr);

      System.out.println("Promedio = " + prom);
   }
}
```

2.3.7 Instancias

Los objetos son instancias de las clases porque cada uno (cada objeto) mantiene diferentes combinaciones de valores en sus atributos. Las expresiones “crear un objeto” e “instanciar la clase” muchas veces son sinónimos aunque no siempre “instanciar” implica “crear un objeto” en el sentido de definir una variable para que lo contenga.

Comenzaremos analizando una clase muy sencilla para no desviar la atención en cuestiones ajenas al tema.

```
package libro.cap02.instancias;

public class X
{
   private int a;
   private int b;

   public X(int a, int b)
   {
      this.a = a;
      this.b = b;
   }

   public String toString()
   {
      return "("+a+","+b+")";
   }

   // :
   // setters y getters...
   // :
}
```

Definimos una clase `X` que tiene los atributos `a` y `b`, un constructor y el método `toString`. Analicemos ahora un programa que utilice esta clase.

```
package libro.cap02.instancias;

public class TestX
{
   public static void main(String[] args)
   {
      X x1 = new X(5,4);
      X x2 = new X(2,7);

      System.out.println("x1 = " + x1);
      System.out.println("x2 = " + x2);
   }
}
```

En este programa `x1` y `x2`, son dos objetos de la clase `X`. También sería correcto decir que `x1` y `x2` son dos instancias de esta clase. Las dos expresiones son equivalentes.

Luego de ejecutar el programa anterior obtendremos el siguiente resultado:

```
x1 = (5,4)
x2 = (2,7)
```

Esto demuestra que cada objeto (o cada instancia) mantiene valores propios para sus atributos. Es decir, el atributo `a` de `x1` tiene el valor 5 pero el atributo `a` de `x2` tiene el valor 2. El atributo `b` de `x1` vale 4 mientras que el valor del atributo `b` de `x2` es 7. Como estudiamos anteriormente, todos los objetos de la clase `X` tendrán un atributo `a` y un atributo `b`, pero cada objeto podrá mantener valores independientes y particulares para estos atributos.

2.3.8 Variables de instancia

Siguiendo con el ejemplo anterior, decimos que `a` y `b` son variables de instancia de la clase `X` ya que cada instancia de `X` tendrá sus propios valores para estas variables.
Los atributos de las clases son variables de instancia, pero las variables de instancia no siempre serán consideradas como atributos.
Para comprender esto analizaremos la clase `Persona` cuyo código es el siguiente:

```
package libro.cap02.instancias;

import libro.cap02.fechas.Fecha;
import libro.cap02.misclases.FechaDetallada;

public class Persona
{
   private String nombre;          // atribto
   private String dni;             // atribto
   private Fecha fechaNacimiento;  // atribto

   private int cont = 0;           // variable de estado

   public Persona(String nombre, String dni, Fecha fecNac)
   {
      this.nombre = nombre;
      this.dni = dni;
      this.fechaNacimiento = fecNac;
   }

   public String toString()
   {
      cont++;

      return nombre + ", DNI: " + dni
                    + ", nacido el: " + fechaNacimiento
                    + " (" + cont + ")";
   }

   // :
   // setters y getters...
   // :
}
```

La clase `Persona` tiene cuatro variables de instancia: `nombre`, `dni`, `fechaNacimiento` y `cont`. Sin embargo, solo las primeras tres pueden ser consideradas como atributos.

La variable de instancia cont es utilizada para contar cuántas veces se invoca al método toString sobre el objeto. Por esto, dentro del método toString lo primero que hacemos es incrementar su valor.

Las variables nombre, dni y fechaNacimiento tienen que ver con “la persona”, pero la variable cont simplemente es un recurso de programación: un contador. No puede ser considerada como atributo de la clase.

Como podemos ver, el hecho de que una variable de instancia sea considerada como atributo es bastante subjetivo y quedará a criterio del programador.

En el siguiente programa, creamos dos objetos persona y los imprimimos varias veces:

```
package libro.cap02.instancias;

import libro.cap02.misclases.FechaDetallada;

public class TestPersona
{
   public static void main(String[] args)
   {
      Persona p1 = new Persona("Juan"
                              ,"21773823"
                              ,new FechaDetallada(23,3,1971));

      Persona p2 = new Persona("Pablo"
                              ,"19234452"
                              ,new FechaDetallada(12,6,1968));

      System.out.println(p1);
      System.out.println(p1);
      System.out.println(p1);

      System.out.println("---");

      System.out.println(p2);
      System.out.println(p2);

      System.out.println("---");

      System.out.println(p1);
      System.out.println(p1);
   }
}
```

La salida del programa es:

```
Juan, DNI: 21773823, nacido el: 23 de Marzo de 1971 (1)
Juan, DNI: 21773823, nacido el: 23 de Marzo de 1971 (2)
Juan, DNI: 21773823, nacido el: 23 de Marzo de 1971 (3)
---
Pablo, DNI: 19234452, nacido el: 12 de Junio de 1968 (1)
Pablo, DNI: 19234452, nacido el: 12 de Junio de 1968 (2)
---
Juan, DNI: 21773823, nacido el: 23 de Marzo de 1971 (4)
Juan, DNI: 21773823, nacido el: 23 de Marzo de 1971 (5)
```

Esto demuestra que cada instancia mantiene los valores de sus variables. El objeto p1 (Juan) lo imprimimos tres veces y luego dos veces más. Su variable cont llegó a 5 mientras que al objeto p2 (Pablo) lo imprimimos dos veces con lo que su variable cont llegó a 2.

Por último, cuando instanciamos p1 (y también p2) hicimos lo siguiente:

```
Persona p1 = new Persona("Juan"
                        ,"21773823"
                        ,new FechaDetallada(23,3,1971));
```

El tercer argumento es una instancia de FechaDetallada. Esta instancia no la asignamos a ningún objeto (a ninguna variable), por lo tanto, dentro del método main no la podremos volver a utilizar.

2.3.9 Variables de la clase

Así como en las variables de instancia cada objeto puede mantener valores propios e independientes de los otros objetos de la clase, existe la posibilidad de definir variables al nivel de la clase. Estas variables son comunes a todas las instancias de la clase, por lo tanto son compartidas por todos sus objetos.

Volvamos a analizar el código de la clase FechaDetallada. En esta clase definimos un *array* con los nombres de los meses. Es evidente que los nombres de los meses son comunes a todas las fechas que podamos crear.

Dicho de otro modo, cualquiera sea la fecha que vayamos a representar con un objeto de de la clase FechaDetallada, esta corresponderá a alguno de los 12 meses definidos en el *array*. Por este motivo, definimos al *array* meses como una variable de la clase aplicándole el modificador static así todos los objetos utilizan el mismo y único *array* de meses.

2.3.10 El Garbage Collector (recolector de residuos)

Cada vez que creamos un objeto estamos tomando memoria dinámicamente. El objeto funciona como un puntero que apunta a esta memoria dinámica. En lenguajes como C o Pascal, luego de utilizar memoria dinámica, tenemos que liberarla para que otros procesos la puedan usar.

> ✔ El *Garbage Collector* es un proceso que está constantemente buscando bloques de memoria desreferenciados y los libera.

En Java esto no es responsabilidad del programador. Dentro de la máquina virtual, existe un proceso que se ocupa de buscar y liberar la memoria que queda desreferenciada.

En el siguiente código, creamos dos instancias de la clase X analizada más arriba, pero al crear la segunda instancia dejamos desreferenciada la primera.

```
// defino una variable de tipo X (la variable p)
X p;

// instancio a X y asigno la instancia en p
p = new X(2,1);

// instancio a X y asigno la instancia en p dejando
// desreferenciada a la instancia anterior
p = new X(5,4);
```

En el ejemplo comenzamos asignando a `p` la instancia `new X(2,1)`. Esta instancia puede ser accedida a través del objeto `p` para (por ejemplo) invocar sus métodos de acceso, su `toString`, etcétera.

Luego, asignamos al objeto `p` una nueva instancia: `new X(5,4)` haciendo que `p` apunte a esta última, perdiendo así la referencia a la primera.

En casos como estos, entra en juego el *Garbage Collector* (proceso recolector de residuos) quien identifica las instancias que, por haber quedado desreferenciadas, no pueden ser accedidas y las elimina liberando así la memoria.

> Antes de eliminar a un objeto que ha quedado desreferenciado, el *Garbage Collector* invocará al método `finalize`.

2.3.11 El método `finalize`

Todas las clases heredan de `Object` un método llamado `finalize`. Antes de destruir una instancia que quedó desreferenciada, el *Garbage Collector* invocará a este método y luego la destruirá. Esto quiere decir que podemos sobrescribir el método `finalize` para “hacer algo” antes de que la instancia pase a mejor vida.

Propongo al lector analizar el siguiente programa para deducir lo que hace.

```java
package libro.cap02.estaticas;

public class TestGC
{
   private static int cont = 0;

   public TestGC()
   {
      cont++;
      System.out.println(cont);
   }

   public void finalize()
   {
      cont--;
   }

   public static void main(String args[])
   {
      while( true )
      {
         new TestGC();
      }
   }
}
```

En esta clase definimos la variable `cont` estática (variable de clase) cuyo valor incrementamos en el constructor y decrementamos en el método `finalize`. Es decir, la incrementamos cuando se crean los objetos de la clase y la decrementamos cuando se destruyen. Como la variable es `static` entonces será única y compartida por todos los objetos de la clase. Por lo tanto, `cont` cuenta la cantidad de instancias activas de la clase `TestGC`.

Los *Garbage Collector* actuales son muy eficientes y tienen gran capacidad de respuesta. Sin embargo, debemos ser prudentes con lo que codificamos dentro del método `finalize` porque esto podría alentar su tarea de liberación de memoria.

2.3.12 Constantes

Es común definir constantes como "variables de clase finales". Ejemplos de esto son, en la clase `java.lang.Math`, las constantes *PI* (3.1415...) y *E* (2.7182...).

```
public class Math
{
   public static final double PI = 3.1415;
   public static final double E  = 2.7182;
}
```

Al estar definidas como `public` (accesibles desde cualquier otra clase) y `static` (directamente sobre la clase) pueden utilizarse en cualquier clase o programa de la siguiente manera:

```
System.out.println("el numero PI es: " + Math.PI);
System.out.println("el numero E es: " + Math.E);
```

2.3.13 Métodos de la clase

Los métodos definidos como estáticos (`static`) se convierten en métodos de la clase y pueden ser invocados directamente a través de la clase sin necesidad de instanciarla.

En los ejemplos anteriores, utilizamos varios métodos de clase provistos por Java tales como: `Math.pow` e `Integer.parseInt`.

> Los métodos estáticos pueden invocarse directamente sobre la clase.
> Por ejemplo: `Integer.parseInt`, `Math.pow`, etcétera.

En general, podemos identificar estos métodos como "aquellos métodos cuyo valor de retorno será determinado exclusivamente en función de sus argumentos y, obviamente, no necesitan acceder a ninguna variable de instancia".

Pensemos en una clase `Numero` con un método `sumar` que reciba dos parámetros `a` y `b` y retorne su suma.

```
package libro.cap02.estaticas;

public class Numero
{
   public static double sumar(double a, double b)
   {
      return a + b;
   }
}
```

Evidentemente, el valor de retorno del método `sumar` depende exclusivamente de los valores de sus parámetros. Se trata entonces de un método de la clase. Desde cualquier clase o programa, podemos invocar al método `sumar` haciendo:

```
double c = Numero.sumar(2,5); // suma 2 + 5
```

Agreguemos ahora en la clase `Numero` una variable de instancia que permita guardar un valor concreto para cada objeto de la clase y un constructor a través del cual asignaremos su valor inicial. También sobrescribiremos el método `toString`.

```
package libro.cap02.estaticas;

public class Numero
{
   private double valor;

   public Numero(double v)
   {
      valor = v;
   }

   public String toString()
   {
      return Double.toString(valor);
   }

   public static double sumar(double a, double b)
   {
      return a + b;
   }

   // :
   // setters y getters...
   // :
}
```

Podemos pensar en sobrecargar al método `sumar` de forma tal que reciba un único argumento y sume su valor al valor de la variable de instancia. Claramente, este método será un método de instancia (es decir, no será estático) ya que "tocará" el valor de la variable de instancia `valor`.

```
package libro.cap02.estaticas;

public class Numero
{
   private double valor;

   public Numero sumar(double a)
   {
      valor+=a;
      return this;
   }

   public static double sumar(double a, double b)
   {
      return a + b;
   }
```

```
    // :
    // constructor
    // toString
    // setters y getters...
    // :
}
```

La versión sobrecargada del método `sumar` suma el valor del parámetro `a` al de la variable de instancia `valor` y retorna una referencia a la misma instancia (`this`) con la cual se está trabajando. Esto permitirá aplicar invocaciones sucesivas sobre el método `sumar` como veremos en el siguiente ejemplo.

```
package libro.cap02.estaticas;

public class TestNumero
{
    public static void main(String[] args)
    {
        // sumamos utilizando el metodo estatico
        double d = Numero.sumar(2,3);
        System.out.println(d);

        // definimos un numero con valor 5 y luego
        // sumamos 4 con el metodo sumar de instancia
        Numero n1 = new Numero(5);
        n1.sumar(4);

        System.out.println(n1);

        // sumamos concatenando invocaciones al metodo sumar
        n1.sumar(4).sumar(6).sumar(8).sumar(1);
        System.out.println(n1);
    }
}
```

2.3.14 Clases utilitarias

Se llama así a las clases que agrupan métodos estáticos para proveer cierto tipo de funcionalidad.

La clase `Math` (por ejemplo) es una clase utilitaria ya que a través de ella podemos invocar funciones trigonométricas, calcular logaritmos, realizar operaciones de potenciación, acceder a constantes numéricas como `PI` y `E`, etcétera.

Las clases que *wrappean* (envuelven) a los tipos primitivos también lo son. Por ejemplo, a través de la clase `Integer` podemos convertir una *string* en un valor entero y viceversa. También podemos realizar conversiones de bases numéricas, etcétera.

> ✔ Llamamos "clase utilitaria" a las clases que tienen todos (o la mayoría de) sus métodos estáticos.

2.3.15 Referencias estáticas

Dentro de los métodos estáticos de una clase, no podemos acceder variables o métodos que no lo sean. En el siguiente ejemplo, definimos una variable de instancia `a` y un método también de instancia `unMetodo`. Luego intentamos acceder a estos dentro del método `main` (que es estático) lo que genera errores de compilación.

```
package libro.cap02.estaticas;

public final class TestEstatico
{
   private int a = 0;

   public void unMetodo()
   {
      System.out.println("este es unMetodo()");
   }

   public static void main(String[] args)
   {
      // no tengo acceso a la variable a
      System.out.println("a vale " + a); // ERROR... NO COMPILA

      // no tengo acceso al metodo unMetodo
      unMetodo();  // ERROR... NO COMPILA
   }
}
```

Los errores de compilación que obtendremos serán:

```
Cannot make a static reference to the non-static field a
  TestContextoEstatico.java, line 16
Cannot make a static reference to the non-static
  method unMetodo() from the type TestContextoEstatico
  TestContextoEstatico.java, line 19
```

Para solucionar esto debemos definir la variable `a` y el método `unMetodo` como estáticos. La otra opción será crear dentro del método `main` una instancia de la clase y acceder a la variable y al método a través de esta, como veremos a continuación:

```
package libro.cap02.estaticas;

public final class TestEstatico
{
   private int a = 0;

   public void unMetodo()
   {
      System.out.println("este es unMetodo()");
   }
```

```
    public static void main(String[] args)
    {
       TestEstatico t = new TestEstatico();

       System.out.println("a vale " + t.a); // accedo a la variable a
       t.unMetodo(); // accedo al metodo unMetodo
    }
}
```

Notemos que dentro de `main`, accedemos a la variable `a` del objeto `t` aunque esta está declarada como `private`. No necesitamos utilizar su *getter* (que de hecho no existe) porque el método `main` es miembro de la clase `TestEstatico`. Claro que si estuviéramos programando en otra clase, no podríamos acceder a esta variable sin hacerlo a través de sus métodos de acceso.

2.3.16 Colecciones (primera parte)

En algunos de los ejemplos anteriores, planteamos el desarrollo de métodos que trabajaban sobre conjuntos de objetos y en todos los casos utilizamos *arrays* para mantener a estos conjuntos en memoria.

En esta sección analizaremos cómo desarrollar una clase que permita trabajar de manera más amigable con conjuntos (o colecciones) de objetos. Con “más amigable” me refiero a que la clase debe proveer funcionalidad para agregar, insertar, obtener, eliminar y buscar elementos dentro del conjunto de objetos que representa. Además debe poder contener una cantidad “ilimitada” de objetos. Es decir que el usuario (programador que la utilice) podrá agregar elementos ilimitadamente (siempre y cuando disponga de la memoria suficiente).

Resumiendo, desarrollaremos una clase que tendrá los siguientes métodos:

```
// agrega un elemento al final de la coleccion
public void agregar(Object elm);

// inserta un elemento en la i-esima posicion
public void insertar(Object elm, int i);

// retorna el i-esimo elemento de la coleccion
public Object obtener(int i);

// elimina y retorna el objeto en la i-esima posicion
public Object eliminar(int i);

// busca la primera ocurrencia del objeto especificado y retorna
// la posicion donde lo encuentra o un valor negativo si el
// objeto no se encontro
public int buscar(Object elm);

// retorna la cantidad de elementos del conjunto
public int cantidad();
```

Notemos que los métodos `insertar` y `agregar` reciben un `Object` como parámetro. Con esto, permitiremos que nuestra clase pueda contener objetos de cualquier tipo. Análogamente, los métodos `obtener` y `eliminar` retornan un `Object` ya que dentro de la colección trataremos a los elementos del conjunto como si fueran de este tipo (que de hecho lo son ya que cualquiera sea su clase esta siempre heredará de `Object`).

Para mantener la colección de objetos en memoria, utilizaremos un *array* cuyo tamaño inicial podemos definir arbitrariamente, o bien hacer que el usuario lo indique en el constructor.

La estrategia para lograrlo será la siguiente: agregaremos los objetos al *array* mientras este tenga espacio disponible. Cuando se llene crearemos un nuevo *array* con el doble de la capacidad del anterior y trasladaremos los elementos del viejo *array* al nuevo. Al viejo *array* le asignaremos `null` para desreferenciarlo de forma tal que el *Garbage Collector* lo pueda liberar.

Por lo tanto, la clase `MiColeccion` tendrá dos variables de instancia: un `Object[]` para contener la colección de objetos y un `int` que indicará la cantidad de elementos que actualmente tiene la colección (es decir, cuantos de los *n* elementos del *array* efectivamente están siendo utilizados).

```
package libro.cap02.colecciones;

public class MiColeccion
{
   private Object datos[] = null;
   private int len = 0;

   // en el constructor se especifica la capacidad inicial
   public MiColeccion(int capacidadInicial)
   {
      datos = new Object[capacidadInicial];
   }

   // sigue...
   // :
```

En el fragmento de código anterior, definimos las variables de instancia `datos` y `len` y un constructor a través del cual el usuario debe especificar la capacidad inicial que le quiera dar al *array*.

Veamos ahora los métodos `obtener` y `cantidad`. En estos métodos simplemente tenemos que retornar el objeto contenido en `datos[i]` y el valor de la variable `len` respectivamente.

```
   // :
   // viene de mas arriba...

   // retorna el i-esimo elemento de la coleccion
   public Object obtener(int i)
   {
      return datos[i];
   }

   // indica cuantos elementos tiene la coleccion
   public int cantidad()
   {
      return len;
   }

   // sigue...
   // :
```

A continuación, analizaremos el método `insertar` cuyo objetivo es insertar un elemento en la *i-ésima* posición del *array*.

En este método primero verificamos si la capacidad del *array* está colmada. Si esto es así entonces creamos un nuevo *array* con el doble de la capacidad del anterior, copiamos en este los elementos de la colección y asignamos `null` al *array* anterior para que el *Garbage Collector* libere la memoria que ocupa. Luego desplazamos los elementos del *array* entre la última y la *i-ésima* posición para poder asignar en esta el elemento que se pretende insertar. Al final incrementamos el valor de la variable `len`.

```
// :
// viene de mas arriba...

public void insertar(Object elm, int i)
{
   if( len==datos.length )
   {
      Object aux[] = datos;
      datos = new Object[datos.length*2];
      for(int j=0; j<len; j++)
      {
         datos[j]=aux[j];
      }
      aux=null;
   }

   for( int j=len-1; j>=i; j-- )
   {
      datos[j+1]=datos[j];
   }

   datos[i]=elm;
   len++;
}

// sigue...
// :
```

Veamos ahora el método `buscar` que recorre el *array* mientras no encuentre el elemento que busca.

```
// :
// viene de mas arriba...
public int buscar(Object elm)
{
   int i=0;

   // mientras no me pase del tope y mientras no encuentre...
   for( ;i<len && !datos[i].equals(elm); i++ );

   // si no me pase entonces encontre, si no... no encontre
   return i<len ? i : -1;
}

// sigue...
// :
```

El método `agregar` cuyo objetivo es el de agregar un elemento al final del *array* se resuelve fácilmente invocando al método `insertar` para insertar el elemento en la posición `len`.

```
// :
// viene de mas arriba...

public void agregar(Object elm)
{
   insertar(elm,len);
}

// sigue...
// :
```

Por último, veremos el código del método `eliminar` que elimina el *i-esimo* elemento del *array* desplazando hacia arriba los elementos ubicados a partir de la posición *i+1*. Luego decrementa el valor de la variable `len` y retorna el elemento eliminado de la colección.

```
   // :
   // viene de mas arriba...

   // elimina un elemento desplazando los demas hacia arriba
   public Object eliminar(int i)
   {
      Object aux = datos[i];
      for( int j=i; j<len-1; j++ )
      {
         datos[j]=datos[j+1];
      }

      len--;

      return aux;
   }
}
```

Ejemplo: muestra una lista de nombres en orden inverso.

En el siguiente programa, pedimos al usuario que ingrese nombres de personas. Cuando finaliza el ingreso de datos mostramos los nombres ingresados en orden inverso al original y además, por cada nombre, mostramos la cantidad de letras que tiene.

```
package libro.cap02.colecciones;

import java.util.Scanner;

public class TestMiColeccion
{
```

```
   public static void main(String[] args)
   {
      Scanner scanner = new Scanner(System.in);

      // creo una coleccion con capacidad inicial = 5
      MiColeccion mc = new MiColeccion(5);


      // leo el primer nombre
      System.out.println("Ingrese Nombre: ");
      String nom=scanner.next();

      while( !nom.equals("FIN") )
      {
         // inserto siempre en la posicion 0
         mc.insertar(nom,0);

         // leo el siguiente nombre
         nom=scanner.next();
      }

      String  aux;

      // recorro la coleccion y tomo cada uno de sus elementos
      for(int i=0; i<mc.cantidad(); i++ )
      {
         // el metodo obtener retorna un Object entonces
         // entonces tengo que castear a String
         aux = (String) mc.obtener(i);

        System.out.println(aux +" - "+aux.length()+" caracteres");
      }
   }
}
```

La clase `MiColeccion` permite mantener una colección "ilimitada" de objetos de cualquier tipo. Esto lo conseguimos abstrayéndonos del tipo de datos y manejándonos con datos de tipo `Object` ya que todos los objetos directa o indirectamente son de este tipo. Sin embargo, esto trae dos problemas:

El primer problema es que dada una instancia de `MiColeccion` no podemos saber "a priori" el tipo de datos de sus objetos. Sabemos que estos son `Object`, pero no sabemos concretamente de qué tipo son. Si no, analicemos los siguientes métodos:

```
public MiColeccion obtenerPersonas(){...}
public MiColeccion obtenerNombres(){...}
public MiColeccion obtenerNumerosGanadores(){...}
```

Todos estos métodos retornan una instancia de `MiColeccion`, pero si no contamos con documentación adicional no podremos saber de qué tipo de datos son los objetos contenidos en la colección que retornan.

Por ejemplo, el método `obtenerNumerosGanadores` podría retornar una colección de `Integer` o una colección de `Long` o una colección de instancias de una clase `Jugada` que agrupe el número ganador, el nombre de la lotería, la fecha de la jugada, etcétera.

El segundo problema está relacionado con el primero y surge cuando necesitamos acceder a alguno de los objetos de la colección. Como los métodos retornan `Object` tenemos que *castear* al tipo de datos real del objeto y si no contamos con la documentación correspondiente no podremos saber a qué tipo de datos tenemos que *castear*.

En el programa que muestra los nombres y la cantidad de caracteres que lo componen tomamos el objeto *sub-i* de la colección, lo *casteamos* a `String` y le invocamos el método `length`.

```
String aux;

for(int i=0; i<mc.cantidad(); i++ )
{
   // casteo a String
   aux = (String) mc.obtener(i);

   // como aux es String le invoco el metodo length
   System.out.println(aux +" - "+aux.length()+" caracteres");
}
```

En este programa "sabemos" que la colección contiene *strings* porque nosotros mismos los asignamos más arriba, pero este no siempre será el caso.

Estos problemas los resolveremos haciendo que la clase `MiColección` sea una clase genérica.

2.3.17 Clases genéricas

Las clases genéricas permiten parametrizar los tipos de datos de los parámetros y valores de retorno de los métodos.

En el caso de la clase `MiColeccion`, podemos hacerla "genérica en `T`" de la siguiente manera:

```
public class MiColeccion<T>
{
   // :
   public void insertar(T elm, int i){ ... }
   public T obtener(int i) { ... }
   // :
}
```

La clase recibe el parámetro `T` y de este mismo tipo de datos debe ser el parámetro `elm` del método `insertar` y el valor de retorno del método `obtener`.

A continuación, veremos la versión genérica de la clase `MiColeccion`.

```
package libro.cap02.colecciones;

public class MiColeccion<T>
{
   private Object datos[]=null;
   private int len=0;
```

```
   public MiColeccion(int capacidadInicial)
   {
      datos=new Object[capacidadInicial];
   }

   public void agregar(T elm)
   {
      insertar(elm,len);
   }
   public void insertar(T elm, int i)
   {
      if( len==datos.length )
      {
         Object aux[] = datos;
         datos = new Object[datos.length*2];
         for(int j=0; j<len; j++)
         {
            datos[j]=aux[j];
         }
         aux=null;
      }
      for( int j=len-1; j>=i; j-- )
      {
         datos[j+1]=datos[j];
      }
      datos[i]=elm;
      len++;
   }

   public int buscar(T elm)
   {
      int i=0;
      for( ;i<len && !datos[i].equals(elm); i++ );
      return i<len?i:-1;
   }

   @SuppressWarnings ("unchecked")
   public T eliminar(int i)
   {
      Object aux = datos[i];
      for( int j=i; j<len-1; j++ )
      {
         datos[j]=datos[j+1];
      }
      len--;
      return (T)aux;
   }

   @SuppressWarnings ("unchecked")
   public T obtener(int i)
   {
      return (T)datos[i];
   }
}
```

Para instanciar la clase genérica `MiColeccion` debemos especificar el tipo de datos del parámetro `T`. Lo hacemos de la siguiente manera:

```
// una coleccion de String con capacidad inicial de 5 elementos
MiColeccion<String> m1 = new MiColeccion<String>(5);

// una coleccion de Integer con capacidad inicial de 5 elementos
MiColeccion<Integer> m1 = new MiColeccion<Integer>(5);
```

Ahora podemos ver la nueva versión del programa de la colección de nombres con el que probamos la clase `MiColección`.

```
package libro.cap02.colecciones;

import java.util.Scanner;

public class TestMiColeccion
{
   public static void main(String[] args)
   {
      Scanner scanner = new Scanner(System.in);
      System.out.println("Ingrese Nombre: ");
      String nom=scanner.next();

      // instancio una MiColeccion "especializada" en String
      MiColeccion<String> mc = new MiColeccion<String>(5);

      while( !nom.equals("FIN") )
      {
         mc.insertar(nom,0);
         nom=scanner.next();
      }

      String aux;
      for(int i=0; i<mc.cantidad(); i++ )
      {
         // no es necesario castear porque el metodo obtener
         // retorna un String
         aux = mc.obtener(i);

        System.out.println(aux +" - "+aux.length()+" caracteres");
      }
   }
}
```

Como vemos, el método `obtener` de la clase `MiColeccion<String>` retorna un `String` por lo que ya no es necesario *castear*. Por otro lado, el método `insertar` recibe un `String`. El lector puede intentar insertar un objeto de otro tipo y obtendrá un error de compilación ya que **las clases genéricas proveen una validación de tipos en tiempo de compilación.**

2.3.18 Implementación de una pila (estructura de datos)

Llamamos "pila" (*stack*) a una colección de objetos que restringe la manera en la que se le pueden agregar y eliminar elementos. En una pila solo se pueden **apilar** y **desapilar** objetos y tiene la característica de que el último elemento en apilarse será el primero en desapilarse. A este tipo de estructuras se las llama *LIFO* (*Last In First Out*).

Aquellos lectores que no cuentan con conocimientos básicos de estructuras de datos, pueden imaginar una "pila de libros". Supongamos que tenemos tres libros esparcidos en una mesa (los llamaremos A, B y C). Tomamos uno de ellos (supongamos que tomamos el libro C) y lo colocamos frente a nosotros. Luego tomamos otro (el libro B) y lo colocamos encima del primero (lo apilamos). Por último, tomamos el tercer libro (el libro A) y lo colocamos encima del anterior conformando así una pila de libros.

Luego, si tomamos el primer libro de la pila (el que está encima de todos) resultará ser el libro A porque este fue el último que apilamos. Si luego tomamos otro libro de la pila nos encontraremos con el libro B ya que este fue el anteúltimo libro que apilamos y si tomamos un libro más entonces encontraremos el primer libro que apilamos: el libro C.

Vamos a utilizar `MiColeccion` para desarrollar la clase `MiPila` y así repasar algunos de los conceptos expuestos hasta el momento. La clase `MiPila` será genérica en `T` y mantendrá los datos en una instancia de `MiColeccion<T>`.

Analizaremos entonces la clase `MiPila<T>` que tendrá una variable de instancia de tipo `MiColeccion<T>` y dos métodos: `apilar` y `desapilar`.

Para programar el método `apilar`, la estrategia será insertar el elemento que vamos a apilar en la posición cero de la colección en la que mantendremos los datos de la pila.

Así, cada vez que se apile un elemento este estará ubicado en la primera posición de la colección y desplazará hacia las posiciones subsiguientes a los elementos que se apilaron con anterioridad.

Para `desapilar` simplemente tendremos que tomar el primer elemento de la colección (que siempre será el último que se apiló), eliminarlo y retornar su valor.

```
package libro.cap02.colecciones;

public class MiPila<T>
{
   // la capacidad inicial la hardcodeamos en esta constante
   private static final int capacidadInicial = 5;

   // instancio la coleccion que mantendra los datos de la pila
   private MiColeccion<T> coll = new MiColeccion<T>(capacidadInicial);

   // el metodo apilar recibe un parametro de tipo T
   public void apilar(T elm)
   {
      coll.insertar(elm,0);
   }

   // el metodo desapilar retorna un elemento de tipo T
   public T desapilar()
   {
      return coll.eliminar(0);
   }
}
```

Ejemplo: pila de números enteros.

En el siguiente programa, instanciamos una pila de enteros (`Integer`) sobre la que apilamos y desapilamos elementos para verificar que los últimos en apilarse son los primeros que se desapilan.

```
package libro.cap02.colecciones;

public class TestPila
{
   public static void main(String[] args)
   {
      // utilizaremos una pila de Integer
      MiPila<Integer> c = new MiPila<Integer>();

      c.apilar(1);
      c.apilar(2);
      c.apilar(3);

      System.out.println(c.desapilar()); // saca el 3
      System.out.println(c.desapilar()); // saca el 2

      c.apilar(4);

      System.out.println(c.desapilar()); // saca el 4
      System.out.println(c.desapilar()); // saca el 1
   }
}
```

Además de probar la funcionalidad de `MiPila` en este código podemos ver que Java permite pasar literales de tipo `int` como argumentos de métodos que reciben parámetros de tipo `Integer`. Esta característica se llama *autoboxing*.

2.3.19 Implementación de una cola (estructura de datos)

Una "cola" (*queue*) es una colección de objetos en la que el ingreso y egreso de datos es restringido de forma tal que el primer elemento que ingresa a la cola debe ser el primero en egresar. A este tipo de estructuras se las llama FIFO (*First In First Out*).

Aquellos lectores que nunca han oído hablar de este tipo de estructura de datos solo deben imaginar la cola que suele formarse en cualquiera de las cajas de un supermercado. Los clientes forman una cola y (obviamente) los primeros que llegan a la cola son los primeros en ser atendidos por la cajera.

Desarrollaremos la clase `MiCola` que será genérica en `T`. Tendrá los métodos `encolar` y `desencolar` y mantendrá los datos (objetos encolados) en una instancia de `MiColeccion<T>`.

La estrategia es simple: para encolar un elemento simplemente lo agregamos al final de la colección y para desencolar tomamos elementos del principio.

```
package libro.cap02.colecciones;

public class MiCola<T>
{
```

```
    private static final int capacidadInicial = 5;
    private MiColeccion<T> coll = new MiColeccion<T>(capacidadInicial);

    public void encolar(T elm)
    {
       // agrega el elemento al final de la coleccion
       coll.agregar(elm);
    }

    public T desencolar()
    {
       // retorna y elimina de la coleccion el primer elemento
       return coll.eliminar(0);
    }
}
```

Ejemplo: utiliza una cola de números enteros.

```
package libro.cap02.colecciones;

public class TestCola
{
    public static void main(String[] args)
    {
       MiCola<Integer> c = new MiCola<Integer>();
       c.encolar(1);
       c.encolar(2);
       c.encolar(3);

       System.out.println(c.desencolar()); // saca el 1
       System.out.println(c.desencolar()); // saca el 2

       c.encolar(4);

       System.out.println(c.desencolar()); // saca el 3
       System.out.println(c.desencolar()); // saca el 4
    }
}
```

2.4 Interfaces

Más arriba comentamos que Java no permite definir herencia múltiple, por lo tanto, cada clase tendrá un único "padre". Esto de ninguna manera debe ser considerado como una limitación, ya que en un diseño de clases y objetos bien planteado, una clase nunca debería necesitar heredar métodos y/o atributos de más de una única clase base.

Sin embargo, como Java es un lenguaje fuertemente tipado los objetos se manipulan a través de variables cuyos tipos de datos deben ser definidos con anticipación y esto, en ocasiones, puede limitar el diseño y la programación de nuestras aplicaciones.

Para comprender esto formularemos la siguiente pregunta: ¿qué tienen en común un teléfono celular, un telégrafo y una paloma mensajera? La respuesta es que los tres permiten enviar mensajes.

> Las clases (abstractas o no) se "heredan" mientras que las *interfaces* se "implementan".

Si lo planteamos en términos de clases entonces deberíamos pensar en una clase base `Comunicador` con un método abstracto `enviarMensaje` y las clases `TelefonoCelular`, `PalomaMensajera` y `Telegrafo` heredando de `Comunicador`.

El hecho de que `TelefonoCelular` herede de `Comunicador` limita seriamente su funcionalidad ya que este probablemente debería heredar de la clase base `Telefono`. Análogamente la clase `PalomaMensajera` debería heredar de `Paloma` y la clase `Telegrafo` podría heredar de la clase `Reliquia`.

Las *interfaces* proveen una solución a este tipo de problemas y constituyen uno de los recursos fundamentales para el diseño de aplicaciones Java.

En principio podríamos decir que "una *interface* es una clase abstracta con todos sus métodos abstractos". Sin embargo, esto no es exactamente así ya que existe una diferencia fundamental entre una *interface* y una clase abstracta: las clases (abstractas o no) se "heredan" mientras que las *interfaces* se "implementan".

Por ejemplo, la clase `X` puede heredar de la clase base `Y` e implementar las *interfaces* `Z`, `T` y `W`. Claro que si una clase implementa una o más *interfaces* entonces "heredará" de estas sus métodos abstractos y los deberá sobrescribir adecuadamente para no quedar como una clase abstracta.

Con esto, volviendo al ejemplo de los elementos de comunicación, podríamos replantearlo de la siguiente manera: primero las clases base: `Telefono`, `Paloma` y `Reliquia`.

```
public class Telefono
{
   // atributos y metodos...
}

public class Paloma extends Ave
{
   // atributos y metodos...
}

public class Reliquia
{
   // atributos y metodos...
}
```

Ahora una *interface* `Comunicador` con su método `enviarMensaje`.

```
public interface Comunicador
{
   public void enviarMensaje(String mensaje);
}
```

Por último, las clases `TelefonoCelular`, `PalomaMensajera` y `Telegrafo`. Cada una extiende a una clase base diferente, pero todas implementan la *interface* `Comunicador`. Por lo tanto, todas heredan y sobrescriben el método `enviarMensaje`.

```
public class TelefonoCelular extends Telefono
implements Comunicador
{
   public void enviarMensaje(String mensaje)
   {
      // hacer lo que corresponda aqui...
   }
}

public class PalomaMensajera extends Paloma
implements Comunicador
{
   public void enviarMensaje(String mensaje)
   {
      // hacer lo que corresponda aqui...
   }
}

public class Telegrafo extends Reliquia
implements Comunicador
{
   public void enviarMensaje(String mensaje)
   {
      // hacer lo que corresponda aqui...
   }
}
```

Ahora los objetos teléfono celular, paloma mensajera y telégrafo tienen una base común: todos son `Comunicador` y, por lo tanto, pueden ser asignados en variables de este tipo de datos:

```
Comunicador t1 = new TelefonoCelular();
Comunicador t2 = new PalomaMensajera();
Comunicador t3 = new Telegrafo();
```

Claro que a los objetos `t1`, `t2` y `t3` únicamente se les podrá invocar el método `enviarMensaje` ya que este es el único método definido en la *interface* `Comunicador` (el tipo de datos de estos objetos).
La verdadera importancia de todo esto la veremos a continuación.

2.4.1 Desacoplamiento de clases

Supongamos que tenemos una clase utilitaria llamada `ComunicadorManager` con un método estático: `crearComunicador`:

```
public class ComunicadorManager
{
   public static Comunicador crearComunicador
   {
      // una "paloma mensajera" es un "comunicador"
      return new PalomaMensajera();
   }
}
```

Utilizando esta clase podríamos escribir un programa como el que sigue:

```
public class MiAplicacionDeMensajes
{
   public static void main(String args[])
   {
      Comunicador c = ComunicadorManager.crearComunicador();
      c.enviarMensaje("Hola, este es mi mensaje");
   }
}
```

En este programa utilizamos la clase `ComunicadorManager` para obtener "un comunicador" a través del cual enviar nuestro mensaje. Lo interesante de esto es que en el método `main` no *hardcodeamos* ninguna de las clases que implementan la *interface* `Comunicador`. Simplemente, creamos un objeto comunicador utilizando el método `crearComunicador` y le invocamos su método `enviarMensaje`.

Ahora bien, evidentemente enviar un mensaje a través de un teléfono celular debe ser (supongo) mucho más eficiente que enviarlo a través de una paloma mensajera. ¿Qué sucederá si modificamos el método `crearComunicador` de la clase `ComunicadorManager` y en lugar de retornar una instancia de `PalomaMensajera` retornamos una instancia de `TelefonoCelular`?

```
public class ComunicadorManager
{
   public static Comunicador crearComunicador
   {
      // return new PalomaMensajera();
      // ahora retorno un telefono celular
      // cuya clase tambien implementa Comunicador
      return new TelefonoCelular();
   }
}
```

¿Qué cambios tendremos que hacer en el método `main`? La respuesta es: ninguno.

En el método `main`, trabajamos con un objeto comunicador y nos desentendemos de la necesidad de conocer qué tipo de comunicador es. No necesitamos saber si este objeto es una paloma mensajera, un teléfono celular o un telégrafo, ya que todos estos objetos son comunicadores porque sus clases implementan la *interface* `Comunicador`.

Nuestro programa quedó totalmente desacoplado de la implementación puntual que utilizamos para enviar el mensaje. El cambio de "tecnología" que implica pasar de una paloma mensajera a un teléfono celular no tuvo ningún impacto negativo en nuestro programa (el método `main`), no fue necesario adaptarlo ni reprogramarlo.

Para tener una visión más global de las clases que intervienen en este ejemplo, analizaremos su diagrama de clases.

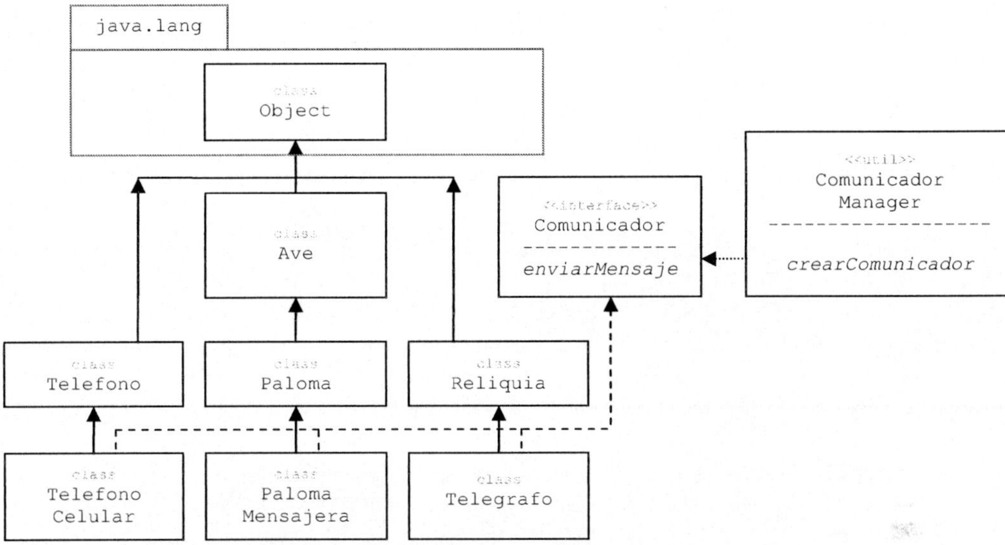

Fig. 2.3 Diagrama de clases de los elementos de comunicación.

Este diagrama debe interpretarse de la siguiente manera:

La clase `TelefonoCelular` hereda de la clase `Telefono`. La clase `PalomaMensajera` hereda de la clase `Paloma` y esta a su vez hereda de `Ave`. La clase `Telegrafo` hereda de `Reliquia`. Todas estas clases directa o indirectamente heredan de la clase `Object` (que está en el paquete `java.lang`).

Las clases `TelefonoCelular`, `PalomaMensajera` y `Telegrado` implementan la *interface* `Comunicador` de la que heredan el método `enviarMensaje`. La clase `ComunicadorManager` crea una instancia de `Comunicador` (que en realidad será una instancia de cualquiera de las clases que implementan esta *interface*, ya que las *interfaces* no se pueden instanciar).

2.4.2 El patrón de diseño: factory method

El método `crearComunicador` de la clase `ComunicadorManager` nos permitió obtener una instancia de `Comunicador` sin tener que *hardcodear* un tipo de comunicador en particular.

Gracias a este método nuestro programa (el método `main`) quedó totalmente desacoplado de la implementación concreta del comunicador y, como vimos más arriba, la migración de tecnología que implica dejar de utilizar una paloma mensajera para pasar a utilizar un teléfono celular no ocasionó ningún efecto negativo en el programa ya que este está totalmente separado (desacoplado) de dicha implementación.

Decimos entonces que utilizamos el método `crearComunicador` para "fabricar objetos comunicadores". Este método constituye una factoría de objetos. A los métodos que realizan este tipo de tarea se los denomina *factory*.

2.4.3 Abstracción a través de interfaces

Las *interfaces* ayudan a incrementar el nivel de abstracción tanto como sea necesario porque permiten tener múltiples "vistas" de una misma clase.

Por ejemplo, un objeto de la clase `PalomaMensajera` puede "ser visto" (interprétese "puede asignarse a una variable de tipo...") como un objeto de esta misma clase o bien puede "ser visto" como un objeto de la clase `Paloma` o `Ave` o como un objeto de la clase `Object`. Además, como `PalomaMensajera` implementa la *interface* `Comunicador`, también puede "ser visto" como un objeto de este tipo. Si la clase `PalomaMensajera` hubiera implementado más *interfaces* entonces sus objetos podrían verse como objetos de cualquiera de estas.

Para estudiar esto analizaremos las siguientes preguntas:

¿Podría el lector ordenar un conjunto de valores numéricos enteros? Por supuesto que sí. El conjunto de los números enteros tiene un orden natural, por lo tanto, nadie dudaría en colocar al número 2 antes que el 3, al 3 antes que el 4, etcétera.

¿Podría el lector ordenar un conjunto de cadenas de caracteres que representan nombres de personas? Claro que sí, lo lógico e intuitivo sería ordenarlos alfabéticamente, por lo tanto, el nombre "Alberto" precedería al nombre "Juan" y este precedería al nombre "Pablo".

¿Podría el lector ordenar un conjunto de alumnos de una escuela? Este caso no es tan claro como los anteriores. Antes de ordenar a los alumnos deberíamos definir un criterio de precedencia. Por ejemplo, si tomamos como criterio de precedencia "la edad del alumno" entonces primero deberíamos ubicar a los más jóvenes y luego a los mayores. Claro que también podríamos definir como criterio de precedencia "la nota promedio". En este caso primero ubicaríamos a los que tienen menor nota promedio y luego a los que tienen una mejor calificación.

Ahora, desde el punto de vista del programador que tiene que desarrollar un método para ordenar un conjunto de objetos: ¿deberíamos preocuparnos por el criterio de precedencia de los elementos del conjunto o mejor sería abstraernos y deslindar en los mismos objetos la responsabilidad de decidir si preceden o no a otro objeto de su misma especie? Desde este punto de vista deberíamos decir: "yo puedo ordenar cualquier objeto siempre y cuando este me pueda decir si precede o no a otro de su misma especie".

2.4.4 La interface `Comparable`

Java provee la *interface* `Comparable` cuyo código fuente (abreviado) vemos a continuación:

```
package java.lang;
public interface Comparable<T>
{
   public int compareTo(T obj);
}
```

Esta *interface* define un único método que recibe un objeto como parámetro y debe retornar un valor entero mayor, menor o igual a cero, según resulte la comparación entre los atributos de la instancia (`this`) y los del parámetro `obj`.

Es decir, si vamos a implementar la *interface* `Comparable` en la clase `Alumno` y tomamos como criterio de comparación el atributo `edad` entonces, dados dos alumnos `a` y `b`, tal que `a` es menor que `b`, será: `a.compareTo(b)<0`.

La *interface* `Comparable` es genérica en `T` para validar en tiempo de compilación que no se intente comparar elementos de diferentes tipos de datos.

Ahora definiremos la clase `Alumno` con los atributos `nombre`, `edad` y `notaPromedio` donde implementaremos la *interface* `Comparable<Alumno>` para determinar el orden de precedencia de dos alumnos en función de su edad.

```java
package libro.cap02.interfaces;

public class Alumno implements Comparable<Alumno>
{
   private String nombre;
   private int edad;
   private double notaPromedio;

   // constructor
   public Alumno(String nom, int e, double np)
   {
      this.nombre = nom;
      this.edad = e;
      this.notaPromedio = np;
   }

   // metodo heredado de la interface Comparable
   public int compareTo(Alumno otroAlumno)
   {
      return this.edad - otroAlumno.edad;
   }

   public String toString()
   {
      return nombre+", "+edad+", "+notaPromedio;
   }

   // :
   // setters y getters
   // :
}
```

El método `compareTo` debe retornar un valor mayor, menor o igual a cero, según resulte la comparación entre la edad de la instancia y la edad del parámetro `otroAlumno`.

Si "nuestra" edad (la variable de instancia `edad`) es mayor que la edad del `otroAlumno` entonces la diferencia entre ambas edades será positiva y estaremos retornando un valor mayor que cero para indicar que "somos mayores" que el `otroAlumno`. Si ambas edades son iguales entonces la diferencia será igual a cero y si la edad de `otroAlumno` es mayor que la "nuestra" entonces retornaremos un valor menor que cero.

Ahora desarrollaremos una clase utilitaria `Util` con un método estático `ordenar`. Este método recibirá un *array* de objetos "comparables". Con esto, podremos ordenarlos sin problema aplicando (por ejemplo) el algoritmo de "la burbuja".

```java
package libro.cap02.interfaces;

public class Util
{
   public static void ordenar(Comparable arr[])
   {
      boolean ordenado = false;
      while( !ordenado )
      {
```

```
         ordenado = true;
         for(int i = 0; i<arr.length-1; i++)
         {
            if(arr[i+1].compareTo(arr[i])<0)
            {
               Comparable aux = arr[i];
               arr[i] = arr[i+1];
               arr[i+1] = aux;
               ordenado = false;
            }
         }
      }
   }
}
```

En el método `ordenar`, recibimos un `Comparable[]`, por lo tanto, cada elemento del *array* puede responder sobre si precede o no a otro objeto de su misma especie.

Ejemplo: ordena un *array* de objetos `Alumno`.

Para finalizar podemos hacer un programa donde definimos un *array* de alumnos, lo ordenamos y lo mostramos por pantalla ordenado.

```
package libro.cap02.interfaces;

public class TestOrdenar
{
   public static void main(String[] args)
   {
      // defino un array de alumnos
      Alumno arr[] = { new Alumno("Juan",20,8.5)
                     , new Alumno("Pedro",18,5.3)
                     , new Alumno("Alberto",19,4.6) };

      Util.ordenar(arr); // lo ordeno

      // lo muestro ordenado
      for( int i = 0; i < arr.length; i++ )
      {
         System.out.println(arr[i]);
      }
   }
}
```

La salida de este programa será:

```
Pedro, 18, 5.3
Alberto, 19, 4.6
Juan, 20, 8.5
```

Lo que demuestra que el método `ordenar` ordenó los elementos del *array* por su atributo edad, según lo definimos en la clase `Alumno`.

El método `ordenar` recibe un `Comparable[]` sin definir el tipo de datos del parámetro `T` lo que generá un *warning* del compilador advirtiéndonos que pasará por alto la validación de tipos en tiempo de compilación. Sin embargo, el objetivo del método `ordenar` es que pueda ordenar objetos de cualquier tipo siempre y cuando sean comparables. Por lo tanto, el método está bien definido así como está y para evitar el *warning* utilizamos la *annotation* (léase "anoteishon"):

`@SuppressWarnings("unchecked")`

En el siguiente diagrama, podemos repasar la relación que existe entre las clases `Alumno`, `Util` y la *interface* `Comparable`.

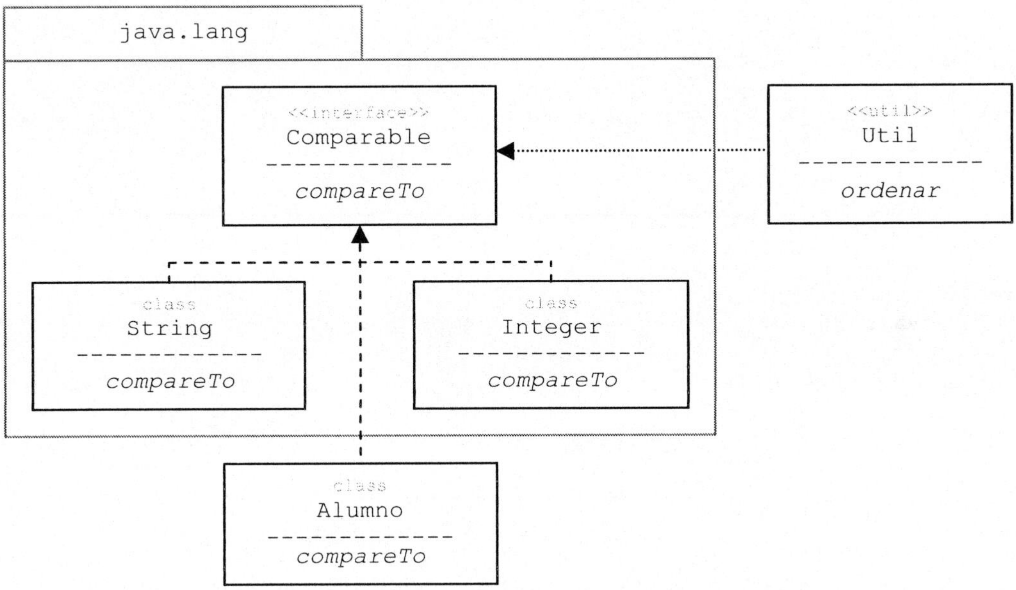

Fig. 2.4 Relación entre las clases `Util`, `Alumno` y la interface `Comparable`.

Vemos que la clase `Alumno` implementa la *interface* `Comparable` y sobrescribe el método `compareTo`. Por otro lado, la clase `Util` tiene un método `ordenar` que ordena un *array* de elementos comparables. No importa si estos elementos son alumnos u objetos de otro tipo. En el método `ordenar`, vemos a los elementos del *array* como "elementos comparables" (de tipo `Comparable`).

En el diagrama también representamos las clases `String` e `Integer`. Estas clases son provistas por Java en el paquete `java.lang` e implementan la *interface* `Comparable`. Por lo tanto, nuestro método `ordenar` también podrá ordenar `String[]` e `Integer[]` ya que ambos tipos de *arrays* contienen elementos comparables.

Ampliaremos el método `main` de la clase `TestOrdenar` para ordenar también un *array* de `String` y otro de `Integer`.

```
package libro.cap02.interfaces;

public class TestOrdenar
{
   public static void main(String[] args)
   {
      // defino y ordeno y muestro un array de alumnos
      Alumno arr[] = { new Alumno("Juan",20,8.5)
                      , new Alumno("Pedro",18,5.3)
                      , new Alumno("Alberto",19,4.6) };
```

```
        Util.ordenar(arr);
        muestraArray(arr);

        // defino, ordeno y muestro un array de strings
        String[] arr2 = { "Pablo","Andres","Marcelo" };
        Util.ordenar(arr2);
        muestraArray(arr2);

        // defino, ordeno y muestro un array de integers
        Integer[] arr3 = { new Integer(5)
                         , new Integer(3)
                         , new Integer(1) };
        Util.ordenar(arr3);
        muestraArray(arr3);
    }

    @SuppressWarnings ("unchecked")
    private static void muestraArray(Comparable arr[])
    {
        for( int i=0; i<arr.length; i++ )
        {
            System.out.println(arr[i]);
        }
    }
}
```

En este ejemplo utilizamos el método `Util.ordenar` para ordenar *arrays* de diferentes tipos de datos: un `Alumno[]`, un `String[]` y un `Integer[]`. Sin embargo, todos estos tipos tienen algo en común: todos son comparables, por lo tanto, todos tienen el método `compareTo` que utilizamos en el método `ordenar` para ordenalos.

Volviendo a la consigna original, logramos que nuestro método `ordenar` pueda ordenar objetos de cualquier tipo siempre y cuando estos sean comparables.

2.4.5 Desacoplar aún más

En el ejemplo anterior, implementamos la *interface* `Comparable` en la clase `Alumno` y definimos como criterio de precedencia la edad de los alumnos. Tomando en cuenta este criterio un alumno precede a otro si el valor de su atributo `edad` es menor que el valor del mismo atributo del otro alumno.

Si decidimos cambiar el criterio y considerar que un alumno precede a otro según el orden alfabético de su nombre, tendremos que reprogramar el método `compareTo` en la clase `Alumno`. Esto, además de la necesidad de modificar nuestro código, implica perder el criterio de comparación anterior ya que solo podemos sobrescribir el método `compareTo` una única vez.

Sin embargo, ¿sería descabellado pretender ordenar un conjunto de alumnos según su nombre y también pretender ordenarlos según su edad y hasta pretender ordenarlos según su nota promedio?

Al implementar la *interface* `Comparable` en `Alumno` estamos *hardcodeando* el criterio de precedencia. Quizás una mejor solución sería definir una clase abstracta `Criterio` que defina un método abstracto `comparar` el cual reciba dos parámetros del mismo tipo y retorne un entero mayor, igual o menor que cero, según resulte la comparación entre estos dos parámetros.

El siguiente diagrama nos ayudará a comprender mejor esta idea.

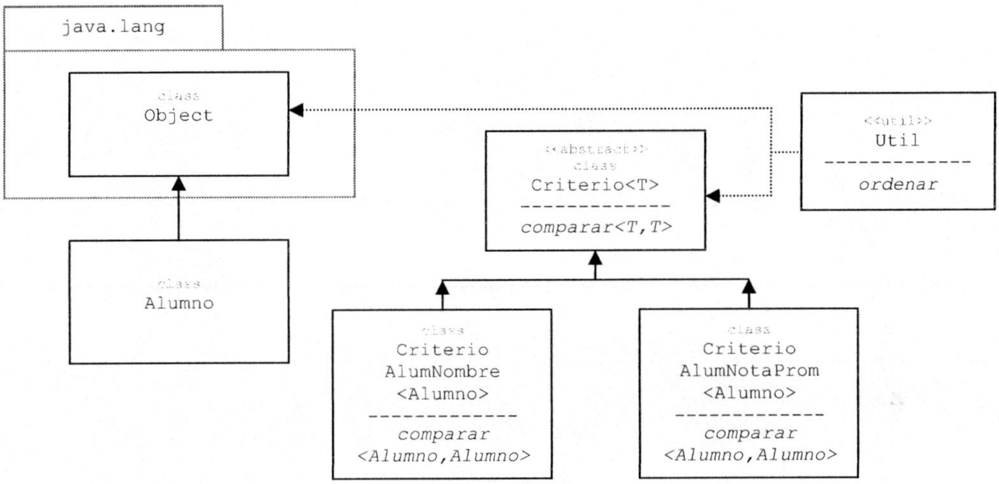

Fig. 2.5 Implementaciones de la clase `Criterio<T>`.

En esta nueva versión, ya no necesitamos imponer que las clases implementen `Comparable` para que sus objetos puedan ordenarse con nuestro método `Util.ordenar`.

En el diagrama vemos que `Alumno` hereda de `Object` y no implementa la *interface* `Comparable`. La nueva versión del método `ordenar` de la clase `Util` recibe un `Object[]` y un `Criterio` (que será alguna de sus subclases ya que la clase `Criterio` es abstracta).

Veamos la clase `Criterio`.

```
package libro.cap02.interfaces.criterios;

public abstract class Criterio<T>
{
   public abstract int comparar(T a, T b);
}
```

La clase `Criterio` es genérica en `T` lo que nos permitirá asegurar que los dos objetos que se vayan a comparar con el método `comparar` sean del mismo tipo.

Veamos ahora dos subclases de la clase `Criterio<T>`. Una para comparar alumnos por su nombre y otra para compararlos por su nota promedio.

```
package libro.cap02.interfaces.criterios;

import libro.cap02.interfaces.Alumno;

// heredo de Criterio especializando en Alumno
public class CriterioAlumNombre extends Criterio<Alumno>
{
```

```
   public int comparar(Alumno a, Alumno b)
   {
      return a.getNombre().compareTo(b.getNombre());
   }
}
```

```
package libro.cap02.interfaces.criterios;

import libro.cap02.interfaces.Alumno;

public class CriterioAlumNotaProm extends Criterio<Alumno>
{
   public int comparar(Alumno a, Alumno b)
   {
      double diff = a.getNotaPromedio()-b.getNotaPromedio();
      return diff>0 ? 1: diff <0 ? -1 : 0;
   }
}
```

Notemos que en este método no podemos retornar la diferencia entre las dos notas promedio porque estos valores son de tipo `double` por lo que su diferencia también lo será, pero el método debe retornar un valor de tipo `int`. Si la diferencia resulta ser un valor entre 0 y 1, al *castearlo* a `int` se convertiría en cero y estaríamos indicando que ambos alumnos tienen la misma nota promedio cuando, en realidad, no es así.

En la línea:

```
return diff>0 ? 1: diff <0 ? -1 : 0;
```

hacemos un doble `if` *inline*. Primero, preguntamos si `diff` es mayor que cero. Si esto es así retornamos 1. Si no, preguntamos si `diff` es menor que cero. En este caso, retornamos -1 y si no retornamos 0.

Veamos ahora la clase `Util` donde modificamos el método `ordenar` para que reciba un `Object[]` y una implementación (subclase) de `Criterio`.

```
package libro.cap02.interfaces.criterios;

public class Util
{
   public static void ordenar(Object arr[], Criterio cr)
   {


      boolean ordenado = false;
      while( !ordenado )
      {
         ordenado = true;
         for( int i=0; i<arr.length-1; i++ )
         {
```

```
                // ahora la decision sobre quien precede a
                // quien la toma instancia de Criterio cr
                if( cr.comparar(arr[i+1],arr[i])<0 )
                {
                   Object aux = arr[i];
                   arr[i] = arr[i+1];
                   arr[i+1] = aux;
                   ordenado = false;
                }
             }
          }
       }

       public static void imprimir(Object arr[])
       {
          for(int i=0; i<arr.length; i++)
          {
             System.out.println(arr[i]);
          }
       }
    }
```

Aprovechamos e incluimos en esta clase un método estático `imprimir` para imprimir todos los elementos de un `Object[]`.

Para terminar, veremos un ejemplo donde definimos un `Alumno[]` y lo imprimimos ordenado primero por `nombre` y luego por `notaPromedio`.

```
package libro.cap02.interfaces.criterios;

import libro.cap02.interfaces.Alumno;

public class TestCriterio
{
   public static void main(String[] args)
   {
      Alumno arr[] = { new Alumno("Martin", 25, 7.2)
                      ,new Alumno("Carlos", 23, 5.1)
                      ,new Alumno("Anastasio", 20, 4.8) };

      Util.ordenar(arr,new CriterioAlumNombre());
      Util.imprimir(arr);

      Util.ordenar(arr,new CriterioAlumNotaProm());
      Util.imprimir(arr);
   }
}
```

2.5 Colecciones

Genéricamente, llamamos "colección" a cualquier conjunto de objetos. Un `String[]` es una colección de cadenas, un `Integer[]` es una colección de objetos `Integer` y un `Object[]` es una colección de objetos de cualquier clase porque, como ya sabemos, todos las las clases heredan de la clase base `Object`.

Java provee una *interface* `Collection`. Por lo tanto, en general, cuando hablamos de "colección" es porque nos estamos refiriendo a un objeto cuya clase implementa esta *interface*.

Existen varias clases que implementan la *interface* `Collection`. Las más utilizadas son `ArrayList` y `Vector`.

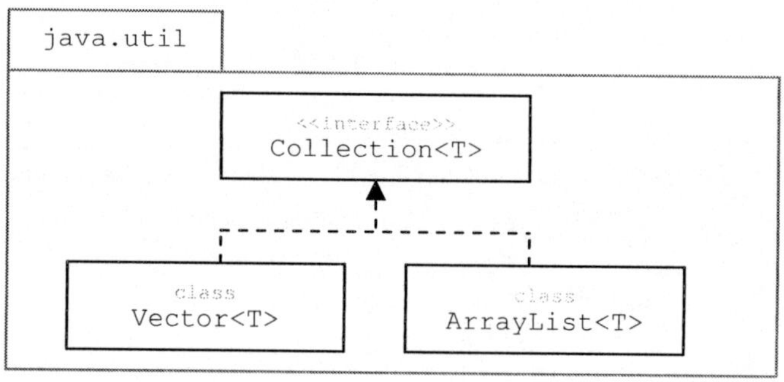

Fig. 2.6 Representación de las clases `Vector` y `ArrayList`.

En el diagrama vemos que tanto la *interface* `Collection` como las dos implementaciones que mencionamos están ubicadas en el paquete `java.util`.

Ejemplo: uso de la clase `Vector`.

En el siguiente programa, instanciamos un `Vector<String>`, le asignamos algunos valores y luego lo recorremos mostrando su contenido.

```
package libro.cap02.colecciones;

import java.util.Vector;

public class TestVector
{
   public static void main(String[] args)
   {
      // instancio un Vector especializado en String
      Vector<String> v = new Vector<String>();

      // le asigno algunos valores
      v.add("Pablo");
      v.add("Juan");
      v.add("Carlos");


      String aux;
```

```
        // el metodo size indica cuantos elementos contiene el vector
        for(int i=0; i<v.size(); i++ )
        {
            // el metodo get retorna el i-esimo elemento
            aux = v.get(i);
            System.out.println(aux);
        }
    }
}
```

El lector no debe confundir "*array*" con "Vector". Un *array* es una estructura de datos primitiva provista con el lenguaje de programación. Nosotros, como programadores, no podemos "programar un *array*", solo podemos utilizarlo. En cambio, `Vector` es una clase que alguien programó y la incluyó en las bibliotecas que se proveen con el lenguaje.

Es importante notar que el vector mantiene una lista de objetos. No sabemos cómo la mantiene. Quizás internamente utilice un *array* o tal vez utilice algún archivo temporal. No lo sabemos y tampoco nos debería interesar saberlo ya que uno de los objetivos de las clases es el de encapsular la implementación. La clase `Vector` mantiene una lista de objetos y nos permite acceder a estos a través de sus métodos. No nos interesa cómo lo hace. Si nos sirve y consideramos que funciona bien y es eficiente la utilizamos y si no podemos buscamos otra clase o bien podemos programar nuestro propia clase para reemplazarla.

Claro que si utilizamos `Vector` en nuestro programa y luego nos damos cuenta de que esta clase no es tan eficiente como hubiéramos esperado, para reemplazarla tendremos que hacer un "buscar y reemplazar" en todo el código lo que no siempre será una tarea del todo grata. Además, ¿que sucedería si en nuestro código invocamos métodos de `Vector` para realizar una determinada tarea y luego, al reemplazar `Vector` por otra clase, vemos que la nueva clase no tiene estos métodos?

> A partir de la versión 7, Java tiene la capacidad de inferir el tipo de datos genérico; de este modo sentencias como esta:
> ```
> Vector<String> v;
> v = new Vector<String>();
> ```
> pueden simplificarse así:
> ```
> Vector<String> v;
> v = new Vector<>();
> ```

Estos planteos no hacen más que reforzar los conceptos que estudiamos en las secciones anteriores donde hablamos de desacoplamiento y factorías de objetos.

Reformularemos el ejemplo anterior, pero considerando que la lista de nombres la obtendremos a través de una clase utilitaria que llamaremos `UNombres`. Esta clase tendrá un método estático `obtenerLista`.

```
package libro.cap02.colecciones;

import java.util.Collection;
import java.util.Vector;
```

```
public class UNombres
{
   public static Collection<String> obtenerLista()
   {
      Vector<String> v = new Vector<String>();
      v.add("Pablo");
      v.add("Juan");
      v.add("Carlos");
      return v;
   }
}
```

Notemos que el tipo de datos del valor de retorno del método es `Collection<String>` aunque lo que realmente estamos retornando es un `Vector<String>`. Esto es correcto porque, como vimos más arriba, la clase `Vector` implementa la *interface* `Collection`. Un `Vector` es una `Collection`.

Ahora, en el programa principal, podemos obtener la lista de nombres a través del método `UNombres.obtenerLista` de la siguiente manera:

```
package libro.cap02.colecciones;

import java.util.Collection;

public class TestVector
{
   public static void main(String[] args)
   {
      // el metodo obtenerLista retorna una Collection
      Collection<String> coll = UNombres.obtenerLista();

      // itero la coleccion de nombres y muestro cada elemento
      for(String nom: coll)
      {
         System.out.println(nom);
      }
   }
}
```

En esta nueva versión del programa, que muestra la lista de nombres, primero obtenemos la lista invocando al método estático `UNombres.obtenerLista`. Este método retorna un `Collection<String>`, por lo tanto, tenemos que asignar su retorno a una variable de este tipo de datos. Claramente, el método `obtenerLista` es un *factory method*. Luego, para iterar la colección y mostrar cada uno de sus elementos, utilizamos un `for` *each*. Este `for` itera (recorre uno a uno los elementos de) la colección y en cada iteración asigna el *i-ésimo* elemento a la variable `nom`.

2.5.1 Cambio de implementación

Supongamos ahora que, efectivamente, la clase `Vector` no nos termina de convencer y decidimos reemplazarla por `ArrayList`. Este cambio lo aplicaremos en el método `obtenerLista` de la clase `UNombres`.

```
package libro.cap02.colecciones;

import java.util.ArrayList;
import java.util.Collection;

public class UNombres
{
   public static Collection<String> obtenerLista()
   {
      //Vector<String> v = new Vector<String>();
      ArrayList<String> v = new ArrayList<String>();
      v.add("Pablo");
      v.add("Juan");
      v.add("Carlos");
      return v;
   }
}
```

Como vemos, cambiamos `Vector` por `ArrayList`. Esta clase también tiene el método `add`, por lo tanto no fue necesario cambiar nada más.

Como la clase `ArrayList` también implementa `Collection` entonces este cambio no generará ningún impacto en el programa principal. En el `main` no nos interesa saber si `UNombres.obtenerLista` retorna un `Vector` o un `ArrayList`. Nos alcanza con saber que el método retorna una `Collection`.

Una vez más, logramos independizar nuestro programa de la implementación que vayamos a utilizar, en este caso, para manejar una lista de nombres de personas.

2.6 Excepciones

Las excepciones constituyen un mecanismo de tratamiento de error a través del cual los métodos pueden finalizar abruptamente ante la ocurrencia de situación anómala que imposibilite su normal desarrollo.

El siguiente ejemplo ilustra una situación típica en la que debemos utilizar excepciones.

Supongamos que tenemos una clase `Aplicacion` y esta tiene un método `login` que recibe como argumentos dos cadenas: `usrname` y `password`. El método retorna una instancia de `Usuario` siendo esta una clase con los atributos del usuario que está intentando *loguearse* (nombre, dirección, *e-mail*, etc.) o `null` si `usrname` y/o `password` son incorrectos.

En el siguiente código, intentamos *loguear* un usuario "juan" con un *password* "juan123sito".

```
// instancio la clase Aplicacion
Aplicacion app = new Aplicacion();

// intento el login
Usuario u = app.login("juan", "juan123sito");

// si los datos no son correctos...
if( u == null )
{
   System.out.println("usuario y/o password incorrectos");
}
else
{
```

```
    System.out.println("Felicidades, login exitoso.");
    System.out.println("Nombre: "+u.getNombre());
    System.out.println("Email: "+u.getEmail());
}
```

Este código es muy claro y no necesita ninguna explicación adicional. Sin embargo, el método `login` así como está planteado tiene un importante error de diseño: el método retorna una instancia de `Usuario` si el *login* fue exitoso o `null` si el nombre de usuario y/o el *password* provistos como argumentos no son correctos, pero no se contempla la posibilidad de que por algún factor externo el método pudiera fallar.

Supongamos que para verificar el *login* el método tiene que acceder a una base de datos y resulta que en ese momento la base de datos está caída. ¿Qué valor debería retornar el método `login`? Si retorna `null` entonces quien llamó a nuestro método interpretará que el *usrname* o el *password* que ingresó son incorrectos. En este caso, el método no debe retornar nada, simplemente debe finalizar arrojando una excepción.

Podemos probar el ejemplo anterior solo que en lugar de utilizar una base de datos (porque ese tema lo estudiaremos en el próximo capítulo) utilizaremos un archivo de propiedades en el cual tendremos definidos los valores de las propiedades del usuario: `usrname`, `password`, `nombre` y `email`.

Un archivo de propiedades es un archivo de texto donde cada línea define una propiedad y su correspondiente valor. En nuestro caso llamaremos al archivo: usuario.properties, que debe estar ubicado en el *package root* y su contenido será el siguiente:

```
usrname=juan
password=juan123sito
nombre=Juan Cordero de Dios
email=juan@juancho.com
```

Teniendo el archivo de propiedades creado y correctamente ubicado podemos codificar la clase `Aplicacion` y el método `login`.

```
package libro.cap02.excepciones;

import java.util.ResourceBundle;

public class Aplicacion
{
   public Usuario login(String usrname, String password)
   {
      try
      {
         // leemos el archivo de propiedades que debe estar ubicado
         // en el package root
         ResourceBundle rb = ResourceBundle.getBundle("usuario");

         // leemos el valor de la propiedad usrname
         String usr = rb.getString("usrname");

         // leemos el valor de la propiedad password
         String pwd = rb.getString("password");

         // definimos la variable de retorno
         Usuario u = null;
```

```
            // si coinciden los datos proporcionados con los leidos
            if( usr.equals(usrname) && pwd.equals(password) )
            {
               // instancio y seteo todos los datos
               u = new Usuario();
               u.setUsrname(usr);
               u.setPassword(pwd);
               u.setNombre( rb.getString("nombre") );
               u.setEmail(rb.getString("email") );
            }

            // retorno la instancia o null si no entro al if
            return u;
         }
         catch(Exception ex)
         {
            // cualquier error "salgo por excepcion"
            throw new RuntimeException("Error verificando datos", ex);
         }
      }
   }
```

En este ejemplo vemos que todo el código del método `login` está encerrado dentro de un gran bloque `try`. Decimos entonces que “intentamos ejecutar todas esas líneas” y suponemos que todo saldrá bien. Incluso el `return` del método está ubicado como última línea del `try`. Ahora, si algo llegase a fallar entonces la ejecución del código saltará automáticamente a la primera línea del bloque `catch`. Dentro del `catch` “arrojamos una excepción” indicando un breve mensaje descriptivo y adjuntando la excepción original del problema.

Una excepción es una instancia de una clase que extiende a la clase base `Exception`. **A su vez,** `Exception` **es una subclase de la clase** `Throwable`.

Cuando trabajamos con excepciones tratamos el código como si no fuese a ocurrir ningún error. Esto nos permite visualizar un código totalmente lineal y mucho más claro, y ante la ocurrencia del primer error (excepción) “saltamos” al bloque `catch` para darle un tratamiento adecuado o bien (como en nuestro ejemplo) para arrojar una nueva excepción que deberá tratar quien haya invocado a nuestro método.

Veamos ahora el programa que utiliza el método `login` de la clase `Aplicacion`.

```
package libro.cap02.excepciones;

public class TestLogin
{
   public static void main(String[] args)
   {
      try
      {
         Aplicacion app = new Aplicacion();

         // intento el login
         Usuario u = app.login("juan","juan123sito");
```

```
            // muestro el resultado
            System.out.println(u);
        }
        catch(Exception ex)
        {
            // ocurrio un error
           System.out.print("Servicio temporalmente interrumpido: ");
            System.out.println(ex.getMessage());
        }
    }
}
```

En el programa intentamos el *login* como si todo fuera a funcionar perfecto y ante cualquier error "saltamos" al `catch` para (en este caso) mostrar un mensaje de error.

Recomiendo al lector realizar las siguientes pruebas:

1. Correr el programa así como está y verificar el resultado. En este caso, verá en consola todos los datos del usuario.
2. Cambiar el *password* y/o el *usrname* por otros incorrectos, correr el programa y verificar el resultado: en este caso, verá aparecer en consola: `null`.
3. Mover a otra carpeta el archivo usuario.properties y volver a correr el programa. En este caso, verá el mensaje de error indicando que el servicio está temporalmente interrumpido y que hubo un error verificando los datos, lo que no quiere decir que los datos proporcionados son incorrectos. Simplemente, no se los pudo verificar.

Podemos diferenciar dos tipos de Errores:

1. Errores físicos.
2. Errores lógicos (que, en realidad, no son errores).

En nuestro caso, errores físicos podrían ser: que no se pueda abrir el archivo de propiedades o que dentro del archivo de propiedades no se encuentre definida alguna de las propiedades cuyo valor estamos intentando leer.

Un error lógico sería que el *usrname* y/o el *password* proporcionados como argumentos sean incorrectos pero esto, en realidad, no es un error ya que la situación está contemplada dentro de los escenarios posibles de la aplicación.

2.6.1 Excepciones declarativas y no declarativas

En el ejemplo anterior, trabajamos con excepciones no declarativas ya que en el prototipo del método `login` no especificamos que este puede llegar a arrojar una excepción.

`RuntimeException` es una de las excepciones no declarativas provistas con Java.

Desde un método podemos arrojarla sin tener que declararla en su prototipo. A su vez, quien llame al método no estará obligado a encerrar la llamada dentro de un bloque *try-catch*.

Sin embargo, podemos incluir en el prototipo una lista de excepciones que el método (llegado el caso) podría llegar a arrojar.

Por ejemplo, podemos definir el método `login` de la siguiente manera:

```
public Usuario login(String usrname
                    , String password) throws ErrorFisicoException
```

En este caso, estamos indicando en el mismo prototipo del método que este podría arrojar una excepción del tipo `ErrorFisicoException`. Esto obligará al llamador del método `login` a encerrar la llamada dentro de un bloque *try-catch*.

Las excepciones en realidad son instancias de clases que heredan de la clase base `Exception`. Por lo tanto, podemos programar nuestra excepción `ErrorFisicoException` de la siguiente manera:

```
package libro.cap02.excepciones;

@SuppressWarnings("serial")
public class ErrorFisicoException extends Exception
{
   public ErrorFisicoException(Exception ex)
   {
      super("Ocurrio un Error Fisico", ex);
   }
}
```

Veamos la versión modificada del método `login` de la clase `Aplicacion` donde declaramos que podemos arrojar una `ErrorFisicoException` y llegado el caso la arrojamos.

```
package libro.cap02.excepciones;

import java.util.ResourceBundle;

public class Aplicacion
{
   public Usuario login(String usrname, String password)
                                          throws ErrorFisicoException
   {
      try
      {
         // :
         // aqui nada cambio... todo sigue igual
         // :
      }
      catch(Exception ex)
      {
         throw new ErrorFisicoException(ex);
      }
   }
}
```

En el `main` ahora estamos obligados a encerrar la llamada al método `login` dentro de un bloque *try-catch*. De no hacerlo no podremos compilar.

```
package libro.cap02.excepciones;

public class TestLogin
{
   public static void main(String[] args)
   {
      try
      {
         Aplicacion app = new Aplicacion();
         Usuario u = app.login("juan","juan123sito");

         System.out.println(u);
      }
      catch(ErrorFisicoException ex)
      {
         // ocurrio un error
        System.out.print("Servicio temporalmente interrumpido: ");
         System.out.println( ex.getMessage() );
      }
   }
}
```

Mi criterio personal (el que aplicaré a lo largo de este trabajo) es el de arrojar excepciones no declarativas ante la ocurrencia de errores físicos.

2.6.2 El bloque try–catch-finally

El bloque *try-catch* se completa con la sección `finally` aunque esta no es obligatoria. Podemos utilizar las siguientes combinaciones:

- *try-catch*
- *try-finally*
- *try-catch-finally*

Cuando utilizamos la sección `finally` Java nos asegura que siempre, suceda lo que suceda, el código pasará por allí.

Veamos algunos ejemplos para comprender de qué estamos hablando.

En el siguiente programa, imprimimos la cadena `"Hola, chau !"` dentro del `try` y luego finalizamos el método `main` con la sentencia `return`. Antes de finalizar el programa ejecutará el código ubicado en la sección `finally`.

```
package libro.cap02.excepciones;

public class Demo1
{
   public static void main(String[] args)
   {
      try
      {
```

```
            System.out.println("Hola, chau !");
            return;
        }
        catch(Exception ex)
        {
            System.out.println("Entre al catch...");
        }
        finally
        {
            System.out.println("Esto sale siempre !");
        }
    }
}
```

La salida será:

```
Hola, chau !
Esto sale siempre !
```

En el siguiente programa, preveemos la posibilidad de "pasarnos de largo" en un *array* por lo que capturamos una posible excepción del tipo `ArrayIndexOutOfBoundException`. Sin embargo, la excepción que realmente se originará será una de tipo `NumberFormatException` porque dentro del `try` intentamos convertir a `int` una cadena que no tiene formato numérico.

En este caso, el programa "saldrá por el *throws*" y no entrará al `catch`, pero primero pasará por el `finally`.

```
package libro.cap02.excepciones;

public class Demo2
{
    public static void main(String[] args) throws Exception
    {
        try
        {
            int i = Integer.parseInt("no es una cadena numerica...");
        }
        catch(ArrayIndexOutOfBoundsException ex)
        {
            System.out.println("Entre al catch...");
        }
        finally
        {
            System.out.println("Esto sale siempre !");
        }
    }
}
```

La sección `finally` es el lugar ideal para devolver los recursos físicos que tomamos en nuestro programa: cerrar archivos, cerrar conexiones con bases de datos, etcétera.

2.7 Resumen

En este capítulo, no solo estudiamos en detalle el paradigma de programación orientada a objetos sino que también aprendimos la importancia de aplicar patrones de diseño, ya que son estos los que verdaderamente potencian sus bondades.

En el próximo capítulo, veremos cómo podemos conectarnos y acceder a la información contenida en bases de datos ya que nuestro objetivo inmediato es el de desarrollar una aplicación Java completa que, aplicando patrones de diseño, se conecte a una base de datos para acceder y trabajar con la información que allí está almacenada.

Acceso a bases de datos (JDBC) 3

Contenido

Objetivos del capítulo

- Proveer una breve introducción al SQL (*Structured Query Language*).
- Entender el modelo de datos relacional y representarlo mediante un DER (Diagrama Entidad/Relación).
- Aprender la API JDBC para conectar los programas Java con las bases de datos.
- Ejecutar *querys*, *updates* y administrar transacciones.

3.1 Introducción

En este capítulo estudiaremos los mecanismos provistos por Java para que los programas puedan conectarse a bases de datos para consultar y modificar información.

Para esto, se requiere tener conocimientos básicos sobre bases de datos relacionales y SQL (*Structured Query Language*). Si el lector no está familiarizado con estos temas, no debe preocuparse porque comenzaremos el capítulo brindando esta base de conocimientos requeridos. Si este no fuera el caso y el lector tiene experiencia en el tema, entonces podrá saltear esta introducción.

3.2 Conceptos básicos sobre bases de datos relacionales

Las bases de datos almacenan y gestionan información organizándola en forma de tablas. Podríamos decir (en principio) que una base de datos es un conjunto de tablas relacionadas entre sí.

Una tabla es un conjunto de filas y columnas. Llamaremos "registros" a las filas y "campos" a las columnas. Los campos representan atributos y los registros representan valores puntuales para esos atributos. Así, si tenemos una tabla `PERSONA` con los campos: `nombre`, `DNI` y `direccion` (atributos de una persona) cada registro de esta tabla (fila) representará a una persona.

En este capítulo trabajaremos con dos tablas: `EMP` (empleados) y `DEPT` (departamentos). A continuación, veremos un ejemplo de los datos que estas tablas podrían llegar a contener.

DEPT		
deptno	dname	loc
1	Ventas	Buenos Aires
2	Compras	Buenos Aires
3	RRHH	La Plata

EMP			
empno	ename	deptno	hiredate
10	Juan	1	2/05/90
20	Alberto	3	3/01/93
30	Pedro	1	2/06/85
40	Marcos	2	5/12/98
50	Jaime	2	7/11/82
60	Pablo	1	7/10/96

Vemos que la tabla `DEPT` tiene tres registros (tres departamentos) y la tabla `EMP` tiene seis (empleados). Vemos también que cada columna (cada campo) contiene información de un tipo de datos (`empno` son números enteros, `ename` son cadenas de caracteres, `hiredate` son fechas, etc.).

La descripción "formal" de cada una de estas tablas la veremos a continuación.

`DEPT` (tabla de departamentos)

- `deptno (INTEGER, PRIMARY KEY)`
- `dname (VARCHAR(15), NOT NULL)`
- `loc (VARCHAR(15), NOT NULL)`

Lo anterior debe leerse de la siguiente manera: la tabla `DEPT` tiene tres campos: `deptno` (número de departamento), `dname` (nombre del departamento) y `loc` (localidad donde funciona el departamento).

Los campos son de un determinado tipo de datos. En la tabla `DEPT`, el campo `deptno` es de tipo `INTEGER` (numérico entero) y los campos `dname` y `loc` son de tipo `VARCHAR(15)` (cadena de 15 caracteres). La tabla no admite campos `NULL` (campos que no tengan asignado un valor concreto).

El campo `deptno` es *primary key* (clave primaria). Esto exige que los valores de este campo existan y sean únicos para todos los registros. Es decir, en esta tabla, no puede haber dos o más registros con el mismo número de departamento.

`EMP` (tabla de empleados)

- `empno (INTEGER, PRIMARY KEY)`
- `ename (VARCHAR(15), NOT NULL)`
- `deptno (INTEGER, FOREIGN KEY(DEPT.deptno))`
- `hiredate (DATE, NOT NULL)`

El análisis de la tabla `EMP` es similar al de la tabla `DEPT`, pero hay una diferencia: `EMP` tiene una relación de integridad con `DEPT` definida por la *foreign key* (clave foránea) asociada al campo `deptno`.

3.2.1 Relaciones foráneas y consistencia de datos

En las tablas de nuestro ejemplo, `EMP` tiene la información de los empleados de una compañía y `DEPT` tiene la información de los diferentes departamentos de la misma, y cada uno de los empleados registrados en `EMP` trabaja en alguno de los departamentos registrados en `DEPT`. Esta relación está dada por los campos `deptno` de ambas tablas.

Analizando el ejemplo de datos expuesto más arriba, vemos que los empleados Juan, Pedro y Pablo trabajan en el departamento 1 (tienen `deptno = 1`), Marcos y Jaime trabajan en el departamento 2 y Alberto trabaja en el departamento 3.

No debería suceder que un empleado trabaje en un departamento que no existe. En otras palabras: no debería existir ningún registro en `EMP` cuyo campo `deptno` no se corresponda con el campo `deptno` de alguno de los registros de `DEPT`.

Decimos que existe una "relación foránea" o *foreign key* entre el campo `deptno` de la tabla `EMP` y el campo `deptno` de la tabla `DEPT`.

Si llegase a existir un registro en `EMP` cuyo `deptno` no estuviera registrado en `DEPT`, tendríamos un problema de inconsistencia de datos, pero afortunadamente la base de datos no nos permitirá ingresar información inconsistente ni tampoco modificar la existente si es que a raíz de esta modificación vamos a ocasionar alguna inconsistencia de los datos.

También tendríamos inconsistencia de datos si en una tabla hubiera más de una fila con la misma *primary key*, pero esto tampoco sucederá porque la base de datos se interpondrá en nuestro camino cuando pretendamos insertar una fila con una clave primaria duplicada o bien cuando intentemos modificar la clave de una fila ya existente.

Estas restricciones se llaman "restricciones de integridad" o *constraints*.

3.2.2 Diagrama Entidad-Relación (DER)

Como dijimos más arriba, muchas veces existen relaciones entre las tablas de nuestra base de datos. Estas relaciones son físicas (controladas por la base de datos a través de las *constraints*) y también lógicas, y esto tiene relación directa con el diseño de nuestra aplicación.

Desde el punto de vista lógico, las tablas son entidades y las relaciones existentes entre estas se representan en un diagrama que se llama "Diagrama de Entidad-Relación" o DER.

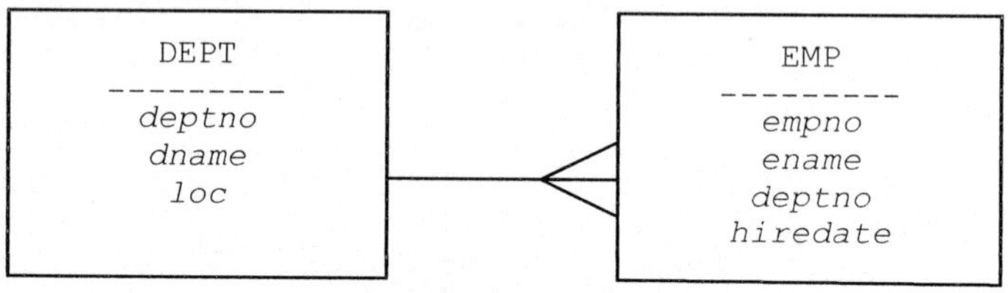

Fig. 3.1 Diagrama de Entidad/Relación.

En este diagrama vemos las dos tablas (entidades) y la relación existente entre estas representada con una "pata de gallo". Si leemos esta relación de izquierda a derecha diremos que "en un departamento trabajan uno o varios empleados". En cambio, si la leemos de derecha a izquierda diremos que "un empleado trabaja para un único departamento".

Decimos entonces que entre `DEPT` y `EMP` existe una "relación de 1 a muchos". Viéndola en sentido inverso decimos que entre `EMP` y `DEPT` existe una "relación de muchos a 1".

En otras palabras, cada registro de `EMP` se relaciona con un único registro en `DEPT`, pero cada registro de `DEPT` puede tener muchos registros relacionados en `EMP`. Cuando hablo de "registros relacionados" me refiero a que tienen el mismo valor en el campo `deptno`.

3.2.3 SQL – Structured Query Language

Para poder manipular la información contenida en las tablas de la base de datos, existe un lenguaje llamado SQL (*Structured Query Language*, Lenguaje Estructurado de Consultas).

Este lenguaje provee sentencias para definir soportes de información (crear, modificar y eliminar tablas, *constraints*, etc.) y sentencias para manipular la información que contienen las tablas (consultar datos, insertar, modificar y eliminar registros, etc.). Estos conjuntos de sentencias se llaman respectivamente DDL (*Data Definition Language*) y DML (*Data Manipulation Language*). En este capítulo solo analizaremos sentencias DML.

Dentro de las sentencias DML, podemos diferenciar dos tipos de sentencias: *querys* (consultas) y *updates* (modificaciones).

3.2.4 Ejecutar queries

Con estas sentencias podemos acceder a la información almacenada en las tablas de la base de datos. En general, tenemos que especificar la tabla desde la cual queremos obtener información (`FROM`), qué campos de esta tabla queremos (`SELECT`) y la condición que deben cumplir los registros que queremos obtener (`WHERE`).

Luego de ejecutar un *query*, obtenemos un subconjunto de los datos de una tabla o de varias tablas unidas por alguna de sus relaciones.

Con el siguiente *query*, obtenemos todos los registros de la tabla EMP.

```
SELECT empno, ename, deptno, hiredate
FROM emp
```

Usar *Eclipse* como cliente SQL.

El objetivo de este capítulo es mostrar cómo podemos ejecutar sentencias SQL desde los programas Java. Existen consolas de comandos SQL desde las cuales podemos ejecutar manualmente las sentencias para verificar los resultados que producen. Se provee un videotutorial mostrando cómo podemos conectar *Eclipse* con la base de datos y cómo podemos ejecutar las sentencias SQL dentro de la consola que *Eclipse* provee.

En el siguiente ejemplo, obtenemos todos los registros de la tabla EMP, pero solo los campos empno y ename.

```
SELECT empno, ename
FROM emp
```

Obtenemos todos los registros de la tabla EMP cuyo deptno sea 3.

```
SELECT empno, ename, hiredate, deptno
FROM emp
WHERE deptno = 3
```

Todos los registros de la tabla EMP cuyo ename comienza con 'A'.

```
SELECT empno, ename, hiredate, deptno
FROM emp
WHERE ename LIKE 'A%'
```

Todos los registros de la tabla EMP tal que ename comienza con 'A' y deptno es 3.

```
SELECT empno, ename, hiredate, deptno
FROM emp
WHERE ename LIKE 'A%' AND deptno = 3
```

3.2.5 Unir tablas (join)

Las tablas pueden "unirse" a través de sus relaciones. Recordemos que existe una relación entre las tablas EMP y DEPT dada por el campo deptno.

Con el siguiente *query*, obtenemos todos los registros de la tabla EMP, los campos empno, ename y en lugar del campo deptno queremos el campo dname de la tabla DEPT.

```
SELECT e.deptno, e.ename, d.dname
FROM emp e, dept d
WHERE e.deptno = d.deptno
```

En el `SELECT` de este *query*, utilizamos *alias* para identificar las tablas que (luego) definimos en el `FROM`. `e` y `d` son *alias* de las tablas `EMP` y `DEPT` respectivamente. En el `WHERE` especificamos la unión (o *join*) de ambas tablas.

El siguiente *query* retorna todos los registros de la tabla `EMP`, los campos `empno`, `ename` y `dname` (este último de `DEPT`) para aquellos empleados cuyo `empno` es menor o igual que 50.

```
SELECT e.deptno, e.ename, d.dname
FROM emp e, dept d
WHERE (e.empno <= 50) AND (e.deptno = d.deptno)
```

3.2.6 Ejecutar updates

Dentro de este grupo de sentencias, se encuentran aquellas que nos permiten insertar, modificar y eliminar registros (`INSERT`, `UPDATE` y `DELETE`). También ubicamos dentro de este grupo de sentencias a las que llamamos DDL y que permiten (entre otras cosas) crear y eliminar tablas (`CREATE TABLE`, `DROP TABLE`), alterar la estructura de las tablas (`ALTER TABLE`), etc. Esto es a título informativo ya que, en este libro, no utilizaremos sentencias DDL.

En el siguiente ejemplo, vemos cómo insertar una fila en la tabla `DEPT`.

```
INSERT INTO dept (deptno, dname, loc)
VALUES (4, 'Capacitacion', 'Santa Fe')
```

Debemos tener en cuenta que el campo `deptno` es *primary key*, por lo tanto, el registro que estamos insertando debe tener un `deptno` que no coincida con el `deptno` de ninguno de los registros que ya existen en la tabla, de lo contrario tendremos un error.

La siguiente sentencia permite modificar el valor de un campo en un registro.

```
UPDATE dept
SET loc = 'Rosario'
WHERE deptno = 4
```

Esto modifica el valor del campo `loc` para el registro cuyo `deptno` es 4 que (de existir) es único porque este campo es *primary key*.

La siguiente sentencia modifica el campo `loc` en varios registros.

```
UPDATE dept
SET loc = 'Mar del Plata'
WHERE loc LIKE 'La Plata'
```

En la próxima sentencia, modificamos dos campos en un registro de `EMP`.

```
UPDATE emp
SET ename ='Pablo A', deptno = 3
WHERE empno = 60
```

Obviamente, no tiene mucho sentido cambiarle el nombre a un empleado, pero podemos pensar que lo cambiamos para agregarle la inicial de su segundo nombre. También le modificamos el `deptno`.

Veremos ahora cómo eliminar un registro de la tabla `EMP`.

```
DELETE FROM emp WHERE empno = 50
```

¿Qué sucederá si intentamos eliminar de la tabla `DEPT` el registro cuyo `deptno` es 1?

Como existe una restricción de integridad entre `DEPT` y `EMP` dada por este campo, solo podremos eliminar el registro en `DEPT` si no existen empleados en `EMP` que tengan 1 en su campo `deptno`. Es decir, solo podremos eliminar el departamento si este no tiene empleados. De lo contrario, primero tendremos que "mover" los empleados a otro departamento o (más drásticamente) eliminarlos.

En las siguientes sentencias, "movemos" los empleados del departamento cuyo `deptno` es 1 al departamento cuyo `deptno` es 3 y luego eliminamos el departamento que quedó vacío.

```
UPDATE emp SET deptno = 3 WHERE deptno = 1
DELETE FROM dept WHERE deptno = 1
```

Obviamente, SQL puede llegar a ser mucho más complejo, pero con los ejemplos analizados estamos cubiertos por demás para lo que requiere el alcance de este libro.

3.3 Conectar programas Java con bases de datos

La API que permite la conexión entre los programas Java y las bases de datos se llama JDBC (*Java Database Connectivity*) y se encuentra dentro del paquete `java.sql`.

Dentro de este paquete, encontraremos clases e *interfaces* a través de las cuales podremos ejecutar *querys* y *updates*, invocar procedimientos y funciones y, en definitiva, acceder desde Java a todos los recursos que proveen las bases de datos.

JDBC está diseñado en base a *interfaces* que definen (por ejemplo) la manera de establecer la conexión, la forma de ejecutar sentencias (*querys* o *updates*), etc. Por esto, antes de poder ejecutar nuestro programa tendremos que disponer de un conjunto de clases que implementen todas estas *interfaces*. A este conjunto de clases, se lo denomina *"driver"*.

Para resumir esto, en el siguiente diagrama (UML) de dependencia de paquetes, vemos que nuestro programa (ubicado en el paquete `nuestro.paquete`) utiliza las *interfaces* del paquete `java.sql` y estas son implementadas por los *drivers* de *Oracle* (`oracle.jdbc.driver`), HSQL (`org.hsqldb`) y por varios *drivers* más que, genéricamente, los ubiqué en el paquete `otros.drivers`.

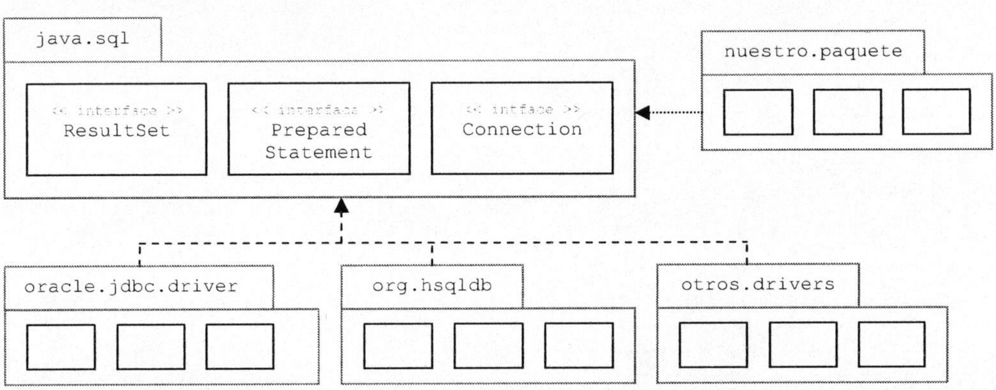

Fig. 3.2 Diagrama UML de dependencia de paquetes.

Viendo este diagrama debe quedar claro que nuestra aplicación no depende de ninguna base de datos en particular. Solo depende (utiliza) de las *interfaces* definidas en el paquete `java.sql`. Detrás de estas *interfaces* podrá haber instancias de implementaciones de *Oracle*, de HSQL, etcétera.

Es decir que **con JDBC podemos conectar programas Java con cualquier base de datos siempre y cuando dispongamos del *driver* específico**. Si queremos conectarnos con una base de datos *Oracle* tendremos que disponer del *driver* de *Oracle* y si queremos conectarlo con DB2 necesitaremos el *driver* de DB2. En este libro utilizaremos HSQL.

Los *drivers* son provistos por los mismos fabricantes de las bases de datos y en general se entregan con estas como parte del producto.

Comenzaremos analizando un programa que, luego de conectarse a la base de datos, ejecuta un *query* para obtener todos los registros de la tabla `EMP` para (luego) mostrarlos por pantalla.

El programa puede dividirse en tres partes:

- Levantar el *driver* y establecer la conexión.
- Ejecutar el *query*, iterarlo y mostrar los datos por pantalla.
- Cerrar la conexión.

```
package libro.cap03.demo;

import java.sql.DriverManager;
import java.sql.Connection;
import java.sql.PreparedStatement;
import java.sql.ResultSet;


public class DemoSelect
{
   public static void main(String[] args)
   {
      // parametros de la conexion
      String usr = "sa";
      String pwd = "";
      String driver = "org.hsqldb.jdbcDriver";
      String url = "jdbc:hsqldb:hsql://localhost/xdb";

      Connection con = null;
      PreparedStatement pstm = null;
      ResultSet rs = null;

      try
      {
         // ------------
         // ** PARTE 1 **
         // ------------

         // levanto el driver
         Class.forName(driver);
```

```
            // establezco la conexion
            con = DriverManager.getConnection(url,usr,pwd);

            // -------------
            // ** PARTE 2 **
            // -------------

            // defino un query
            String sql="SELECT empno,ename,hiredate,deptno FROM emp";

            // preparo la sentencia que voy a ejecutar
            pstm = con.prepareStatement(sql);

            // ejecuto la sentencia y obtengo los resultados en rs
            rs = pstm.executeQuery();

            // itero los resultados (registros)
            while( rs.next() )
            {
               // muestro los campos del registro actual
               System.out.print( rs.getInt("empno")+", " );
               System.out.print( rs.getString("ename")+", " );
               System.out.print( rs.getDate("hiredate")+", " );
               System.out.println( rs.getInt("deptno") );
            }
         }
         catch(Exception ex)
         {
            ex.printStackTrace();
            throw new RuntimeException(ex);
         }
         finally
         {

            try
            {
               // -------------
               // ** PARTE 3 **
               // -------------

               // cierro todos los recursos en orden inverso al que
               // fueron adquiridos
               if( rs!=null ) rs.close();
               if( pstm!=null ) pstm.close();
               if( con!=null ) con.close();
            }
            catch(Exception ex)
            {
               ex.printStackTrace();
               throw new RuntimeException(ex);
            }
         }
      }
   }
```

Si analizamos este código podremos notar que, salvo en estas dos líneas:

```
String driver = "org.hsqldb.jdbcDriver"; "
String url = "jdbc:hsqldb:hsql://localhost/xdb";
```

no hay ninguna referencia ni mención a la base de datos a la cual nos estamos conectando. Es decir el código queda totalmente independizado de la base de datos; por lo tanto este programa puede (modificando adecuadamente las dos líneas mencionadas más arriba) conectarse a *Oracle*, *MySQL*, *SQLServer*, DB2, HSQL, *PostgreSQL*, etcétera.

Volviendo al programa, para establecer la conexión, ejecutar el *query* y obtener los resultados utilizamos los objetos `con`, `pstm` y `rs` cuyos tipos son `Connection`, `PreparedStatement` y `ResultSet` respectivamente.

Lo primero que hacemos es levantar el *driver* a memoria. Esto lo hacemos con:

```
Class.forName(driver);
```

Con el *driver* levantado podemos establecer la conexión. Lo hacemos con:

```
con = DriverManager.getConnection(url,usr,pwd);
```

Evidentemente, el método estático `getConnection` de la clase `DriverManager` es un *factory method* a través del cual obtenemos una instancia de la clase concreta que implementa la *interface* `Connection`. Esto lo podemos verificar fácilmente agregando al código la siguiente línea:

```
System.out.println( con.getClass().getName() );
```

La línea anterior imprimirá en consola lo siguiente:

```
org.hsqldb.jdbc.jdbcConnection
```

Verificamos así que el objeto que contiene la variable `con` es en realidad una instancia de la clase `jdbcConnection` que se provee como parte del *driver* de HSQL.

Teniendo establecida la conexión, el próximo paso será ejecutar el *query* que lo definimos en una cadena de caracteres y lo ejecutamos de la siguiente manera:

```
String sql="SELECT empno, ename, hiredate, deptno FROM emp";
pstm = con.prepareStatement(sql);
rs = pstm.executeQuery();
```

El método `executeQuery` retorna una instancia de `ResultSet`. El *resultset* "es" el conjunto de filas retornado por el *query* que acabamos de ejecutar.

Internamente, el objeto *resultset* tiene un puntero que apunta a "la fila número 0". Para acceder a la fila número 1 (la primera fila del conjunto de resultados), debemos avanzar el puntero y esto lo hacemos con el método `next` que, luego de avanzarlo, retorna `true` o `false` según exista una fila más para avanzar o no.

> Cada tipo de datos SQL se corresponde con algún tipo de datos Java. Por ejemplo: `VARCHAR` se representa como `String`, `DATE` se representa como `java.sql.Date`, etcétera.

En el siguiente fragmento de código, avanzamos el puntero del *resultset* mientras este tenga más filas para procesar.

```
while( rs.next() )
{
   System.out.print( rs.getInt("empno")+", " );
   System.out.print( rs.getString("ename")+", " );
   System.out.print( rs.getDate("hiredate")+", " );
   System.out.println( rs.getInt("deptno") );
}
```

Vemos también que podemos acceder a los diferentes campos de la fila actual (la apuntada por el puntero del *resultset*) a través de los métodos *getXxx* especificando el nombre del campo. *Xxx* representa el tipo de datos del campo. Así, si el campo es `INTEGER` entonces accedemos a su valor invocando al método `getInt`. Si el campo es `VARCHAR` entonces utilizamos el método `getString` y si el campo es `DATE` entonces el método será `getDate`.

Existe una relación directa entre los tipos de datos de SQL y los tipos de datos de Java. Esta relación la mayoría de las veces es intuitiva, pero si en algún caso no lo fuera entonces el fabricante de la base de datos que estemos utilizando será el responsable de documentarla.

Algunos ejemplos de esta relación de tipos son (*tipoSQL – tipoJava*):

```
INTEGER   -  int
DOUBLE    -  double
DECIMAL   -  java.math.BigDecimal
NUMERIC   -  java.math.BigDecimal
VARCHAR   -  String
DATE      -  java.sql.Date
```

Por último, en el `finally` cerramos los recursos que utilizamos: `rs`, `pstm` y `con`. Los métodos `close` de estos objetos pueden arrojar excepciones de tipo `SQLException`, por este motivo los encerramos dentro de su propio bloque *try-catch*.

```
finally
{
   try
   {
      if( rs!=null ) rs.close();
      if( pstm!=null ) pstm.close();
      if( con!=null ) con.close();
   }
   catch(Exception ex)
   {
      ex.printStackTrace();
      throw new RuntimeException(ex);
   }
}
```

Si bien la *interface* `ResultSet` tiene métodos que permiten retroceder o mover arbitrariamente el puntero hacia cualquier fila del conjunto de resultados, generalmente y por cuestiones de rendimiento, es preferible evitarlos.

En este libro siempre consideraremos que el *resultset* es *forward only*.

> A partir de Java 7 podemos declarar y abrir recursos directamente en el `try`. Incluso, no necesitamos cerrarlos explícitamente porque la mayoría de estos son "autoclosables". Invito al lector a consultar el capítulo correspondiente de actualización.

3.3.1 Invocar un query con un join

En el siguiente código, mostramos por pantalla los resultados de un *query* que usa un *join* para unir datos de dos tablas diferentes. Es decir, mostramos los datos de los empleados y (entre paréntesis) mostramos el nombre del departamento en el que trabajan.

```
String sql="";
sql+="SELECT e.empno AS empno";
sql+="       ,e.ename AS ename ";
sql+="       ,e.hiredate AS hiredate ";
sql+="       ,e.deptno AS deptno";
sql+="       ,d.dname AS dname ";
sql+="FROM emp e, dept d ";
sql+="WHERE e.empno = d.deptno ";

pstm = con.prepareStatement(sql);
rs = pstm.executeQuery();

while( rs.next() )
{
   System.out.print( rs.getInt("empno")+", " );
   System.out.print( rs.getString("ename")+", " );
   System.out.print( rs.getInt("deptno")+" (" );
   System.out.print( rs.getString("dname")+"), " );
   System.out.println( rs.getDate("hiredate") );
}
```

El *query* que ejecutamos en este segmento de código trae datos de dos tablas diferentes. Los métodos *getXxx* no permiten especificar *tabla.campo* por lo que tuvimos que asignar alias a los campos para poderlos referenciar unívocamente. Así, dentro del `while`, referenciamos al campo `d.dname` por su alias `dname` de la siguiente manera: `rs.getString("dname")`.

3.3.2 Updates

Consideramos *update* a toda sentencia que no comience con `SELECT`. Así, serán *update* las sentencias DML `INSERT`, `DELETE`, `UPDATE` y las sentencias DDL `CREATE`, `DROP`, `ALTER`, etcétera.

3.3.3 Ejecutar un INSERT

En el siguiente código, insertamos una fila en la tabla `DEPT`.

```
String sql="";
sql+="INSERT INTO dept (deptno, dname, loc) ";
sql+="VALUES(?,?,?) ";

pstm = con.prepareStatement(sql);

// seteamos los valores de los parametros
pstm.setInt(1,4);
pstm.setString(2,"Logistica");
pstm.setString(3,"Mar del Plata");
int rtdo = pstm.executeUpdate();
```

```
if( rtdo == 1 )
{
   System.out.println("1 fila correctamente insertada");
}
else
{
   throw new RuntimeException("No se pudo insertar la fila");
}
```

Las sentencias preparadas (*prepared statement*) pueden ser parametrizadas. Los parámetros se definen con un carácter `?` (signo de interrogación). Luego tenemos que asignar valores concretos a los parámetros antes de poder ejecutar la sentencia. Esto lo hacemos invocando sobre la *prepared statement* `pstm` los métodos *setXxx* donde *Xxx* es el tipo de dato del argumento que estamos pasando. Estos métodos reciben un número que comienza desde 1 e indica la posición relativa del parámetro dentro de la sentencia parametrizada.

Analicemos este fragmento de código:

```
String sql="";
sql+="INSERT INTO dept (deptno, dname, loc) ";
sql+="VALUES(?,?,?) ";

pstm = con.prepareStatement(sql);

pstm.setInt(1,4);
pstm.setString(2,"Logistica");
pstm.setString(3,"Mar del Plata");
int rtdo = pstm.executeUpdate();
```

Aquí primero definimos una sentencia `INSERT` con tres parámetros. En el primero asignamos un valor 4 (numérico entero) invocando al método `setInt`, en el segundo y en el tercero asignamos *strings* a través del método `setString`. Luego ejecutamos la sentencia con `executeUpdate` y como valor de retorno obtenemos un entero que llamaremos *update count* que indica cuántas filas resultaron afectadas a causa de la sentencia que acabamos de ejecutar. Como en este caso ejecutamos un `INSERT` esperamos que el *update count* sea 1. Si esto no es así será porque ocurrió algún error.

En el siguiente ejemplo, vemos cómo podemos insertar múltiples filas en una tabla.

```
String sql="";
sql+="INSERT INTO dept (deptno, dname, loc) ";
sql+="VALUES(?,?,?)";

pstm = con.prepareStatement(sql);

for(int i=100; i<150; i++)
{
   pstm.setInt(1,i);
   pstm.setString(2,"NombreDept ("+i+")");
   pstm.setString(3,"LocDept"+i+")");
   int rtdo = pstm.executeUpdate();

   if( rtdo != 1 )
   {
```

```
        throw new RuntimeException("Error...");
    }
}
```

Como podemos ver, una misma sentencia preparada puede ser invocada más de una vez. En este caso, utilizamos esta posibilidad para insertar 50 filas en la tabla DEPT.

3.3.4 Ejecutar un DELETE

En el siguiente ejemplo, eliminamos una fila de la tabla EMP.

```
String sql="";
sql+="DELETE FROM emp WHERE empno = ? ";

pstm = con.prepareStatement(sql);

// quiero borrar al empleado cuyo empno es 20
pstm.setInt(1,20);
int rtdo = pstm.executeUpdate();

if( rtdo > 1 )
{
   String mssg="Error: "+rtdo+" filas eliminadas...");
   throw new RuntimeException(mssg);
}
```

Notemos que si el *update count* resulta ser mayor que 1 será porque eliminamos más filas de las que esperábamos. En este caso, arrojamos una excepción pero, obviamente, ya será tarde porque las filas fueron eliminadas. Para tratar este tipo de problemas, utilizaremos transacciones, tema que analizaremos más adelante.

3.3.5 Ejecutar un UPDATE

En el siguiente ejemplo, "mudamos" todos los departamentos registrados en DEPT a la localidad de "Buenos Aires".

```
String sql="UPDATE dept SET loc = ? ";

pstm = con.prepareStatement(sql);
pstm.setString(1,"Buenos Aires");
int rtdo = pstm.executeUpdate();

System.out.println(rtdo+" filas updateadas");
```

3.3.6 El patrón de diseño "Singleton" (Singleton Pattern)

Como explicamos anteriormente, un patrón de diseño sugiere una solución eficiente y generalmente aceptada con la que podemos resolver un determinado tipo de problemas.

En este caso, el problema que tenemos (o mejor dicho, el problema que vamos a tener en los siguientes párrafos) es el de obtener siempre la misma y única instancia de una clase. Concretamente, estoy hablando de la conexión con la base de datos.

Una vez establecida la conexión, debemos mantenerla instanciada para poderla utilizar durante toda la ejecución de la aplicación. Una única conexión es suficiente para ejecutar todos los accesos a la base de datos, por lo tanto, tenemos que evitar instanciarla más de una vez ya que el hecho de establecerla es costoso en términos de procesamiento, tráfico de red y tiempo.

Una implementación simple del *Singleton Pattern* consiste en definir estático y privado al objeto que queremos que sea único y proveer un método de acceso estático para accederlo. Dentro de este método, preguntamos si el objeto es `null`, en ese caso lo instanciamos y luego lo retornamos. Si no, simplemente lo retornamos.

> El *singleton pattern* permite garantizar que tendremos una única instancia de la clase.

En el siguiente ejemplo, vemos cómo utilizamos un *Singleton Pattern* para mantener una única instancia de un *string*.

```
public class DemoSimgleton
{
   private static String s = null;

   public static String obtenerString()
   {
      if( s == null )
      {
         s = new String("Unica Instancia");
      }

      return s;
   }
}
```

Dentro de cualquier otra clase, podemos acceder a esta única instancia a través del método estático `obtenerString` como veremos a continuación.

```
String s1 = DemoSingleton.obtenerString();
String s2 = DemoSingleton.obtenerString();

if( s1 == s2 )
{
   System.out.println(" Son la misma (y unica) instancia !!! ");
}
```

3.3.7 Singleton Pattern para obtener la conexión

El *Singleton Pattern* nos ayudará a establecer la conexión con la base de datos de manera más simple y ágil, de forma tal que en nuestro programa simplemente la podamos "pedir" y así obtenerla sin tener que preocuparnos por "levantar" el *driver*, conocer el usuario y el *password*, definir la *url*, etcétera.

Con este objetivo desarrollaremos la clase `UConnection` donde implementaremos este patrón de diseño para crear y mantener una única instancia de la conexión. La clase `UConnection` tendrá la siguiente estructura:

```
public class UConnection
{
   public static Connection getConnection(){ ... }
}
```

Y será la responsable de:

- Establecer la conexión la primera vez que se pida (la primera vez que se invoque el método `getConnection`).
- Proveer acceso a la conexión (ya establecida) en cada invocación al método `getConnection` posterior a la primera.
- Cerrar automáticamente la conexión cuando finalice el programa.

Para el último punto, tendremos que poder determinar el momento exacto justo antes de que finalice la aplicación para poder cerrar la conexión con la base de datos. Esto solo será posible utilizando lo que se llama *"shutdown hook"*, pero su análisis y explicación lo dejaremos para luego de haber analizado el código de la clase `UConnection`.

```
package libro.cap03.demo;

import java.sql.Connection;
import java.sql.DriverManager;
import java.util.ResourceBundle;

public class UConnection
{
   private static Connection con=null;

   public static Connection getConnection()
   {
      try
      {
         if( con == null )
         {
            // con esto determinamos cuando finalize el programa
           Runtime.getRuntime().addShutdownHook(new MiShDwnHook());

            ResourceBundle rb=ResourceBundle.getBundle("jdbc");
            String driver=rb.getString("driver");
            String url=rb.getString("url");
            String pwd=rb.getString("pwd");
            String usr=rb.getString("usr");

            Class.forName(driver);
            con = DriverManager.getConnection(url,usr,pwd);
         }

         return con;
      }
      catch(Exception ex)
      {
         ex.printStackTrace();
        throw new RuntimeException("Error al crear la conexion",ex);
      }
   }
```

```
    static class MiShDwnHook extends Thread
    {
       // justo antes de finalizar el programa la JVM invocara
       // a este metodo donde podemos cerrar la conexion
       public void run()
       {
          try
          {
             Connection con = UConnection.getConnection();
             con.close();
          }
          catch( Exception ex )
          {
             ex.printStackTrace();
             throw new RuntimeException(ex);
          }
       }
    }
}
```

La primera vez que se invoque al método `getConnection` la variable estática `con` será `null` por lo que se entrará al `if` para levantar el *driver* e instanciar la conexión. Las veces sucesivas, como `con` es estática mantendrá su valor y este será distinto de `null` por lo que el método estará retornando siempre la misma y única instancia de la conexión con la base de datos.

Para no *hardcodear* los parámetros de la conexión, optamos por escribirlos en un archivo de propiedades que llamamos "jdbc.properties" y que debe estar ubicado en el *package root*, con el siguiente contenido:

```
usr = sa
pwd =
driver = org.hsqldb.jdbcDriver
url = jdbc:hsqldb:hsql://localhost/xdb
```

3.3.8 El shutdown hook

Java tiene mecanismos de notificación a través de los cuales el programador puede notificarse a medida que ocurren diferentes sucesos o eventos. En general, a estos mecanismos se los conoce como *listeners* (escuchadores), pero antes de que existiera Java esta técnica era conocida como *hook* ("gancho").

> ✔ El *shutdown hook* es un mecanismo a través del cual Java nos notificará que el programa finalizó para que, si queremos, podamos hacer algo.

En el caso particular de la ocurrencia del evento *shutdown* (finalización de la ejecución de la máquina virtual), podemos registrar nuestro *listener* (o *hook*) de la siguiente manera:

```
Runtime.getRuntime().addShutdownHook(new MiShDwnHook());
```

Donde `MiShDwnHook` es el nombre de una clase que extiende de `Thread` y sobrescribe el método `run`. La máquina virtual invocará a este método justo antes de finalizar su ejecución, por lo tanto, es en este método donde podemos cerrar la conexión adecuadamente.

Notemos también que la clase `MiShDwnHook` está ubicada dentro de la clase `UConnection`. En Java existe esta posibilidad: se llama *inner class*.

3.3.9 Inner classes (clases internas)

Una *inner class* (o clase interna) es una clase cuyo código está ubicado dentro de otra que llamaremos "clase contenedora". Esto solo tiene sentido si la clase interna es totalmente dependiente de la clase contenedora entonces la ventaja de plantearla como *inner class* es que en un único archivo tenemos las dos clases que, en realidad, son parte de lo mismo.

La *inner class* tiene acceso a los miembros de la clase contenedora aunque estos sean privados.

Debe quedar claro que el hecho de que una contenga a la otra no implica más que eso: una contiene a otra, pero no existe ninguna relación de herencia entre ellas.

Con la clase `UConnection`, terminada podemos replantear cualquiera de los ejemplos anteriores de la siguiente manera:

```
// ...
public class DemoSelect
{
   public static void main(String[] args)
   {
      Connection con = null;
      PreparedStatement pstm = null;
      ResultSet rs = null;

      try
      {
        // establezco la conexion
        con = UConnection.getConnection();

        // :
        // hago todo lo que tengo que hacer...
        // :
      }

      // :
   }
}
```

3.3.10 Manejo de transacciones

Llamamos "transacción" a un conjunto de acciones que deben ser ejecutadas de manera indivisible o atómica. Todas deben ejecutarse correctamente, pero si alguna llegase a fallar entonces se debe volver al estado inicial como si ninguna de estas acciones se hubiera ejecutado. Una transacción es "todo o nada". Nunca "parte sí y parte no".

Las bases de datos son transaccionales, por lo tanto, como programadores, nuestro problema no será implementar la transacción sino administrarla delimitando el conjunto de sentencias que la integrarán y luego de ejecutarlas, confirmarlas (*commit*) o deshacerlas (*rollback*).

La *interface* `connection` tiene los métodos `commit`, `rollback` y `setAutoCommit`. Este último permite asignar un valor `true` o `false` a la propiedad *auto commit* de la conexión que, por defecto, es `true`. Por este motivo, cada *update* que ejecutamos desde un programa Java se ve inmediatamente reflejado en la base de datos, pero si antes de comenzar hacemos `con.setAutoCommit(false)` entonces tendremos que confirmar explícitamente el éxito de las operaciones invocando al método `commit` o bien dejarlas sin efecto invocando al método `rollback`.

Replantearemos el ejemplo donde ejecutábamos la sentencia `DELETE` para borrar una única fila de la tabla `EMP`. En este caso podremos verificar el valor del *update count* y confirmar (*commitear*) la operación solo si este valor es 1 (una única fila eliminada).

```
// ...
public class DemoDelete
{
   public static void main(String[] args)
   {
      Connection con = null;
      PreparedStatement pstm = null;


      try
      {
         // obtengo la conexion
         con = UConnection.getConnection();

         // seteo el autocommit en false
         con.setAutoCommit(false)

         // defino y ejecuto la sentencia DELETE
         String sql = "DELETE FROM emp WHERE empno = ? ";
         pstm = con.prepareStatement(sql);
         pstm.setInt(1,20);
         int rtdo = pstm.executeUpdate();

         // se afecto una sola fila como esperabamos...
         if( rtdo == 1 )
         {
            // todo OK entonces commiteo la operacion
            con.commit();
         }
         else
         {
            throw new RuntimeException("Error...");
         }
      }
      catch( Exception ex )
      {
         ex.printStackTrace();
         throw new RuntimeException(ex);
      }
      finally
      {
```

```
            try
            {
               // rollback "por las dudas"
               if( con != null ) con.rollback();
               if( pstm != null ) pstm.close();
            }
            catch( Exception ex )
            {
               ex.printStackTrace();
               throw new RuntimeException(ex);
            }
         }
      }
   }
```

Una vez *commiteada* la transacción los cambios serán permanentes, por lo tanto, por más que invoquemos el método `rollback` este no podrá deshacer lo que ya fue *commiteado*. Por este motivo, invocamos al `commit` dentro del `try` e invocamos al `rollback` dentro del `finally`.

3.4 Uso avanzado de JDBC

3.4.1 Acceso a la metadata (`ResultSetMetaData`)

La API JDBC provee mecanismos a través de los cuales podemos acceder a la *metadata* del *resultset*. Esto es acceder a "los datos de los datos".

Por ejemplo, si ejecutamos un *query* a raíz del cual obtenemos un conjunto de filas y columnas (de una o varias tablas) llamaremos *metadata* a:

- el nombre de cada una de las columnas obtenidas
- el tipo de dato de cada una de las columnas
- la precisión
- etc.

Analicemos el siguiente *query* sobre las tablas `EMP` y `DEPT`:

```
SELECT e.empno AS empno
     , e.ename AS ename
     , e.hiredate AS hiredade
     , e.deptno AS deptno
     , d.dname AS dname
     , d.loc AS loc
FROM emp e, dept d
WHERE e.deptno = d.deptno
```

Este *query* trae 6 columnas de tipo `INTEGER`, `VARCHAR`, `DATE`, `INTEGER`, `VARCHAR` y `VARCHAR` respectivamente. Cada columna puede nombrarse o "etiquetarse" por un nombre único (*label*). A toda esta información relacionada a la estructura de datos del *resultset*, se puede acceder a través de la clase `ResultSetMetaData` como veremos en el siguiente ejemplo.

```
// ...
public class DemoMetaData
{
   public static void main(String[] args)
   {
      Connection con=null;
      ResultSet rs=null;
      PreparedStatement pstm=null;

      try
      {
         // obtengo la conexion
         con = UConnection.getConnection();

         String sql="";
         sql+="SELECT e.empno AS empno ";
         sql+="      , e.ename AS ename ";
         sql+="      , e.hiredate AS fecha ";
         sql+="      , e.deptno AS deptno ";
         sql+="      , d.dname AS dname ";
         sql+="      , d.loc AS loc ";
         sql+="FROM emp e, dept d ";
         sql+="WHERE e.deptno = d.deptno ";

         pstm = con.prepareStatement(sql);
         rs = pstm.executeQuery();

         ResultSetMetaData md = rs.getMetaData();
         // muestro la metadata
         _mostrarMetaData(md);

         // muestro las filas del result set
         _mostrarData(rs);
      }

      // ...
   }

   private static void _mostrarMetaData(ResultSetMetaData md)
   throws Exception
   {
      // cantidad de columnas del resultset
      int cantCols = md.getColumnCount();

      System.out.println(cantCols+" columnas obtenidas");
      System.out.println();

      for( int i=1; i<=cantCols; i++ )
      {
         System.out.print("Columna Nro. "+i+", ");

         // label (alias o nombre) de la i-esima columna
         System.out.print("Label: "+md.getColumnLabel(i)+", ");
```

```
            // codigo de tipo de dato de la i-esima columna
            System.out.print("Type: "+md.getColumnType(i)+" (");

            // nombre del tipo de datos de la i-esima columna
            System.out.print(md.getColumnTypeName(i)+"), " );

            // precision del tipo de datos de la i-esima columna
            System.out.println("Precision: "+md.getPrecision(i));
         }
         System.out.println();
      }

   private static void _mostrarData(ResultSet rs) throws Exception
   {
      int cantCols = rs.getMetaData().getColumnCount();
      while( rs.next() )
      {
         for( int i=1; i<=cantCols; i++ )
         {
            System.out.print( rs.getString(i));
            System.out.print( i<cantCols?" ,":" ");
         }

         System.out.println();
      }
   }
}
```

El método `getColumnType` retornará un entero que coincidirá con alguna de las constantes definidas en la clase `java.sql.Type` algunas de las cuales son:

ARRAY	BIGINT	BYNARY	BIT	BLOB
BOOLEAN	CHAR	CLOB	DATALINK	DATE
DECIMAL	DISTINCT	DOUBLE	FLOAT	INTEGER
JAVA_OBJECT	LONGVARBINARY	NULL	NUMERIC	OTHER
REAL	REF	SMALLINT	STRUCTURE	TIME
TIMESTAMP	TINYINT	VARBINARY	VARCHAR	

3.4.2 Definir el "query fetch size" para conjuntos de resultados grandes

Llamamos *fetch size* al número de filas que serán leídas y transferidas entre la base de datos y el programa Java que ejecutó el *query* cada vez que se invoque el método `next` sobre el *resultset*.

Es decir, si consideramos un *fetch size* = 100, la primera vez que invoquemos al método `next` para obtener una fila del *resultset*, el *driver* traerá desde la base de datos las primeras 100 filas. Así, durante las siguientes 99 invocaciones al método `next` el *driver* simplemente retornará una de las filas que tiene en la memoria local.

Esto incrementa notablemente el rendimiento de nuestra aplicación porque reduce el número de llamadas (generalmente llamadas de red) entre el programa y la base de datos.

Podemos definir el *fetch size* con el que queremos trabajar a través del método `setFetchSize` de la *prepared statement* `pstm` como vemos a continuación:

```
int n=100;
pstm.setFetchSize(n);
```

En general, se recomienda su uso para ejecutar *querys* que retornen grandes conjuntos de resultados. Para conjuntos pequeños no tiene demasiado sentido.

3.4.3 Ejecutar batch updates (procesamiento por lotes)

Si necesitamos ejecutar varios *updates* podemos utilizar el "procesamiento por lotes" o *batch update* agregándolos uno a uno a la `Statement` para luego ejecutarlos todos juntos como un lote de trabajo. Esto reduce considerablemente la comunicación (usualmente de red) entre el programa Java y la base de datos ayudándonos a incrementar el rendimiento.

En este ejemplo utilizaremos un objeto de tipo `Statement` que representa una sentencia que no ha sido preparada con anterioridad, por lo tanto cada *update batch* que agreguemos deberá estar completo con todos los datos, no puede ser parametrizado.

```
int deptnoDesde=4;
int deptnoHasta=1

// obtenemos la conexion
con = UConnection.getConnection();
con.setAutoCommit(false);

// creo el Statement y agrego updates batch
stm = con.createStatement();
stm.addBatch("UPDATE emp SET empno = "+deptnoHasta+" "
            +"WHERE deptno = "+ deptnoDesde);
stm.addBatch("DELETE FROM dept +" "
            +"WHERE deptno = "+deptnoDesde);

// ejecuto y obtengo los resultados
int[] rtdos = stm.executeBatch();
```

En el siguiente ejemplo, utilizaremos un objeto de tipo `PreparedStatement` para insertar *batch* 50 filas en la tabla `DEPT`.

```
con = UConnection.getConnection();
con.setAutoCommit(false);

String sql="";
sql+="INSERT INTO dept (deptno, dname, loc) ";
sql+="VALUES(?,?,?) ";

pstm = con.prepareStatement(sql);

for(int i=100; i<150; i++)
{
   pstm.setInt(1,i);
   pstm.setString(2,"NombreDept ("+i+")");
   pstm.setString(3,"LocDept"+i+")");
   pstm.addBatch();
}

int rtdo[] = pstm.executeBatch();
```

Lamentablemente, las operaciones *batch* no pueden ser parametrizadas, por lo tanto, los beneficios de la disminución en el tráfico de red se compensan con la pérdida de rendimiento al procesar cada sentencia. Debemos ser prudentes y tener una muy buena justificación antes de utilizarlos.

3.5 Resumen

En este capítulo aprendimos JDBC que es la API que permite conectar los programas Java con las bases de datos.

En el próximo capítulo, analizaremos cómo diseñar una aplicación Java completa. Tenemos todos los elementos para hacerlo: podemos leer datos ingresados por teclado y mostrar resultados en la pantalla, conocemos la teoría de objetos y uno de los principales patrones de diseño: el *factory method*. Sabemos cómo acceder a una base de datos para obtener información.

Resumiendo, tenemos todo. Solo falta ordenar un poco los conceptos y es esto lo que veremos a continuación.

Diseño de aplicaciones Java (Parte I)

4

Contenido

Objetivos del capítulo

- Desarrollar una aplicación Java respetando los lineamientos y los patrones de diseño que recomiendan los expertos de la industria.
- Conocer las diferentes capas que componen una aplicación. Delimitar sus responsabilidades y diferenciar entre *frontend* y *backend*.
- Utilizar diagramas UML para representar la secuencia que se origina a partir de la interacción entre el usuario con el programa cliente y las clases ubicadas en las diferentes capas que componen la aplicación.

4.1 Introducción

En los capítulos anteriores, estudiamos el lenguaje Java, el paradigma de programación orientada a objetos y JDBC que es la API que permite conectar programas Java con bases de datos. Con estos conocimientos tenemos las bases para pensar en desarrollar nuestra primera aplicación Java.

En este capítulo analizaremos conceptos de diseño que nos permitirán diseñar y desarrollar aplicaciones "extensibles", "escalables" y "mantenibles".

4.2 Atributos de una aplicación

Llamamos así al conjunto de características deseables que una aplicación (desarrollada en Java o en cualquier otro lenguaje) debe tener.

Algunos atributos son:

Mantenibilidad - Decimos que una aplicación es "mantenible" si está desarrollada de tal forma que su código y diseño permiten adaptarla a pequeñas (o no tan pequeñas) variantes que puedan surgir conforme a la "evolución del negocio". Por ejemplo, la forma de calcular un impuesto, la manera de liquidar una comisión, el criterio para aceptar o rechazar la inscripción de un alumno a un curso, etcétera.

Escalabilidad - Decimos que una aplicación es "escalable" si su diseño es tal que permite que, con un costo mínimo, pueda ser implementada con otras tecnologías para afrontar incrementos de volumen y capacidad de procesamiento. Por ejemplo, tenemos una aplicación que toma la información desde archivos y la adaptamos para que pueda funcionar tomando la información desde bases de datos. O bien, nuestra aplicación trabaja con la base de datos HSQL y queremos que funcione también con ORACLE y con DB2.

Nota: para ser más preciso el término "escalabilidad" se refiere a la tasa de crecimiento del tiempo de respuesta o del consumo de recursos de una aplicación conforme crece la carga de trabajo.

Extensibilidad - Decimos que una aplicación es "extensible" si, con un costo mínimo, podemos extender su funcionalidad a nuevos **casos de uso** que puedan surgir.

Otros atributos son "disponibilidad", "confiabilidad" y "seguridad", pero su análisis excede el alcance de este libro.

Cuando hablamos de "el negocio" nos referimos al contexto en el que funciona la aplicación. Cuando hablamos de "casos de uso" hacemos referencia a las diferentes situaciones que contempla la aplicación.

4.2.1 Casos de uso

Llamamos "casos de uso" a las diferentes situaciones contempladas por una aplicación.

Por ejemplo, si nuestra aplicación controla inscripciones en una facultad entonces algunos de los casos de uso en este contexto (el negocio) podrán observarse en la Fig. 4.1.

Dicho gráfico es un "Diagrama de Casos de Uso" de UML y permite visualizar y analizar fácilmente los casos de uso que existen dentro de un determinado contexto. Cada óvalo representa un caso de uso y cada "muñequito" representa un "actor". Llamamos actor a la persona que interactúa con los casos de uso de la aplicación.

Notemos que un actor representa un rol, no una persona física. Es decir, quien interactúa con la aplicación es "el alumno", no "Juan", "Pedro" o "Pablo".

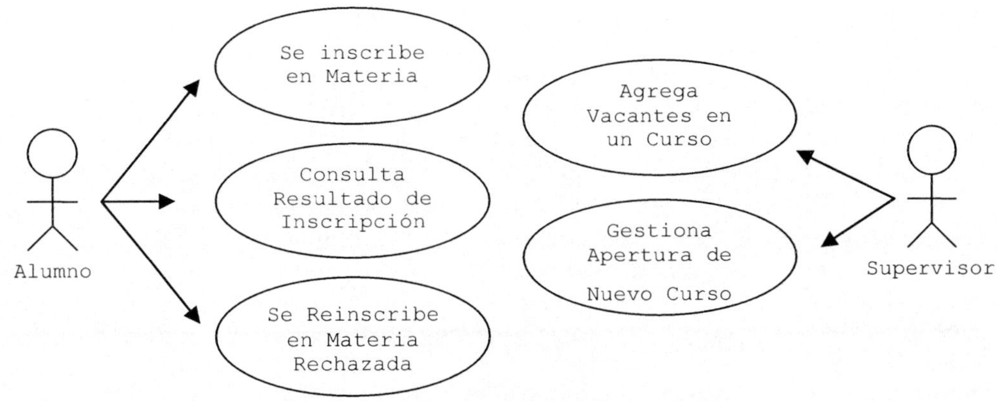

Fig. 4.1 Diagrama UML de casos de uso.

4.3 Desarrollo de aplicaciones en capas

Para lograr desarrollar aplicaciones mantenibles, extensibles y escalables tenemos que poder diferenciar y separar dos cuestiones de naturaleza muy diferentes que llamaremos "lógica del negocio" y "lógica de presentación". Es decir: una cosa es cómo la aplicación expone los resultados al usuario y cómo interactúa con este, y otra cosa muy distinta es cómo se procesan los datos para elaborar los resultados.

Generalmente, en toda aplicación, podemos distinguir dos componentes principales que llamaremos *"frontend"* y *"backend"*. El *frontend* es el componente que interactúa directamente con el usuario. Le permite ingresar datos, los manda a procesar al *backend* y le muestra los resultados. El *backend* procesa los datos que recibe a través del *frontend* y le devuelve a este los resultados del proceso.

Visto así, el usuario interactúa con el *frontend* y este interactúa con el *backend*.

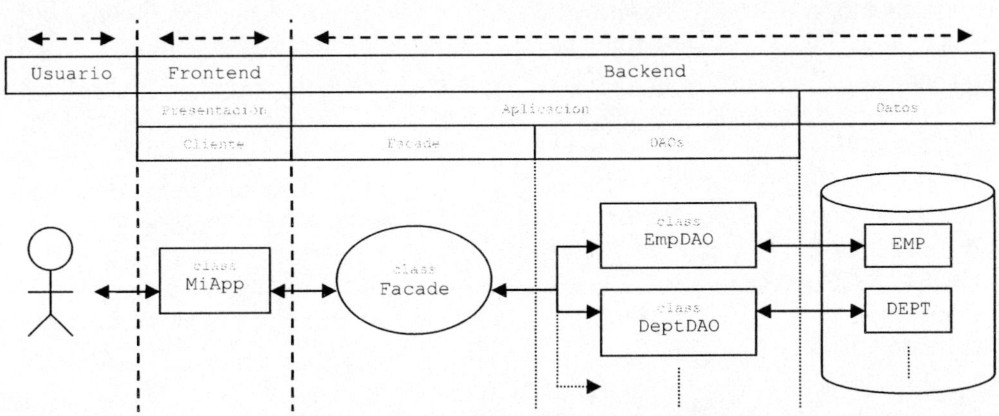

Fig. 4.2 Diseño de capas de una aplicación.

En este gráfico vemos representados (de izquierda a derecha) al usuario de la aplicación, el *frontend* y el *backend*. El usuario interactúa única y exclusivamente con el *fron-*

tend implementado en este caso por la clase `MiApp`. En adelante podemos referirnos a esta clase como "el cliente".

Como todavía no conocemos otras opciones, la clase `MiApp` podría tomar datos por teclado y mostrar los resultados por consola como lo hemos venido haciendo durante los capítulos anteriores, pero obviamente el lector podrá imaginar que existen alternativas más "vistosas" como las ventanas gráficas "tipo *Windows*", páginas Web, etc. Pero en todos los casos, el *frontend* toma datos y muestra resultados. En definitiva, lo que cambia es la forma de presentar la información, por eso decimos que el *frontend* resuelve la lógica de presentación o bien, el *frontend* implementa la **capa de presentación**.

A diferencia de lo que veníamos haciendo en el capítulo de JDBC, la clase `MiApp` (el *frontend*) no accede directamente a la base de datos. Esta clase solo interactúa con otra clase a la que llamamos `Facade` ("fachada" en español) que será la responsable de proveerle al *frontend* todos los "servicios" que este pueda necesitar. En otras palabras, el *façade* "le resuelve la vida" al *frontend*. Decimos que el *façade* es el punto de entrada a la **capa de aplicación** o bien, el punto de contacto entre el *frontend* y el *backend*.

Volviendo a los empleados y departamentos, pensemos en desarrollar una aplicación en la cual el usuario pueda seleccionar un departamento y la aplicación le muestre la lista de empleados que trabajan en ese departamento. En este caso el *façade* debería tener los siguientes métodos:

```
public class Facade
{
   public Collection<DeptDTO> obtenerDepartamentos(){ ... }
   public Collection<EmpDTO> obtenerEmpleados(int deptno){ ... }
}
```

El método `obtenerDepartamentos` retorna una colección de objetos `DeptDTO`. Llamamos DTO (*Data Transfer Object*, Objeto de Transferencia de Datos) a un objeto que representa una fila de una tabla, por lo tanto, tiene tantos atributos como campos tiene la tabla, con sus correspondientes *setters* y *getters*. En otras palabras, este método estará retornando una colección de departamentos.

Análogamente, el método `obtenerEmpleados` retorna una colección de empleados en función del número de departamento que le pasemos como argumento.

Siguiendo con el análisis del gráfico vemos que el *façade* tampoco accede directamente a la base de datos sino que interactúa con objetos DAO (*Data Access Object*, Objeto de Acceso a Datos) quienes finalmente acceden a la base de datos (**capa de datos**).

Vemos también que existe un DAO para cada una de las tablas de nuestro modelo de datos. Cada uno de estos objetos será el responsable de proveer el acceso a la tabla que representa.

En este capítulo propondremos una aplicación simple y la resolveremos siguiendo esta metodología de desarrollo en tres capas: **capa de presentación**, **capa de aplicación** y **capa de datos**.

4.3.1 Aplicación de estudio

La aplicación mostrará al usuario una lista con todos los departamentos que funcionan en la empresa y este deberá ingresar el número de departamento con el cual quiere operar.

```
Departamentos:
+------+----------+-------------+
|deptno| dname    | loc         |
+------+----------+-------------+
|  1   | Ventas   | Buenos Aires |
|  2   | Compras  | Buenos Aires |
|  3   | Personal | Santa Fe    |
+------+----------+-------------+
Opcion Seleccionada: 2
```

En este caso, el usuario ingresó el departamento número 2, por lo tanto, a continuación la aplicación le mostrará una lista con todos los empleados que trabajan en ese departamento.

```
Empleados del
Departamento (deptno) Nro.: 2
+------+--------+-----------+
|empno |  ename | hiredate  |
+------+--------+-----------+
|  20  | Juan   | 12/03/2008 |
|  40  | Pedro  | 10/12/2005 |
|  50  | Carlos | 23/05/2003 |
+------+--------+-----------+
```

Respetando el modelo de capas explicado en el gráfico anterior analizaremos y desarrollaremos esta aplicación comenzando por los objetos de acceso a datos (los DAOs) del *backend*.

4.3.2 Análisis de los objetos de acceso a datos (DAO y DTO)

Los DAOs deben proveer los accesos a la base de datos que serán necesarios durante la ejecución de la aplicación. Cada DAO representa a una tabla por lo que, en general, tendremos un DAO por cada tabla de nuestro modelo de datos. Decimos entonces que un DAO *"mappea"* a una tabla.

> Los DAO son objetos que encapsulan el acceso a la base de datos; es decir: los SQL.
> Los DTO son objetos con atributos, *setters* y *getters* y su función es representar a los registros de las tablas.

Volvamos a ver la primera pantalla de la aplicación para deducir qué accesos y qué consultas a las tablas de la base de datos necesitaremos realizar.

```
Departamentos:
+------+----------+-------------+
|deptno| dname    | loc         |
+------+----------+-------------+
|  1   | Ventas   | Buenos Aires |
|  2   | Compras  | Buenos Aires |
|  3   | Personal | Santa Fe    |
+------+----------+-------------+
Opcion Seleccionada: 2
```

En esta pantalla vemos datos que corresponden a todos los registros de la tabla `DEPT`. Para obtenerlos necesitaremos ejecutar un **`SELECT * FROM dept`** (sin `WHERE`) ya que queremos recuperar **todos** los departamentos.

Desarrollaremos las clases `DeptDAO` y `DeptDTO`. La primera con un método `buscarTodos` y la segunda solo con los atributos, *setters* y *getters* necesarios para representar los campos de la tabla `DEPT`.

```
package libro.cap04;

public class DeptDTO
{
   private int deptno;
   private String dname;
   private String loc;

   public String toString()
   {
      return deptno+", "+dname+", "+loc;
   }

   // :
   // setters y getters
   // :
}
```

Veamos la clase `DeptDAO` que por ahora tendrá un único método.

```
// ...
public class DeptDAO
{
   public Collection<DeptDTO> buscarTodos()
   {
      Connection con = null;
      PreparedStatement pstm = null;
      ResultSet rs = null;

      try
      {
         con = UConnection.getConnection();
         String sql = "SELECT deptno, dname, loc FROM dept ";

         pstm = con.prepareStatement(sql);

         rs = pstm.executeQuery();

         Vector<DeptDTO> ret = new Vector<DeptDTO>();
         DeptDTO dto = null;

         while( rs.next() )
         {
```

```
            dto = new DeptDTO();
            dto.setDeptno(rs.getInt("deptno") );
            dto.setDname( rs.getString("dname") );
            dto.setLoc( rs.getString("loc") );
            ret.add(dto);
         }

         return ret;
      }
      catch( Exception ex )
      {
         ex.printStackTrace();
         throw new RuntimeException(ex);
      }
      finally
      {
         try
         {
            if( rs!=null ) rs.close();
            if( pstm!=null ) pstm.close();
         }
         catch(Exception ex)
         {
            ex.printStackTrace();
            throw new RuntimeException(ex);
         }
      }
   }
}
```

Notemos que en el `finally` no cerramos la conexión. Esto se debe a que si la cerramos entonces la próxima vez que necesitemos usarla la clase `UConnection` tendrá que volver a establecerla, lo que insume recursos y tiempo. La conexión debe mantenerse abierta mientras no finalice la aplicación. Recordemos que `UConnection` la cerrará automáticamente justo antes de que finalice la aplicación.

Probemos ahora el funcionamiento del método `buscarTodos` de `DeptDAO` con el siguiente programa.

```
package libro.cap04;
import java.util.Collection;

public class TestDeptDAO
{
   public static void main(String[] args)
   {
      // instancio un DTO
      DeptDAO dept = new DeptDAO();

      // le pido la coleccion de todos los departamentos
      Collection<DeptDTO> coll = dept.buscarTodos();

      // itero la coleccion y muestro cada departamento (cada dto)
      for( DeptDTO dto:coll )
      {
```

```
            System.out.println(dto);
        }
    }
}
```

Este programa mostrará todos los departamentos registrados en la tabla `DEPT`.

El lector notará la gran diferencia que existe entre este programa y los programas que desarrollamos en el capítulo de JDBC. Aquí el manejo de la conexión es totalmente transparente y, de hecho, casi no hay "rastros" de que estamos accediendo a una base de datos para obtener la lista de departamentos. El único indicio de que existe una base de datos es el uso de la clase `DeptDAO` por el sufijo DAO *"Data Access Object"*.

Analicemos ahora la segunda pantalla.

```
Empleados del
Departamento (deptno) Nro.: 2
+------+--------+------------+
|empno |  ename | hiredate   |
+------+--------+------------+
|  20  | Juan   | 12/03/2008 |
|  40  | Pedro  | 10/12/2005 |
|  50  | Carlos | 23/05/2003 |
+------+--------+------------+
```

Para resolver esta pantalla necesitaremos buscar en la base de datos todos los empleados que trabajan en un determinado departamento. Este acceso será sobre la tabla `EMP` y el *query* correspondiente es: `SELECT * FROM emp WHERE deptno = ?`.

Desarrollaremos las clases `EmpDTO` y `EmpDAO`, esta última tendrá un método `buscarXDept(int deptno)` que retornará una colección de `EmpDTO`.

```
package libro.cap04;

import java.sql.Date;

public class EmpDTO
{
   private int empno;
   private String ename;
   private Date hiredate;
   private int deptno;

   public String toString()
   {
      return empno+", "+ename+", "+hiredate+", "+deptno;
   }
}
```

```
// ...
public class EmpDAO
{
   public Collection<EmpDTO> buscarXDept(int deptno)
   {
```

```
      Connection con = null;
      PreparedStatement pstm = null;
      ResultSet rs = null;

      try
      {
         con = UConnection.getConnection();
         String sql = "";
         sql+="SELECT empno, ename, hiredate, deptno ";
         sql+="FROM emp ";
         sql+="WHERE deptno = ? ";

         pstm = con.prepareStatement(sql);
         pstm.setInt(1,deptno);
         rs = pstm.executeQuery();

         Vector<EmpDTO> ret = new Vector<EmpDTO>();
         EmpDTO dto = null;

         while( rs.next() )
         {
            dto = new EmpDTO();
            dto.setEmpno(rs.getInt("empno") );
            dto.setEname( rs.getString("ename") );
            dto.setHiredate(rs.getDate("hiredate") );
            dto.setDeptno(rs.getInt("deptno") );
            ret.add(dto);
         }

         return ret;
      }

      // ...
}
```

4.3.3 Análisis del façade

Con los objetos de acceso a datos ya programados, el *façade* debería ser una clase muy simple de desarrollar, ya que cualquiera sea el acceso a la base de datos que necesite realizar lo podrá resolver delegando en el DAO correspondiente.

Volviendo a la aplicación, el análisis ahora será a nivel de los "servicios" que el *façade* debe proveer al cliente (clase `MiApp`).

Pantalla 1:

```
Departamentos:
+------+----------+--------------+
|deptno|  dname   | loc          |
+------+----------+--------------+
|  1   | Ventas   | Buenos Aires |
|  2   | Compras  | Buenos Aires |
|  3   | Personal | Santa Fe     |
+------+----------+--------------+
Opcion Seleccionada: 2
```

Para que el cliente pueda resolver esta pantalla, el *façade* debe proveer un método que retorne una `Collection<DeptDTO>` con todos los departamentos de la compañía.
Pantalla 2:

```
Empleados del
Departamento (deptno) Nro.: 2
+------+--------+------------+
|empno |  ename | hiredate   |
+------+--------+------------+
|  20  | Juan   | 12/03/2008 |
|  40  | Pedro  | 10/12/2005 |
|  50  | Carlos | 23/05/2003 |
+------+--------+------------+
```

Para resolver esta pantalla el *façade* debería proveer un método que, dado un número de departamento, retorne una `Collection<EmpDTO>` con todos los empleados que trabajan en ese departamento.

Resumiendo, la clase `Facade` tendrá (por ahora) dos métodos, como se muestra a continuación:

```
public class Facade
{
   public Collection<DeptDTO> obtenerDepartamentos(){ ... }
   public Collection<EmpDTO> obtenerEmpleados(int deptno){ ... }
}
```

Recordemos que el *façade* no debe acceder directamente a la base de datos sino que debe hacerlo a través de los DAOs.

Veamos el código de la clase `Facade`.

```
package libro.cap04;

import java.util.Collection;

public class Facade
{
   public Collection<DeptDTO> obtenerDepartamentos()
   {
      DeptDAO deptDao = new DeptDAO();
      return deptDao.buscarTodos();
   }

   public Collection<EmpDTO> obtenerEmpleados(int deptno)
   {
      EmpDAO empDao = new EmpDAO();
      return empDao.buscarXDept(deptno);
   }
}
```

Con el *façade* terminado podemos programar el cliente. Veremos que su única responsabilidad es la de tomar datos y mostrar los resultados, ya que todo lo que implique algún tipo de procesamiento quedará en manos del *façade*.

```java
package libro.cap04;

import java.util.Collection;
import java.util.Scanner;

public class Cliente
{
   public static void main(String[] args)
   {
      Facade facade = new Facade();
     Collection<DeptDTO> collDepts = facade.obtenerDepartamentos();

      // muestro los departamentos
      _mostrarDepartamentos(collDepts);

      // pido al usuario que ingrese un deptno
      Scanner scanner = new Scanner(System.in);
      int deptno = scanner.nextInt();

      Collection<EmpDTO> collEmps=facade.obtenerEmpleados(deptno);

      // muestro los empleados del deptno especificado
      _mostrarEmpleados(collEmps, deptno);
   }

   private static void
   _mostrarDepartamentos(Collection<DeptDTO> collDepts)
   {
      System.out.println("Departamentos: ");
      System.out.println("------------------->");
      for(DeptDTO dto: collDepts)
      {
         System.out.print("| "+dto.getDeptno()+"\t");
         System.out.print("| "+dto.getDname()+"\t");
         System.out.println("| "+dto.getLoc()+"\t|");
      }
      System.out.println("<-------------------");
      System.out.print("Ingrese deptno: ");
   }

   private static void
   _mostrarEmpleados(Collection<EmpDTO> collEmps, int deptno)
   {
      System.out.println("Empleados del departamento: "+deptno);
      System.out.println("------------------->");
      for(EmpDTO dto: collEmps)
      {
         System.out.print("| "+dto.getEmpno()+"\t");
         System.out.print("| "+dto.getEname()+"\t");
         System.out.println("| "+dto.getHiredate()+"\t|");
      }
      System.out.println("<-------------------");
   }
}
```

4.3.4 Diagrama de secuencias de UML

Un diagrama de secuencias permite visualizar cronológicamente la manera en la que los objetos interactúan entre sí. El orden en que son creados, el orden en que se invocan sus métodos y cómo transfieren información entre unos y otros.

A continuación, analizaremos el diagrama de secuencias que representa la primera pantalla de nuestra aplicación: desde que el usuario invoca al método `main` de la clase `MiApp` hasta que este método le muestra por pantalla la lista de departamentos de la compañía.

El diagrama de secuencias debe leerse de izquierda a derecha y de arriba hacia abajo.

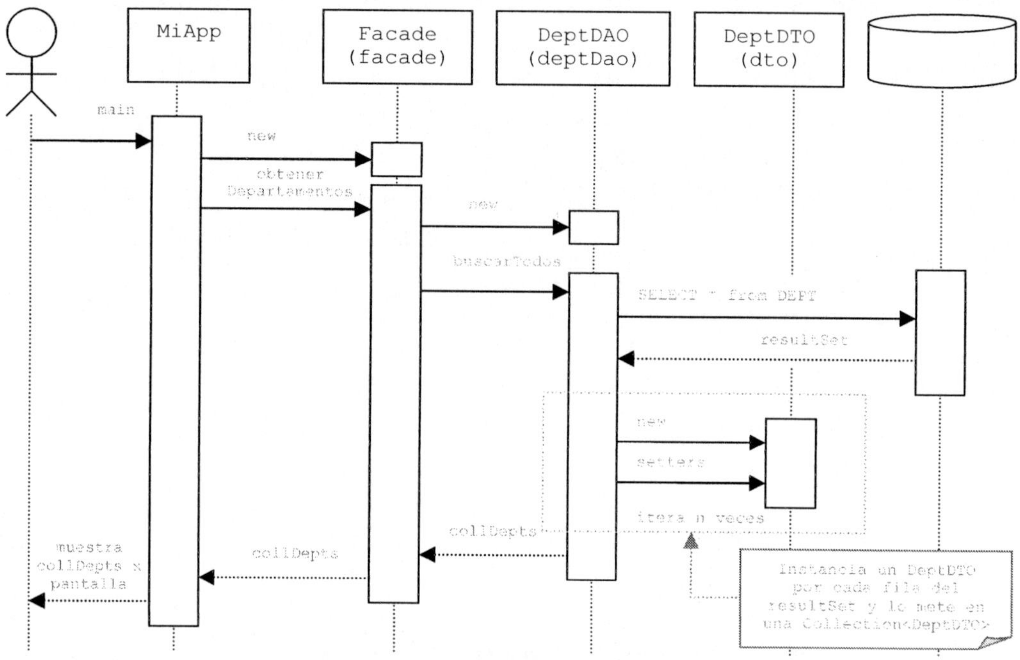

Fig. 4.3 Diagrama de secuencias de UML.

En el diagrama vemos que el usuario invoca al método `main` de la clase `MiApp` y obtiene como respuesta una lista con los departamentos que funcionan en la compañía. El usuario solo interactúa con la clase `MiApp` (el cliente).

El método `main` instancia a `Facade`, invoca a `obtenerDepartamentos` y obtiene una colección con los todos departamentos que, luego, muestra por pantalla. El método `main` (el cliente) solo interactúa con el *façade* (punto de entrada a "la aplicación").

El método `obtenerDepartamentos` de la clase `Facade` primero instancia un `DeptDAO`, luego le invoca el método `buscarTodos` que le retorna una `Collection<DeptDTO>`. Finalmente, retorna la colección a quien lo invocó (el `main` de `MiApp`).

El método `buscarTodos` de la clase `DeptDAO` es quien ejecuta el *query* para acceder a la base de datos. Obtiene un conjunto de resultados con el cual crea una colección de `DeptDTO` para retornarla a quien lo invocó (el método `obtenerDepartamentos` de `Facade`).

Análogamente, podemos desarrollar un diagrama de secuencias que ilustre la secuencia de trabajo que se origina al ingresar a la segunda pantalla de la aplicación. Dejo esto en manos del lector.

4.4 Portabilidad entre diferentes bases de datos

La aplicación que planteamos como ejemplo pudo resolverse utilizando *querys* simples y estándar cuya sintaxis es común a todas las bases de datos. Sin embargo, esto no siempre será así ya que *querys* más complejos podrán requerir del uso de sentencias y/o funciones propietarias de la base de datos con la que estemos trabajando.

Todas las bases de datos soportan un conjunto de sentencias SQL estándar denominado ANSI SQL. Si en nuestras aplicaciones nos limitamos a usar únicamente las sentencias de este conjunto, entonces tendremos aplicaciones potables que podrán ser ejecutadas con cualquier base de datos, pero, obviamente, esta limitación resulta inaceptable ya que no podemos obtener portabilidad a cambio de sacrificar rendimiento y funcionalidad.

Nuestra aplicación debe ser portable entre las diferentes bases de datos sin que esto nos impida aprovechar al máximo todo su potencial.

Para analizar este tema, agregaremos a nuestra a aplicación nuevas funcionalidades cuyo desarrollo e implementación requerirán usar sentencias propietarias de la base de datos. Luego analizaremos la solución al problema de la portabilidad.

En la siguiente pantalla, el usuario ingresa un valor *n* y el programa le mostrará los últimos *n* empleados que se incorporaron a la compañía (los más recientes).

```
Lista de los Ultimos Empleados
  en Ingresar a la Compania
--------------------------------
Mostrar: 4
+-------+---------+------------+
| empno |  ename  | hiredate   |
+-------+---------+------------+
|  20   | Juan    | 12/03/2008 |
|  60   | Pablo   | 10/05/2004 |
|  10   | Martin  | 23/08/2003 |
|  70   | Alberto | 10/05/2002 |
+-------+---------+------------+
```

Para resolver esto necesitaremos ejecutar el siguiente *query*:

```
SELECT empno, ename, hiredate, deptno
FROM emp
ORDER BY hiredate DESC
LIMIT 4
```

Este *query* retorna a lo sumo 4 filas de la tabla `EMP` con los campos especificados en el `SELECT` ordenadas descendentemente por `hiredate`.

La sentencia `LIMIT` que utilizamos en el *query* para limitar la cantidad de filas que queremos obtener existe en HSQL pero, por ejemplo, no existe en Oracle, por lo tanto, si ejecutamos esta sentencia dentro de alguno de los métodos de `EmpDAO` nuestra aplicación ya no será compatible con Oracle.

Por el contrario, si en lugar de trabajar con HSQL estuviéramos trabajando con Oracle, el *query* con el que recuperaríamos los datos para mostrar en la pantalla sería:

```
SELECT empno, ename, hiredate, deptno, ROWNUM AS rn
FROM (SELECT empno, ename, hiredate, deptno
      FROM emp
      ORDER BY hiredate DESC)
WHERE rm <= 4
```

Oracle numera cada una de las filas retornadas por el *query*. A esta numeración la llama `ROWNUM`. Lamentablemente, esto que es válido en Oracle no lo es en HSQL, por lo tanto, al utilizar `ROWNUM` nuestra aplicación dejaría de ser compatible con esta base de datos.

4.4.1 DAOs abstractos e implementaciones específicas para las diferentes bases de datos

La solución al problema de la portabilidad entre diferentes bases de datos será diseñar los DAOs como clases abstractas y proveer tantas implementaciones de estas como bases de datos queramos soportar en nuestra aplicación.

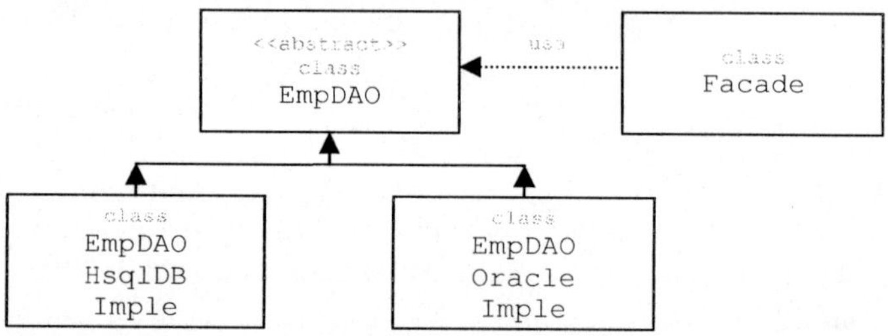

Fig. 4.4 Diagrama de clases de DAOs abstractos e implementaciones.

En el diagrama representamos la clase `EmpDAO` (ahora abstracta) con dos implementaciones: `EmpDAOHsqlDBImple` y `EmpDAOOracleImple` para HSQL y Oracle respectivamente. También podemos ver que el *façade* obtiene una instancia de `EmpDAO` abstrayéndose de cuál es la implementación concreta que existe detrás de este objeto.

Veamos entonces el nuevo código de la clase `EmpDAO`, abstracta, donde agregamos el método abstracto `buscarUltimosEmplados` que retornará una `Collection<EmpDTO>` con los últimos *n* empleados que se incorporaron a la compañía. Este método debe ser abstracto porque, como analizamos más arriba, su implementación dependerá de la base de datos con la que estemos trabajando.

```
// ...
public abstract class EmpDAO
{
   // metodo abstracto, debe ser resuelto en las subclases
   public abstract Collection<EmpDTO> buscarUltimosEmpleados(int n);

   // este metodo es comun a todas las bases de datos por lo tanto
   // podemos resolverlo aqui y no necesita ser declarado abstracto
   public Collection<EmpDTO> buscarXDept(int deptno)
   {
      //...
   }
}
```

Veamos ahora el código de las dos implementaciones de `EmpDAO`.

```
//...
public class EmpDAOHsqlDBImple extends EmpDAO
{
   public Collection<EmpDTO> buscarUltimosEmpleados(int n)
   {
      Connection con = null;
```

```
        PreparedStatement pstm = null;
        ResultSet rs = null;
        try
        {
            con = UConnection.getConnection();
            // sentencia SQL propietaria de HSQLDB
            String sql = "";
            sql+="SELECT empno, ename, hiredate, deptno ";
            sql+="FROM emp ";
            sql+="ORDER BY hiredate DESC ";
            sql+="LIMIT ? ";
            pstm = con.prepareStatement(sql);
            pstm.setInt(1,n);
            rs = pstm.executeQuery();
            Vector<EmpDTO> ret = new Vector<EmpDTO>();
            EmpDTO dto = null;
            while( rs.next() )
            {
                dto = new EmpDTO();
                dto.setEmpno(rs.getInt("empno") );
                dto.setEname( rs.getString("ename") );
                dto.setHiredate(rs.getDate("hiredate") );
                dto.setDeptno(rs.getInt("deptno") );
                ret.add(dto);
            }
            return ret;
        }
        //...
    }
}
```

```
//...
public class EmpDAOOracleImple extends EmpDAO
{
    public Collection<EmpDTO> buscarUltimosEmpleados(int n)
    {
        Connection con = null;
        PreparedStatement pstm = null;
        ResultSet rs = null;
        try
        {
            con = UConnection.getConnection();
            // sentencia SQL propietaria de ORACLE
            String sql = "";
            con = UConnection.getConnection();
            String sql = "";
            sql+="SELECT empno,ename,hiredate,deptno,ROWNUM AS rn ";
            sql+="FROM (SELECT empno, ename, hiredate, deptno ";
            sql+="      FROM emp ";
            sql+="      ORDER BY hiredate DESC) ";
            sql+="WHERE rm <= ? ";
```

```
            pstm = con.prepareStatement(sql);
            pstm.setInt(1,n);
            rs = pstm.executeQuery();

            Vector<EmpDTO> ret = new Vector<EmpDTO>();
            EmpDTO dto = null;

            while( rs.next() )
            {
               dto = new EmpDTO();
               dto.setEmpno(rs.getInt("empno") );
               dto.setEname( rs.getString("ename") );
               dto.setHiredate(rs.getDate("hiredate") );
               dto.setDeptno(rs.getInt("deptno") );
               ret.add(dto);
            }

            return ret;
         }
         //...
      }
}
```

El lector podrá notar que, salvo por el *query*, ambas implementaciones son idénticas. Esto lo discutiremos más adelante.

Con la clase abstracta y sus implementaciones ya programadas, tenemos que modificar en `Facade` la manera en que obtenemos la instancia de `EmpDAO` ya que al haberla convertido en abstracta no la podremos instanciar directamente.

Recordemos el código de `Facade` donde instanciamos a `EmpDAO`:

```
//...
public class Facade
{
   public Collection<EmpDTO> obtenerEmpleados(int deptno)
   {
      EmpDAO empDao = new EmpDAO(); // ERROR, ahora es abstracta
      return empDao.buscarXDept(deptno);
   }

   // ...
}
```

Antes podíamos instanciar a `EmpDAO` sin problemas porque era una clase concreta, pero ahora que `EmpDAO` es una clase abstracta debemos obtener una instancia de la implementación con la cual necesitamos trabajar.

Es decir, la línea:

```
EmpDAO empDao = new EmpDAO(); // ERROR, ahora es abstracta
```

debe ser reemplazada. Entonces le pregunto al lector: ¿considera que con la siguiente línea de código podemos solucionar el problema?

```
EmpDAO empDao = new EmpDAOHsqlDB(); // ?????
```

Veamos cómo quedaría la clase `Facade` si hacemos esto.

```
//...
public class Facade
{
   public Collection<EmpDTO> obtenerEmpleados(int deptno)
   {
      EmpDAO empDao = new EmpDAOHsqlDBImple(); // ?????
      return empDao.buscarXDept(deptno);
   }

   // ...
}
```

La nueva línea de código en `Facade` *hardcodea* el uso de la implementación propietaria de HSQL, por lo tanto, seguimos manteniendo la dependencia entre nuestra aplicación y esta base de datos.

Es decir, no es aceptable que para cambiar de base de datos, por ejemplo de HSQL a Oracle, tengamos que modificar el código de la clase `Facade` y recompilarla.

4.4.2 Implementación de un factory method

El problema anterior lo podemos solucionar fácilmente con una implementación básica del patrón de diseño *factory method*.

Utilizaremos un archivo de propiedades para relacionar los nombres de los objetos de negocios con las implementaciones que queremos utilizar. Llamaremos a este archivo "factory.properties" y tendrá el siguiente contenido:

```
EMP  = libro.cap04.EmpDAOHsqlDBImple
DEPT = libro.cap04.DeptDAOHsqlDBImple
```

Ahora programaremos una clase con un método estático que llamaremos `getInstancia`. Este método recibirá el nombre del objeto (por ejemplo, "DEPT" o "EMP") y retornará una instancia de la clase asociada a ese nombre.

```
package libro.cap04;

import java.util.ResourceBundle;

public class UFactory
{
   public static Object getInstancia(String objName)
   {
      try
      {
         ResourceBundle rb = ResourceBundle.getBundle("factory");
         String sClassname = rb.getString(objName);
         Object ret = Class.forName(sClassname).newInstance();
         return ret;
```

```
        }
        catch(Exception ex)
        {
            ex.printStackTrace();
            throw new RuntimeException(ex);
        }
    }
}
```

Ahora en `Facade` podemos obtener una instancia de `EmpDAO` sin preocuparnos por cuál es la implementación concreta que existe detrás del objeto.

Veamos la versión final de la clase `Facade`.

```
package libro.cap04;

import java.util.Collection;

public class Facade
{
    public Collection<EmpDTO> obtenerUltimosEmpleados(int n)
    {
        EmpDAO empDao = (EmpDAO) UFactory.getInstancia("EMP");
        return empDao.buscarUltimosEmpleados(n);
    }

    public Collection<DeptDTO> obtenerDepartamentos()
    {
        DeptDAO deptDao = (DeptDAO) UFactory.getInstancia("DEPT");
        return deptDao.buscarTodos();
    }

    public Collection<EmpDTO> obtenerEmpleados(int deptno)
    {
        EmpDAO empDao = (EmpDAO) UFactory.getInstancia("EMP");
        return empDao.buscarXDept(deptno);
    }
}
```

4.4.3 Combinar el factory method con el singleton pattern

El lector habrá notado que en los DAOs no hemos utilizado variables de instancia. Esto significa que, probablemente, una misma y única instancia de cada uno de ellos será suficiente para acceder a las tablas de la base de datos.

Siendo así, tendremos que modificar el método `getInstancia` de la clase `UFactory` ya que este siempre retorna una nueva instancia del objeto que se le solicita.

El problema que se presenta es que, como el mismo método es capaz de instanciar objetos de diferentes clases identificados por un *string* (`objName`), tendremos que mantener potencialmente varios objetos estáticos. La solución será utilizar una *hashtable*.

La clase `Hashtable` representa una estructura de datos que permite asociar un objeto con una clave (*key*), generalmente un *string*. `Hashtable` provee métodos para acceder a un objeto especificando su clave.

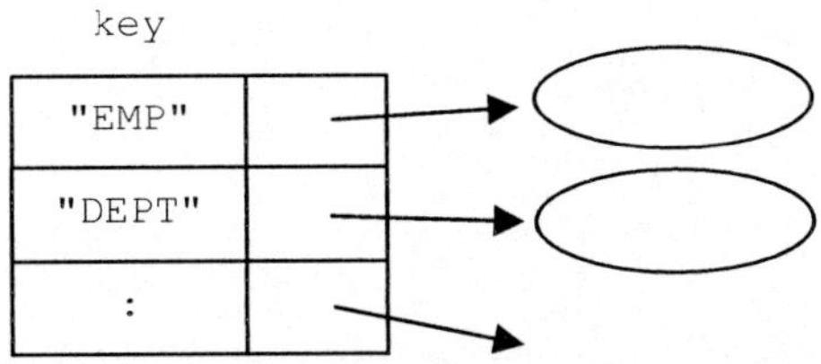

Fig. 4.5 `Hashtable`.

Con este recurso, la estrategia para permitir que `UFactory` sirva siempre la misma y única instancia del objeto requerido será la siguiente.

1. Definir una *hashtable* privada y estática.
2. Cuando se invoca al método `getInstancia` con un determinado `objName` como argumento, primero verificaremos si existe un objeto relacionado en la *hashtable* considerando al parámetro `objName` como *key*.
3. Si existe significa que ya tenemos una instancia de este objeto, por lo tanto, simplemente la retornaremos.
4. Si no existe entonces lo instanciamos, lo agregamos a la *hashtable* relacionándolo con `objName` como clave y luego lo retornamos.

```
package libro.cap04;

import java.util.*;

public class UFactory
{
   private static Hashtable<String,Object> instancias = null;
   instancias = new Hashtable<String,Object>();

   public static Object getInstancia(String objName)
   {
      try
      {
         // verifico si existe un objeto relacionado a objName
         // en la hashtable
         Object obj = instancias.get(objName);

         // si no existe entonces lo instancio y lo agrego
         if( obj == null )
         {
            ResourceBundle rb = ResourceBundle.getBundle("factory");
            String sClassname = rb.getString(objName);
            obj = Class.forName(sClassname).newInstance();

            // agrego el objeto a la hashtable
            instancias.put(objName,obj);
         }
```

```
            return obj;
         }
         catch(Exception ex)
         {
            ex.printStackTrace();
            throw new RuntimeException(ex);
         }
      }
   }
```

4.4.4 Mejorar el diseño de los DAOs abstractos

Como mencionamos más arriba, las dos implementaciones de `EmpDAO` analizadas resultaron idénticas a no ser por el *query* que cada una ejecuta. Dado que la única diferencia entre ambas está dada por un *string* (el *query*), podemos mejorar el diseño de la clase base `EmpDAO` agregándole un método abstracto que simplemente retorne ese *string*. Con esto, el método `buscarUltimosEmpleados` podrá resolverse en la clase base porque ya no será abstracto.

```
// ...
public abstract class EmpDAO
{
   // cada implementacion debe sobrescribir este metodo
   // y retornar el sql propietario
   protected abstract String queryBuscarUltimosEmpleados();

   // este metodo ya no necesita ser abstracto porque
   // puede obtener el query invocando al metodo
   // abstracto queryBuscarUltimosEmpleados
   public Collection<EmpDTO> buscarUltimosEmpleados(int n)
   {
      Connection con = null;
      PreparedStatement pstm = null;
      ResultSet rs = null;

      try
      {
         con = UConnection.getConnection();

         // el metodo abstracto me da el query a ejecutar
         String sql = queryBuscarUltimosEmpleados();

         pstm = con.prepareStatement(sql);
         pstm.setInt(1,n);

         rs = pstm.executeQuery();

         Vector<EmpDTO> ret = new Vector<EmpDTO>();
         EmpDTO dto = null;

         while( rs.next() )
         {
            dto = new EmpDTO();
            dto.setEmpno(rs.getInt("empno") );
```

```
                dto.setEname( rs.getString("ename") );
                dto.setHiredate(rs.getDate("hiredate") );
                dto.setDeptno(rs.getInt("deptno") );
                ret.add(dto);
            }

            return ret;
        }

        // ...
    }

    public Collection<EmpDTO> buscarXDept(int deptno)
    {
        // ...
    }
}
```

Ahora las implementaciones para HSQL y Oracle serán las siguientes:

```
package libro.cap04;

public class EmpDAOHSqlDBImple extends EmpDAO
{
    public String queryBuscarUltimosEmpleados()
    {
        String sql = "";
        sql+="SELECT empno, ename, hiredate, deptno ";
        sql+="FROM emp ";
        sql+="ORDER BY hiredate DESC ";
        sql+="LIMIT ? ";
        return sql;
    }
}
```

```
package libro.cap04;

public class EmpDAOOracleImple extends EmpDAO
{
    public String queryBuscarUltimosEmpleados()
    {
        String sql = "";
        sql+="SELECT empno, ename, hiredate, deptno, ROWNUM AS rn ";
        sql+="FROM (SELECT empno, ename, hiredate, deptno ";
        sql+="      FROM emp ";
        sql+="      ORDER BY hiredate DESC) ";
        sql+="WHERE rm <= ? ";
        return sql;
    }
}
```

4.5 Diseño por contratos

Decimos que las *interfaces* establecen las pautas de un contrato entre el usuario de una clase y su implementación ya que definen, por un lado, qué métodos se deben implementar y, por el otro, qué métodos se pueden invocar.

Desde este punto de vista, el diseño de la aplicación de estudio podría haber sido planteado en base a *interfaces*. Los DAOs y el *façade* podrían definirse como *interfaces* que luego deberían ser implementadas.

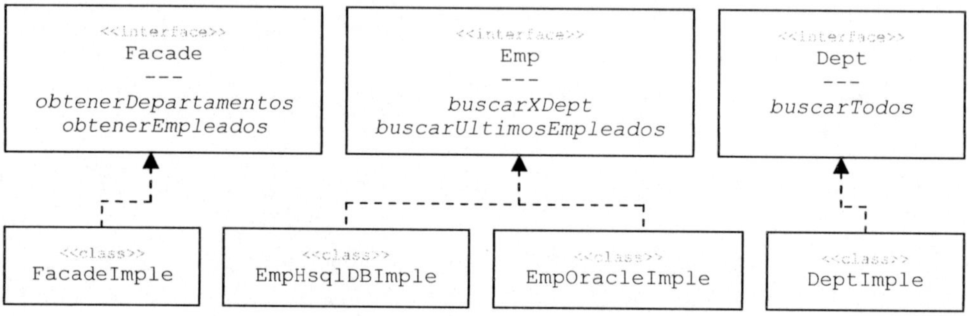

Fig. 4.6 Diseño por contratos.

El diseño por contratos permite separar la especificación de la implementación definiendo con total precisión los puntos de contacto entre los diferentes componentes de la aplicación. Cada componente sabe exactamente que le podrá pedir al componente con el que le toca interactuar; ni más ni menos que lo que esté definido en el contrato (en la *interface*).

4.5.1 Coordinación de trabajo en equipo

Definir contratos permite independizar el trabajo de cada uno de los integrantes de un equipo de programación de forma tal que ninguno de estos se vea demorado por tener que esperar la entrega del trabajo de alguno de los otros miembros del grupo.

Para ilustrar esto, definiremos la *interface* `Dept` con el método `buscarTodos` que retorna una `Collection<DeptDTO>` (colección de departamentos).

```
package libro.cap04.contratos;

import java.util.Collection;
import libro.cap04.DeptDTO;

public interface Dept
{
   public Collection<DeptDTO> buscarTodos();
}
```

Supongamos que encomendamos la implementación de esta *interface* a un programador del equipo (lo llamaremos "programador *A*") quien nos asegura que demorará varios días en tenerla programada.

Por otro lado, tenemos que desarrollar un programa que muestre por pantalla la colección de todos los departamentos de la compañía. Este trabajo se lo encomendamos a otro programador ("programador *B*") quien no podrá comenzar su trabajo hasta tanto el programador *A* nos entregue el suyo terminado.

Sin embargo, el uso de *interfaces* le permite al programador *B* desarrollar una implementación básica y temporal de `Dept` que, servida detrás de un *factory method*, le posibilitará seguir adelante con su trabajo aunque la implementación final (a cargo del programador *A*) no esté todavía finalizada.

Veamos el código de una implementación temporal de la *interface* `Dept` en donde retornamos una colección con tres departamentos totalmente *hardcodeados*.

```
package libro.cap04.contratos;

import java.util.Collection;
import java.util.Vector;

import libro.cap04.DeptDTO;

public class DeptImpleTemp implements Dept
{
   public Collection<DeptDTO> buscarTodos()
   {
      DeptDTO d1 = new DeptDTO();
      d1.setDeptno(1);
      d1.setDname("Ventas");
      d1.setLoc("Capital");

      DeptDTO d2 = new DeptDTO();
      d2.setDeptno(2);
      d2.setDname("Compras");
      d2.setLoc("Capital");

      DeptDTO d3 = new DeptDTO();
      d3.setDeptno(3);
      d3.setDname("RRHH");
      d3.setLoc("Buenos Aires");

      Vector<DeptDTO> v = new Vector<DeptDTO>();
      v.add(d1);
      v.add(d2);
      v.add(d3);

      return v;
   }
}
```

Para instanciar un `Dept`, podemos usar la clase `UFactory` definiendo la siguiente línea en el archivo factory.properties:

```
DEPT = libro.cap04.contratos.DeptImpleTemp
```

Veamos ahora el programa que utiliza el DAO `Dept` abstrayéndose de cuál es la implementación que existe detrás de la *interface*.

```
package libro.cap04.contratos;

import java.util.Collection;

import libro.cap04.DeptDTO;
import libro.cap04.UFactory;

public class MuestraDepartamentos
{
   public static void main(String[] args)
   {
      Dept d = (Dept) UFactory.getInstancia("DEPT");
      Collection<DeptDTO> coll = d.buscarTodos();

      for(DeptDTO dto: coll)
      {
         System.out.println(dto);
      }
   }
}
```

El programador *B* pudo terminar su trabajo aun en el caso de que el programador *A*, todavía, no haya finalizado el suyo. Cuando el programador *A* entregue la implementación final de la *interface* `Dept`, entonces simplemente tendremos que modificar la línea del archivo factory.properties (por ejemplo) así:

```
#DEPT  = libro.cap04.contratos.DeptImpleTemp
DEPT  = progA.implementaciones.DeptImpleFinal
```

4.6 Resumen

En este capítulo analizamos las diferentes capas que componen una aplicación. El *frontend* y el *backend*, este último compuesto por los objetos de acceso a datos y el *façade*.

Claro que el cliente (*frontend*) ha sido bastante pobre (visualmente hablando) porque hasta ahora los conocimientos que tenemos solo nos permiten escribir en la pantalla y leer datos del teclado.

En el próximo capítulo, estudiaremos *Swing* y AWT que son las APIs que provee Java para el desarrollo de interfaces gráficas. Estos conocimientos nos ayudarán a desarrollar un cliente más vistoso.

Interfaz gráfica (GUI)

5

Contenido

Objetivos del capítulo

- Desarrollar interfaces gráficas con Java.
- Entender la diferencia entre la distribución relativa y la distribución absoluta de los componentes gráficos.
- Capturar eventos gráficos utilizando *listeners*.
- Comprender el patrón de diseño MVC (*Model View Controller*).

5.1 Introducción

Llamamos interfaz gráfica o GUI (*Graphical User Interface*) al conjunto de componentes gráficos que posibilitan la interacción entre el usuario y la aplicación. Es decir: ventanas, botones, combos, listas, cajas de diálogo, campos de texto, etcétera.

Para incorporar una GUI a nuestra aplicación, tenemos que diseñarla, programarla; luego, "escuchar" los eventos que los componentes gráficos generarán a medida que el usuario vaya interactuando con la interfaz. Esto es: cada botón que apriete, cada ítem que seleccione de una lista, cada ENTER que presione luego de ingresar un dato en un campo de texto, etc. Todas estas acciones del usuario generan eventos y nosotros, como programadores, debemos detectarlos para poder procesar lo que el usuario espera y/o solicita.

Existen muchas herramientas que permiten diseñar GUIs visualmente tan solo "arrastrando los botones" (y componentes en general) sobre la ventana, como sucede en todos los lenguajes visuales. Sin embargo, antes de comenzar a diseñar GUIs con estas herramientas visuales considero conveniente estudiar y comprender algunos conceptos teóricos sobre los cuales Java basa el desarrollo de las interfaces gráficas.

En este capítulo estudiaremos los conceptos teóricos sobre los cuales se basa el desarrollo de GUIs. El lector podrá encontrar en los videotutoriales la demostración de cómo utilizar algunas de las herramientas de diseño y desarrollo visual.

5.2 Componentes y contenedores

A todos los elementos gráficos que tenemos a disposición para crear GUIs, los llamamos "componentes" simplemente porque todos son objetos de clases que heredan de la clase base `Component`. Algunos ejemplos son `Button`, `List`, `TextField`, `TextArea`, `Label`, etcétera.

En una GUI los componentes son contenidos en "contenedores" o *containers*. Un *container* es un objeto cuya clase hereda de `Container` (clase que a su vez es subclase de `Component`) y tiene la responsabilidad de contener componentes.

Utilizar herramientas visuales para diseño
y desarrollo de interfaz gráfica.

Para orientarnos mejor analizaremos un extracto de la rama `Component` del árbol de clases que provee Java.

```
Object
  |
  +-Component
  |    |
  :    +-Container
       |    |
       |    +-Panel
       |    |
       |    +-Window
       |    |    |
       |    |    +-Frame
       |    :
```

```
:
+-Button
|
+-Label
|
+-TextComponent
|   |
|   +-TextArea
|   |
|   +-TextField
:
```

En este árbol vemos que todas las clases heredan de `Component` quien, a su vez, hereda de `Object`. Las clases `Panel`, `Window` y `Frame` además son *containers* porque heredan de `Container`.

Generalmente, una GUI se monta sobre un `Frame`. Este será el *container* principal que contendrá los componentes de la interfaz gráfica. Notemos que como los *containers* también son componentes entonces un *container* podría contener a otros *containers*.

5.2.1 Distribución de componentes (layouts)

Los *containers* contienen componentes y estos son acomodados dentro del espacio visual del *container* respetando una determinada distribución que llamaremos *layout*.

El *layout* puede ser absoluto o relativo. En general, utilizamos *layouts* absolutos cuando trabajamos con herramientas visuales en las que podemos dibujar la *GUI*. En cambio, los *layouts* relativos definen reglas y los componentes se acomodan automáticamente dentro del *container* en función de las reglas que impone el *layout*.

Trabajar con *layouts* relativos es mucho más difícil que hacerlo con *layouts* absolutos. Sin embargo, los *layouts* relativos proveen dos importantes ventajas sobre los absolutos:

1. Como los componentes se ajustan de forma automática dentro del *container,* cualquier cambio en el tamaño de la ventana no impacta visualmente en su distribución ya que se reacomodarán y mantendrán proporcionalmente el diseño original.
2. Java es un lenguaje multiplataforma y cada plataforma puede tener su propio estilo de componentes gráficos. Esto es lo que se llama *look and feel*. Trabajar con *layouts* relativos nos asegura que una GUI que se ve bien en *Windows* también se verá bien en *Linux* y en *Mac* porque, por más que el *look and feel* sea diferente en cada plataforma, los componentes se reacomodarán para respetar siempre las proporciones del diseño original.

5.2.2 AWT y Swing

Java provee dos APIs con las que podemos trabajar para desarrollar GUIs. La más básica es AWT (*Abstract Window Toolkit*).

Para ser sincero, la API de AWT es muy limitada y no provee componentes fundamentales como árboles, grillas y solapas (entre otras limitaciones). Generalmente, las interfaces gráficas se desarrollan con *Swing*. Cabe aclarar que todas las clases de *Swing* heredan de clases de AWT.

Todos los ejemplos mencionados hasta aquí corresponden a AWT, ya que las clases de *Swing* (en general) son fácilmente identificables porque comienzan con el prefijo "J".

Por ejemplo: `JButton`, `JTextField`, `JTextArea`, `JPanel` y `JFrame` son clases de *Swing*.

Dado que el objetivo principal del capítulo es explicar el uso de *layouts* y la captura de eventos, en los ejemplos utilizaremos clases de AWT porque son un poco más simples de utilizar que las de *Swing*. Sin embargo, al final del capítulo analizaremos cómo desarrollar con *Swing* los mismos ejemplos que estudiamos con AWT.

Para finalizar, debemos aclarar que todo el manejo de eventos y de *layouts* es exactamente el mismo para *Swing* y para AWT.

5.3 Comenzando a desarrollar GUI

5.3.1 Distribuciones relativas

Como mencionamos más arriba, los *layouts* determinan el criterio con el que se van a distribuir los componentes dentro del *container*.

Estudiaremos los siguientes 3 *layouts*:

- `FlowLayout` – Distribuye los componentes uno al lado del otro en la parte superior del *container*. Por defecto provee una alineación centrada, pero también puede alinearlos hacia la izquierda o hacia la derecha.
- `BorderLayout` – Divide el espacio del *container* en 5 regiones: `NORTH`, `SOUTH`, `EAST`, `WEST` y `CENTER` (norte, sur, este, oeste y centro). Admite un único componente por región.
- `GridLayout` – Divide el espacio del *container* en una grilla de *n* filas por *m* columnas donde todas las celdas son de igual tamaño. Admite exactamente *n* por *m* componentes, uno por celda.
- `GridBagLayout` – Divide el espacio del *container* en una grilla donde cada componente puede ocupar varias filas y columnas. Además, permite distribuir el espacio interno de cada celda. Este *layout* es realmente complejo y su análisis excede los objetivos de este capítulo.

5.3.1.1 `FlowLayout`

Comenzaremos analizando el código de una interfaz gráfica que utiliza un `FlowLayout` para mantener tres botones centrados en la parte superior de la ventana.

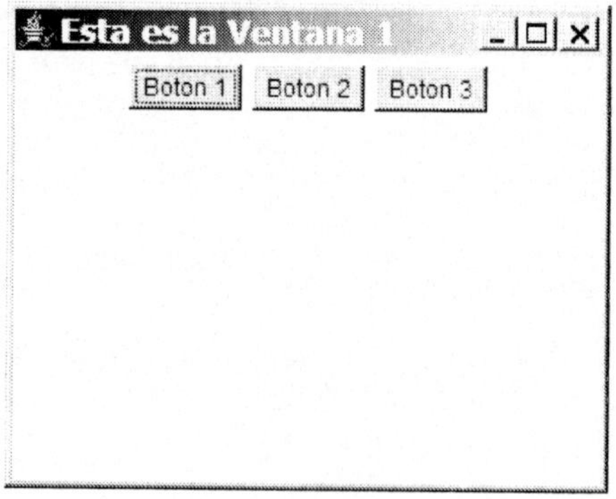

Fig. 5.1 `FlowLayout`.

Veamos el código fuente:

```
package libro.cap05;
import java.awt.*;

public class Ventana1 extends Frame
{
   // defino tres objetos Button
   private Button b1,b2,b3;

   public Ventana1()
   {
      // el constructor del padre recibe el titulo de la ventana
      super("Esta es la Ventana 1");

      // defino el layout que va a tener la ventana: FlowLayout
      setLayout(new FlowLayout());

      // instancio el primer boton y lo agrego al container
      b1=new Button("Boton 1");
      add(b1);

      // instancio el segundo boton y lo agrego al container
      b2=new Button("Boton 2");
      add(b2);

      // instancio el tercer boton y lo agrego al container
      b3=new Button("Boton 3");
      add(b3);

      // defino el size de la ventana y la hago visible
      setSize(300,300);
      setVisible(true);
   }

   public static void main(String[] args)
   {
      Ventana1 v1 = new Ventana1();
   }
}
```

La clase `Frame` representa a la típica ventana de *Windows*.

En el código podemos ver que la clase `Ventana1` extiende a `Frame`, por lo tanto, `Ventana1` es un `Frame` y hereda de esta clase los métodos `setLayout`, `add`, `setSize` y `setVisible`.

En el constructor definimos cuál será el *layout* que queremos utilizar en la ventana. En este caso, utilizamos un `FlowLayout` cuya política para distribuir los componentes consiste en centrarlos en la parte superior del *container*. Podemos agrandar o achicar la ventana y los componentes siempre quedarán centrados en la parte superior. Incluso, si la achicamos demasiado y no dejamos lugar para dibujar los tres botones entonces el tercer botón pasará a ocupar una segunda fila de componentes, pero siempre centrados y en la parte superior del *container*.

En las siguientes imágenes, vemos el comportamiento de los componentes según si reducimos o ampliamos el tamaño de la ventana.

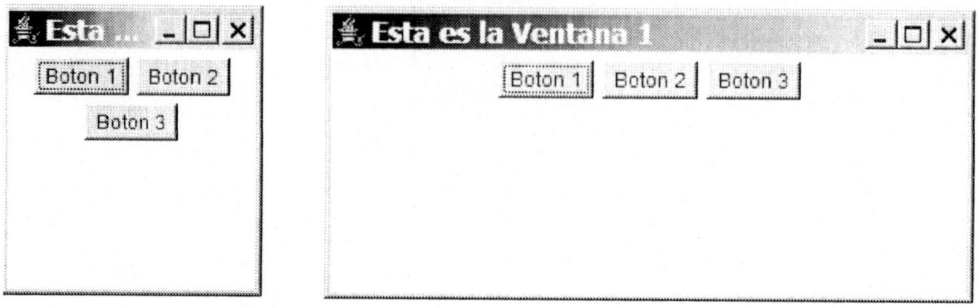

Fig. 5.2 y Fig. 5.3 El `FlowLayout` redistribuye los componentes.

Los componentes siempre quedan centrados en la parte superior del *container* porque esta es la política que impone el *layout* que decidimos utilizar: el `FlowLayout`.

Por defecto este *layout* alinea los componentes en el centro del *container*, pero podemos cambiar la alineación de los mismos al momento de instanciarlo.

Vemos la misma ventana, pero con los botones alineados hacia la izquierda.

```
// ...
public class Ventana1 extends Frame
{
   private Button b1,b2,b3;

   public Ventana1()
   {
      super("Esta es la Ventana 1");

      // FlowLayout a Izquierda
      setLayout( new FlowLayout(FlowLayout.LEFT) );

      b1=new Button("Boton 1");
      add(b1);

      // ...
   }
}
```

Logramos cambiar la alineación que impone el `FlowLayout` pasándole como argumento en el constructor la constante:

`FlowLayout.LEFT`

Análogamente, si queremos que la alineación de los componentes sea hacia la derecha debemos utilizar la constante:

`FlowLayout.RIGHT`

El resultado de alinear los componentes hacia la izquierda es el siguiente:

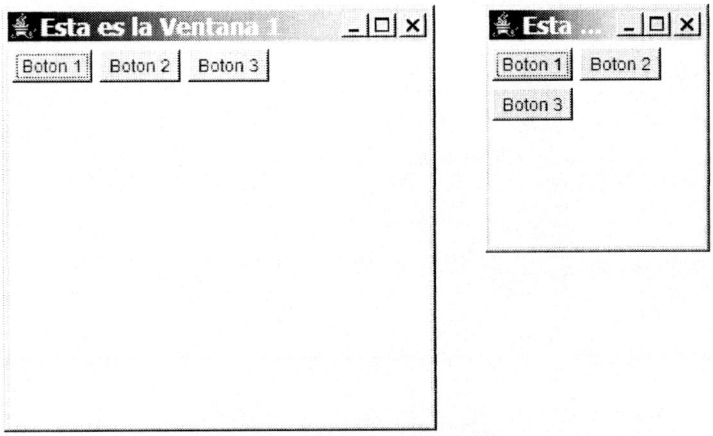

Fig. 5.4 y Fig. 5.5 `FlowLayout` alineado a izquierda.

5.3.1.2 `BorderLayout`

Este *layout* divide el espacio del *container* en cinco regiones o cuatro bordes y una región central. Admite solo un componente por región, por lo tanto, un *container* con esta distribución solo podrá contener a lo sumo cinco componentes.

Veamos cómo queda una ventana con cinco botones distribuidos con un `BorderLayout`.

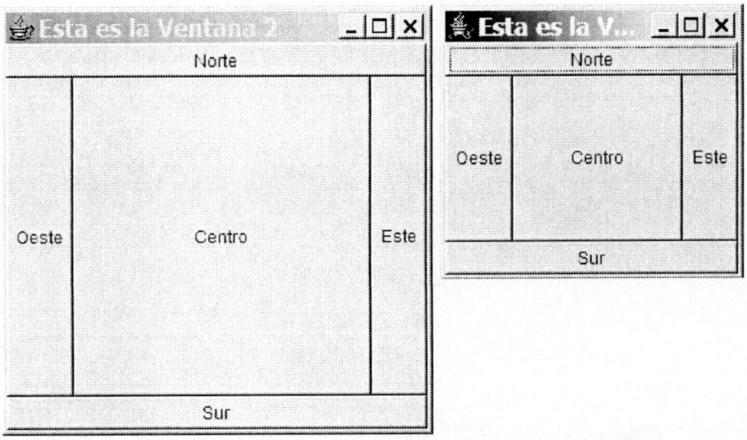

Fig. 5.6 `BorderLayout`.

Como podemos ver en la imagen, las regiones norte y sur ocupan todo el ancho del *container*. Las regiones oeste y este ocupan todo el alto del *container*, pero respetan el espacio de los componentes del norte y del sur. El componente de la región central ocupa todo el espacio del *container* respetando a los componentes de las otras regiones.

También podemos apreciar que si redimensionamos la ventana los componentes se reacomodan automáticamente respetando proporcionalmente la distribución original.

El código fuente es el siguiente.

```
package libro.cap05;

import java.awt.*;

public class Ventana2 extends Frame
{
   private Button bNorth,bSouth,bWest,bEast, bCenter;

   public Ventana2()
   {
      super("Esta es la Ventana 2");
      setLayout(new BorderLayout() );

      bNorth=new Button("Norte");
      add(bNorth, BorderLayout.NORTH);

      bSouth=new Button("Sur");
      add(bSouth, BorderLayout.SOUTH);

      bWest=new Button("Oeste");
      add(bWest, BorderLayout.WEST);

      bEast=new Button("Este");
      add(bEast, BorderLayout.EAST);

      bCenter=new Button("Centro");
      add(bCenter, BorderLayout.CENTER);

      setSize(300,300);
      setVisible(true);
   }

   public static void main(String[] args)
   {
      Ventana2 v2 = new Ventana2();
   }
}
```

5.3.1.3 `GridLayout`

Para finalizar estudiaremos el `GridLayout` que divide el espacio del *container* en una grilla de *n* filas por *m* columnas donde todas las celdas tienen exactamente la misma dimensión.

Fig. 5.7 `GridLayout`.

En el gráfico vemos un `Frame` que tiene 9 botones distribuidos con un `GridLayout` de 3 filas por 3 columnas. El código fuente lo vemos a continuación.

```
package libro.cap05;

import java.awt.*;

public class Ventana3 extends Frame
{
   private Button b1,b2,b3,b4,b5,b6,b7,b8,b9;

   public Ventana3()
   {
      super("Esta es la Ventana 3");
      setLayout(new GridLayout(3,3) );

      b1=new Button("Boton 1");
      add(b1);

      b2=new Button("Boton 2");
      add(b2);

      b3=new Button("Boton 3");
      add(b3);

      b4=new Button("Boton 4");
      add(b4);

      b5=new Button("Boton 5");
      add(b5);

      b6=new Button("Boton 6");
      add(b6);
```

```
      b7=new Button("Boton 7");
      add(b7);

      b8=new Button("Boton 8");
      add(b8);

      b9=new Button("Boton 9");
      add(b9);

      setSize(300,300);
      setVisible(true);
   }

   public static void main(String[] args)
   {
      Ventana3 v3 = new Ventana3();
   }
}
```

En el código podemos ver que los componentes se van agregando al *container* por fila y luego por columna. Es decir, el primero que se agregue con el método `add` ocupará la celda superior izquierda (celda que llamaremos 0,0). El siguiente se ubicará a su derecha (celda 0,1) y el siguiente irá a la celda 0,2 completando así la primera fila. El próximo componente pasará a la siguiente fila, celda 1,0. El siguiente irá en la celda 1,1 y así sucesivamente.

5.3.2 Combinación de layouts

Los *layouts* que analizamos hasta aquí son en sí mismos muy limitados y no tienen la flexibilidad suficiente que nos permita pensar en diseñar una interfaz gráfica que pueda resultar verdaderamente funcional. Sin embargo, si pensamos que una GUI puede construirse en base a combinaciones de estos *layouts* entonces la cosa puede ser diferente.

Comenzaremos por un caso simple: una calculadora.

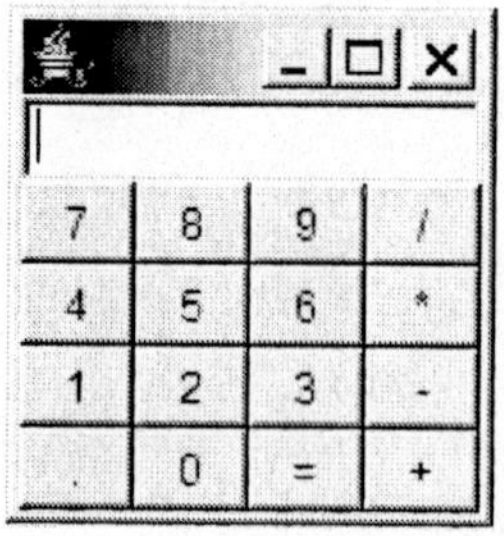

Fig. 5.8 GUI Calculadora.

Esta interfaz gráfica se logra utilizando un `BorderLayout` que en el norte tiene una instancia de `TextField` (el *display*) y en el centro tiene un `Panel` (otro *container*) con un `GridLayout` de 4 filas por 4 columnas con un `Button` en cada celda.

El código fuente es el siguiente.

```
package libro.cap05;

import java.awt.*;
import javax.swing.border.Border;

public class Calculadora extends Frame
{
   private Button b0,b1,b2,b3,b4,b5,b6,b7,b8,b9;
   private Button bDec,bMas,bMenos,bPor,bDiv,bIgual,bBorrar;
   private TextField tfDisplay;

   public Calculadora()
   {
      super();

      setLayout(new BorderLayout());

      // en el NORTE ubico el display
      tfDisplay = new TextField();
      add(tfDisplay,BorderLayout.NORTH);

      // en el CENTRO ubico el teclado
      Panel pTeclado = _crearTeclado();
      add(pTeclado, BorderLayout.CENTER);

      // este metodo dimensiona y setea el tamanio exacto
      // necesario para contener todos los componentes del Frame
      pack();
      setVisible(true);
   }

   private Panel _crearTeclado()
   {
      // instancio los 16 botones
      b0 = new Button("0");
      b1 = new Button("1");
      b2 = new Button("2");
      b3 = new Button("3");
      b4 = new Button("4");
      b5 = new Button("5");
      b6 = new Button("6");
      b7 = new Button("7");
      b8 = new Button("8");
      b9 = new Button("9");
      bDec = new Button(".");
      bMas=new Button("+");
      bMenos=new Button("-");
      bPor = new Button("*");
      bDiv = new Button("/");
      bIgual = new Button("=");
```

```
        // instancio un Panel (un container) con GridLayout de 4 x 4
        Panel p = new Panel( new GridLayout(4,4) );

        // Agrego los botones al panel

        // fila 0 (la mas de mas arriba)
        p.add(b7);
        p.add(b8);
        p.add(b9);
        p.add(bDiv);

        // fila 1 (la segunda comenzando desde arriba)
        p.add(b4);
        p.add(b5);
        p.add(b6);
        p.add(bPor);

        // fila 2 (la tercera comenzando desde arriba)
        p.add(b1);
        p.add(b2);
        p.add(b3);
        p.add(bMenos);

        // fila 3 (la cuarta comenzando desde arriba)
        p.add(bDec);
        p.add(b0);
        p.add(bIgual);
        p.add(bMas);

        // retorno el Panel con todos los botones agregados
        return p;
    }

    public static void main(String[] args)
    {
        Calculadora c = new Calculadora();
    }
}
```

Si analizamos el código del constructor de la clase `Calculadora` podemos ver que, pese a todo, sigue siendo bastante claro porque delegamos el "trabajo sucio" de crear el teclado de la calculadora en el método `_crearTeclado`.

```
public Calculadora()
{
    super();

    setLayout(new BorderLayout());

    tfDisplay = new TextField();
    add(tfDisplay,BorderLayout.NORTH);

    Panel pTeclado = _crearTeclado();
    add(pTeclado, BorderLayout.CENTER);
    pack();
    setVisible(true);
}
```

Luego de analizar el código del constructor, debe quedar claro que la ventana (el `Frame`) tiene un `BorderLayout` con el *display* en el norte y el teclado en el centro.

Pasemos ahora a un ejemplo con mayor complejidad: una ventana de chat.

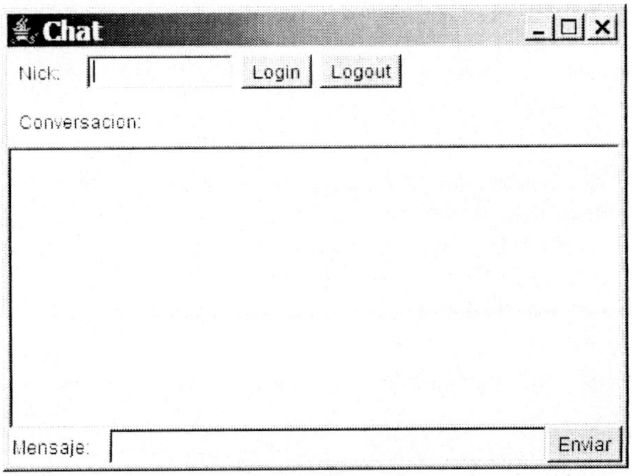

Fig. 5.9 GUI Ventana de chat.

A simple vista, el lector podrá observar que a esta GUI todavía le falta cierta "gracia". Esto se debe a que en AWT no podemos utilizar bordes resaltados. Esta posibilidad está disponible si utilizamos *Swing* y la analizaremos más adelante.

Volviendo a la GUI de la ventana de chat, podemos verla dividida de la siguiente manera:

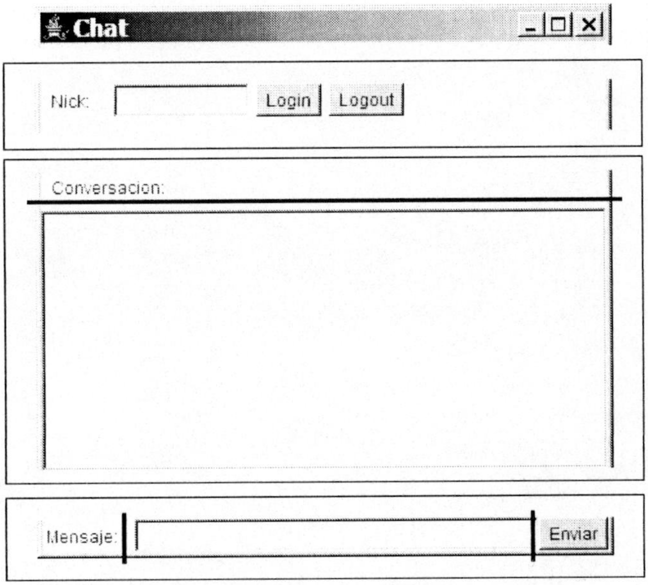

Fig. 5.10 GUI Ventana de chat "desmenuzada".

En esta imagen vemos que la ventana principal (el `Frame`) tiene asignado un `BorderLayout` con tres paneles: uno en el norte (que llamaremos `pNorth`), uno en el centro (`pCenter`) y uno en el sur (`pSouth`).

El panel del norte (pNorth) tiene un FlowLayout alineado a izquierda con cuatro componentes: un Label (con el texto "Nick"), un TextField (tfNick) y dos botones: bLogin y bLogout.

El panel del centro (pCenter) tiene un BorderLayout con dos componentes: un Label (con el texto "Conversación") en el norte y una List (lstLog) en el centro.

Por último, el panel del sur (pSouth) tiene un BorderLayout con tres componentes: un Label (con el texto "Mensaje") en el oeste, un TextField (tfMssg) en el centro y un botón (bEnviar) en el este.

Como vemos, a medida que aumenta la funcionalidad de la GUI aumenta notablemente la complejidad de su programación, por lo tanto, tenemos que ser extremadamente prolijos al momento de escribir el código fuente. De lo contrario, pagaremos muy caro a la hora de realizar el mantenimiento, ya que cualquier componente que se quiera agregar o quitar del diseño original puede obligarnos a reestructurar todo el diseño de la interfaz gráfica.

Veamos el código fuente. Lo analizaremos por partes. Comenzaremos por la definición de los componentes y el constructor.

```
package libro.cap05;

import java.awt.*;

public class Chat extends Frame
{
   private TextField tfNick;
   private TextField tfMensaje;
   private Button bLogin;
   private Button bLogout;
   private Button bEnviar;
   private List lstLog;

   public Chat()
   {
      super("Chat");
      setLayout(new BorderLayout());

      // panel norte
      Panel pNorth = _crearPNorte();
      add( pNorth, BorderLayout.NORTH);

      // panel central
      Panel pCenter = _crearPCenter();
      add( pCenter, BorderLayout.CENTER);

      // panel sur
      Panel pSouth = _crearPSur();
      add(pSouth, BorderLayout.SOUTH);

      setSize(400,300);
      setVisible(true);
   }

   // sigue mas abajo
   // :
```

Como podemos ver, pese a que la estructura de la GUI es mucho más compleja que la anterior, el código parece ser bastante simple ya que delegamos la construcción de cada uno de los paneles que vamos a colocar en el *border layout* principal en los métodos `_crearPNorte`, `_crearPCenter` y `_crearPSur`.

Recomiendo al lector comparar el código fuente con la imagen de la GUI desmenuzada. En la imagen observamos que la ventana principal tiene un *border layout* con un panel en el norte, uno en el centro y uno en el sur. Justamente, esto es lo que programamos en el constructor.

A continuación, veremos el código del método `_crearPNorte` que, según observamos en la imagen, debe construir un panel con 4 componentes alineados hacia la izquierda con un `FlowLayout`.

```
// :
// viene de mas arriba

private Panel _crearPNorte()
{
   Panel p = new Panel(new FlowLayout(FlowLayout.LEFT));

   p.add(new Label("Nick:"));

   tfNick = new TextField(10);
   p.add(tfNick);

   bLogin=new Button("Login");
   p.add(bLogin);

   bLogout = new Button("Logout");
   p.add(bLogout);

   return p;
}

// sigue mas abajo
// :
```

Como vemos, dentro del método creamos un `Panel` inicializado con un `FlowLayout` "a izquierda". Luego "le metemos" los componentes. Primero, un `Label` con el texto "Nick", luego `tfNick` (el `TextField`) y luego los botones `bLogin` y `bLogout`.

Veamos ahora el código del método `_crearPCenter`.

```
// :
// viene de mas arriba

private Panel _crearPCenter()
{
   Panel p = new Panel(new BorderLayout());

   // norte
   p.add(new Label("Conversacion:"), BorderLayout.NORTH);
```

```
      // centro
      lstLog = new List();
      p.add(lstLog,BorderLayout.CENTER);

      return p;
   }

   // sigue mas abajo
   // :
```

En este método creamos un panel con un `BorderLayout` en el que agregamos un `Label` con el texto "Conversación" en la región norte y `lstLog` (la lista con el historial del chat) en el centro.

Para finalizar, veamos el código del método `_crearPSur` donde creamos un panel con un `BorderLayout` en el que agregaremos tres componentes: un `Label` con el texto "Mensaje" en la región oeste, `tfMssg` (el `TextField`) en el centro y el botón `bEnviar` en la región este.

```
   // :
   // viene de mas arriba

   private Panel _crearPSur()
   {
      Panel p = new Panel(new BorderLayout());

      // oeste
      p.add(new Label("Mensaje:"),BorderLayout.WEST);

      // centro
      tfMensaje = new TextField();
      p.add(tfMensaje,BorderLayout.CENTER);

      // este
      bEnviar = new Button("Enviar");
      p.add(bEnviar,BorderLayout.EAST);

      return p;
   }

   public static void main(String[] args)
   {
      Chat c = new Chat();
   }
}
```

5.4 Capturar eventos

Hasta ahora los componentes de las GUIs que hemos desarrollado no producen ningún tipo de acción. Incluso si intentamos cerrar las ventanas veremos que tampoco podemos hacerlo.

Cuando el usuario interactúa con la interfaz gráfica lo hace a través de sus componentes. Cada acción que realiza (esto es: cada botón que presiona, cada ítem que selecciona sobre una lista, cada carácter que escribe sobre un campo de texto, etc.) genera un evento y nosotros, como programadores, lo podemos "escuchar" para notificarnos y así poder hacer en ese momento lo que sea necesario.

Es decir, los componentes generan eventos y nosotros podemos "escucharlos" (o notificarnos) utilizando *listeners* (escuchadores).

Un *listener* no es más que un objeto cuya clase implementa una determinada *interface*, que está relacionado a un componente para que este lo notifique ante la ocurrencia de un determinado tipo de evento.

Para analizar esto, comenzaremos por una GUI básica: una ventana con un único botón que cuando lo apretamos escribe un mensaje en la consola.

```
package libro.cap05;

import java.awt.*;
import java.awt.event.*;

public class DemoListener extends Frame
{
   private Button boton;

   public DemoListener()
   {
      super("Demo");
      setLayout(new FlowLayout());

      boton = new Button("Boton");

      // agrego un listener al boton
      boton.addActionListener(new EscuchaBoton());

      add(boton);

      setSize(200,150);
      setVisible(true);
   }

   class EscuchaBoton implements ActionListener
   {
      public void actionPerformed(ActionEvent e)
      {
         System.out.println("Se presiono el boton...");
      }
   }

   public static void main(String[] args)
   {
      new DemoListener();
   }
}
```

En el constructor vemos que luego de instanciar el botón lo relacionamos con una instancia de la *inner class* `EscuchaBoton`. Esta clase implementa la *interface* `ActionListener` de donde hereda un único método: `actionPerformed`.

Cuando el botón detecte que lo están presionando notificará a la instancia de `EscuchaBoton` invocándole el método `actionPerformed`.

Dicho de otro modo, cuando se presione el botón se invocará "automáticamente" el método `actionPerformed` de la clase `EscuchaBoton`, por lo tanto, todo lo que programemos dentro de este método se ejecutará exactamente en el momento en que el usuario apriete el botón.

Es común implementar los *listeners* como *inner classes* de la GUI ya que, por lo general, las acciones que se programan dentro de estos son propias y exclusivas para los componentes de la interfaz gráfica, por lo que muy difícilmente puedan ser reutilizados.

A continuación, veremos un ejemplo más simpático en el que cambiamos aleatoriamente la ubicación de la ventana cada vez que se presiona el botón. Solo veremos el código del *listener* ya que en la ventana principal no cambia nada.

```
class EscuchaBoton implements ActionListener
{
   public void actionPerformed(ActionEvent e)
   {
      // dimension de la ventana
      Dimension dimVentana = getSize();

      // dimension de la pantalla
      Dimension dimScreen = getToolkit().getScreenSize();

     // nuevas coordenadas (aleatorias) para reubicar la ventana
      int x= (int)(Math.random()*
                        (dimScreen.width-dimVentana.width));
      int y = (int)(Math.random()*
                       (dimScreen.height-dimVentana.height));

      // cambio la ubicacion de la ventana
      setLocation(x,y);
   }
}
```

Pensemos en un programa más divertido. ¿Cómo podríamos lograr que la ventana cambie de posición cuando el *mouse* está llegando al botón para presionarlo? Es decir, que el usuario nunca pueda apretar el botón porque ni bien aproxime el *mouse* la ventana se moverá a otra posición.

Para programar esto, tenemos que escuchar el evento de movimiento del *mouse*. Por cada movimiento del *mouse*, preguntamos sus coordenadas y las comparamos con las coordenadas del botón. Si la distancia es razonablemente corta, entonces movemos la ventana como lo hicimos en el ejemplo anterior.

```
package libro.cap05;

import java.awt.*;
import java.awt.event.*;
```

```
public class DemoListener3 extends Frame
{
   private Button boton;

   public DemoListener3()
   {
      super("Demo");
      setLayout(new FlowLayout());

      // quien genera el evento es el Frame
      addMouseMotionListener(new EscuchaMouse());

      boton = new Button("Boton");
      add(boton);

      setSize(200,150);
      setVisible(true);
   }

   class EscuchaMouse implements MouseMotionListener
   {
      public void mouseMoved(MouseEvent e)
      {
         int distancia = 10;
         Point pMouse = e.getPoint();

         Dimension dimBoton=boton.getSize();
         Point pBoton = boton.getLocation();

         int difX1 = Math.abs(pBoton.x-pMouse.x);
         int difX2 = Math.abs((pBoton.x+dimBoton.width)-pMouse.x);

         int difY1 = Math.abs(pBoton.y-pMouse.y);
         int difY2 = Math.abs((pBoton.y+dimBoton.height)-pMouse.y);

         if( difX1<distancia || difX2 <distancia ||
             difY1<distancia || difY2 <distancia)
         {
            // dimension de la ventana
            Dimension dimVentana = getSize();

            // dimension de la pantalla
            Dimension dimScreen = getToolkit().getScreenSize();

            // nuevas coordenadas para la ventana
            int y = (int) (Math.random()*
                           (dimScreen.height-dimVentana.height));
            int x= (int) (Math.random()*
                           (dimScreen.width-dimVentana.width));

            // cambio la ubicacion de la ventana
            setLocation(x,y);
         }
      }
```

```
      public void mouseDragged(MouseEvent e) {}
   }

   public static void main(String[] args)
   {
      new DemoListener3();
   }
}
```

En este ejemplo escuchamos el evento que la ventana (el `Frame`) genera cada vez que el *mouse* se mueve dentro de su área. Por esto, le agregamos a la ventana una instancia válida de `MouseMotionListener` (o sea, una instancia de `EscuchaMouse`).

`EscuchaMouse` es una *inner class* que implementa `MouseMotionListener` y sobrescribe los dos métodos definidos en esta *interface*. El método `mouseDragged` lo dejamos vacío porque no nos interesa ser notificados cuando el usuario arrastra el *mouse* (*drag*). Simplemente, queremos saber cuándo lo mueve.

Dentro del método `mouseMoved`, tomamos la posición del *mouse*, la posición del botón y su dimensión para poder calcular la distancia entre el *mouse* y los cuatro lados del botón. Si la distancia es menor que `distancia`, entonces movemos la ventana.

5.4.1 Tipos de eventos

Dado que existe una gran cantidad de eventos y no siempre vamos a estar interesados en escucharlos a todos, los podemos clasificar según su tipo.

Existen eventos de tipo *action* (`ActionListener`), eventos de movimiento del *mouse* (`MouseMotionListener`), eventos del teclado (`KeyListener`), eventos de la ventana (`WindowListener`), eventos de foco (`FocusListener`), etcétera.

Por ejemplo, si queremos detectar el evento que produce la ventana cuando el usuario la intenta cerrar debemos registrar sobre la ventana (es decir, sobre el `Frame`) un `WindowListener`. Para esto, tenemos que programar una clase que implemente esa *interface* y sobrescribir el método `windowClosing` que es el método que la ventana invocará en ese momento.

```
package libro.cap05;

import java.awt.Frame;
import java.awt.event.*;

public class DemoListener4 extends Frame
{
   public DemoListener4()
   {
      super("Demo");

      // relaciono un WindowListener con el Frame
      addWindowListener(new EscuchaVentana());

      setSize(200,150);
      setVisible(true);
   }
```

```
   class EscuchaVentana implements WindowListener
   {
      public void windowClosing(WindowEvent e)
      {
         // para cerrar la ventana y finalizar el programa
         // correctamente son tres pasos:
         // 1 - ocultar la ventana con setVisible(false)
         // 2 - liberarla con el metodo dispose
         // 3 - finalizar la aplicacion con System.exit

         System.out.println("oculto...");
         setVisible(false);

         System.out.println("Libero...");
         dispose();

         System.out.println("Bye bye...");
         System.exit(0);
      }

      // la interface WindowListener tiene 7 metodos asi que
      // tenemos que sobrescribirlos a todos aunque sea
      // dejandolos vacios

      public void windowActivated(WindowEvent e){}
      public void windowClosed(WindowEvent e){}
      public void windowDeactivated(WindowEvent e){}
      public void windowDeiconified(WindowEvent e){}
      public void windowIconified(WindowEvent e){}
      public void windowOpened(WindowEvent e){}
   }

   public static void main(String[] args)
   {
      new DemoListener4();
   }
}
```

Vemos que la *interface* `WindowListener` tiene siete métodos. Aunque en este caso solo nos interesa programar el método `windowClosing` debemos sobrescribir los otros seis dejándolos vacíos ya que de otra forma el *listener* será una clase abstracta y no la podremos instanciar para pasársela como parámetro al método `addWindowListener` del `Frame`.

5.4.2 Eventos de acción

Se consideran *action events* aquellos eventos a raíz de los cuales suponemos que el usuario espera producir una determinada acción.

Imaginemos que estamos ingresando nuestro nombre en un `TextField`. Generalmente, mientras ingresamos cada carácter no esperamos nada especial. Sin embargo, si al final presionamos [*ENTER*] probablemente estemos esperando algo. O bien, si no presionamos [*ENTER*], pero apretamos el botón que dice “Ok” seguramente esperamos que algo suceda.

Pensemos ahora en una lista. Si hacemos *click* en un ítem para seleccionarlo probablemente no esperemos que nada demasiado emocionante ocurra, pero si hacemos doble *click* sobre un ítem entonces casi seguro que estaremos esperando algún suceso.

Analicemos la siguiente interfaz gráfica.

Fig. 5.11 Demo de `ActionListener`.

En esta GUI el usuario puede tipear ítems en el `TextField` de la parte superior. Luego, presionando [*ENTER*] o presionando el botón "Agregar" el texto ingresado pasará a la lista del centro. Para eliminar elementos de la lista, se debe hacer doble "click" sobre el ítem que se quiere remover. Este ítem pasará al `TextField` de forma tal que si el usuario se arrepiente de haberlo eliminado puede fácilmente volver a agregarlo a la lista presionando el botón o tipeando [*ENTER*].

Veremos el código fuente donde definimos dos clases que implementan `ActionListener`. Una para la lista y una para el botón y para el `TextField`, ya que al presionar [*ENTER*] sobre el `textfield` o al presionar el botón se deben realizar exactamente las mismas acciones. El *listener* debe ser el mismo.

```
package libro.cap05;

import java.awt.*;
import java.awt.event.*;

public class DemoListener5 extends Frame
{
   private Button bAgregar;
   private TextField tfItem;
   private List lista;

   public DemoListener5()
   {
      super("Action Listener");

      // defino el layout principal
      setLayout(new BorderLayout());
```

```
      // al norte
      Panel pn = _crearPNorte();
      add(pn,BorderLayout.NORTH);

      // al centro
      lista= new List();
      add(lista, BorderLayout.CENTER);

      // seteo los listeners
      bAgregar.addActionListener(new EscuchaAgregar());
      tfItem.addActionListener(new EscuchaAgregar());
      lista.addActionListener(new EscuchaDobleClick());
      this.addWindowListener(new EscuchaVentana());

      setSize(300,300);
      setVisible(true);

      // el cursor aparecera por defecto en el TextField
      tfItem.requestFocus();
   }

   // sigue mas abajo
   // :
```

En el constructor agregamos una instancia de `EscuchaAgregar` a `bAgregar` (el botón) y a `tfItem` (el `TextField`). También agregamos una instancia de `EscuchaDobleClick` a lista.

Veamos el código de la *inner class* `EscuchaAgregar`.

```
   // :
   // viene de mas arriba

   class EscuchaAgregar implements ActionListener
   {
      public void actionPerformed(ActionEvent e)
      {
         // tomo el texto ingresado en el TextField
         String item = tfItem.getText();

         // lo agrego a la lista
         lista.add(item);

         // selecciono todo el texto en el TextField
         tfItem.selectAll();

         // seteo el foco en el TextField
         tfItem.requestFocus();
      }
   }

   // sigue mas abajo
   // :
```

Creo que el código es bastante claro y no requiere ninguna explicación adicional. Veamos entonces para finalizar el código de `EscuchaDobleClick`

```
   // :
   // viene de mas arriba

   class EscuchaDobleClick implements ActionListener
   {
      public void actionPerformed(ActionEvent e)
      {
         // tomo la posicion del item seleccionado
         int idx = lista.getSelectedIndex();

         // seteo el item selecciona en el TextField
         tfItem.setText(lista.getSelectedItem());

         // lo remuevo de la lista
         lista.remove(idx);

         // selecciono todo el texto del TextField
         tfItem.selectAll();

         // seteo el foco en el TextField
         tfItem.requestFocus();
      }
   }

   // :
   // aqui va la inner class EscuchaCerrar y el metodo _crearPNorte
   // y el metodo main
   // :
}
```

5.4.3 Eventos de teclado

Estos eventos los generan los `TextField` y los `TextArea` cada vez que el usuario escribe un carácter sobre el componente.

En la siguiente ventana, el usuario puede escribir un texto en un `TextField`. A medida que ingresa cada carácter lo vamos mostrando en un `Label` ubicado a la derecha del `TextField`. Cuando finaliza e ingresa [*ENTER*], mostramos el texto completo en el `Label` y seleccionamos el texto en el `TextField` pasándolo a mayúsculas.

Fig. 5.12 Demo `KeyListener`.

Para esto, agregamos al `TextField` dos *listeners*: un `ActionListener` para detectar el [*ENTER*] y un `KeyListener` para detectar cada vez que el usuario presiona una tecla.

El código es el siguiente:

```
package libro.cap05;

import java.awt.*;
import java.awt.event.*;

public class DemoListener6 extends Frame
{
   private TextField tf;
   private Label lab;

   public DemoListener6()
   {
      super("Key Listener");

      // defino el layout principal
      setLayout(new FlowLayout(FlowLayout.LEFT));

      add( new Label("Ingrese Texto:"));

      tf= new TextField(15);
      add(tf);

      lab=new Label();
      add(lab);

      // agrego los listeners al TextField
      tf.addKeyListener(new EscuchaTecla());
      tf.addActionListener(new EscuchaEnter());

      setSize(350,100);
      setVisible(true);

      // mando el cursor al TextField
      tf.requestFocus();

      addWindowListener(new EscuchaVentana());
   }

   class EscuchaTecla implements KeyListener
   {
      public void keyPressed(KeyEvent e)
      {
         // por cada tecla presionada tomo el caracter
         char c = e.getKeyChar();

         // seteo el caracter como texto del label
         lab.setText(Character.toString(c));
      }

      public void keyReleased(KeyEvent e){}
      public void keyTyped(KeyEvent e){}
   }
```

```
   class EscuchaEnter implements ActionListener
   {
      public void actionPerformed(ActionEvent e)
      {
         // tomo el texto ingresado en el TextField
         String texto = tf.getText();

         // lo seteo como texto en el Label
         lab.setText(texto);

         // refresco los componentes de la ventana
         validate();

         // combierto a mayuscula el texto del TextField
         tf.setText(texto.toUpperCase());

         // lo selecciono todo
         tf.selectAll();
      }
   }

   public static void main(String[] args)
   {
      new DemoListener6();
   }
}
```

En la clase `EscuchaEnter`, luego de asignar el texto en `lab` invocamos al método `validate` (de `Frame`) para que haga el refresco gráfico de todos los componentes de la ventana, ya que si omitimos este paso el texto del `Label` quedará trunco.

5.5 Swing

Como mencionamos anteriormente, los componentes que provee AWT son bastante limitados tanto en lo funcional como en lo visual. Por este motivo, las GUIs se construyen utilizando *Swing*.

La metodología de trabajo con *Swing* es prácticamente idéntica a la que estudiamos con AWT. Toda la "arquitectura" de *listeners* trabaja de la misma manera y el funcionamiento de los *layouts* sobre los *containers* también es el mismo.

Es decir, todo lo que estudiamos hasta ahora podemos aplicarlo para trabajar con *Swing*.

Los componentes que provee *Swing* son fácilmente identificables porque comienzan con el prefijo "J". Por ejemplo: `JButton`, `JTextField`, `JPanel`, `JFrame`, `JLabel`. Los *layouts* y los *listeneres* son los mismos para AWT y para *Swing*.

Veamos una implementación con *Swing* de la GUI de la ventana de chat que estudiamos más arriba.

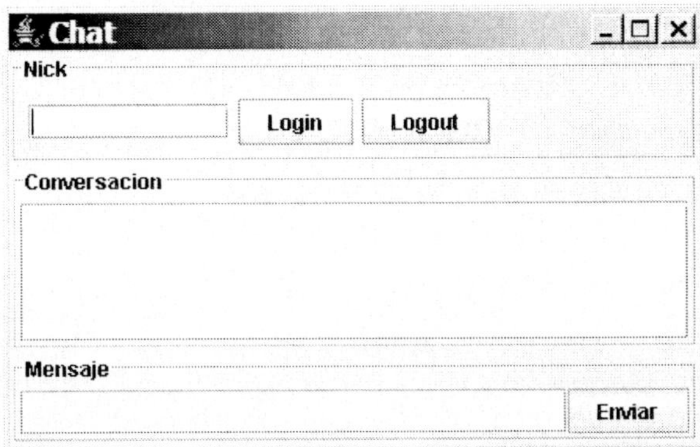

Fig. 5.13 GUI Ventana de chat programada con *Swing.*

A simple vista, podemos observar que la GUI no aparenta ser una ventana de *Windows*. *Swing* tiene un *look and feel* propio que se llama *Metal*. También observamos que cada región del *border layout* principal (es decir, cada panel) está "decorado" con un borde.

Como los bordes pueden tener un título aprovechamos esta posibilidad para prescindir de los *labels*.

El análisis que debemos hacer para desarrollar esta GUIs con *Swing* es el mismo que hacíamos para desarrollar GUIs con *AWT*.

La ventana principal (una instancia de `JFrame`) tiene un `BorderLayout`. En la región norte, hay un `JPanel` con un `FlowLayout` alineado a izquierda con tres componentes: un `JTextField` y dos `JButton`.

En la región central, hay un `JPanel` con un `BorderLayout` en cuya región central hay una `JList`.

Por último, en la región sur hay un `JPanel` con un `BorderLayout` que tiene un `JTextField` en la región central y un `JButton` en la región este.

Los bordes se definen sobre los paneles, por lo tanto, a cada uno de los tres paneles hay que definirle un borde con el título correspondiente.

Analicemos ahora el código fuente, comenzando por el constructor.

```
package libro.cap05;

import java.awt.*;
import javax.swing.*;
import javax.swing.border.*;

public class ChatSwing extends JFrame
{
   private JTextField tfNick;
   private JTextField tfMensaje;
   private JButton bLogin;
   private JButton bLogout;
   private JButton bEnviar;
   private JList lstLog;
   private Border border;
```

```
public ChatSwing()
{
   super("Chat");

   // pedimos el "panel de contencion" al JFrame
   Container content = getContentPane();

   // seteamos el layout
   content.setLayout(new BorderLayout());

   // este sera el tipo de borde que
   // utilizamos en todos los paneles
   border=BorderFactory.createEtchedBorder(EtchedBorder.LOWERED);

   // creamos el panel norte
   JPanel pNorth = _crearPNorte();
   content.add( pNorth, BorderLayout.NORTH);

   // creamos el panel central
   JPanel pCenter = _crearPCenter();
   content.add( pCenter, BorderLayout.CENTER);

   // creamos el panel sur
   JPanel pSouth = _crearPSur();
   content.add(pSouth, BorderLayout.SOUTH);

   setSize(400,300);
   setVisible(true);
}

// sigue mas abajo...
// :
```

Como vemos, no hay demasiada diferencia entre *Swing* y AWT. La única diferencia es que en *Swing* no trabajamos sobre el `JFrame` sino que lo hacemos sobre su panel de contención que se llama *content pane* y que lo obtenemos con el método `getContentPane`.

El *layout* de la ventana principal lo definimos sobre su *content pane*. Los componentes que contendrá la ventana principal también los agregamos sobre su *content pane*.

```
// :
// viene de mas arriba...

private JPanel _crearPNorte()
{
   JPanel p = new JPanel(new FlowLayout(FlowLayout.LEFT));

   // instancio un TitledBorder con el titulo y ol objeto border
   // que cree en el constructor
   TitledBorder titleBoder =
               BorderFactory.createTitledBorder(border,"Nick");

   // asigno el titled border al panel
   p.setBorder(titleBoder);
```

```
      tfNick = new JTextField(10);
      p.add(tfNick);

      bLogin=new JButton("Login");
      p.add(bLogin);

      bLogout = new JButton("Logout");
      p.add(bLogout);

      return p;
   }

   // sigue mas abajo
   // :
```

En el método crearPNorte, la única diferencia que encontramos respecto de la versión de AWT es que instanciamos un TitledBorder (a través de la clase BorderFactory) para asignarlo al JPanel.
Veamos ahora los métdos _crearPCenter y _crearPSur y el main.

```
   // :
   // viene de mas arriba...

   private JPanel _crearPCenter()
   {
      JPanel p = new JPanel(new BorderLayout());

      TitledBorder titleBoder =
          BorderFactory.createTitledBorder(border,"Conversacion");

      p.setBorder(titleBoder);

      lstLog = new JList();
      JScrollPane scroll = new JScrollPane(lstLog);
      p.add(scroll,BorderLayout.CENTER);

      return p;
   }

   private JPanel _crearPSur()
   {
      JPanel p = new JPanel(new BorderLayout());

      TitledBorder titleBoder =
          BorderFactory.createTitledBorder(border,"Mensaje");
      p.setBorder(titleBoder);

      tfMensaje = new JTextField();
      p.add(tfMensaje,BorderLayout.CENTER);

      bEnviar = new JButton("Enviar");
      p.add(bEnviar,BorderLayout.EAST);

      return p;
   }
```

```
public static void main(String args[]) throws Exception
{
   ChatSwing c = new ChatSwing();
}
```

5.5.1 Cambiar el `LookandFeel`

Quizás la principal y más importante diferencia entre AWT y *Swing* es que el primero está programado con métodos nativos (desarrollados en C) mientras que el segundo (*Swing*) está programado íntegramente en Java, heredando de los componentes de AWT. Por este motivo, los componentes de AWT obligatoriamente tendrán el *look and feel* de la plataforma donde estemos ejecutando la ventana, pero *Swing* tiene la posibilidad de definir un *look and feel* propio e independiente de la plataforma. Este es el caso de *Metal*. Obviamente, hay clases que emulan el *look and feel* de las plataformas más conocidas.

En otras palabras, con *Swing* una misma GUI puede verse con estilo *Metal* o con estilo *Windows*, *Motif*, etc. Para esto, Java provee las clases `WindowLookAndFeel`, `MotifLookAndFeel` y `MetalLookAndFeel`.

Veamos cómo podemos cambiar el `LookandFeel`. Lo hacemos agregando una línea en el método `main`.

```
public static void main(String args[]) throws Exception
{
   UIManager.setLookAndFeel(new WindowsLookAndFeel());
   ChatSwing c = new ChatSwing();
}
```

La clase `WindowsLookAndFeel` está ubicada en:

`com.sun.java.swing.plaf.windows`

Por lo tanto, para utilizarla tenemos que importar dicho paquete.

> A partir de Java 7 aparece un nuevo *look and feel* llamado *Nimbus*; que ya existía, pero estaba "oculto" dentro de los paquetes internos de la implementación del lenguaje. Ahora fue movido, desde `com.sun.java.swing` al paquete estándar `javax.swing`.

Veamos cómo queda la GUI con los *look and feel* de *Windows*, *Motif* y *Metal* (que es el *look and feel* por defecto).

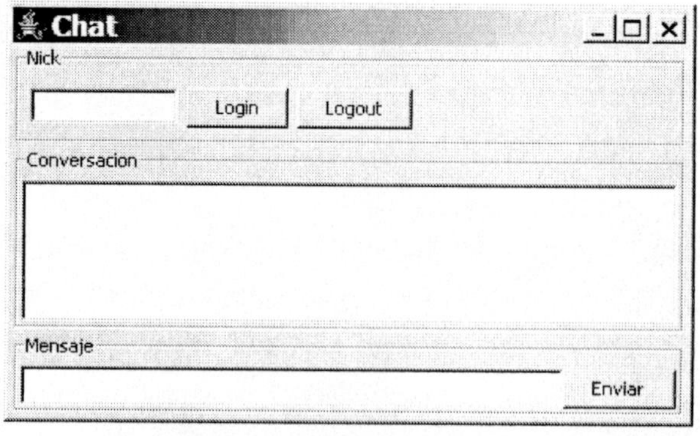

Fig. 5.14 GUI Ventana de chat con `WindowsLookAndFeel`.

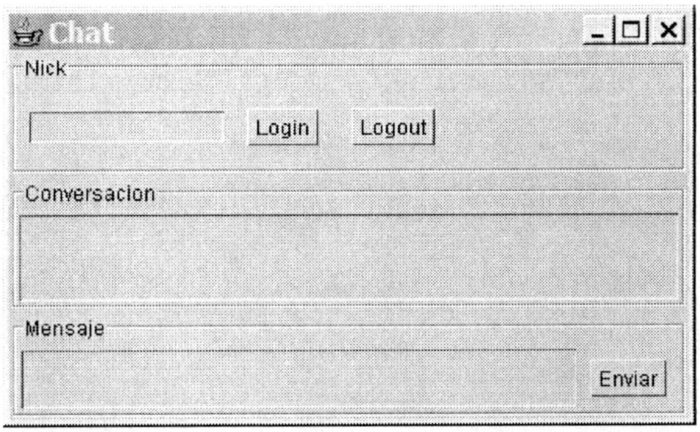

Fig. 5.15 GUI Ventana de chat con `MotifLookAndFeel`.

Podemos observar que en *Motif* los componentes insumen más espacio. Sin embargo, la distribución de los mismos se mantiene independientemente del *look and feel* que utilicemos. Esta es la principal ventaja de utilizar *layouts* relativos.

La misma GUI con `MetalLookAndFeel` se ve así:

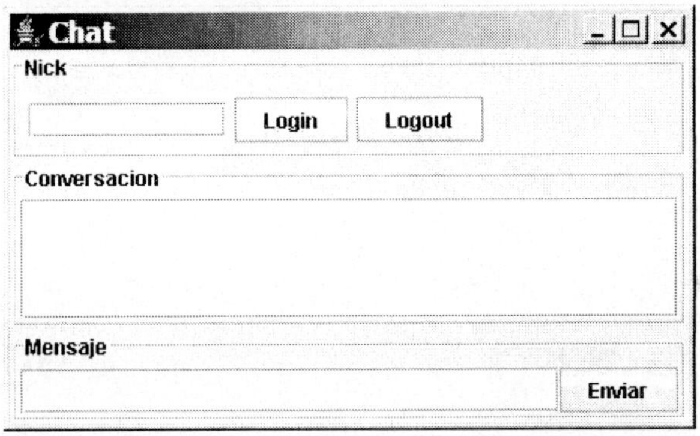

Fig. 5.16 GUI Ventana de chat con `MetalLookAndFeel`.

5.6 Model View Controller (MVC)

El patrón de diseño MVC (*Model View Controller*, Modelo Vista Controlador) provee un mecanismo que posibilita separar los datos (el modelo) de la forma en que estos serán visualizados (la vista).

Algunos de los componentes de *Swing* que permiten visualizar información implementan este patrón de diseño para no obligar al usuario a que los datos que quiere mostrar estén almacenados sobre un determinado tipo de soporte.

Dicho de otro modo: un componente (por ejemplo `JList`) puede mostrar objetos almacenados en un *array*, en un `Vector`, en una `Collection`, en un archivo o en una tabla de una base de datos. El componente (la vista) está totalmente independizado del modelo (o soporte) de los datos.

5.6.1 Ejemplo de uso: ListModel

En el siguiente ejemplo, vemos una ventana que contiene un JList que toma los datos de un Vector.

```
package libro.cap05.mvc;

import java.awt.*;
import java.util.Vector;
import javax.swing.*;

public class DemoJList extends JFrame
{
   public DemoJList()
   {
      super("Demo JList");
      Container content = getContentPane();
      content.setLayout(new BorderLayout());

      // obtengo el vector con los datos que vamos a mostrar
      Vector<Object> datos = _obtenerVectorDatos();

      // El constructor de JList recibe una instancia de ListModel
      JList lista = new JList(new VectorModel(datos));

      // El ScrollPane agrega barras de scroll si es necesario
      JScrollPane scrollLista = new JScrollPane(lista);

      content.add(scrollLista, BorderLayout.CENTER);

      setSize(300,300);
      setVisible(true);
   }

   private Vector<Object> _obtenerVectorDatos()
   {
      Vector<Object> v = new Vector<Object>();
      v.add("John Lennon");
      v.add("Paul McCartney");
      v.add("George Harrison");
      v.add("Ringo Star");
      v.add("Sandro (Roberto Sanchez");
      v.add("Charly Garcia");
      v.add("Caetano Veloso");
      return v;
   }

   public static void main(String[] args)
   {
      new DemoJList();
   }
}
```

En el código anterior, utilizamos un `JList` para mostrar la información contenida en un `Vector`. Para esto, al momento de instanciar la lista, le pasamos como argumento en el constructor una instancia de `VectorModel` que es una clase que implementa la *interface* `ListModel` y que básicamente le dirá a la lista cómo acceder a cada uno de los elementos del modelo (en este caso el *vector*). Veamos el código de la clase `VectorModel`.

```
package libro.cap05.mvc;

import java.util.Vector;
import javax.swing.ListModel;
import javax.swing.event.ListDataListener;

public class VectorModel implements ListModel
{
   private Vector<Object> datos;

   public VectorModel(Vector<Object> datos)
   {
      this.datos=datos;
   }

   public Object getElementAt(int index)
   {
      return datos.get(index);
   }

   public int getSize()
   {
      return datos.size();
   }

   public void removeListDataListener(ListDataListener lst){}
   public void addListDataListener(ListDataListener lst){}
}
```

Veamos el mismo ejemplo, pero tomando los datos desde un *array*.

```
// ...
public class DemoJList extends JFrame
{
   public DemoJList()
   {
      // :
      Object[] datos = _obtenerArrayDatos();
      JList lista = new JList(new ArrayModel(datos));
      // :
   }
```

```
   private Object[] _obtenerArrayDatos()
   {
      Object []arr = {"John Lennon"
                      , "Paul McCartney"
                      , "George Harrison"
                      , "Ringo Star"
                      , "Sandro (Roberto Sanchez)"
                      , "Charly Garcia"
                      , "Caetano Veloso"};
      return arr;
   }
   // ...
}
```

Veamos el código de la clase `ArrayModel` que implementa `ListModel` y recibe como parámetro en el constructor un `Object[]`.

```
package libro.cap05.mvc;

import java.util.Vector;
import javax.swing.ListModel;
import javax.swing.event.ListDataListener;

public class ArrayModel implements ListModel
{
   private Object[] datos;

   public ArrayModel(Object[] datos)
   {
      this.datos=datos;
   }

   public Object getElementAt(int index)
   {
      return datos[index];
   }

   public int getSize()
   {
      return datos.length;
   }

   public void removeListDataListener(ListDataListener l){}
   public void addListDataListener(ListDataListener l){}
}
```

5.6.2 Ejemplo de uso: `TableModel`

Siguiendo el mismo criterio, el componente `JTable` puede construirse en base a una instancia de `TableModel`. Esta es una *interface* que le indicará al componente cómo acceder a los datos contenidos en el modelo, los nombres de las columnas, etcétera.

A continuación, veremos el código de una ventana que contiene una tabla que toma los datos de una matriz de objetos.

```
package libro.cap05.mvc;

import java.awt.*;
import javax.swing.*;

public class DemoJTable extends JFrame
{
   public DemoJTable()
   {
      super("Demo JList");
      Container content = getContentPane();
      content.setLayout(new BorderLayout());

      Object[][] datos = _obtenerMatrizDatos();
      JTable tabla= new JTable(new MatrizModel(datos));


      JScrollPane scrollLista = new JScrollPane(tabla);
      content.add(scrollLista, BorderLayout.CENTER);

      setSize(300,300);
      setVisible(true);
   }

   private Object[][] _obtenerMatrizDatos()
   {
      Object [][]mat = {
           { "Columna 0","Columna 1","Columna 2","Columna 3" }
          ,{ "Rojo"     ,"Verde"    ,"Azul"     ,"Violeta"   }
          ,{ "Amarillo" ,"Naranja"  ,"Blanco"   ,"Gris"      }
          ,{ "Negro"    ,"Turqueza" ,"Sepia"    ,"Rosa"      }
          ,{ "Salmon"   ,"Maiz"     ,"Marron"   ,"Fucsia"    }
      };

      return mat;
   }

   public static void main(String[] args)
   {
      new DemoJTable();
   }
}
```

Notemos que los datos están contenidos en una matriz que en la primera fila tiene los nombres de las columnas.

Veamos el código de la clase `MatrizModel` que recibe un `Object[][]` en el constructor e implementa la *interface* `TableModel`.

```
package libro.cap05.mvc;

import javax.swing.event.TableModelListener;
import javax.swing.table.TableModel;

public class MatrizModel implements TableModel
{
   private Object[][] datos;

   public MatrizModel(Object[][] datos)
   {
      this.datos=datos;
   }

   public int getColumnCount()
   {
      // retorna la cantidad de columnas
      return datos[0].length;
   }

   public String getColumnName(int columnIndex)
   {
      // retorna el titulo (header) de la columna
      return datos[0][columnIndex].toString();
   }

   public int getRowCount()
   {
      // retorna la cantidad de filas que sera uno menos que
      // el length porque la primera contiene los headers
      return datos.length-1;
   }

   public Object getValueAt(int rowIndex, int columnIndex)
   {

      // la fila 0 corresponde a los header
      return datos[rowIndex+1][columnIndex];
   }

   public boolean isCellEditable(int rowIndex, int columnIndex)
   {
      return false;
   }

   public void setValueAt(Object value,int rowIndex,int columnIndex)
   {
   }

   public Class<?> getColumnClass(int columnIndex)
   {
      return String.class;
   }
```

```
    public void addTableModelListener(TableModelListener lst){}
    public void removeTableModelListener(TableModelListener lst){}
}
```

5.7 Resumen

En este capítulo aprendimos a diseñar interfaces gráficas. El lector fácilmente podrá diseñar una interfaz acorde a los requerimientos de la aplicación analizada en el capítulo anterior.

En los próximos capítulos, estudiaremos los conceptos de concurrencia (*multithreading*) y comunicaciones (*networking*) para, más adelante, volver a analizar la aplicación desarrollada en el Capítulo 4 pero implementando los servicios del *backend* detrás de un servidor (*server*).

Multithreading (Hilos) 6

Contenido

Objetivos del capítulo

- Ejecutar tareas recurrentes mediante el uso de hilos (*threads*).
- Conocer las problemáticas asociadas a los entornos *multithread*.
- Aprender a sincronizar hilos.
- Entender el ciclo de vida de un *thread*.

6.1 Introducción

Hasta aquí hemos trabajado con programas lineales. En todos los ejemplos planteados en los capítulos anteriores, podíamos visualizar la secuencia en que las instrucciones (o líneas de código) se ejecutaban, una tras otra. Sin embargo, para cierto tipo de programas mantener un flujo lineal de sus instrucciones no resulta del todo eficiente y tendremos que pensar en la posibilidad de que diferentes porciones de código se ejecuten concurrentemente (en paralelo).

Un ejemplo de esto es cómo funciona un programa servidor (un *server*). Un *server* es un programa que constantemente está esperando recibir la conexión de un cliente (un programa cliente). Cuando este se conecta se establece una comunicación entre ambos y luego de un "diálogo" en el cual el cliente le "explica" lo que necesita, el *server* se lo provee y así finaliza la comunicación y el *server* queda liberado para "atender" al próximo cliente.

Puede ser que el lector no tenga conocimientos básicos de redes y/o arquitectura cliente-servidor. Por esto, plantearemos una analogía entre un programa servidor y un almacenero de barrio ya que, en realidad, trabajan de una manera muy similar.

- El almacenero abre su almacén todos los días a las 9 h y se queda paciente detrás del mostrador esperando la llegada de un cliente.
- Cuando el cliente llega se establece un diálogo en el cual el cliente le explica al almacenero qué es lo que necesita comprar.
- Si mientras el almacenero está atendiendo al cliente ingresa al almacén otro cliente, este tendrá que formar una cola y esperar a que se termine de atender al que llegó primero.
- A medida que van llegando más clientes de los que el almacenero puede atender la cola irá creciendo y muchos de estos preferirán ir a otro almacén donde la atención sea más rápida y eficiente.
- Consciente de esto, el almacenero decide contratar tres empleados para que se ocupen del despacho en el almacén.
- Ahora, cuando llega un cliente lo atenderá uno de los empleados. Cuando llega el próximo cliente, aunque el primero no se haya retirado, será atendido por otro de los empleados. Puede llegar un cliente más y todavía queda un empleado para atenderlo (hayan o no terminado de ser atendidos los dos clientes anteriores).

> Los hilos (*threads*) permiten ejecutar tareas simultáneamente.

Con este nuevo esquema, la atención en el almacén resulta ser mucho más eficiente. La probabilidad de que se forme una gran cola es mucho menor y, en caso de formarse, el tiempo de espera en la misma disminuye considerablemente.

Notemos que cada uno de los empleados del almacenero hace exactamente la misma tarea: atender al cliente que llega y como son tres empleados pueden atender hasta tres clientes simultáneamente.

Podríamos decir que cada empleado es un *thread* (o un "hilo"). Un *thread* es un proceso que ha sido lanzado desde otro proceso (el programa) y que ejecutará una secuencia de acciones concurrentemente a la ejecución del programa que lo lanzó.

La atención en el almacén (*server*) mejoró considerablemente a partir de la incorporación de empleados (*threads*).

Supongamos ahora que en el almacén existe una única balanza. Los tres empleados atienden clientes concurrentemente, pero si en un momento determinado más de uno necesita utilizar la balanza entonces tendrán que formar una cola, ya que este recurso puede ser utilizado por un único empleado (*thread*) a la vez.

Esta situación demuestra que cuando multiprogramamos aparecen situaciones nuevas que, como programadores, debemos conocer y controlar.

El ejemplo completo del servidor *multithread* lo estudiaremos en el capítulo de *networking* (Capítulo 7).

6.2 Implementar threads en Java

En Java un *thread* es una clase que extiende a la clase base `Thread`, de la cual hereda el método `run`. Este método es secuencial y es allí donde debemos programar la tarea que queremos que nuestro hilo lleve a cabo.

En el siguiente ejemplo, la clase `DemoThread` que extiende a `Thread` sobrescribe el método `run` y dentro de este hace dos cosas:

1. "Duerme" una cantidad aleatoria de milisegundos (entre 0 y 4999).
2. Cuando se "despierta" escribe en la pantalla el nombre que recibió como parámetro en el constructor y muestra cuanto tiempo durmió.

```
package libro.cap06;

public class DemoThread extends Thread
{
   private String nombre;

   public DemoThread(String nombre)
   {
      this.nombre = nombre;
   }

   public void run()
   {
      try
      {
         int x = (int)(Math.random()*5000);
         Thread.sleep(x);
         System.out.println("Soy: "+nombre+" ("+x+")");
      }
      catch(Exception ex)
      {
         ex.printStackTrace();
      }
   }
```

```
    public static void main(String[] args)
    {
       DemoThread t1 = new DemoThread("Pedro");
       DemoThread t2 = new DemoThread("Pablo");
       DemoThread t3 = new DemoThread("Juan");

       t1.start();
       t2.start();
       t3.start();
    }
}
```

Cuando corremos este programa, en el método `main` instanciamos tres `DemoThread` (`t1`, `t2` y `t3`) y los ejecutamos concurrentemente invocando sobre cada uno el método `start`. Este método invoca al método `run` que sobrescribimos en `DemoThread`.

La salida será aleatoria ya que cada hilo dormirá una cantidad diferente de milisegundos, por lo tanto, el que duerma menos tiempo será el primero que escriba su nombre en la consola. Dos corridas del programa arrojaron la siguiente salida:

```
Soy: Pedro (672)
Soy: Juan (3957)
Soy: Pablo (4024)

Soy: Pablo (519)
Soy: Pedro (1073)
Soy: Juan (4529)
```

> Tenemos que invocar al método `start` y este método invocará al método `run`.

Es muy importante tener presente que para que estos hilos sean ejecutados concurrentemente **tenemos que invocar al método** `start` **y este método invocará al método** `run`.

¿Qué sucederá si en lugar de invocar al método `start` invocamos directamente al método `run`? No sucederá nada malo salvo que el programa será lineal y los métodos `run` de cada hilo se ejecutarán secuencialmente en el orden en que fueron invocados, por lo tanto, la salida del programa siempre será:

```
Soy: Pedro (x)
Soy: Pablo (y)
Soy: Juan (z)
```

en ese orden, donde *x*, *y*, *z* son los tiempos aleatorios que le tocó dormir a cada uno de los hilos.

6.2.1 La interface `Runnable`

La clase `Thread` implementa la *interface* `Runnable` de quien hereda el método `run`. El ejemplo anterior podríamos replantearlo de la siguiente manera.

```
package libro.cap06;

public class DemoThread implements Runnable
{
   private String nombre;

   public DemoThread(String nombre)
   {
      this.nombre = nombre;
   }

   public void run()
   {
      try
      {
         int x = (int)(Math.random()*5000);
         Thread.sleep(x);
         System.out.println("Soy: "+nombre+" ("+x+")");
      }
      catch(Exception ex)
      {
         ex.printStackTrace();
      }
   }

   public static void main(String[] args)
   {
      Thread t1 = new Thread(new DemoThread("Pedro"));
      Thread t2 = new Thread(new DemoThread("Pablo"));
      Thread t3 = new Thread(new DemoThread("Juan"));

      t1.start();
      t2.start();
      t3.start();
   }
}
```

Ahora la clase `DemoThread` no extiende a `Thread`, pero implementa la *interface* `Runnable` de la que sobrescribe el método `run`. Luego, en el `main` instanciamos tres *thread* en cuyos constructores pasamos como argumento instancias de `DemoThread` (es decir: instancias de `Runnable`).

Ambas versiones del programa son equivalentes. Probablemente, para un programador que recién comienza con el lenguaje Java la primera versión resulte más fácil de comprender. Sin embargo, la segunda versión (la que utiliza la *interface* `Runnable`) permite mayor flexibilidad ya que no limita la herencia de la clase.

6.2.2 Esperar a que finalice un thread

En condiciones normales decimos que un *thread* finaliza cuando termina de ejecutar todas las acciones programadas en su método `run`.

En ocasiones necesitamos esperar a que finalice un *thread* o un grupo de *threads* para seguir adelante con otras tareas, pero como los hilos se ejecutan concurrentemente con el programa que los lanzó tendremos el siguiente problema:

```
    // ...
    public static void main(String[] args)
    {
        Thread t1 = new Thread(new DemoThread("Pedro"));
        Thread t2 = new Thread(new DemoThread("Pablo"));
        Thread t3 = new Thread(new DemoThread("Juan"));

        t1.start();
        t2.start();
        t3.start();

        System.out.println("Final del programa !");
    }
}
```

Contrariamente a lo que el lector puede intuir, la salida de este programa siempre será `"Final del Programa !"` seguido de los tres nombres según el tiempo aleatorio que le haya tocado dormir a cada hilo.

Para que el mensaje de finalización del programa efectivamente salga cuando los tres hilos hayan finalizado su método `run` debemos esperar a que cada uno de ellos finalice. Para esto, utilizamos el método `join` como veremos a continuación:

```
    // ...
    public static void main(String[] args) throws Exception
    {
        Thread t1 = new Thread(new DemoThread("Pedro"));
        Thread t2 = new Thread(new DemoThread("Pablo"));
        Thread t3 = new Thread(new DemoThread("Juan"));

        t1.start();
        t2.start();
        t3.start();

        // esperamos por la finalizacion de los tres hilos
        t1.join();
        t2.join();
        t3.join();

        System.out.println("Final del programa !");
    }
}
```

El programa principal detendrá su ejecución hasta tanto no hayan finalizado los hilos `t1`, `t2` y `t3`.

6.2.3 Threads e interfaz gráfica

Cuando en una GUI alguno de los componentes da origen a un proceso que puede llegar a demorar, tenemos que identificarlo y lanzarlo en su propio hilo de ejecución ya que de lo contrario toda la interfaz gráfica quedará bloqueada e inutilizada mientras que el proceso iniciado no finalice, lo que puede dar al usuario una idea del mal funcionamiento general.

En el siguiente programa, creamos una interfaz gráfica que tiene un botón y un *choice* (una de lista de donde se puede seleccionar un ítem). Cuando se presiona el botón "dormimos" 10 segundos simulando que se invocó a un proceso que demora ese tiempo (podría ser una consulta a una base de datos por ejemplo).

El lector podrá verificar (si ejecuta este programa) que una vez que se presiona el botón, durante los siguientes 10 segundos, la GUI queda inutilizada y la sensación será de que algo no está funcionando bien.

```
// ...
public class VentanaDemora extends Frame
{
   private Button boton;
   private Choice combo;

   public VentanaDemora()
   {
      setLayout(new FlowLayout());
      add( boton = new Button("Esto va a demorar...") );
      boton.addActionListener(new EscuchaBoton());

      add( combo = new Choice() );
      combo.addItem("Item 1");
      combo.addItem("Item 2");
      combo.addItem("Item 3");

      setSize(300,300);
      setVisible(true);
   }

   class EscuchaBoton implements ActionListener
   {
      public void actionPerformed(ActionEvent e)
      {
         try
         {
            Thread.sleep(10000);
            System.out.println("Termino la espera...!");
         }
         catch(Exception ex)
         {
            ex.printStackTrace();
            throw new RuntimeException(ex);
         }
      }
   }

   public static void main(String[] args)
   {
      new VentanaDemora();
   }
}
```

La solución a este problema será lanzar un *thread* que lleve a cabo la tarea que veníamos haciendo en el método `actionPerformed`, método que se invoca cuando se presiona el botón.

```
// ...
public class VentanaDemora extends Frame
{
   // :
   // definicion de componentes y constructor
   // :

   class EscuchaBoton implements ActionListener
   {
      public void actionPerformed(ActionEvent e)
      {
         // inhabilito el boton mientras dure el proceso
         boton.setEnabled(false);

         // instancio y lanzo el thread que lleva a cabo la tarea
         TareaBoton t = new TareaBoton();
         t.start();
      }
   }

   class TareaBoton extends Thread
   {
      public void run()
      {
         try
         {
            // hago aqui lo que antes hacia en el actionPerformed
            Thread.sleep(10000);
            System.out.println("Termino la espera...!");

            // cuando finalizo la tarea vuelvo a habilitar el
            // boton
            boton.setEnabled(true);
         }
         catch(Exception ex)
         {
            ex.printStackTrace();
            throw new RuntimeException(ex);
         }
      }
   }

   // main ...
}
```

En esta nueva versión del programa, en el método `actionPerformed` instanciamos y lanzamos un *thread* de la *inner class* `TareaBoton` en cuyo método `run` hacemos lo mismo que hacíamos antes en el método `actionPerformed`.

Notemos también que luego de “despertar” e imprimir el mensaje en la consola volvemos a habilitar el botón para que el usuario lo pueda volver a presionar.

6.2.4 Sistemas operativos multitarea

En la práctica, hoy en día todos los sistemas operativos son multitarea. Esto significa que permiten ejecutar más de una aplicación al mismo tiempo dando al usuario la idea de que todas las aplicaciones corren simultáneamente, más allá de que el hardware tenga un único procesador.

¿Cómo puede ser que varias aplicaciones (o programas) se ejecuten simultáneamente sobre un equipo que tiene un único procesador? La respuesta es simple, el uso (o tiempo) del procesador se distribuye uniformemente entre las diferentes aplicaciones que se están ejecutando. Esto le da al usuario una idea de que todos los programas están abiertos y ejecutándose aunque en realidad, en un momento dado, solo un único programa (o sección de este) puede ejecutarse a la vez.

Dentro de este entorno multitarea, la máquina virtual de Java no es más que otro programa de los múltiples que pueden correr al mismo tiempo. Los hilos que ejecutemos desde nuestro programa serán creados como *native threads* (hilos nativos del sistema operativo).

Decimos que los *threads* que fueron instanciados y *“starteados”* están listos para ejecutarse (en estado: *ready*). Estos hilos forman una cola y un proceso del sistema operativo (el *scheduler*) se ocupa de tomar el primero de la cola, asignarle un quantum de tiempo de procesador para que pueda ejecutar su método `run` y luego volverlo a encolar para asignarle tiempo de procesador al próximo hilo de la cola.

Cuando un hilo está haciendo uso del tiempo de procesador decimos que está “ejecutándose” o bien que su estado es: *running.* Cuando su tiempo finaliza, el hilo vuelve al estado *ready*.

Resumiendo, un *thread* pasa por diferentes estados durante su ciclo de vida. Entender su funcionamiento nos ayudará a analizar situaciones más complejas de multiprogramación.

6.2.5 Ciclo de vida de un thread

Un *thread*, desde que es instanciado y ejecutado, pasa por diferentes estados hasta que finalmente muere. A la transición entre estos estados, se la denomina ciclo de vida del *thread*. Podemos identificar los siguientes estados:

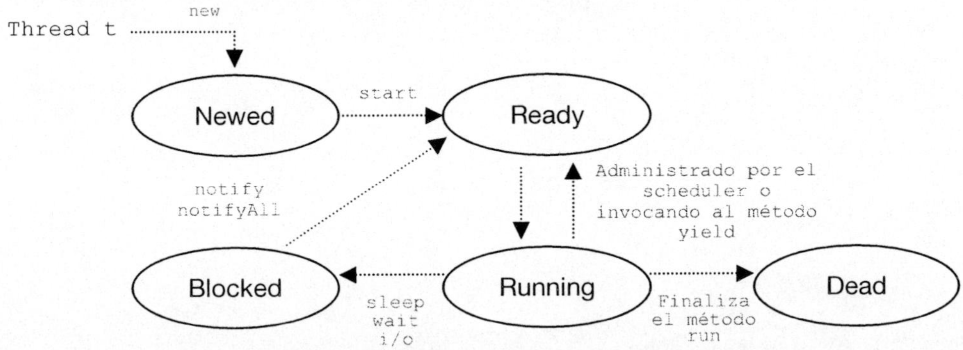

Fig. 6.1 Ciclo de vida de un *thread*.

Cuando definimos e instanciamos un *thread* decimos que está en estado "Creado" o *newed*. Cuando le invocamos su método `start`, pasa automáticamente al estado *ready*. El paso entre este estado y el estado *running* lo administra un proceso del sistema operativo: el *scheduler*, o también puede suceder que el mismo *thread* ceda el uso del procesador invocando al método `yield`. Estando en *running* (es decir, haciendo uso del procesador) el *thread* puede llegar a ejecutar la última línea de código de su método `run` con lo cual finaliza su tarea y muere pasando al estado *dead*. También, estando en *running* puede ejecutar una operación de entrada/salida o ejecutar los métodos `wait` o `sleep`. En cualquiera de estos casos, pasará al estado "bloqueado" (*blocked*) y solo saldrá de ese estado dependiendo de las siguientes situaciones:

- Si entró porque ejecutó el método `wait`, entonces saldrá cuando otro *thread* ejecute el método `notify` o `notifyAll`.
- Si entró porque ejecutó el método `sleep`, entonces saldrá cuando finalice el tiempo que decidió dormir.
- Si entró porque ejecutó una operación de entrada/salida, entonces saldrá cuando esta haya finalizado.

En todos los casos, volverá al estado *running* para esperar a que se le vuelva a asignar tiempo de procesador.

Probaremos lo anterior con un ejemplo muy fácil de comprender.

En el siguiente programa, definimos una *inner class* que extiende a `Thread` en cuyo método `run` ejecutamos un `for` que itera 5 veces. Por cada iteración mostramos el número de iteración y el nombre (que se recibe como parámetro del constructor) y cedemos (con el método `yield`) el procesador al próximo *thread* que espera en la cola de listos.

Luego, en el método `main`, instanciamos y ejecutamos dos instancias de `MiThread`.

```
package libro.cap06;

public class DemoThread3
{
   public static void main(String[] args)
   {
      MiThred t1 = new MiThred("Pablo");
      MiThred t2 = new MiThred("Pedro");

      t1.start();
      t2.start();
   }

   static class MiThred extends Thread
   {
      String nom;

      public MiThred(String nom)
      {
         this.nom = nom;
      }
```

```
        public void run()
        {
            for(int i=0; i< 5; i++ )
            {
                System.out.println( nom +" - "+ i);
                yield();
            }
        }
    }
}
```

Notemos que como el método `main` es estático solo tiene acceso a miembros estáticos. Por esto, para poder instanciar la *inner class* dentro del método `main` tuvimos que declararla como `static`.

Luego de ejecutar este programa, la salida será:

```
Pedro - 0
Pablo - 0
Pedro - 1
Pablo - 1
Pedro - 2
Pablo - 2
Pedro - 3
Pablo - 3
Pedro - 4
Pablo - 4
```

Lo que demuestra que el *scheduler* distribuye uniformemente el tiempo de procesador entre los hilos que se están ejecutando.

6.2.6 Prioridad de ejecución

Podemos definir en los *threads* mayor o menor prioridad de ejecución para que el *scheduler* los favorezca o no al momento de asignarles tiempo de procesador. Para esto, se utiliza el método `setPriority` que recibe valores entre `Thread.MAX_PRIORITY` y `Thread.MIN_PRIORITY` (constantes que valen 10 y 1 respectivamente).

Si en el ejemplo anterior favorecemos a `t1` (Pablo) asignándole la mayor prioridad, veremos que este finalizará primero su método `run` porque recibirá más tiempo de procesador que su competidor `t2`.

```
package libro.cap06;

public class DemoThread3
{
    public static void main(String[] args)
    {
        MiThred t1 = new MiThred("Pablo");
        MiThred t2 = new MiThred("Pedro");
        t1.setPriority(Thread.MAX_PRIORITY);
        System.out.println(Thread.MAX_PRIORITY);
        System.out.println(Thread.MIN_PRIORITY);
```

```
        t1.start();
        t2.start();
    }

    // :
    // inner class MiThread...
    // :
}
```

La salida ahora será:

```
Pablo - 0
Pablo - 1
Pablo - 2
Pablo - 3
Pablo - 4
Pedro - 0
Pedro - 1
Pedro - 2
Pedro - 3
Pedro - 4
```

6.3 Sincronización de threads

Existen ocasiones en las que dos o más hilos pueden intentar acceder a los mismos recursos y/o datos. Para ilustrar esta situación, recordemos el ejemplo del almacenero, sus tres empleados y su única balanza.

La balanza es un recurso compartido por los tres empleados. Si uno la está utilizando y otro también la necesita, entonces tendrá que esperar a que el primero la deje libre ya que de lo contrario se incurrirá en un mal uso del recurso con resultados imprevisibles.

Esta misma situación en un contexto computacional podría darse cuando dos hilos quieren acceder a un mismo archivo para escribir información, o bien cuando dos hilos acceden a una misma conexión de base de datos: uno podría estar ejecutando sentencias *update* mientras el otro podría ejecutar el *commit* y dejar en firme las sentencias que ejecutó el primero y que, aún, no estaban verificadas.

6.3.1 Monitores y sección crítica

El acceso a los recursos compartidos (o recursos críticos) debe ser monitoreado. El fragmento de código que los manipula se llama sección crítica y debe ser mutuamente excluyente, lo que significa que si un hilo está ejecutando su sección crítica debemos tener la plena seguridad de que ningún otro hilo, en ese mismo momento, también la estará ejecutando.

Java provee el modificador `synchronized` **que, aplicado a la definición de un método, garantiza que ese método será ejecutado (a lo sumo) por un único *thread* a la vez**. Esto lo veremos más adelante.

Decimos que una clase que tiene al menos un método `synchronized` es un monitor ya que dentro de este se estará monitoreando el acceso a algún recurso crítico. Si el método está siendo ejecutado por un *thread* y otro *thread* pretende invocarlo entonces este último deberá ir a una cola de espera del monitor, ya que Java garantiza que un método sincronizado solo podrá ser ejecutado por un único hilo a la vez.

La sincronización es por cada instancia del monitor. Si de un monitor existen dos o más instancias entonces, mientras un hilo está ejecutando un método sincronizado sobre una de estas instancias otro hilo podría invocar y ejecutar el mismo método sincronizado sobre otra de las instancia del monitor.

6.3.2 Ejemplo del Productor/Consumidor

El ejemplo típico para ilustrar una situación de sincronización de *threads* es el del Productor/Consumidor cuyo análisis expondremos a continuación.

Supongamos que en nuestro programa tenemos dos hilos: uno (el productor) produce caracteres y los mete en un *array*. El otro (el consumidor) toma caracteres del *array* (del mismo *array* que utiliza el productor) y los muestra por pantalla.

Dado que el *array* tiene una capacidad finita, este podría llenarse o vaciarse según el productor produzca caracteres más rápido de lo que el consumidor los puede consumir o viceversa.

Si el *array* está lleno, entonces el productor no podrá continuar con su producción hasta que el consumidor consuma algún carácter. Si el *array* está vacío, entonces el consumidor no tendrá nada para consumir hasta que el productor produzca algo y lo meta en el *array*.

Obviamente, además, no debería suceder que el productor acceda al *array* para meter un carácter justo en el mismo momento en el que el consumidor accede para consumir.

Dado que el *array* es el recurso compartido al cual accederán los dos hilos debemos monitorear su acceso a través de un monitor (una clase) con dos métodos sincronizados: `ponerCaracter` y `sacarCaracter`. Llamaremos a esta clase `Monitor` y su código fuente será el siguiente:

```
package libro.cap06.prodcons;

public class Monitor
{
   private char[] buff = null;
   private int tope = 0;


   private boolean lleno = false;
   private boolean vacio = true;

   public Monitor(int capacidad)
   {
      buff = new char[capacidad];
   }

   public synchronized void poner(char c) throws Exception
   {

      // mientras el buffer este lleno me bloqueo para darle la
      // posibilidad al consumidor de consumir algun caracter
      while( lleno )
      {
         wait();
      }
```

```
        // seccion critica
        buff[++tope] = c;

        vacio = false;
        lleno = tope>=buff.length;

        notifyAll();
    }

    public synchronized char sacar() throws Exception
    {
        // mientras el buffer este vacio me bloqueo para darle la
        // posibilidad al productor de producir algun caracter
        while( vacio )
        {
            wait();
        }

        // seccion critica
        char c = buff[--tope];

        lleno = false;
        vacio = tope<=0;

        notifyAll();

        return c;
    }
}
```

En el método poner, lo primero que hacemos es preguntar por el estado del *buffer* (el *array*). Si está lleno, entonces no podemos hacer nada y mientras esto siga así nos bloqueamos para darle la posibilidad al consumidor de que pueda consumir un carácter y así desagotar el *buffer*. Cuando nos desbloqueamos (ya veremos cuándo y cómo sucederá) nos encontraremos nuevamente dentro del while y si todo sigue igual nos volveremos a bloquear. Así hasta que la variable lleno sea false. En ese momento saldremos del while y ejecutaremos las líneas posteriores en las que, como accedemos a las variables compartidas decimos que constituyen la sección crítica.

Al final invocamos al método notifyAll para pasar a *ready* a todos los hilos que están bloqueados.

El análisis del método sacar es análogo al análisis del método poner.

Las clases Productor y Consumidor extienden a Thread. Ambas reciben como parámetro en el constructor una instancia del monitor (o *buffer*).

Comencemos analizando el código del productor, quien produce caracteres consecutivos contando a partir del carácter 'A'. La cantidad de caracteres que va a producir dependerá del parámetro n que recibe en el constructor. Luego de meter cada carácter en el *buffer* duerme una cantidad sleep de milisegundos, valor que también recibe como parámetro en el constructor.

```
package libro.cap06.prodcons;

public class Productor extends Thread
{
   private Monitor buff;
   private int n;
   private int sleep;

   public Productor(Monitor b, int n, int s)
   {
      // el monitor
      this.buff = b;

      // cuantos caracteres debe producir
      this.n = n;

      // cuanto tiempo dormir entre caracter y caracter
      this.sleep = s;
   }

   public void run()
   {
      try
      {
         char c;

         for(int i=0; i<n; i++)
         {
            c = (char) ('A' + i);

            buff.poner(c);

            System.out.println("Produje: "+c);

            sleep( (int)(Math.random()*sleep));
         }
      }
      catch(Exception ex)
      {
         ex.printStackTrace();
         throw new RuntimeException(ex);
      }
   }
}
```

El análisis de la clase `Consumidor` es análogo al de la clase `Productor`. El código es el siguiente.

```java
package libro.cap06.prodcons;

public class Consumidor extends Thread
{
   private Monitor buff;
   private int n;
   private int sleep;

   public Consumidor(Monitor b, int n, int s)
   {
      this.buff = b;
      this.n = n;
      this.sleep = s;
   }

   public void run()
   {
      try
      {
         char c;

         for(int i=0; i<n; i++)
         {
            c = buff.sacar();
            System.out.println("Consumi: "+c);
            sleep( (int)(Math.random()*sleep));
         }
      }
      catch(Exception ex)
      {
         ex.printStackTrace();
         throw new RuntimeException(ex);
      }
   }
}
```

Por último, veremos el código de un programa que instancia un `Monitor`, un `Productor` y un `Consumidor` y los pone a trabajar.

```java
package libro.cap06.prodcons;

public class Test
{
   public static void main(String[] args)
   {
      Monitor m = new Monitor(3);
      Productor p = new Productor(m,6,2000);
      Consumidor c = new Consumidor(m,6,4000);
      p.start();
      c.start();
   }
}
```

En este ejemplo instanciamos un monitor que controlará el acceso a un *array* con una capacidad de 3 caracteres. El productor producirá 6 caracteres, cada uno con una demora de a lo sumo 2000 milisegundos (o 2 segundos). El consumidor consumirá 6 caracteres del mismo *buffer* con una demora entre carácter y carácter de 4000 milisegundos (4 segundos). Es decir, el productor produce más rápido de lo que consume el consumidor.

La salida de una corrida de este programa podría ser:

```
Produje: A
Consumi: A
Produje: B
Produje: C
Consumi: C
Produje: D
Produje: E
Produje: F
Consumi: F
Consumi: E
Consumi: D
Consumi: B
```

Obviamente, el *buffer* nunca tendrá más de tres caracteres y los dos hilos trabajan sincronizados entre sí para utilizar y compartir el recurso de uso común: el *array*.

6.4 Resumen

En este capítulo estudiamos cómo disparar hilos que ejecuten procesos concurrentes. Esto nos permitirá, más adelante, desarrollar un servidor multitarea en el cual podremos exponer a través de la red los servicios de la aplicación que analizamos en el Capítulo 4.

Claro que para esto primero tendremos que estudiar cómo comunicar procesos a través de la red, conceptos de comunicaciones y arquitectura cliente/servidor. Todo esto es lo que estudiaremos en el próximo capítulo.

Networking

7

Contenido

Objetivos del capítulo

- Entender la arquitectura cliente/servidor.
- Desarrollar programas Java que se comuniquen entre sí a través de la red.
- Serializar y enviar objetos por la red.
- Usar RMI (*Remote Method Invocation*) para crear un entorno de procesamiento distribuido.

7.1 Introducción

En este capítulo estudiaremos cómo escribir programas Java que puedan comunicarse entre sí a través de la red. Si bien Java provee diversas clases (ubicadas en el paquete `java.net`) que nos ayudarán a abstraernos del bajo nivel que implica escribir este tipo de aplicaciones, será necesario tener ciertos conocimientos básicos de redes para poder decidir sobre cuáles de estas clases serán las más apropiadas para utilizar según el tipo de aplicación que vayamos a desarrollar.

Comenzaremos por brindar una breve explicación de estos conocimientos básicos requeridos para luego podernos concentrar en el desarrollo de aplicaciones de red con el lenguaje de programación Java.

7.2 Conceptos básicos de networking

Las computadoras que conectamos en Internet y se comunican entre sí lo hacen utilizando un protocolo de comunicación que puede ser TCP (*Transmission Control Protocol*) o UDP (*User Datagram Protocol*). Estos protocolos implementan lo que se llama "capa de transporte".

Cuando escribimos programas de comunicación en Java lo hacemos a más alto nivel, en lo que se llama "capa de aplicación". Esto provee un nivel de abstracción tal que nos excede de la necesidad de tener grandes conocimientos de los protocolos de la capa de transporte. Sin embargo, tenemos que comprender la diferencia que existe entre TCP y UDP para poder decidir qué clases Java vamos a utilizar en nuestro programa.

7.2.1 TCP - "Transmission Control Protocol"

TCP es un protocolo orientado a conexión que permite conectar dos aplicaciones de manera confiable. Una vez establecida la comunicación entre estas se crea un canal a través del cual cada una de las partes puede enviar y recibir datos. TCP garantiza que los datos recibidos en un extremo y en el otro serán íntegros y si esto no llegase a ocurrir, entonces reportará un error.

Una comunicación a través de TCP es (de alguna manera) análoga a una comunicación telefónica en la cual un usuario llama a otro y este último decide atenderlo. Una vez establecida la comunicación ambos pueden conversar bidireccionalmente a través de la línea telefónica de manera confiable. Si llegase a ocurrir algún error en la comunicación se enterarán de inmediato porque por el tubo del teléfono escucharán un tono entrecortado que los alertará del problema.

Algunas aplicaciones que requieren de una comunicación confiable TCP son: FTP, *Telnet* y HTTP. En todas estas aplicaciones, el orden en que se envían y se reciben los datos es crítico. Si no, imaginemos cómo quedaría un archivo que descargamos desde Internet cuyos *bytes* de información llegaron a nuestra computadora en un orden diferente del original.

7.2.2 UDP - "User Datagram Protocol"

Las comunicaciones establecidas a través de UDP no son confiables ni están garantizadas ya que este no es un protocolo orientado a conexión como TCP.

En UDP se envían paquetes de datos independientes llamados "datagramas". El envío de datagramas es análogo al envío de cartas a través del correo postal. Cuando enviamos cartas por correo no nos preocupa en que orden llegarán a destino. Cada carta constituye una unidad de información independiente de las otras.

Obviamente, al no tener que preocuparse por garantizar la entrega de la información este protocolo es más rápido que TCP ya que reduce considerablemente al *overhead* de la comunicación.

7.2.3 Puertos

En general, una computadora tiene una única conexión física con la red a través de la cual recibe los datos que envían otras computadoras. Obviamente, los datos que llegan a este único punto de entrada físico, internamente deben ser redireccionados a las diferentes aplicaciones que los han requerido.

Los puertos (*ports*) constituyen una dirección relativa (interna) que direcciona una aplicación (proceso) dentro de la computadora, a través de la cual los datos que llegan pueden ser redirigidos a las aplicaciones que correspondan.

7.2.4 Dirección IP

La dirección IP es un número de 32 bits que direcciona unívocamente una computadora (*host*) dentro de la red.

7.2.5 Aplicaciones cliente/servidor

Cuando hablamos de aplicaciones cliente/servidor generalmente hablamos de dos aplicaciones diferentes: la aplicación cliente (el cliente) y la aplicación servidora (el *server*). En este esquema el *server* le provee servicios al cliente. Ambas aplicaciones pueden correr dentro de la misma computadora o en computadoras diferentes.

7.3 TCP en Java

Como mencionamos más arriba, TCP provee un canal de comunicación confiable, punto a punto, que puede ser utilizado para implementar aplicaciones cliente/servidor.

En Java, en un esquema cliente/servidor utilizando TCP cada una de las partes (cliente y servidor) obtiene un *socket* a través del cual podrá enviar y recibir datos hasta que se de por finalizada la comunicación.

7.3.1 El socket

Podríamos decir que un *socket* es uno de los dos extremos existentes en una comunicación de dos programas (procesos) a través de la red. El *server* y el cliente se comunican a través del *socket*.

Un *socket* direcciona unívocamente un proceso en toda la red ya que incluye la dirección del *host* (IP) y la dirección del proceso (*port*).

7.3.2 Un simple cliente/servidor en Java

Analizaremos una pequeña aplicación cliente/servidor en la cual el cliente se conecta al *server*, le envía su nombre (un *string*) y este le retorna un saludo personalizado (otro *string*).

7.3.2.1 El server

Como mencionamos anteriormente el *server* es un programa que, una vez levantado, debe permanecer esperando a que se conecten los programas cliente.

Recordemos la analogía que habíamos planteado entre un *server* y un almacenero que abre su negocio y espera detrás del mostrador a que lleguen los clientes en busca de sus servicios.

Para esperar y "escuchar" la llegada de los clientes, en el *server*, utilizaremos una instancia de la clase `ServerSocket` que recibe como parámetro de su constructor el *port* en el cual "atenderá".

Veremos que una vez establecida la conexión con el cliente, el `ServerSocket` retorna un `Socket` a través del cual se podrá entablar la comunicación cliente/ servidor.

Veamos el código fuente del *server*.

```
package libro.cap07;

import java.net.ServerSocket;
import java.net.Socket;
import java.io.ObjectInputStream;
import java.io.ObjectOutputStream;

public class DemoServer
{
   public static void main(String[] args) throws Exception
   {
      ObjectInputStream ois = null;
      ObjectOutputStream oos = null;

      Socket s = null;
      ServerSocket ss = new ServerSocket(5432);

      while( true )
      {
         try
         {
            // el ServerSocket me da el Socket
            s = ss.accept();

            // informacion en la consola
            System.out.println("Se conectaron desde la IP: "
                                    +s.getInetAddress());

            // enmascaro la entrada y salida de bytes
            ois = new ObjectInputStream( s.getInputStream() );
            oos = new ObjectOutputStream( s.getOutputStream() );

            // leo el nombre que envia el cliente
            String nom = (String)ois.readObject();

            // armo el saludo personalizado que le quiero enviar
            String saludo = "Hola Mundo ("+nom+")    "
                                    +System.currentTimeMillis();
```

```
            // envio el saludo al cliente
            oos.writeObject(saludo);
            System.out.println("Saludo enviado...");
         }
         catch(Exception ex)
         {
            ex.printStackTrace();
         }
         finally
         {
            if( oos !=null ) oos.close();
            if( ois !=null ) ois.close();
            if( s != null ) s.close();
            System.out.println("Conexion cerrada!");
         }
      }
   }
}
```

El *server* comienza instanciando un `ServerSocket` que atenderá en el *port* 5432 (este valor es arbitrario).

Luego (ya dentro del `try`) invocamos el método `accept` que se quedará esperando por la conexión de un cliente. **El método `accept` bloquea el programa en esa línea y solo avanzará cuando algún cliente se haya conectado, retornando el *socket* a través del cual se podrá dialogar con el cliente que se conectó**.

Como vemos en el ejemplo, podemos acceder a la dirección IP del cliente que se conectó invocando el método `getInnetAddress` del *socket*.

Si bien a través de un *socket* solo podemos enviar y recibir *bytes*, Java provee clases que permiten enmascarar este flujo de *bytes* como si fueran objetos. Esto lo hacemos con las clases `ObjectInputStream` y `ObjectOutputStream` que permiten (respectivamente) leer y escribir objetos a través de la red. Recordemos que el *server* espera recibir el nombre del cliente para responderle con un saludo personalizado.

Una vez instanciados los objetos `ois` y `oos` leemos el nombre del cliente con el método `readObject` de la clase `ObjectInputStream`. Creamos el saludo personalizado concatenando la cadena `"Hola Mundo"` más el nombre que el cliente nos envió más la hora del sistema (expresada en milisegundos) y enviamos el saludo personalizado al cliente invocando al método `writeObject` de la clase `ObjectOutputStream`.

Por último, en el `finally` cerramos la conexión invocando el método `close` de los objetos `oos`, `ois` y `s`.

7.3.2.2 El cliente

Veamos ahora el código fuente del programa cliente.

```
package libro.cap07;

import java.io.ObjectInputStream;
import java.io.ObjectOutputStream;
import java.net.Socket;

public class DemoCliente
{
```

```
    public static void main(String[] args) throws Exception
    {
       ObjectOutputStream oos = null;
       ObjectInputStream ois = null;
       Socket s = null;

       try
       {
          // instancio el server con la IP y el PORT
          s = new Socket("127.0.0.1",5432);
          oos = new ObjectOutputStream(s.getOutputStream());
          ois = new ObjectInputStream(s.getInputStream());

          // envio un nombre
          oos.writeObject("Pablo");

          // recibo la respuesta (el saludo personalizado)
          String ret = (String)ois.readObject();

          // muestro la respuesta que envio el server
          System.out.println(ret);
       }
       catch(Exception ex)
       {
          ex.printStackTrace();
       }
       finally
       {
          if( ois != null ) ois.close();
          if( oos != null ) oos.close();
          if( s != null ) s.close();
       }
    }
}
```

El cliente se conecta con el servidor. Para esto, tiene que conocer el *port* y la dirección IP del *host* en el cual está corriendo el *server*. En este ejemplo suponemos que el cliente y el *server* corren sobre la misma máquina, por lo tanto utilizamos la dirección 127.0.0.1 que representa la dirección del equipo local (*localhost*).

Una vez instanciado el *socket* creamos el `ObjectOutputStream` y el `ObjectInputStream` para enviar el nombre y obtener el saludo personalizado que retornará el *server*. Aquí también cerramos la conexión invocando sobre los objetos `ois`, `oos` y el método `close`.

7.3.3 Serialización de objetos

Podemos enviar y recibir objetos a través de la red utilizando las clases `ObjectOutputStream` y `ObjectInputStream` siempre y cuando estos sean instancias de clases que implementan la *interface* `Serializable`.

La *interface* `Serializable` no define ningún método, solo tiene sentido semántico.

En nuestro ejemplo enviamos y recibimos objetos de la clase `String` sin problemas ya que esta clase implementa `Serializable`.

También podemos enviar y recibir objetos de nuestras propias clases siempre y cuando, como mencionamos más arriba, hagamos que implementen `Serializable`.

7.3.4 Implementación de un servidor multithread

Así como está planteado, nuestro *server* puede atender solo un cliente a la vez. Si llegan más clientes mientras estamos ocupados atendiendo al primero estos formarán una cola de espera.

Mucho más eficiente será utilizar hilos para que, una vez establecida la conexión con el cliente, lleven adelante la comunicación necesaria para recibir el nombre del cliente y enviarle el saludo personalizado. Veamos el nuevo código del *server*. Luego lo analizaremos.

```
package libro.cap07;

import java.io.*;
import java.net.*;

public class DemoServerMT
{
   public static void main(String[] args) throws Exception
   {
      Socket s = null;
      ServerSocket ss = new ServerSocket(5432);

      while( true )
      {
         try
         {
            // ServerSocket me da el Socket
            s = ss.accept();

            // instancio un Thread
            (new Tarea(s)).start();
         }
         catch(Exception ex)
         {
            ex.printStackTrace();
         }
      }
   }

   // sigue mas abajo con la inner class Tarea...
   // :
```

En este fragmento del código del nuevo *server*, vemos que, en principio, hasta el momento en que se conecta un cliente y obtenemos el *socket* `s` todo sigue igual. Claro que una vez establecida la conexión instanciamos un hilo de la clase `Tarea` pasándole como argumento en su constructor el *socket* para que sea el hilo quien dialogue con el cliente que se conectó.

```
// :
// viene de mas arriba...

static class Tarea extends Thread
{
   private Socket s = null;
   private ObjectInputStream ois = null;;
   private ObjectOutputStream oos = null;

   public Tarea(Socket socket)
   {
      this.s = socket;
   }

   public void run()
   {
      try
      {
         // informacion en la consola
         System.out.println("Se conectaron desde la IP: "
                                       +s.getInetAddress());

         // enmascaro la entrada y salida de bytes
         ois = new ObjectInputStream( s.getInputStream() );
         oos = new ObjectOutputStream( s.getOutputStream() );

         // leo el nombre que envia el cliente
         String nom = (String)ois.readObject();

         // armo el saludo personalizado que le quiero enviar
         String saludo = "Hola Mundo ("+nom+") _ "
                                       +System.currentTimeMillis();

         // envio el saludo al cliente
         oos.writeObject(saludo);
         System.out.println("Saludo enviado...");
      }
      catch(Exception ex)
      {
         ex.printStackTrace();
      }
      finally
      {
         try
         {
            if( oos !=null ) oos.close();
            if( ois !=null ) ois.close();
            if( s != null ) s.close();
            System.out.println("Conexion cerrada!");
         }
         catch(Exception ex)
         {
            ex.printStackTrace();
```

```
                }
            }
        }
    }
}
```

Vemos que en el método `run` de la clase `Tarea` hacemos exactamente lo mismo que hacíamos en el método `main` de la primera versión del *server*.

La diferencia es que en esta versión cuando un cliente se conecta con el *server*, este instancia un hilo y mientras el hilo atiende al cliente el *server* ya está esperando la conexión de un nuevo cliente.

7.3.5 Enviar y recibir bytes

Comenzamos el tema escribiendo un cliente y un servidor que se envían objetos serializados. Sin embargo, si necesitamos escribir un cliente que se conecte con un servidor escrito en algún otro lenguaje o bien que respete un protocolo estándar como un HTTP *Server* o un FTP *Server* tendremos que manejarnos a más bajo nivel y limitarnos a enviar y recibir *bytes*.

A continuación veremos el mismo ejemplo del servidor que le provee un saludo personalizado al cliente pero esta vez se enviarán flujos de *bytes* en lugar de objetos *string*.

Analizaremos el código del *server* en partes separadas.

```
// ...
public class DemoServerB
{
   private static final int BUFFER_LENGTH = 3;

   public static void main(String[] args) throws Exception
   {
      BufferedReader br = null;
      BufferedWriter bw = null;

      Socket s = null;
      ServerSocket ss = new ServerSocket(5432);

      while( true )
      {
         try
         {
            // espero la conexion
            s = ss.accept();

            // informacion en la consola
            System.out.println("Se conectaron desde la IP: "
                                                +getInetAddress());

            // sigue mas abajo...
            // :
```

Hasta aquí prácticamente no hay diferencia con la primera versión del *server* en la que enviábamos objetos. La única diferencia es que en lugar de definir (para luego utilizar) los objetos `oos` y `ois` de las clases `ObjectOutputStream` y `ObjectInputStream` definimos los objetos `bw` y `br` de las clases `BufferedWriter` y `BufferedReaders`, ambas ubicadas en el paquete `java.io`.

```
// enmascaro la entrada y salida de bytes
br = new BufferedReader( new
            InputStreamReader(s.getInputStream()) );
bw = new BufferedWriter( new
            PrintWriter(s.getOutputStream()) );
```

Instanciamos los objetos `br` y `bw` enmascarando la entrada y la salida de *bytes* del *socket* con las clases `InputStreamReader` y `PrintWriter` respectivamente.

A continuación, definiremos dos `char[]`, uno será el *buffer* para recibir información (el nombre que envía el cliente) y el otro será el *buffer* para enviar información (el saludo personalizado).

```
char bEnviar[];
char bRecive[] = new char[BUFFER_LENGTH];

StringBuffer sb=new StringBuffer();

// leo el nombre que envia el cliente
int n;
while( (n = br.read(bRecive)) == BUFFER_LENGTH )
{
   sb.append(bRecive);
}

sb.append(bRecive,0,n);
```

El método `read` que invocamos sobre el objeto `br` intenta leer tantos *bytes* como el tamaño del *buffer* y retorna la cantidad de *bytes* efectivamente leídos. Por este motivo, iteramos mientras la cantidad de *bytes* leídos sea igual a la del tamaño del *buffer*, ya que cuando la cantidad leída es menor es porque se leyó el remanente y este no alcanzó para llenar el *buffer*.

Por ejemplo, si el nombre que envía el cliente es `PABLO` y definimos (a propósito para ilustrar en el ejemplo) un *buffer* de 3 caracteres entonces en la primera lectura se leerá `PAB` y el método `read` retornará 3. En la segunda lectura, se leerá `LO` y el método `read` retornará 2. Esto indica que no hay nada más para leer por lo que salimos del `while`. A medida que leemos cada tanda de caracteres los vamos concatenando en un `StringBuffer`.

En el siguiente fragmento de código, armamos el saludo personalizado y lo enviamos al cliente a través del objeto `bw` (el `BufferedWriter`).

```
// armo el saludo personalizado que le quiero enviar
String saludo = "Hola Mundo ("+sb+")  "
                        +System.currentTimeMillis();
```

```
            // envio el saludo al cliente
            bEnviar = saludo.toCharArray();
            bw.write(bEnviar);
            bw.flush();
            System.out.println("Saludo enviado...");
```

El resto es código conocido.

```
         }
         catch(Exception ex)
         {
            ex.printStackTrace();
         }
         finally
         {
            if( bw !=null ) bw.close();
            if( br !=null ) br.close();
            if( s != null ) s.close();
            System.out.println("Conexion cerrada!");
         }
      }
   }
}
```

Veamos ahora el código del cliente.

```
// ...
public class DemoClienteB
{
   private static final int BUFFER_LENGTH = 3;

   public static void main(String[] args) throws Exception
   {
      BufferedReader br = null;
      BufferedWriter bw = null;

      Socket s = null;

      try
      {
         s = new Socket("127.0.0.1",5432);
         bw = new BufferedWriter(
                  new PrintWriter(s.getOutputStream()));
         br= new BufferedReader(
                  new InputStreamReader(s.getInputStream()));

         char bEnvia[] = "Pablo".toCharArray();
         char bRecibe[] = new char[BUFFER_LENGTH];
         bw.write(bEnvia);
         bw.flush();

         StringBuffer sb = new StringBuffer();
```

```
            int n;
            while( (n=br.read(bRecibe)) == BUFFER_LENGTH )
            {
               sb.append(bRecibe);
            }
            sb.append(bRecibe,0,n);

            System.out.println(sb);

         }
         catch(Exception ex)
         {
            ex.printStackTrace();
         }
         finally
         {
            if( br != null ) br.close();
            if( bw != null ) bw.close();
            if( s != null ) s.close();
         }
      }
   }
```

7.3.6 Enviar y recibir valores de tipos de datos primitivos

También tenemos la posibilidad de enviar y recibir valores de tipos de datos primitivos. Podemos enviar y recibir un `int`, un `double`, un `boolean`, etcétera.

Para esto, tenemos que encapsular la entrada y la salida de *bytes* con las clases `DataInputStream` y `DataOutputStream` como veremos a continuación:

```
DataInputStream dis=new DataInputStream(s.getInputStream());
DataOutputStream dos=new DataOutputStream(s.getOutputStream());
```

Ahora, sobre los objetos `dis` y `dos` podemos aplicar los métodos `readInt`, `readDouble`, `readBoolean` y `writeInt`, `writeDouble`, `writeBoolean` (entre otros) respectivamente.

7.4 UDP en Java

El Protocolo UDP provee un modo de comunicación en el cual las aplicaciones se envían entre sí paquetes de datos llamados "datagramas".

Un datagrama es un mensaje independiente y autosuficiente enviado por la red cuya llegada a destino no está garantizada ni en tiempo ni en forma.

Java provee las clases `DatagramSocket` y `DatagramPacket` (ambas en el paquete `java.net`) que nos permitirán establecer una comunicación utilizando UDP.

Veremos el código de programa cliente/servidor con exactamente la misma funcionalidad del que estudiamos con TCP. El cliente envía su nombre y el *server* le responde con un saludo personalizado.

Si bien el código es un poco más "crudo" que el de los ejemplos anteriores, considero que no requiere explicaciones adicionales ya que es descriptivo por sí mismo.

El código del cliente es:

```
package libro.cap07.udp.pablo;

import java.net.DatagramPacket;
import java.net.DatagramSocket;
import java.net.InetAddress;

public class UDPCliente
{
   public static void main(String[] args) throws Exception
   {
      // instancio un DatagramSocket
      DatagramSocket socket = new DatagramSocket();

      // buffer con info a enviar
      byte[] bEnviar = "Pablo".getBytes();

      // ip del server
      byte[] ip = { 127,0,0,1 };
      InetAddress address = InetAddress.getByAddress(ip);

      // paquete de informacion a enviar, ip + port (5432)
      DatagramPacket packet = new DatagramPacket(bEnviar
                                                ,bEnviar.length
                                                ,address
                                                ,5432);

      // envio el paquete
      socket.send(packet);

      // buffer para recibir la respuesta
      byte[] bRecibe = new byte[256];
      packet = new DatagramPacket(bRecibe
                                 ,bRecibe.length
                                 ,address
                                 ,5432);

      // recibo el saludo
      socket.receive(packet);

      // muestro el resultado
      String saludo = new String(packet.getData()
                                ,0
                                ,packet.getLength());
      System.out.println(saludo);

      socket.close();
   }
}
```

El código del *server* es:

```
package libro.cap07.udp.pablo;

import java.net.DatagramPacket;
import java.net.DatagramSocket;
import java.net.InetAddress;

public class UDPServer
{
   public static void main(String[] args) throws Exception
   {
      // creo el socket
      DatagramSocket socket = new DatagramSocket(5432);

      while( true )
      {
         System.out.println("Esperando conexion...");

         // buffer para recibir el nombre del cliente
         byte[] bRecibe = new byte[256];

         // recibo el nombre del cliente
         DatagramPacket packet = new DatagramPacket(bRecibe
                                          ,bRecibe.length);
         socket.receive(packet);

         System.out.println("Conexion recibida !");

         // preparo el saludo para enviar
         String nombre = new String(packet.getData()
                                  ,0
                                  ,packet.getLength());

         String saludo = "Hola Mundo ("+nombre+") _ "
                                  +System.currentTimeMillis();

         System.out.println("Voy a enviar: ["+saludo+"]...");

         // buffer para enviar saludo
         byte[] bEnvia = saludo.getBytes();

         // envio el saludo
         InetAddress address = packet.getAddress();
         packet = new DatagramPacket(bEnvia
                                   ,bEnvia.length
                                   ,address
                                   ,packet.getPort());
         socket.send(packet);

         System.out.println("Saludo enviado !!");
      }
   }
}
```

7.5 Remote Method Invocation (RMI)

La tecnología **RMI (*Remote Method Invocation,* Invocación Remota de Métodos), permite hacer que un objeto que se está ejecutando en una máquina virtual invoque métodos de otro objeto que se está ejecutando en otra máquina virtual distinta, en la misma computadora o no**. A este último lo llamamos “objeto remoto”.

A grandes rasgos, un programa que utiliza RMI para obtener un objeto remoto e invocar sus métodos se ve así:

```
UnaInterface objRemoto = ... // referencia al objeto remoto

// invoco sus metodos como con cualquier otro objeto
String saludo = objRemoto.obtenerSaludo("Pablo");

// ya obtuve lo que esperaba... muestro el resultado
System.out.println("Respuesta: " + saludo);
```

Como vemos en estas líneas de código, luego de obtener una referencia al objeto remoto le invocamos sus métodos como si fuera un objeto local (común y corriente). Obviamente, el procesamiento del método que invocamos (`obtenerSaludo`) es remoto por eso decimos que RMI provee una solución de “procesamiento distribuido” u “objetos distribuidos”.

RMI se ocupa de encapsular y resolver todo el manejo de la comunicación entre las dos partes: el cliente y el servidor, haciendo que este problema sea totalmente transparente para el programador que, en general, debe estar abocado a desarrollar aplicaciones a más alto nivel.

7.5.1 Componentes de una aplicación RMI

Según lo expuesto más arriba, podemos decir que una aplicación RMI se compone de tres partes: el cliente, el servidor y los objetos remotos.

El servidor es el programa que instancia los objetos remotos y los hace accesibles al cliente publicándolos en un repositorio de objetos: el *rmiregistry*.

El cliente es el programa que, luego de realizar una búsqueda en el repositorio, obtiene una referencia al objeto remoto y le invoca sus métodos.

Los objetos remotos son los objetos publicados por el *server* a los que el cliente podrá acceder remotamente. Es decir: existen en la máquina virtual del *server* y son invocados desde la máquina virtual del cliente. Para que un objeto pueda ser considerado remoto tiene que heredar de la clase `java.rmi.UnicastRemoteObject` y desarrollarse como “*interface* + implementación”. En la *interface* (que debe heredar de `java.rmi.Remote`) simplemente definimos los métodos que serán accesibles para el cliente. En la implementación utilizamos adecuadamente la *interface*.

7.5.2 Ejemplo de una aplicación que utiliza RMI

Analizaremos una aplicación RMI muy simple en la que el *server* instancia un objeto cuyo método `obtenerSaludo` será invocado remotamente por el cliente. En este esquema aparecen el cliente (`ClienteRMI`), el servidor (`ServidorRMI`) y el objeto remoto cuyos métodos están definidos en la *interface* `ObjetoRemoto` e implementados en la clase `ObjetoRemotoImple` como podemos ver en el siguiente diagrama.

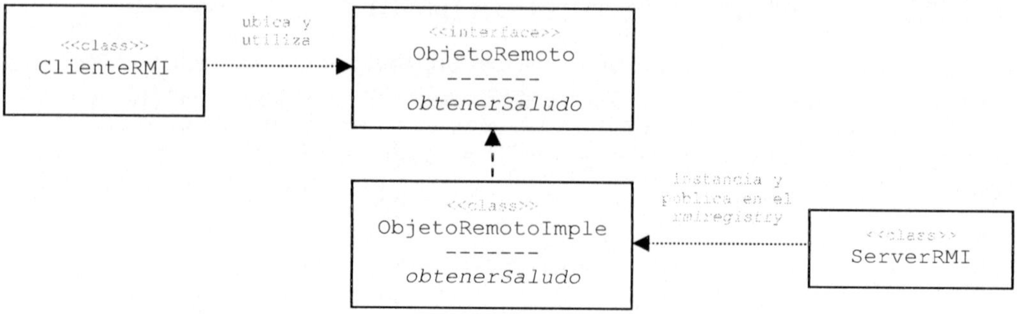

Fig. 7.1 Diagrama de clases de una aplicación RMI.

Para simplificar la lectura del diagrama, omití detallar que la clase `ObjetoRemotoImple`, además de implementar `ObjetoRemoto` debe extender a la clase `java.rmi.UnicastRemoteObject`. Y que la *interface* `ObjetoRemoto` debe extender a la *interface* `java.rmi.Remote`.

Comenzaremos analizando el código de la *interface* `ObjetoRemoto` y luego su implementación `ObjetoRemotoImple`.

```
package libro.cap07.rmi;

import java.rmi.Remote;
import java.rmi.RemoteException;

public interface ObjetoRemoto extends Remote
{
   public String obtenerSaludo(String nombre) throws RemoteException;
}
```

Todos los métodos de las *interfaces* de los objetos remotos deben prever la posibilidad de que ocurra una excepción de tipo `RemoteException` además, obviamente, de las excepciones propias que cada método pudiera llegar a tirar.

Veamos el código de la implementación de la *interface*. La clase `ObjetoRemotoImple`.

```
package libro.cap07.rmi;

import java.rmi.RemoteException;
import java.rmi.server.UnicastRemoteObject;

public class ObjetoRemotoImple extends UnicastRemoteObject
implements ObjetoRemoto
{
   public ObjetoRemotoImple() throws RemoteException
   {
      super();
   }

   public String obtenerSaludo(String nombre) throws RemoteException
   {
      return "Hola Mundo RMI - "+nombre;
   }
}
```

Como mencionamos más arriba, esta clase debe heredar de `UnicastRemoteObject` y sobrescribir los métodos que define la *interface* `ObjetoRemoto`.

Veremos ahora el código del servidor. Simplemente, consiste en un método `main` que instancia al objeto remoto y lo publica en el *rmiregistry* (repositorio de objetos) relacionándolo con un nombre arbitrario a través del cual el cliente lo podrá ubicar y utilizar.

```
package libro.cap07.rmi;

import java.rmi.registry.LocateRegistry;
import java.rmi.registry.Registry;

public class ServerRMI
{
   public static void main(String[] args) throws Exception
   {
      ObjetoRemotoImple obj = new ObjetoRemotoImple();
      Registry registry = LocateRegistry.getRegistry(1099);

      registry.rebind("OBJRemoto",obj);
   }
}
```

El método `LocateRegistry.getRegistry` recibe como argumento el puerto donde está atendiendo el *rmiregistry* que, por defecto, será: 1099.

Por último, veamos el código del cliente:

```
package libro.cap07.rmi;

import java.rmi.registry.LocateRegistry;
import java.rmi.registry.Registry;

public class ClienteRMI
{
   public static void main(String[] args) throws Exception
   {
      // obtengo referencia a la registry del servidor (IP+PORT)
      Registry reg = LocateRegistry.getRegistry("127.0.0.1",1099);

      // ubico el objeto remoto identificado por "OBJRemoto"
      ObjetoRemoto objRemoto;
      objRemoto = (ObjetoRemoto)registry.lookup("OBJRemoto");

      // invoco sus metodos como lo hago con cualquier otro objeto
      String saludo = objRemoto.obtenerSaludo("Pablo");
      System.out.println(saludo);
   }
}
```

En el cliente comenzamos obteniendo la referencia a la *registry* donde está publicado el objeto que queremos utilizar. Esto lo hacemos con el método `LocateRegistry.getRegistry` especificando el *hostname* o dirección IP y el puerto que, como mencionamos anteriormente, por defecto será 1099.

Luego definimos un objeto del tipo de la *interface* `ObjetoRemoto`, obtenemos una referencia remota con el método `lookup` indicando el nombre del objeto (el nombre con el que lo publicamos en el servidor) y le invocamos el método `obtenerSaludo`.

7.5.3 Compilar y ejecutar la aplicación RMI

Como comentamos anteriormente, **RMI encapsula y resuelve todo el manejo de la comunicación entre el cliente y el servidor haciendo que este problema sea transparente para el programador. Esto se logra generando una clase extra por cada objeto remoto. A esta "clase extra" genéricamente la llamaremos *stub*.**

Las clases *stub* debemos generarlas nosotros mismos utilizando una herramienta provista con el JDK: el *rmic* (RMI *compiler*). Lo hacemos de la siguiente manera:

```
rmic ObjetoRemotoImple
```

Luego de esto obtendremos la clase `ObjetoRemotoImple_Stub`.

El objeto *stub* es para el cliente una especie de representación local del objeto remoto y su función es la de resolver la comunicación con el servidor.

Como hay que tener en cuenta varias consideraciones sobre el `CLASSPATH` y los paquetes en donde están ubicadas las clases se provee un videotutorial donde se muestra cómo compilar y ejecutar esta misma aplicación RMI.

Una vez generado el *stub* el próximo paso será ejecutar el *rmiregistry* que, como explicamos más arriba, implementa un repositorio de objetos sobre el cual el *server* publicará los objetos remotos. El *rmiregistry* se provee con el JDK y para levantarlo simplemente debemos ejecutar el comando así:

```
rmiregistry
```

Por defecto la *registry* atenderá en el *port* 1099, pero podemos especificar un puerto diferente pasándolo como argumento en línea de comandos:

```
rmiregistry 2020
```

Ahora la *registry* atenderá en el puerto 2020.

Compilar y ejecutar una aplicación RMI.

7.5.4 RMI y serialización de objetos

Como vimos en el ejemplo anterior, el *server* publica objetos remotos en la *registry* para que el cliente, luego de ubicarlos, invoque sus métodos.

Los métodos de los objetos remotos pueden recibir y retornar objetos siempre y cuando estos sean instancias de clases *seriabliables*. Es decir, objetos cuyas clases implementen la *interface* `Serializable`. También podemos enviar y recibir valores de tipos de datos primitivos como `int`, `double`, `boolean`, etcétera.

7.6 Resumen

En este capítulo estudiamos las clases Java que permiten establecer la comunicación de procesos a través de la red. Aprendimos el concepto de aplicación cliente/servidor y estudiamos RMI que es una tecnología que permite invocar métodos de objetos que, físicamente, residen en otra máquina.

Con todos estos conocimientos sumados a los conocimientos que adquirimos en el capítulo anterior, podemos pensar en desarrollar una aplicación distribuida, en la que el *backend* y el *frontend* físicamente estén separados, cada uno en su propio *host*.

En el capítulo siguiente, estudiaremos conceptos de diseño que nos permitirán maximizar el rendimiento de nuestra aplicación de estudio.

Diseño de aplicaciones Java (Parte II)

8

Contenido

Objetivos del capítulo

- Entender y aplicar patrones de diseño que permitan encapsular la complejidad y la arquitectura de la aplicación.
- Establecer diferencias entre capas lógicas (*tiers*) y capas físicas (*layers*).
- Desarrollar un servidor *multithread*.
- Comprender las diferencias entre los contextos *thread-safe* y *not-thread-safe*.
- Desarrollar un connection *pool*.

8.1 Introducción

En este capítulo analizaremos el desarrollo de una aplicación Java basada en un modelo de capas montada sobre una arquitectura cliente/servidor y estudiaremos los patrones de diseño recomendados para que la aplicación resulte mantenible, extensible y escalable.

Veremos que con un diseño adecuado que permita mantener aislada la responsabilidad de cada capa, cualquier cambio de implementación y/o tecnología que apliquemos en las otras capas no generará ningún impacto negativo en el resto de la aplicación.

Para lograr una mejor comprensión de los temas que estudiaremos en el presente capítulo, le recomiendo al lector que, de ser necesario, primero relea el Capítulo 4 ya que lo que veremos de aquí en adelante será la continuación de dicho capítulo.

8.2 Repaso de la aplicación de estudio

Repasemos la funcionalidad de la aplicación que estudiamos y desarrollamos en el Capítulo 4.

8.2.1 El modelo de datos

La aplicación utiliza las tablas `DEPT` (departamentos) y `EMP` (empleados). En el siguiente Diagrama de Entidad-Relación vemos que un empleado trabaja en un departamento y que en un departamento trabajan muchos empleados.

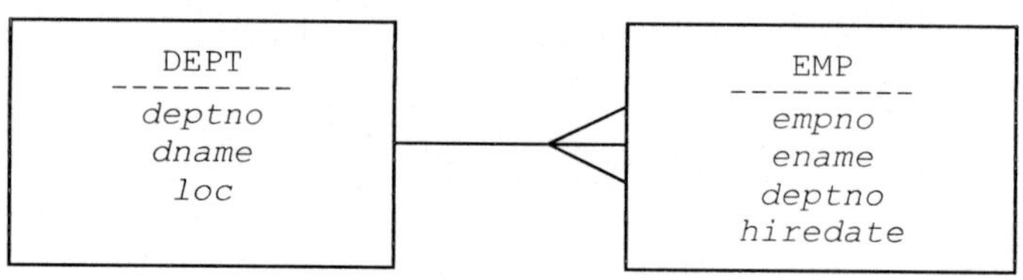

Fig. 8.1 Modelo de datos de la aplicación de estudio.

8.2.2 La funcionalidad

En la primera pantalla, se le muestra al usuario una lista con todos los departamentos que funcionan en la empresa y este deberá ingresar el número de departamento con el cual quiere operar.

```
Departamentos:
+------+----------+--------------+
|deptno| dname    | loc          |
+------+----------+--------------+
|  1   | Ventas   | Buenos Aires |
|  2   | Compras  | Buenos Aires |
|  3   | Personal | Santa Fe     |
+------+----------+--------------+
Opcion Seleccionada: 2
```

En este caso, el usuario ingresó el departamento número 2, por lo tanto a continuación la aplicación le mostrará, en la segunda pantalla, una lista con todos los empleados que trabajan en ese departamento.

```
Empleados del
Departamento (deptno) Nro.: 2
+------+--------+------------+
|empno |  ename | hiredate   |
+------+--------+------------+
|  20  | Juan   | 12/03/2008 |
|  40  | Pedro  | 10/12/2005 |
|  50  | Carlos | 23/05/2003 |
+------+--------+------------+
```

8.2.3 El backend y el frontend

Recordemos que en un modelo de capas el usuario interactúa con el *frontend*. Este componente es el encargado de implementar la capa de presentación. Por su parte, el *frontend* interactúa con el *backend* (encargado de resolver la lógica de la aplicación) y el punto de contacto entre ambos es el *façade*. El acceso a la base de datos se hace a través de los objetos de acceso a datos: los DAOs.

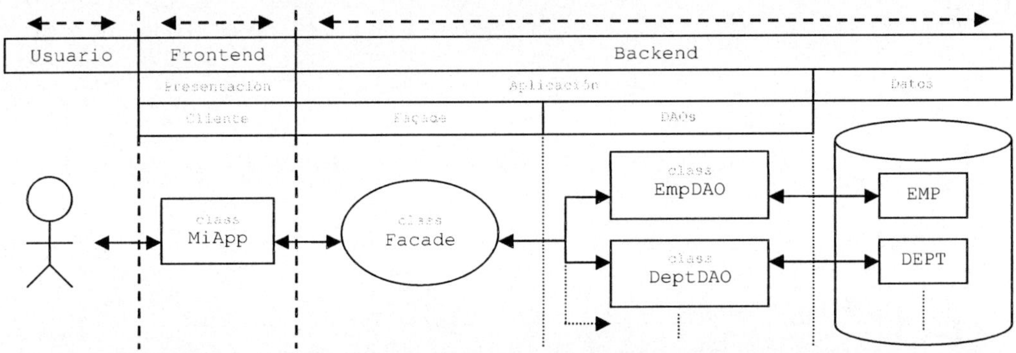

Fig. 8.2 Interacción entre el usuario, el *frontend* y el *backend*.

8.2.4 Los métodos del façade

Recordemos que para que el cliente pueda resolver sus dos pantallas en el *façade* habíamos programado los siguientes métodos:

```
public class Facade
{
   public Collection<DeptDTO> obtenerDepartamentos(){ ... }
   public Collection<EmpDTO> obtenerEmpleados(int deptno){ ... }
}
```

El primero simplemente retorna una colección de tantos objetos `DeptDTO` como departamentos haya registrados en la tabla `DEPT`. El segundo retorna una colección de objetos `EmpDTO`, uno por cada uno de los empleados que trabaja en el departamento especificado por el parámetro `deptno`.

Luego de este repaso, podemos comenzar con los temas propios de este capítulo.

8.3 Capas lógicas vs. capas físicas

El análisis de la aplicación del Capítulo 4 fue desarrollado desde el punto de vista lógico. Desde ese enfoque la aplicación se resolvió en tres capas lógicas: la capa de presentación (o cliente), la capa de aplicación (o capa de negocios) y la capa de datos.

Diremos que **una capa es física cuando esta tiene la capacidad de poder ser ejecutada en su propio *host* (computadora conectada a la red). Algunos autores se refieren a las capas físicas como *layers* y a las capas lógicas como *tiers***, pero en este libro simplemente hablaremos de capas lógicas y físicas.

Teniendo en cuenta la definición anterior, desde el punto de vista físico la aplicación, así como fue desarrollada, solo podría separarse en dos capas: la capa cliente y la capa de datos o "el servidor", ya que el cliente (que engloba la capas lógicas de "presentación" y de "aplicación") se ejecuta dentro de la maquina virtual, en su propio *host* y la capa de datos "se ejecuta" dentro de la base de datos, en su propio *host*.

Recordemos que para conectar la aplicación Java con la base de datos uno de los parámetros que tuvimos que especificar en el archivo jdbc.properties fue la URL cuyo valor incluye la dirección IP del *host* donde corre la base de datos. Si bien nosotros utilizamos *localhost* y ejecutamos el cliente y la base de datos sobre la misma máquina, la base de datos tiene la capacidad de correr en cualquier otro *host*, razón por la cual la consideramos una capa física.

En el siguiente diagrama, vemos sombreadas las dos capas físicas sobre las cuales se ejecutan las tres capas lógicas.

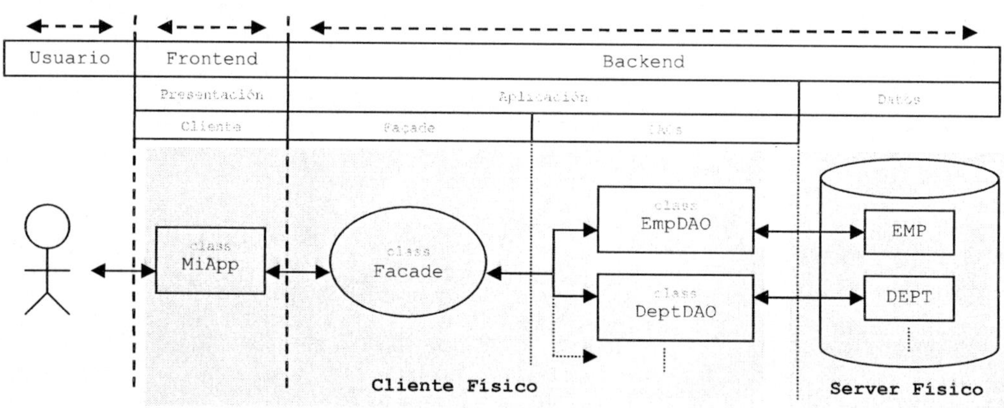

Fig. 8.3 Capas físicas de la aplicación.

8.3.1 Desventajas de un modelo basado en dos capas físicas

Desde el punto de vista físico, un modelo de dos capas puede presentar serias limitaciones relacionadas con la capacidad de procesamiento y con la accesibilidad a los servicios de la aplicación.

Notemos que todo el procesamiento de la información se efectúa físicamente en la computadora del usuario, por lo tanto, potencialmente, nuestra aplicación podría requerir que este disponga de un equipo con gran capacidad de proceso.

Por otro lado, cada usuario que ejecuta la aplicación en su propia máquina estará conectándose con la base de datos lo que trae aparejado un alto costo de procesamiento en el servidor y limita seriamente la cantidad de usuarios simultáneos que se podrían conectar.

Respecto de la seguridad, recae 100% sobre la base de datos ya que esta debe estar expuesta para que los clientes puedan conectarse a través de la red.

Por último, cualquier cambio de versión, sea porque cambia alguna regla del negocio o porque se detectó un *bug* y se lo corrigió, implica redistribuir la nueva versión entre todos los usuarios que utilizan la aplicación. Esto favorece la posibilidad de que, en un momento dado, diferentes usuarios utilicen diferentes versiones de la aplicación lo que en el corto plazo se convertirá en un serio problema de mantenimiento.

8.3.2 Modelo de tres capas físicas

La solución a los problemas que presenta el modelo de dos capas consiste en agregar una nueva capa física: la capa de aplicación. Esto es: implementar como servicios en un servidor los métodos que provee el *façade*.

En el siguiente gráfico, vemos sombreadas las tres capas físicas. Ahora cada capa lógica correrá en su propia capa física.

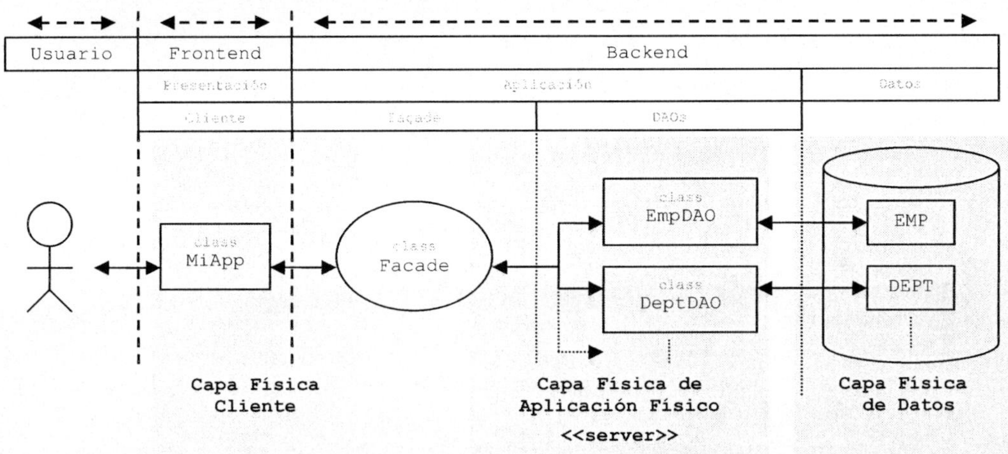

Fig. 8.4 Aplicación con tres capas físicas.

Con este nuevo esquema, en el cliente físico, solo tomamos datos y mostramos resultados pero no procesamos. Esto se efectúa por separado en otro *host* que, de ser necesario, podría tener una mayor capacidad de proceso.

Notemos que los clientes se conectan al servidor y este es quien accede a la base de datos, por lo tanto, la base de datos ya no tiene por qué estar expuesta.

La cantidad de conexiones que se crean con la base de datos la controla el servidor. En principio, trabajaremos con una única conexión pero luego veremos que implementando un *pool* de conexiones podemos instanciar *n* conexiones y distribuirlas entre los *m* clientes que se conecten simultáneamente al servidor (siendo *m* un valor que potencialmente podría ser mucho más grande que *n*).

Las lógica de la aplicación está programada y ejecutándose en el servidor, por lo tanto, cualquier cambio que se efectúe solo habrá que aplicarlo allí. Los clientes que se conecten accederán siempre a la última y única versión existente de los servicios provistos por el *server*.

Por último, el hecho de que la lógica de la aplicación esté centralizada y expuesta como servicios accesibles a través de la red posibilita la convivencia de diferentes tipos de clientes: clientes Web, clientes PDA, clientes celulares, clientes tipo Windows y (también) clientes en modo texto como el que nosotros desarrollamos.

Esto lo podemos ver en el siguiente gráfico.

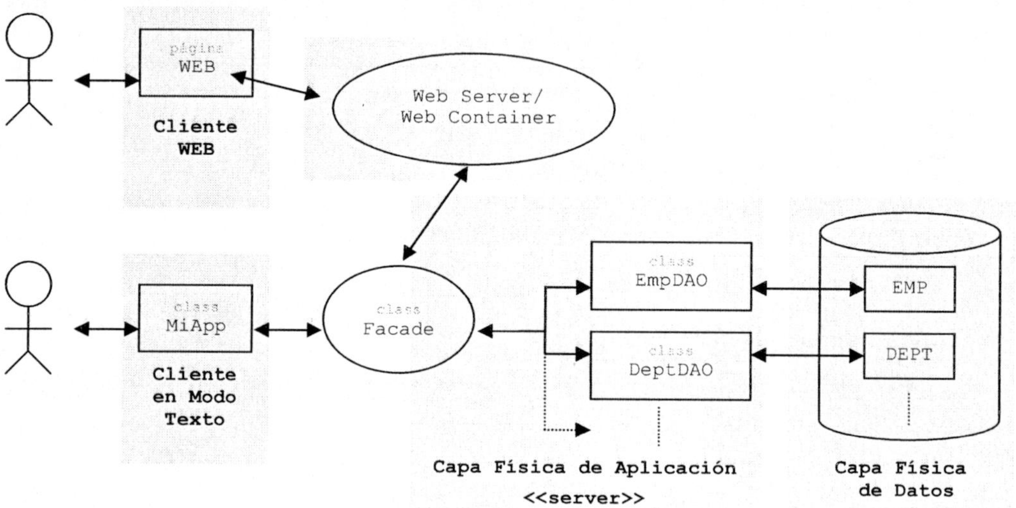

Fig. 8.5 Múltiples clientes acceden a la aplicación.

8.4 Desarrollo de la aplicación en tres capas físicas

Con todas las consideraciones anteriores, replantearemos la aplicación para llevarla a una arquitectura cliente/servidor de tres capas físicas: la capa cliente, la capa de aplicación y la capa de datos.

8.4.1 Desarrollo del servidor

El servidor será un programa que estará escuchando conexiones TCP y proveerá los servicios que habíamos definido como métodos en el *façade*.

La siguiente tabla resume la forma en que implementaremos los servicios en el servidor.

Servicio	**Código**	**Parámetros**	**Retorna**
`obtenerDepartamentos`	1	-	`int + n strings`
`obtenerEmpleados`	2	`deptno`	`int + n strings`

Cada servicio se identificará con un código. Cuando un cliente se conecte primero deberá enviar un valor entero (`int`) indicando el código del servicio que desea invocar.

Según vemos en la tabla, el servicio cuyo código es 1 (`obtenerDepartamentos`) no recibe argumentos, por lo tanto, si el cliente envía este valor el servidor le responderá inmediatamente con un valor entero *n* y a continuación *n strings* donde cada uno de estos será una representación alfanumérica de un `DeptDTO`.

En cambio, si el cliente envía el código 2 para invocar el servicio `obtenerEmpleados` el *server* esperará recibir a continuación el parámetro de dicho servicio que debe ser un valor entero especificando el número de departamento (`deptno`) cuyos empleados el cliente desea recibir. Una vez recibido este valor, el *server* le enviará al cliente un valor entero *n* y luego *n strings* donde cada uno de estos será una representación alfanumérica de un `EmpDTO`.

El acceso a la base de datos lo haremos utilizando los DAOs que desarrollamos en el Capítulo 4. Recordemos que para instanciarlos utilizábamos el *factory method* implementado en la clase `UFactory`.

Comencemos a analizar el código del servidor.

```
package libro.cap08.app.ver1;

import java.io.DataInputStream;
import java.io.DataOutputStream;
import java.net.ServerSocket;
import java.net.Socket;
import java.util.Collection;
import libro.cap04.DeptDAO;
import libro.cap04.DeptDTO;
import libro.cap04.EmpDAO;
import libro.cap04.EmpDTO;
import libro.cap04.UFactory;

public class ServerTCP extends Thread
{
   public static final int OBTENER_DEPARTAMENTOS = 1;
   public static final int OBTENER_EMPLEADOS = 2;

   private Socket socket = null;
   private DataInputStream dis = null;
   private DataOutputStream dos = null;

   public ServerTCP(Socket s)
   {
      this.socket = s;
   }

   public static void main(String[] args) throws Exception
   {
      ServerSocket ss = new ServerSocket(5432);
      Socket s;

      while( true )
      {
         s = ss.accept();
         new ServerTCP(s).start();
      }
   }

   // sigue mas abajo...
   // :
```

En este fragmento de código, vemos el método `main` en donde instanciamos un `ServerSocket` y comenzamos a escuchar las conexiones de los clientes. Por cada cliente que se conecta, instanciamos un `ServerTCP` y lo ponemos a correr. Notemos que la clase `ServerTCP` extiende a `Thread`, por lo tanto, estamos instanciando un hilo invocando al constructor de la clase y luego invocando su método `run` (recordemos que el método `start` llama al método `run`).

El constructor recibe como parámetro el *socket* y lo asigna en una variable de instancia para poderlo utilizar en el método `run`.

Ahora analicemos el código del método `run` en donde utilizaremos el *socket* para instanciar los objetos `dis` y `dos` (de las clases `DataInputStream` y `DataOutputStream` respectivamente) con los que podremos entablar el diálogo con el cliente.

```
// :
// viene de mas arriba...

public void run()
{
   try
   {
      dis = new DataInputStream(socket.getInputStream());
      dos = new DataOutputStream(socket.getOutputStream());

      int codSvr = dis.readInt();
      switch(codSvr)
      {
         case OBTENER_DEPARTAMENTOS:
            _obtenerDepartamentos(dis,dos);
            break;
         case OBTENER_EMPLEADOS:
            _obtenerEmpleados(dis,dos);
            break:
      }
   }
   catch(Exception ex)
   {
      ex.printStackTrace();
      throw new RuntimeException(ex);
   }
   finally
   {
      try
      {
         if( dos != null ) dos.close();
         if( dis != null ) dis.close();
         if( socket != null ) socket.close();
      }
      catch(Exception ex)
      {
         ex.printStackTrace();
         throw new RuntimeException(ex);
      }
   }
}
// sigue mas abajo...
```

Como podemos ver, luego de instanciar los objetos `dis` y `dos` leemos el código de servicio. Según el valor que envíe el cliente, invocaremos al método `_obtenerDepartamentos` o al método `_obtenerEmpleados`. A ambos métodos le pasamos como argumentos los objetos `dis` y `dos`.

Finalmente, en el `finally`, cerramos la conexión con el cliente. Es decir: por cada servicio que el cliente necesite invocar debe conectarse, obtener los resultados y desconectarse.

En los métodos `_obtenerDepartamentos` y `_obtenerEmpleados`, entablamos el diálogo con el cliente.

Veamos el código de `_obtenerDepartamentos`.

```
// :
// viene de mas arriba...

private void _obtenerDepartamentos(DataInputStream dis
                                  , DataOutputStream dos)
{
   try
   {
      DeptDAO dao = (DeptDAO)UFactory.getInstancia("DEPT");

      // obtengo la coleccion de departamentos
      Collection<DeptDTO> coll = dao.buscarTodos();

      // envio el size al cliente
      int size = coll.size();
      dos.writeInt(size);

      // envio la coleccion de departamentos
      for( DeptDTO dto: coll )
      {
         dos.writeUTF(dto.toString());
      }
   }
   catch(Exception ex)
   {
      ex.printStackTrace();
      throw new RuntimeException(ex);
   }
}

// sigue mas abajo...
// :
```

En este método primero accedemos a la base de datos para obtener la colección de departamentos. Luego le mandamos al cliente un valor entero `size` indicando cuántos *strings* (representaciones alfanuméricas de `DeptDTO`) le enviaremos a continuación.

Para simplificar el protocolo y la codificación, utilizamos el *string* que retorna el método `toString` de `DeptDTO` como cadena alfanumérica válida para representar un departamento.

El análisis del método `_obtenerEmpleados` es análogo al anterior.

```
   // :
   // viene de mas arriba...

   private void _obtenerEmpleados(DataInputStream dis
                                 , DataOutputStream dos)
   {
      try
      {
         EmpDAO dao = (EmpDAO)UFactory.getInstancia("EMP");

         // leo el deptno
         int deptno = dis.readInt();

         // obtengo la coleccion de empleados
         Collection<EmpDTO> coll = dao.buscarXDept(deptno);

         // envio el size al cliente
         int size = coll.size();
         dos.writeInt(size);

         // envio la coleccion de empleados
         for( EmpDTO dto: coll )
         {
            dos.writeUTF(dto.toString());
         }
      }
      catch(Exception ex)
      {
         ex.printStackTrace();
         throw new RuntimeException(ex);
      }
   }
}
```

8.4.2 Desarrollo de un cliente de prueba

Para probar el funcionamiento del servidor, desarrollaremos dos clientes de prueba. Uno por cada servicio.

Comenzaremos probando el servicio `obtenerDepartamentos` cuyo código de servicio es 1.

```
package libro.cap07.app.ver1;

import java.io.DataInputStream;
import java.io.DataOutputStream;
import java.net.Socket;

public class TestSrv1
{
   public static void main(String[] args) throws Exception
   {
```

```
        Socket s = new Socket("127.0.0.1",5432);
        DataOutputStream dos=new DataOutputStream(s.getOutputStream());
        DataInputStream dis=new DataInputStream(s.getInputStream());

        // solicito servicio codigo 1
        dos.writeInt(1);

        // el server me indica cuantos departamentos va a enviar
        int n = dis.readInt();

        for(int i=0; i<n; i++ )
        {
           System.out.println( dis.readUTF());
        }

        dis.close();
        dos.close();
        s.close();
    }
}
```

Como vemos, no hacemos más que respetar el protocolo que definimos más arriba. Primero, enviamos un entero indicando el código del servicio que vamos a invocar. Como el servicio código 1 no recibe argumentos, entonces a continuación leemos el valor `n` que el *server* nos enviará para indicarnos cuántos departamentos tiene para enviar. Luego de esto leemos `n` *strings* y los mostramos por pantalla.

El análisis del cliente que prueba el servicio `obtenerEmpleados` es análogo al anterior. Veamos su código.

```
package libro.cap07.app.ver1;

import java.io.DataInputStream;
import java.io.DataOutputStream;
import java.net.Socket;

public class TestSrv2
{
    public static void main(String[] args) throws Exception
    {
        Socket s = new Socket("127.0.0.1",5432);
        DataOutputStream dos=new DataOutputStream(s.getOutputStream());
        DataInputStream dis=new DataInputStream(s.getInputStream());

        // solicito servicio codigo 2
        dos.writeInt(2);

        // envio el deptno
        dos.writeInt(1);

        // el server me indica cuantos departamentos va a enviar
        int n = dis.readInt();
```

```
        for(int i=0; i<n; i++ )
        {
            System.out.println( dis.readUTF());
        }

        dis.close();
        dos.close();
        s.close();
    }
}
```

8.4.3 El service locator (o ubicador de servicios)

Evidentemente, en el cliente, tenemos que encapsular todo el código que implica conectarse con el servidor, enviar y recibir información y desconectarse. Para esto, desarrollaremos una clase que se ocupará de realizar esta tarea. La llamaremos `ServiceLocatorTCP` y tendrá tantos métodos estáticos como servicios ofrece el servidor.

Veamos el código fuente.

```
package libro.cap08.app.ver1;

import java.io.DataInputStream;
import java.io.DataOutputStream;
import java.net.Socket;
import java.sql.Date;
import java.util.Calendar;
import java.util.Collection;
import java.util.GregorianCalendar;
import java.util.StringTokenizer;
import java.util.Vector;

import libro.cap04.DeptDTO;
import libro.cap04.EmpDTO;

public class ServiceLocatorTCP
{
    public static final String SERVER_IP = "127.0.0.1";
    public static final int SERVER_PORT = 5432;

    // sigue mas abajo
    // :
```

Como vemos, comenzamos la clase definiendo dos constantes para *hardcodear* lo menos posible los parámetros de la conexión. Podríamos definir estos valores en un archivo de propiedades o bien, como estudiaremos más adelante, definirlos en un archivo de configuración XML.

A continuación, veremos el código de los dos métodos que encapsulan la invocación de los servicios que provee el servidor. En cada método establecemos la conexión, enviamos al *server* el código de servicio que corresponda (1 para `obtenerDepartamentos` y 2 para `obtenerEmpleados`), si corresponde enviar parámetros adicionales los enviamos (con es el caso de `obtenerEmpleados`) y luego recibimos los datos que envía el servidor.

Como en todos los casos, el *server* envía *strings* que son representaciones de DTOs, en los métodos de `ServiceLocatorTCP` convertiremos cada *string* a su correspondiente DTO para abstraer también de este problema al cliente. Para esto, utilizaremos la clase utilitaria `UDto` cuyo código veremos luego.

```
// :
// viene de mas arriba

public static Collection<DeptDTO> obtenerDepartamentos()
{
   Socket s = null;
   DataOutputStream dos = null;
   DataInputStream dis = null;

   try
   {
      // me conecto...
      s = new Socket(SERVER_IP,SERVER_PORT);
      dos = new DataOutputStream( s.getOutputStream() );
      dis = new DataInputStream( s.getInputStream() );

      // solicito servicio codigo 1 (obtenerDepartamentos)
      dos.writeInt(1);

      // el server me indica cuantos departamentos va a enviar
      int n = dis.readInt();

      Vector<DeptDTO> ret = new Vector<DeptDTO>();

      String aux;
      for(int i=0; i<n; i++ )
      {
         // leo el i-esimo string
         aux = dis.readUTF();

         // cada string que recibo lo convierto a DeptDTO
         // y lo agrego a la coleccion de retorno
         ret.add( UDto.stringToDeptDTO(aux));
      }

      return ret;
   }
   catch(Exception ex)
   {
      ex.printStackTrace();
      throw new RuntimeException(ex);
   }
   finally
   {
      try
      {
         if( dis!= null ) dis.close();
         if( dos!= null ) dos.close();
         if( s!= null ) s.close();
```

```
      }
      catch(Exception ex)
      {
         ex.printStackTrace();
         throw new RuntimeException(ex);
      }
   }
}

public static Collection<EmpDTO> obtenerEmpleados(int deptno)
{
   Socket s = null;
   DataOutputStream dos = null;
   DataInputStream dis = null;

   try
   {
      // me conecto
      s = new Socket(SERVER_IP,SERVER_PORT);
      dos = new DataOutputStream( s.getOutputStream() );
      dis = new DataInputStream( s.getInputStream() );

      // solicito servicio codigo 2 (obtenerEmpleados)
      dos.writeInt(2);

      // envio el numero de departamento
      dos.writeInt(deptno);

      // el server me indica cuantos empleados va a enviar
      int n = dis.readInt();

      Vector<EmpDTO> ret = new Vector<EmpDTO>(n);
      String aux;

      for(int i=0; i<n; i++ )
      {
         // leo el i-esimo string
         aux = dis.readUTF();

         // cada string que recibo lo convierto a EmpDTO
         // y lo agrego a la coleccion de retorno
         ret.add( UDto.stringToEmpDTO(aux) );
      }

      return ret;
   }
   catch(Exception ex)
   {
      ex.printStackTrace();
      throw new RuntimeException(ex);
   }
   finally
   {
      try
      {
```

```
            if( dis!= null ) dis.close();
            if( dos!= null ) dos.close();
            if( s!= null ) s.close();
         }
         catch(Exception ex)
         {
            ex.printStackTrace();
            throw new RuntimeException(ex);
         }
      }
   }
}
```

Veamos ahora el código de la clase utilitaria `UDto` que utilizamos para convertir a DTO las representaciones alfanuméricas que envía el *server*.

Recordemos que el *server* lo que en realidad envía es el `toString` de cada DTO y este método retorna los valores de sus atributos separándolos con una `,` (coma). Así que la manera más fácil para volver a obtener el DTO original será *tokenizar* el *string* y considerar al carácter `,` (coma) como separador de *tokens*.

```
package libro.cap08.app.ver1;

import java.sql.Date;
import java.util.Calendar;
import java.util.GregorianCalendar;
import java.util.StringTokenizer;

import libro.cap04.DeptDTO;
import libro.cap04.EmpDTO;

public class UDto
{
   public static DeptDTO stringToDeptDTO(String s)
   {
      DeptDTO dto = new DeptDTO();
      StringTokenizer st = new StringTokenizer(s,",");

      dto.setDeptno(Integer.parseInt(st.nextToken()));
      dto.setDname(st.nextToken());
      dto.setLoc(st.nextToken());

      return dto;
   }

   // sigue mas abajo
   // :
```

En el método `stringToEmpDTO`, tenemos un problema adicional: el atributo `hiredate`. Este también está convertido a *string* y en este caso cada atributo de la fecha está separado por el carácter `-` (guion del medio) así que también habrá que *tokenizarlo*.

```
    // :
    // viene de mas arriba

    public static EmpDTO stringToEmpDTO(String s)
    {
       EmpDTO dto = new EmpDTO();
       StringTokenizer st = new StringTokenizer(s,",");

       dto.setEmpno(Integer.parseInt(st.nextToken()));
       dto.setEname(st.nextToken());

       String sHiredate = st.nextToken();

       dto.setDeptno(Integer.parseInt(st.nextToken().trim()));

       StringTokenizer stDate = new StringTokenizer(sHiredate,"-");
       int anio = Integer.parseInt(stDate.nextToken().trim());
       int mes = Integer.parseInt(stDate.nextToken().trim());
       int dia = Integer.parseInt(stDate.nextToken().trim());

       GregorianCalendar gc = new GregorianCalendar();
       gc.set(Calendar.YEAR,anio);
       gc.set(Calendar.MONTH,mes);
       gc.set(Calendar.DAY_OF_MONTH,dia);

       dto.setHiredate(new Date(gc.getTimeInMillis()));

       return dto;
    }
}
```

Podemos decir que dentro de los métodos de `ServiceLocatorTCP` hacemos el "trabajo sucio". Esta clase es análoga a la clase `UConnection` que utilizamos para encapsular el código con el que establecíamos la conexión con la base de datos en el Capítulo 3.

Ahora, con la clase `ServiceLocatorTCP` programada, podemos reformular los clientes de prueba que vimos más arriba. Veremos que el código del cliente será mucho más amigable y el hecho de que este se esté conectando con un servidor a través de la red pasa a ser casi transparente.

```
package libro.cap08.app.ver1;

import java.util.Collection;
import libro.cap04.DeptDTO;

public class TestSrv1
{
   public static void main(String[] args) throws Exception
   {
      Collection<DeptDTO> coll;
      coll = ServiceLocatorTCP.obtenerDepartamentos();
```

```
        for(DeptDTO dto: coll)
        {
            System.out.println(dto);
        }
    }
}
```

```
package libro.cap08.app.ver1;

import java.util.Collection;
import libro.cap04.EmpDTO;

public class TestSrv2
{
    public static void main(String[] args) throws Exception
    {
        Collection<EmpDTO> coll = ServiceLocatorTCP.obtenerEmpleados(1);
        for(EmpDTO dto:coll )
        {
            System.out.println(dto);
        }
    }
}
```

8.4.4 Integración con la capa de presentación

Teniendo totalmente resuelto el problema de establecer la conexión con el servidor, invocar sus servicios y obtener los resultados podemos focalizarnos ahora en la integración con el cliente (la capa de presentación).

Recordemos que en la aplicación que desarrollamos en el Capítulo 4 el cliente estaba implementado en la clase `MiApp`. En esta clase utilizábamos al *façade* para obtener los datos y mostrarlos en la pantalla.

El *façade* que habíamos programado en su momento estaba pensado para trabajar localmente accediendo directamente a los DAOs, sin embargo ahora el *façade* deberá utilizar el `ServiceLocatorTCP` para acceder al servidor e invocar sus servicios ya que el procesamiento de la información se hará físicamente en otro *host* (el del *server*).

Si modificamos el código del *façade* que desarrollamos en el Capítulo 4, entonces la aplicación podrá conectarse al servidor, pero perderá la capacidad de trabajar localmente. Lo ideal sería mantener las dos posibilidades y esto solo lo podremos lograr implementando un *factory method*, esta vez del lado del cliente.

Convertiremos la clase `Facade` en una *interface* que tendrá (en principio) dos implementaciones: `FacadeLocalImple` (el *façade* del Capítulo 4) y `FacadeTCPImple`.

En el siguiente diagrama de clases, podemos ver la *interface* `Facade`, sus dos implementaciones y la clase `MiApp` que utiliza un *façade* sin tener la necesidad de conocer concretamente cuál es la implementación real que recibirá detrás de esta *interface*.

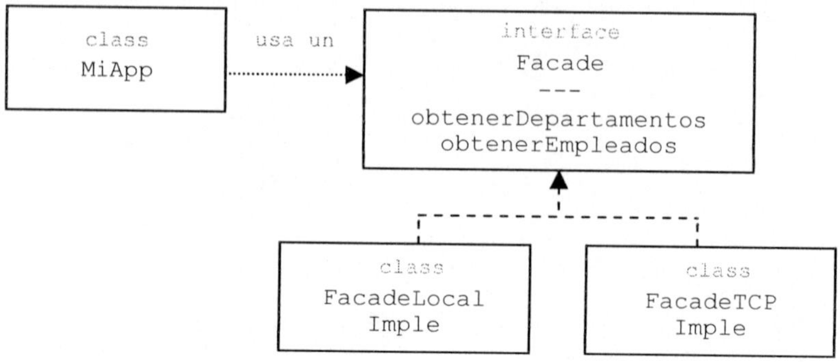

Fig. 8.6 La *interface* Facade y sus implementaciones.

En resumen, haremos los siguientes pasos:

1. Renombraremos la clase Facade como FacadeLocalImple.
2. Crearemos la *interface* Facade con los métodos obtenerDepartamentos y obtenerEmpleados y haremos que FacadeLocalImple la implemente.
3. En la clase MiApp, obtendremos la instancia de Facade utilizando el *factory method* provisto por la clase UFactory.
4. Agregaremos en el archivo factory.properties una línea definiendo qué implementación de Facade se debe instanciar.
5. Crearemos la clase FacadeTCPImple que implementará Facade y resolveremos sus métodos invocando (o delegando) a los métodos de ServiceLocatorTCP.

Comencemos entonces por crear la *interface* Facade.

```
package libro.cap04;

import java.util.Collection;

public interface Facade
{
   public Collection<DeptDTO> obtenerDepartamentos();
   public Collection<EmpDTO> obtenerEmpleados(int deptno);
}
```

Ahora modificaremos la clase MiApp para instanciar al *façade* a través del *factory method*.

```
// ...
public class MiApp
{
   public static void main(String[] args)
   {
      // instancio el facade a traves del factory method
      Facade facade = (Facade)UFactory.getInstancia("FACADE");
      Collection<DeptDTO> collDepts = facade.obtenerDepartamentos();

      _mostrarDepartamentos(collDepts);
```

```
        Scanner scanner = new Scanner(System.in);
        int deptno = scanner.nextInt();

        Collection<EmpDTO> collEmps=facade.obtenerEmpleados(deptno);
        _mostrarEmpleados(collEmps, deptno);
    }

    // ...
}
```

Ahora agregaremos al archivo factory.properties la definición del *façade*.

```
# con el caracter "#" se comenta una linea...
#FACADE = libro.cap04.FacadeTCPImple
FACADE = libro.cap04.FacadeLocalImple
```

Antes de continuar debo hacer una aclaración muy importante. Si vamos a correr el cliente y el servidor en la misma máquina o vamos a utilizar la implementación local del *façade* entonces en el archivo factory.properties tendremos que tener tanto la definición del *façade* como las definiciones de los DAOs. En cambio, si el cliente y el servidor correrán cada uno en su propio *host* entonces en cada máquina tendremos que tener un archivo factory.properties. En la del cliente solo necesitaremos la definición del *façade* mientras que en la del servidor solo necesitaremos la definición de los DAOs.

Por último, veamos el código de la clase `FacadeTCPImple` que implementa `Facade` y utiliza a `ServiceLocatorTCP` para resolver sus métodos.

```
package libro.cap04;

import java.util.Collection;

import libro.cap04.DeptDTO;
import libro.cap04.EmpDTO;
import libro.cap04.Facade;

public class FacadeTCPImple implements Facade
{
    public Collection<DeptDTO> obtenerDepartamentos()
    {
        return ServiceLocatorTCP.obtenerDepartamentos();
    }

    public Collection<EmpDTO> obtenerEmpleados(int deptno)
    {
        return ServiceLocatorTCP.obtenerEmpleados(deptno);
    }
}
```

8.5 Implementación del servidor con tecnología RMI

Comenzamos el capítulo diciendo que con un diseño adecuado podemos lograr que la aplicación pueda afrontar cambios de tecnología en una capa sin que esto impacte negativamente en las capas restantes. En general, este "diseño adecuado" se fundamenta principalmente en el uso del *factory method*.

Probablemente, el lector ya podrá visualizar que si escribimos una nueva versión del servidor, ahora implementando la tecnología RMI, en el lado del cliente solo tendremos que programar una nueva implementación de la *interface* `Facade` y configurar la línea correspondiente en el archivo factory.properties.

8.5.1 El servidor RMI

Recordemos que RMI provee una solución de objetos distribuidos en la cual el cliente, luego de ubicar un objeto remoto publicado en la *rmiregistry* del servidor, puede invocar sus métodos como si este fuera un objeto local.

En este contexto podríamos pensar en un objeto remoto `FacadeRemoto` que tendrá los métodos `obtenerDepartamentos` y `obtenerEmpleados`. Dado que RMI utiliza serialización de objetos, los métodos del *facadeRemoto* podrían retornar las colecciones de `DeptDTO` y `EmpDTO` respectivamente. Claro que para esto tendríamos que modificar estas clases y hacer que implementen la *interface* `Serializable`.

En este caso, no modificaremos las clases `DeptDTO` y `EmpDTO`, por lo tanto, no las podremos serializar para enviarlas como valor de retorno de los métodos del *facadeRemoto*. Los métodos seguirán retornando representaciones alfanuméricas de los DTO.

Veamos entonces el código de la *interface* remota `FacadeRemoto` y su implementación `FacadeRemotoImple`.

```
package libro.cap08.app.ver2;

import java.rmi.Remote;
import java.rmi.RemoteException;
import java.util.Collection;

public interface FacadeRemoto extends Remote
{
   public Collection<String> obtenerDepartamentos()
                                          throws RemoteException;
   public Collection<String> obtenerEmpleados(int deptno)
                                          throws RemoteException;
}
```

```
package libro.cap08.app.ver2;

import java.rmi.RemoteException;
import java.rmi.server.UnicastRemoteObject;
import java.util.Collection;
import java.util.Vector;
import libro.cap04.DeptDAO;
import libro.cap04.DeptDTO;
```

```
import libro.cap04.EmpDAO;
import libro.cap04.EmpDTO;
import libro.cap04.UFactory;

public class FacadeRemotoImple extends UnicastRemoteObject
                              implements FacadeRemoto
{
   public FacadeRemotoImple() throws RemoteException
   {
      super();
   }

   public Collection<String> obtenerDepartamentos()
                              throws RemoteException
   {
      DeptDAO dao = (DeptDAO) UFactory.getInstancia("DEPT");
      Collection<DeptDTO> coll = dao.buscarTodos();

      Vector<String> ret = new Vector<String>();
      for(DeptDTO dto:coll )
      {
         ret.add(dto.toString());
      }

      return ret;
   }

   public Collection<String> obtenerEmpleados(int deptno)
                              throws RemoteException
   {
      EmpDAO dao = (EmpDAO) UFactory.getInstancia("EMP");
      Collection<EmpDTO> coll = dao.buscarXDept(deptno);

      Vector<String> ret = new Vector<String>();
      for(EmpDTO dto:coll )
      {
         ret.add(dto.toString());
      }

      return ret;
   }
}
```

Veamos ahora el código del servidor que publica una instancia de `FacadeRemoto` en la *rmiregistry*.

```
package libro.cap08.app.ver2;

import java.rmi.registry.LocateRegistry;
import java.rmi.registry.Registry;

import libro.cap08.app.ver2.FacadeRemotoImple;
```

```
public class ServerRMI
{
   public static void main(String[] args) throws Exception
   {
      FacadeRemotoImple f= new FacadeRemotoImple();
      Registry registry = LocateRegistry.getRegistry(1099);

      registry.rebind("FacadeRemoto",f);
   }
}
```

8.5.2 El service locator y los objetos distribuidos

Como los objetos distribuidos proveen una solución de comunicaciones de alto nivel ya no será necesario encapsular la invocación a un método (o servicio) porque podemos invocarlo directamente. Así que en este caso escribiremos una clase `ServiceLocatorRMI` que se limitará a hacer el *lookup* y a retornar la instancia del objeto remoto.

```
package libro.cap08.app.ver2;

import java.rmi.registry.LocateRegistry;
import java.rmi.registry.Registry;

public class ServiceLocatorRMI
{
   public static final String SERVER_IP = "127.0.0.1";
   public static final int SERVER_PORT = 1099;

   public static Object lookup(String objRemotoName)
   {
      try
      {
         Registry registry =
               LocateRegistry.getRegistry(SERVER_IP,SERVER_PORT);

         return registry.lookup(objRemotoName);
      }
      catch(Exception ex)
      {
         ex.printStackTrace();
         throw new RuntimeException(ex);
      }
   }
}
```

8.5.3 Desarrollo de un cliente de prueba

Veamos un programa en el que obtenemos una referencia al *facadeRemoto* utilizando el `ServiceLocatorRMI` y le invocamos sus métodos.

```
package libro.cap08.app.ver2;

import java.util.Collection;

public class ClientePruebaRMI
{
   public static void main(String[] args) throws Exception
   {
      // obtengo una referencia al objeto remoto
      FacadeRemoto f = (FacadeRemoto)
                       ServiceLocatorRMI.lookup("FacadeRemoto");

      // incovo un metodo
      Collection<String> sDepts = f.obtenerDepartamentos();

      for(String s:sDepts )
      {
         System.out.println(s);
      }

      // incovo otro metodo
      Collection<String> sEmps = f.obtenerEmpleados(1);

      for(String s:sEmps)
      {
         System.out.println(s);
      }
   }
}
```

8.5.4 Integración con la capa de presentación

Fácilmente, podemos escribir una nueva implementación de la *interface* Facade. En este caso, tendremos que obtener una referencia remota del objeto *facadeRemoto* y delegar el desarrollo de cada método en la llamada al método remoto correspondiente.

```
package libro.cap04;

import java.util.Collection;
import java.util.Vector;

import libro.cap08.app.ver1.UDto;
import libro.cap08.app.ver2.FacadeRemoto;
import libro.cap08.app.ver2.ServiceLocatorRMI;

public class FacadeRMIImple implements Facade
{
   public FacadeRemoto remoto;

   public FacadeRMIImple()
   {
```

```
      // obtengo el objeto remoto
      remoto=(FacadeRemoto)ServiceLocatorRMI.lookup("FacadeRemoto");
   }

   // sigue mas abajo
   // :
```

Como vemos, en el constructor utilizamos el `ServiceLocatorRMI` para hacer el *lookup* del objeto remoto y guardarlo en una variable de instancia para tenerlo disponible en los otros métodos.

Ahora veremos el código del método `obtenerDepartamentos` que se resuelve fácilmente invocando sobre el objeto remoto al método de igual nombre. También tendremos que convertir la `Collection<String>` que retorna el método remoto en una `Collection<DeptDTO>`. Esto lo haremos con la clase utilitaria `UDto`.

```
   // :
   // viene de mas arriba

   public Collection<DeptDTO> obtenerDepartamentos()
   {
      try
      {
         // delego la llamada
         Collection<String> coll = remoto.obtenerDepartamentos();

         // convierto la coleccion
         Vector<DeptDTO> ret = new Vector<DeptDTO>();
         for(String s:coll)
         {
            ret.add(UDto.stringToDeptDTO(s));
         }

         return ret;
      }
      catch(Exception ex)
      {
         ex.printStackTrace();
         throw new RuntimeException(ex);
      }
   }

   // sigue mas abajo
   // :
```

Solo queda por ver el código del método `obtenerEmpleados` cuyo análisis es análogo al del método anterior.

```
   // :
   // viene de mas arriba

   public Collection<EmpDTO> obtenerEmpleados(int deptno)
   {
      try
      {
         // delego la llamada
         Collection<String> coll = remoto.obtenerEmpleados(deptno);

         // convierto la coleccion
         Vector<EmpDTO> ret = new Vector<EmpDTO>();
         for(String s:coll)
         {
            ret.add(UDto.stringToEmpDTO(s));
         }
         return ret;
      }
      catch(Exception ex)
      {
         ex.printStackTrace();
         throw new RuntimeException(ex);
      }
   }
}
```

Ahora que ya tenemos programada la clase `FacadeRMIImple` que implementa `Facade` simplemente tenemos que modificar en el archivo factory.properties la línea que define la implementación de `Facade` que el *factory* debe levantar.

```
#FACADE=libro.cap04. FacadeTCPImple
#FACADE=libro.cap04.FacadeLocalImple
FACADE=libro.cap04.FacadeRMIImple
```

Con esto, simplemente corremos el programa cliente y ahora trabajará conectándose con el servidor RMI.

Lo anterior tiene un problema: en la clase `UFactory`, así fue programada, cada vez que invocamos el método `getInstancia` obtenemos una nueva instancia del objeto que especificamos en el argumento. Esto muchas veces es innecesario (de hecho, en todas las versiones de nuestra aplicación lo es), pero hasta ahora no he mencionado el tema por una cuestión de evitar sumar complicaciones.

Sin embargo, en el constructor de esta implementación de `Facade` (`FacadeRMIImple`) hacemos el *lookup* y guardamos la referencia al objeto remoto en una variable de instancia. Esto significa que cada vez que accedamos al *façade* a través del *factory* estaremos creando una nueva instancia, lo que implica volver a hacer el *lookup* del objeto remoto (*overhead*).

La solución a este problema consiste en modificar el *factory* para que nos permita decidir, por cada clase, si queremos una nueva instancia o la misma y única instancia ya existente (*singleton*).

Por el momento me voy a permitir dejar pendiente este tema ya que lo trataremos en detalle en el Capítulo 12.

8.5.5 El Business Delegate

Notemos que las implementaciones `FacadeTCPImple` y `FacadeRMIImple` prácticamente delegan la tarea que desarrollan en sus métodos invocando a otro método que se ocupa de enviar y recibir los datos a través de la red. Los métodos de `FacadeTCPImple` delegan en los métodos de `ServiceLocatorTCP` mientras que los métodos de `FacadeRMIImple` lo hacen en los métodos del objeto remoto.

Este tipo de implementaciones del *façade* surgen de aplicar un patrón de diseño: el *Business Delegate*. Esto es: un *façade* local que encapsula el hecho de que los métodos en realidad se resuelven remotamente.

8.6 Concurrencia y acceso a la base de datos

En un esquema de tres capas físicas, es el *server* quien se ocupa de establecer la conexión con la base de datos. Los clientes se conectan al *server* e invocan sus servicios y es este quien, de ser necesario, accede a la base de datos para modificar y/o recuperar información.

Como potencialmente son varios los clientes que podrían conectarse a la vez, si en el *server* manejamos una única conexión con la base de datos, esta será compartida entre los diferentes clientes que accedan concurrentemente.

Recordemos que los métodos `commit` y `rollback` dependen de la conexión (del objeto `con`), por lo tanto, podría darse el caso de que un cliente (un hilo) se encuentre ejecutando *updates* y otro (que finalizó primero) ejecute el `commit` o el `rollback` haciendo permanentes o dejando sin efecto los *updates* del otro.

Un *server* con múltiples clientes y una única conexión con la base de datos podría ser válido si los clientes solo realizarán consultas pero si además vamos a permitir que los clientes efectúen modificaciones entonces decimos que el modelo no es *"thread safe"* o bien que es "inseguro en casos de concurrencia".

Lo anterior se solucionaría fácilmente haciendo que cada cliente trabaje con su propia conexión de base de datos (instanciándola al inicio del método `run` y cerrándola cuando este método finaliza) pero esto que soluciona el problema de la concurrencia trae un nuevo problema relacionado con la escalabilidad de la aplicación ya que si la cantidad de clientes concurrentes que esperamos no es acotada podríamos necesitar establecer muchas más conexiones de las que nuestra base de datos y/o hardware puedan soportar.

Pensemos en una aplicación puesta en Internet como podría ser el caso de *Amazon*. ¿Cuántos clientes acceden a la vez a su aplicación? Seguramente, son bastantes. ¿Puede nuestra base de datos soportar tantas conexiones abiertas a la vez? Por otro lado, abrir y cerrar las conexiones constantemente traería aparejado un excesivo *overhead* que de ninguna manera sería aceptable.

8.6.1 El pool de conexiones

La verdadera solución al problema de la concurrencia y la escalabilidad de la aplicación consiste en implementar un *pool* de conexiones.

Un *pool* de conexiones no es más que un conjunto de *n* conexiones preinstanciadas. Cuando un cliente necesita una conexión simplemente se la pide al *pool*, la utiliza y luego la devuelve. Esa misma conexión, más tarde, podría ser "prestada" a otro cliente quien luego de utilizarla, también la devolverá.

El funcionamiento del *pool* de conexiones es análogo al funcionamiento de una biblioteca. La biblioteca puede tener 10000 socios pero no por eso va a tener 10000 ejemplares de cada libro.

Supongamos que de un libro muy demandado la biblioteca tiene 5 ejemplares. Cuando llega un socio en busca de este libro el bibliotecario le prestará uno de los ejemplares. Si llega otro socio buscando el mismo libro se llevará otro ejemplar y si llega otro socio más buscando el libro se llevará otro ejemplar quedando aún dos ejemplares en la estantería. Cuando uno de los socios termine de leer el libro lo devolverá a la biblioteca y ese mismo ejemplar podrá ser prestado al próximo socio que lo requiera.

8.6.2 Implementación de un pool de conexiones

Analizaremos cómo implementar un *pool* de conexiones básico de la manera más sencilla posible.

Para comenzar definiremos todos los parámetros en un archivo de propiedades que llamaremos "connectionpool.properties". Este archivo debe estar ubicado en el *package root* y tendrá el siguiente contenido:

```
# -- DATOS DE LA CONEXION --
usr=sa
pwd=
driver=org.hsqldb.jdbcDriver
url=jdbc:hsqldb:hsql://localhost/xdb

# -- DATOS DEL POOL DE CONEXIONES --
minsize=3
maxsize=8
steep=2
```

Como vemos, además de definir los parámetros propios de la conexión con la base de datos definimos también parámetros para el funcionamiento del *pool*. Estos parámetros indican lo siguiente:

- `minsize` – Al inicio el *pool* creará `minsize` conexiones con la base de datos.
- `maxsize` – De ser necesario, durante la ejecución del programa la cantidad anterior se podrá incrementar hasta un máximo de `maxsize` conexiones.
- `steep` – Cada vez que se agoten las conexiones disponibles, si la cantidad actual de conexiones no supera a `maxsize` entonces el *pool* creará `steep` nuevas conexiones.

Volviendo al ejemplo de la biblioteca y considerando los valores de los parámetros definidos en el archivo connectionpool.properties podemos decir que: tenemos 3 (`minsize`) ejemplares de un libro para prestar a los socios que lo requieran pero si en un momento dado los tres ejemplares están prestados y otro socio viene a pedir el libro entonces estamos autorizados a comprar 2 (`steep`) ejemplares más, siempre y cuando no superemos la cantidad máxima de 8 (`maxsize`) ejemplares.

La estrategia para codificar el *pool* de conexiones será la siguiente:

En el constructor instanciaremos `minsize` conexiones y las vamos a mantener en un *vector* que llamaremos `libres` (ya que al inicio estas conexiones estarán libres).

Definiremos dos métodos: `getConnection` y `releaseConnection`. El primero para "pedir prestada" una conexión y el segundo para devolverla.

En el método `getConnection`, tomaremos la primera conexión del *vector* `libres` (siempre y cuando este tenga elementos), la pasaremos a otro *vector* que llamaremos `usadas` y luego retornaremos una referencia a esta conexión.

Si se invoca al método `getConnection` y el *vector* `libres` no tiene elementos entonces instanciaremos *n* nuevas conexiones siendo *n* el mínimo valor entre `steep` y *m*, donde *m* es la diferencia entre `maxsize` y `usadas.size()`.

Notemos que los métodos `getConnection` y `releaseConnection` deben ser sincronizados. Por otro lado, el *pool* tiene que ser único para toda la aplicación (único por máquina virtual) por esto implementamos un *singleton pattern* para garantizar que así sea.

Veamos el código:

```
package libro.cap08.app.sql;

import java.sql.Connection;
import java.sql.DriverManager;
import java.util.ResourceBundle;
import java.util.Vector;

public class ConnectionPool
{
   private Vector<Connection> libres;
   private Vector<Connection> usadas;

   private String url;
   private String driver;
   private String usr;
   private String pwd;

   private int minsize;
   private int maxsize;
   private int steep;

   private static ConnectionPool pool = null;

   // sigue mas abajo
   // :
```

En este fragmento de código, definimos las variables en las que vamos a almacenar todos los parámetros y también definimos la instancia única de `ConnectionPool` a la que solo se podrá acceder a través del método estático `getPool` que veremos más adelante.

```
   private ConnectionPool()
   {
      try
      {
         ResourceBundle rb = ResourceBundle
                              .getBundle("connectionpool");
```

```
            // obtengo los parametros de la conexion
            url = rb.getString("url");
            driver = rb.getString("driver");
            usr = rb.getString("usr");
            pwd = rb.getString("pwd");

            // levanto el driver
            Class.forName(driver);

            // obtengo los parametros del pool
            minsize = Integer.parseInt(rb.getString("minsize"));
            maxsize = Integer.parseInt(rb.getString("maxsize"));
            steep = Integer.parseInt(rb.getString("steep"));

            libres = new Vector<Connection>();
            usadas = new Vector<Connection>();

            // instancio las primeras n conexiones
            _instanciar(minsize);
        }
        catch( Exception ex )
        {
            ex.printStackTrace();
            throw new RuntimeException(ex);
        }
    }

    public String toString()
    {
        return "libres: " + libres.size() +
            ", usadas: " + usadas.size();
    }
```

El constructor es privado. Esto significa que la única manera de acceder a una instancia de `ConnectionPool` será a través del método estático `getPool` cuyo código vemos a continuación.

```
    public synchronized static ConnectionPool getPool()
    {
        if( pool == null )
        {
            pool = new ConnectionPool();
        }

        return pool;
    }
```

Notemos que en el método `getPool` instanciamos al *pool* invocando al constructor dentro del cual establecíamos la cantidad inicial de conexiones. Dado que pueden haber varios hilos compitiendo por obtener el *pool* (es decir, invocando a este método) resulta que el método `getPool` también tiene que ser sincronizado.

Veamos ahora el código del método `getConnection`.

```
public synchronized Connection getConnection()
{
   if( libres.size() == 0 )
   {
      if( !_crearMasConexiones() )
      {
         throw new RuntimeException("No hay conexiones disponibles");
      }
   }

   Connection con = libres.remove(0);
   usadas.add(con);
   return con;
}

private boolean _crearMasConexiones()
{
   int actuales = libres.size() + usadas.size();
   int n = Math.min(maxsize - actuales,steep);

   if( n > 0 )
   {
      System.out.println("Creando "+n+" conexiones nuevas...");
      _instanciar(n);
   }

   return n > 0;
}
```

Comenzamos el método preguntando: "si se acabaron las conexiones libres y no podemos crear nuevas conexiones" entonces tiramos una excepción indicando al cliente que no podrá obtener lo que busca. Si este no es el caso entonces tomamos la primera conexión del *vector* `libres`, la pasamos al *vector* `usadas` y retornamos la referencia al llamador.

Ahora veremos el método privado `_instanciar` que recibe el parámetro `n`, instancia `n` conexiones y las agrega al *vector* de conexiones libres.

```
private void _instanciar(int n)
{
   try
   {
      Connection con;

      for( int i = 0; i < n; i++ )
      {
         con = DriverManager.getConnection(url,usr,pwd);
         con.setAutoCommit(false);
         libres.add(con);
      }
   }
   catch( Exception ex )
   {
      ex.printStackTrace();
      throw new RuntimeException(ex);
```

```
      }
   }

   public synchronized void releaseConnection(Connection con)
   {
      boolean ok = usadas.remove(con);
      if( ok )
      {
         libres.add(con);
      }
      else
      {
         throw new RuntimeException(
                     "Me devuelve una conexion que no es mia...");
      }
   }
```

En el método `releaseConnection`, recibimos la conexión que el cliente (el hilo) quiere devolver. La removemos del *vector* de conexiones usadas y la agregamos al *vector* de conexiones libres. Si la conexión no existe en el *vector* de conexiones usadas, será porque se trata de un error.

Por último, veremos el método `close` que cierra todas las conexiones abiertas.

```
   public synchronized void close()
   {
      try
      {
         // cierro las conexiones libres
         for(Connection con: libres)
         {
            con.close();
         }

         // cierro las conexiones usadas
         for(Connection con: usadas)
         {
            con.close();
         }
      }
      catch(Exception ex)
      {
         ex.printStackTrace();
         throw new RuntimeException(ex);
      }
   }
}
```

8.6.3 Integración con los servidores TCP y RMI

Para integrar el *pool* de conexiones con los servidores que estudiamos más arriba tendremos que modificar el código de los objetos DAO ya que son estos quienes acceden a la conexión utilizando la clase `UConnection`.

Las modificaciones a aplicar son básicamente:

Reemplazar el uso de `UConnection.getConnection()` por `ConnectionPool.getPool().getConnection()`.

En el *finally* se debe devolver la conexión para que el *pool* la pueda asignar a otro hilo que la requiera.

Veamos como ejemplo el código del método `buscarTodos` de la clase `DeptDAO`.

```
// ...
public class DeptDAO
{
   public Collection<DeptDTO> buscarTodos()
   {
      Connection con = null;
      PreparedStatement pstm = null;
      ResultSet rs = null;

      try
      {
         // tomo una conexion del pool
         con = ConnectionPool.getPool().getConnection();

         // :
         // la uso como antes...
         // :
      }
      catch(Exception ex)
      {
         // :
      }
      finally
      {
         try
         {
            if( rs!=null ) rs.close();
            if( pstm!=null ) pstm.close();

            // devuelvo la conexion al pool
            if( con!=null )
            {
               ConnectionPool.getPool().releaseConnection(con);
            }
         }
         // ...
      }
      // ...
   }
}
```

8.7 Resumen

En este capítulo desarrollamos una aplicación cliente/servidor dividida en capas físicas y lógicas.

Programamos el servidor con diferentes tecnologías (TCP, RMI) y logramos que estos cambios no generen ningún impacto negativo en la capa cliente.

El objetivo ahora será programar más a bajo nivel para desarrollar herramientas que nos permitan generalizar tareas rutinarias y repetitivas.

Con miras a este objetivo, en los próximos capítulos estudiaremos los conceptos de "estructuras de datos", XML e Introspección de clases y objetos *(reflection)*.

Estructuras de datos dinámicas

9

Contenido

Objetivos del capítulo

- Aprender sobre estructuras de datos dinámicas y conocer las clases que Java provee para encapsular y utilizar dichas estructuras.
- Conocer y utilizar la clase `Hashtable`.

9.1 Introducción

Las estructuras de datos representan formas de almacenar y organizar conjuntos de datos del mismo tipo. Además, deben proveer mecanismos de acceso rápidos, ágiles y eficientes.

Llamamos "algoritmo" al conjunto (finito) de pasos con los que resolvemos un determinado problema computacional.

Las estructuras de datos son el soporte fundamental de los algoritmos y la elección de una estructura adecuada facilita notablemente su desarrollo. Por el contrario, si la estructura de datos elegida como soporte para la resolución de un determinado algoritmo no es la indicada entonces su desarrollo se tornará excesivamente complejo.

Obviamente, más allá de lo simple o complicada que pueda resultar la programación de un algoritmo en función de la estructura de datos elegida, **existe una relación directa entre el rendimiento del algoritmo y la estructura de datos** lo que hace que, en determinadas situaciones, la elección de la estructura de datos sea un tema crítico.

Podemos clasificar las estructuras de datos en dos grupos: las estructuras estáticas y las estructuras dinámicas. Esta clasificación está relacionada con la capacidad que tiene la estructura para incorporar o deshacerse de elementos a medida que sea necesario.

Los *arrays* (por ejemplo) son estructuras de datos estáticas. Si definimos un *array* de *n* elementos, entonces podremos almacenar en este a lo sumo *n* elementos. Independientemente de esto, el *array* insumirá una cantidad fija de memoria de *n * t bytes* siendo *t* la longitud del tipo de dato definido para el *array*.

En cambio, un *vector* (un objeto de la clase `Vector`), por ejemplo, "representa" una estructura dinámica ya que nos permite almacenar tantos elementos como necesitemos, siempre y cuando tengamos memoria disponible. En un *vector* podemos agregar y eliminar elementos haciendo aumentar o disminuir la cantidad de memoria que ocupa.

El *vector* no es en sí mismo una estructura de datos. En realidad, la clase `Vector` encapsula y mantiene una estructura de datos interna en la cual almacena la información.

En este capítulo repasaremos las principales estructuras de datos dinámicas y analizaremos las clases de la biblioteca que Java provee relacionadas a este tema.

9.2 Estructuras dinámicas

Las estructuras dinámicas permiten almacenar una cantidad variable de datos. Pueden crecer o decrecer según sea necesario incrementando o decrementando la cantidad de memoria que ocupan.

En general la estructuras dinámicas se forman encadenando unidades de información llamadas "nodo". Una estructura dinámica se compone de un conjunto de nodos enlazados entre sí más un conjunto de operaciones asociadas a través de las cuales podemos manipular y acceder al conjunto de nodos y a la información que estos contienen.

9.2.1 El nodo

Llamamos así a la unión de un dato más una referencia (o dirección de memoria) a otro nodo.

En Java podemos implementar un nodo como una clase con dos atributos: el dato (lo llamaremos `info`) y la referencia a otro nodo (la llamaremos `ref`). Dado que, en general, se espera que la estructura contenga datos homogéneos podemos hacer que la clase `Nodo` sea genérica en `T` de forma tal que el tipo de dato del atributo `info` será `T` mientras que el tipo de dato de la referencia al otro nodo será `Nodo<T>`.

```
package libro.cap09;

public class Nodo<T>
{
   private T info;
   private Nodo<T> ref;

   // :
   // setters y getters
   // :
}
```

En una instancia de `Nodo<T>`, podemos almacenar una unidad de información y la referencia a otro nodo. Si pensamos en varias instancias de `Nodo<T>` donde cada una tiene la referencia a la próxima podemos visualizar una lista de nodos. Una "lista enlazada".

9.2.2 Lista enlazada (linked list)

La lista enlazada es la estructura dinámica básica y funciona como base para otras estructuras. **Consiste en un conjunto de nodos donde cada nodo mantiene una referencia al siguiente nodo de la lista**. El acceso a la lista siempre será a partir del primer nodo, por lo tanto tenemos que mantenerlo referenciado.

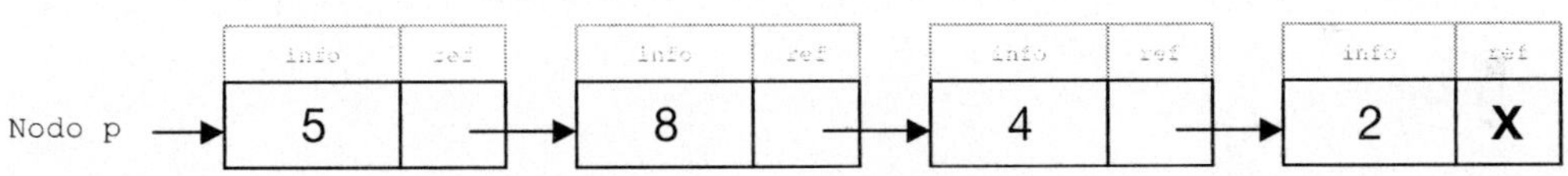

Fig. 9.1 Lista enlazada.

Recordemos que las estructuras se definen como un conjunto de nodos enlazados más un conjunto de operaciones. Las principales operaciones que podemos aplicar sobre una lista enlazada son: `agregarAlFinal`, `agregarAlPrincipio`, `buscar` y `eliminar`.

Veamos la clase `ListaEnlazada` en la que encapsularemos el acceso a lista enlazada de nodos manteniendo en la variable de instancia `p` la referencia al primer nodo de la lista.

```
package libro.cap09;

public class ListaEnlazada<T>
{
   // referencia al primer nodo de la lista
   private Nodo<T> p = null;

   public void agregarAlFinal(T v)
   {
      // creo un nodo nuevo
      Nodo<T> nuevo = new Nodo<T>();
      nuevo.setInfo(v);
      nuevo.setRef(null);
```

```
      // si la lista todavia no tiene elementos...
      if( p==null )
      {
         // el nuevo nodo sera el primero
         p = nuevo;
         return;
      }

      // recorro la lista hasta que aux apunte al ultimo nodo
      Nodo<T> aux;
      for(aux=p; aux.getRef() != null; aux=aux.getRef() );

      // enlazo el nuevo nodo como siguiente del ultimo
      aux.setRef(nuevo);
   }

   // sigue mas abajo
   // :
```

En este fragmento de código, vemos el método `agregarAlFinal` que recibe un valor de tipo `T` y lo agrega al final de la lista.

La estrategia del algoritmo que utilizamos para resolver este método es la siguiente:

- Creamos un nuevo nodo y le asignamos el valor *v* en su atributo *info*.
- Si la lista aún no tiene elementos entonces este nodo será el primero.
- Si la lista tiene elementos, la recorremos hasta encontrar el último nodo.
- Al (hasta ahora) último nodo de la lista le asignamos como siguiente la referencia al nuevo nodo. Es decir: "el último apunta al nuevo", por lo tanto ahora "el nuevo es el último".

Recordemos que en Java los objetos siempre representan referencias o punteros.

A continuación, veremos el código del método `agregarAlPrincipio`.

```
   // :
   // viene de mas arriba

   public void agregarAlPrincipio(T v)
   {
      Nodo<T> nuevo = new Nodo<T>();
      nuevo.setInfo(v);
      nuevo.setRef(p);
      p = nuevo;
   }

   // sigue mas abajo
   // :
```

La estrategia aquí es simple: creamos el nuevo nodo. Como este nodo debe convertirse en el primer nodo de la lista entonces su siguiente será `p`. Es decir, `p` pasará a ser el segundo (o el siguiente del primero). Luego hacemos que `p` apunte al nuevo con lo que `p`, ahora, quedará apuntando (nuevamente) al primer nodo de la lista.

Para resolver el método `buscar`, simplemente tenemos que recorrer la lista nodo por nodo mientras que el valor `info` del nodo actual sea distinto del valor `v` que estamos buscando y, obviamente, no se termine la lista. Luego retornamos una referencia al nodo que encontramos o `null` para indicar que la lista no tiene ningún nodo con ese valor.

```
// :
// viene de mas arriba

public Nodo<T> buscar(T v)
{
   Nodo<T> aux = p;
   while( aux!=null && !aux.getInfo().equals(v) )
   {
      aux=aux.getRef();
   }

   return aux;
}

// sigue mas abajo
// :
```

Para resolver el método `eliminar`, primero recorremos la lista buscando la primera ocurrencia de un nodo cuyo valor en `info` sea `v`. El objetivo es, una vez encontrado, desenlazarlo y retornarlo al llamador.

Dado que en cada nodo solo tenemos la referencia al siguiente, a medida que realizamos la búsqueda tendremos que guardar la referencia al nodo anterior para poder hacer que el siguiente de este pase a ser el siguiente del nodo que vamos a eliminar y así desenlazarlo.

```
// :
// viene de mas arriba

public Nodo<T> eliminar(T v)
{
   Nodo<T> act=p,ant=null;

   // busco el nodo a eliminar
   while(act!=null && !act.getInfo().equals(v))
   {
      ant=act;
      act=act.getSig();
   }

   // lo encontre al principio
   if( act != null && ant == null )
   {
      Nodo<T> ret = act;
      p = act.getSig();
      return ret;
   }

   // lo encontre por el medio
   if( act != null && ant!=null )
   {
```

```
            Nodo<T> ret = act;
            ant.setSig(act.getSig());
            return ret;
        }

        return null;
    }

    // sigue mas abajo
    // :
```

Una vez encontrado el nodo que contiene el valor que queremos eliminar de la lista, caben las siguientes situaciones:

1. El nodo a eliminar es el primero. Si este fuera el caso, entonces el puntero al nodo anterior será `null` ya que el programa no habrá ingresado al ciclo `while`. Para desenlazar el primer nodo, simplemente tenemos que hacer que `p` (puntero al primero) apunte a su siguiente.
2. El nodo a eliminar no es el primero. Es decir, está por el medio o bien es el último. En este caso, necesitamos la referencia al nodo anterior para hacer que su siguiente pase a apuntar al siguiente nodo del que estamos por eliminar.
3. Si no es alguno de los casos anteriores, será porque la lista no tiene ningún nodo con un valor `info` igual a `v`. En este caso, retornamos `null` para indicar esta situación al llamador.

Para terminar, podemos sobrescribir el método `toString`. No cuesta nada y será muy útil para ayudar a probar el correcto funcionamiento de la lista.

```
    // :
    // viene de mas arriba

    public String toString()
    {
        String x="";

        Nodo<T> aux = p;
        while( aux!=null )
        {
            x+=""+aux.getInfo()+(aux.getRef()!=null?", ":"");
            aux=aux.getRef();
        }

        return x;
    }
}
```

Ahora podemos probar la clase `ListaEnlazada` con el siguiente programa.

```java
package libro.cap09;

public class TestListaEnlazada
{
   public static void main(String[] args)
   {
      // instancio una lista enlazada
      ListaEnlazada<Integer> x = new ListaEnlazada<Integer>();

      // le agrego elementos
      x.agregarAlFinal(4);
      x.agregarAlFinal(5);
      x.agregarAlFinal(6);

      x.agregarAlPrincipio(3);
      x.agregarAlPrincipio(2);
      x.agregarAlPrincipio(1);

      // muestro el contenido de la lista
      System.out.println(x);

      // verifico si existe un nodo con valor 6
      System.out.println(x.buscar(6));

      // verifico si existe un nodo con valor 15
      System.out.println(x.buscar(15));

      // elimino el nodo cuyo valor es 3
      x.eliminar(3);

      // vuelvo a mostrar la lista
      System.out.println(x);
   }
}
```

La salida de este programa será:

```
1, 2, 3, 4, 5, 6
libro.cap09.Nodo@1372a1a
null
1, 2, 4, 5, 6
```

9.2.3 Pila (stack)

Llamamos "pila" a una estructura de datos de acceso restrictivo en la que el último elemento que se agregue siempre será el primero que se saque. A este tipo de estructuras se las llama LIFO (*Last In First Out*). El lector recordará que este tema lo estudiamos en el Capítulo 2 cuando explicamos "colecciones de objetos".

Las operaciones asociadas a una pila son: `apilar` y `desapilar` (o en inglés *"push"* y *"pop"*). Implementaremos una pila sobre una lista enlazada en la cual para apilar un elemento siempre lo agregaremos al principio de la lista y para desapilarlo simplemente eliminaremos el primero y lo retornaremos.

El código de la clase `Pila` es el siguiente:

```
package libro.cap09;

public class Pila<T>
{
   Nodo<T> p;

   public void apilar(T v)
   {
      Nodo<T> nuevo = new Nodo<T>();
      nuevo.setInfo(v);
      nuevo.setRef(p);
      p = nuevo;
   }

   public Nodo<T> desapilar()
   {
      Nodo<T> ret=p;

      if( p!=null )
      {
         p = p.getRef();
      }

      return ret;
   }
}
```

9.2.4 Cola (queue)

En el Capítulo 2, también estudiamos esta estructura. Recordemos que **una cola es una estructura de acceso restrictivo en la cual el primer elemento que se agrega siempre será el primero que se saque**. A este tipo de estructuras lo llamamos FIFO (*First In First Out*). La cola tiene dos operaciones asociadas: `encolar` y `desencolar`.

Existen dos maneras de implementar una cola. La primera consiste en mantener dos referencias: una apuntando al primer nodo de la lista (`p`) y otra apuntando al último (`q`). Así, cuando encolamos siempre agregamos un nodo al final de la lista y cuando desencolamos eliminamos el nodo del principio.

```
package libro.cap09;

public class Cola1<T>
{
   private Nodo<T> p = null;
   private Nodo<T> q = null;

   public void encolar(T v)
   {
```

```
      Nodo<T> nuevo = new Nodo<T>();
      nuevo.setInfo(v);
      nuevo.setRef(null);

      // si la cola esta vacia
      if( p == null )
      {
         p=nuevo;
      }
      else
      {
         q.setRef(nuevo);
      }

      q = nuevo;
   }

   public Nodo<T> desencolar()
   {
      Nodo<T> ret = p;

      if( p!=q )
      {
         p = p.getRef();
      }
      else
      {
         p = null;
         q = null;
      }

      return ret;
   }
}
```

9.2.5 Implementación de una cola sobre una lista circular

La otra forma de implementar una cola es sobre una lista circular. Esto es: una lista donde la referencia del último nodo siempre apunta al primero. En este caso, tenemos que mantener un único puntero apuntando al último elemento que ingresó a la cola.

Veamos el siguiente gráfico.

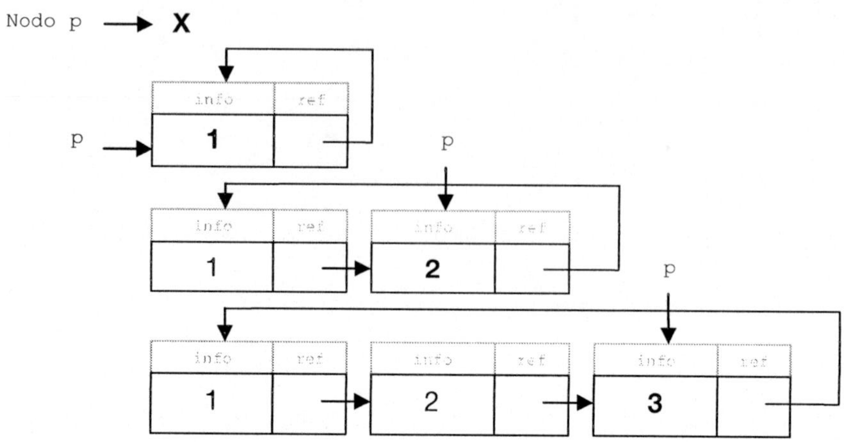

Fig. 9.2 Cola implementada sobre una lista circular.

En este gráfico vemos una cola implementada sobre una lista circular. La interpretación es la siguiente: mantenemos un único puntero que al principio apuntará a `null`. Luego encolamos un valor (en el ejemplo es el valor número 1). El puntero `p` pasa a apuntar al último nodo que se agregó y el siguiente de este pasa a apuntar al primer nodo de la lista. Claro que en este caso el último y el primero son el mismo nodo.

Luego encolamos el valor 2. Vemos que el puntero `p` pasa a apuntar al último nodo que se encoló mientras que el siguiente de este siempre apuntará al primero.

Cuando llegue el momento de desencolar un nodo, siempre desencolaremos "el siguiente de `p`".

El código fuente es:

```java
package libro.cap09;

public class Cola2<T>
{
   private Nodo<T> p = null;

   public void encolar(T v)
   {
      Nodo<T> nuevo = new Nodo<T>();
      nuevo.setInfo(v);

      if( p==null )
      {
         nuevo.setRef(nuevo);
      }
      else
      {
         nuevo.setRef(p.getRef());
         p.setRef(nuevo);
      }

      p = nuevo;
   }
```

```
   public Nodo<T> desencolar()
   {
      // retorno el siguiente de p
      Nodo<T> ret = p.getRef();

      if( p.getRef() == p )
      {
         p = null;
      }
      else
      {
         Nodo<T> aux = p.getRef();
         p.setRef(aux.getRef());
      }

      return ret;
   }
}
```

Con el siguiente programa podemos probar cualquiera de las dos implementaciones de cola.

```
package libro.cap09;

public class TestCola
{
   public static void main(String[] args)
   {
      Cola2<Integer> c = new Cola2<Integer>();
      c.encolar(1);
      c.encolar(2);
      c.encolar(3);

      System.out.println(c.desencolar().getInfo());
      c.encolar(4);
      c.encolar(5);
      System.out.println(c.desencolar().getInfo());
      System.out.println(c.desencolar().getInfo());
      System.out.println(c.desencolar().getInfo());
      System.out.println(c.desencolar().getInfo());
   }
}
```

La salida será:

```
1
2
3
4
5
```

NOTA: Es importante recordar que no es nuestra responsabilidad liberar la memoria que alocamos. De esto se ocupa el *Garbage Collector*.

9.2.6 Clases `LinkedList`, `Stack` y `Queue`

Java provee las clases `LinkedList` (lista enlazada), `Stack` (pila) y la *interface* `Queue` (cola). Todas ubicadas en el paquete `java.util`.

Dado que la clase `LinkedList` implementa la *interface* `Queue` podemos utilizar esta *interface* para acotar el conjunto de métodos de la clase y limitarnos a ver solo aquellos que tienen que ver con las restricciones que impone una cola.

Veamos un ejemplo.

```
package libro.cap09;

import java.util.LinkedList;
import java.util.Queue;

public class DemoQueue
{
   public static void main(String[] args)
   {
      Queue<Integer> q = new LinkedList<Integer>();
      q.offer(1);
      q.offer(2);
      q.offer(3);
      System.out.println(q.poll());
      System.out.println(q.poll());
      q.offer(4);
      q.offer(5);
      System.out.println(q.poll());
      System.out.println(q.poll());
      System.out.println(q.poll());
   }
}
```

9.2.7 Tablas de dispersión (`Hashtable`)

Una tabla de dispersión (`Hashtable`) **es una estructura de datos que permite mantener elementos asociados a una determinada clave (usualmente un *string*)**. Luego, el acceso a cada elemento se hará especificando el valor de esta clave (*key*) de acceso.

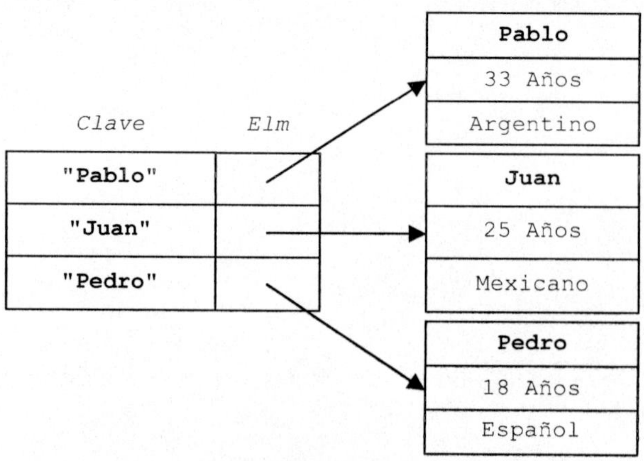

Fig. 9.3 Tabla de dispersión (o *Hashtable*).

En el gráfico vemos una *hashtable* que contiene "personas", cada una relacionada con su nombre como clave de acceso.

El algoritmo consiste en utilizar una función matemática para obtener, a partir de la clave, un número entero que, luego, se utilizará como índice de acceso en un *array*. A este número se lo denomina *hashcode*. Todos los objetos heredan de la clase base `Object` el método `hashCode`, por este motivo, podemos utilizar cualquier tipo de objeto como clave de acceso a una *hashtable* aunque, como dijimos más arriba, en general se utiliza un *string*.

Java provee la clase `Hashtable` (ubicada en el paquete `java.util`) cuya funcionalidad estudiaremos en el siguiente ejemplo.

Definiremos una clase `Persona` con tres atributos y utilizaremos una *hashtable* para contener personas y accederlas utilizando su nombre como clave de acceso.

```
package libro.cap09;

public class Persona
{
   private String nombre;
   private int edad;
   private String nacionalidad;

   public Persona(String nombre, int edad, String nacionalidad)
   {
      this.nombre = nombre;
      this.edad = edad;
      this.nacionalidad = nacionalidad;
   }

   public String toString()
   {
      return nombre+", "+edad+" anios, "+nacionalidad;
   }

   // :
   // setters y getters...
   // :
}
```

Veamos ahora el ejemplo en donde utilizamos una *hashtable*.

```
package libro.cap09;

import java.util.Enumeration;
import java.util.Hashtable;

public class TestHashtable
{
   public static void main(String[] args)
   {
      // instancio varias personas
      Persona p1 = new Persona("Pablo",33,"Argentino");
      Persona p2 = new Persona("Juan",25,"Mexicano");
      Persona p3 = new Persona("Pedro",18,"Espanol");
```

```
      // creo la tabla de hash
      Hashtable<String,Persona> tabla =
                              new Hashtable<String, Persona>();

      // agrego las personas a la tabla tomando su nombre como clave
      tabla.put(p1.getNombre(), p1);
      tabla.put(p2.getNombre(), p2);
      tabla.put(p3.getNombre(), p3);

      // acceso a cada elemento de la tabla por su clave
      System.out.println( tabla.get("Pablo") );
      System.out.println( tabla.get("Juan") );
      System.out.println( tabla.get("Pedro") );

      // en este caso la tabla retornara null ya que no hay ningun
      // objeto asociado a la clave "Rolo"
      System.out.println( tabla.get("Rolo") );

      // obtengo una enumeracion de las clave existentes en la tabla,
      // la recorro y por cada una accedo al elemento asociado para
      // mostrar "clave = valor"
      String aux;
      Enumeration<String> keys = tabla.keys();

      while( keys.hasMoreElements() )
      {
         aux = keys.nextElement();
         System.out.println(aux+" = "+tabla.get(aux));
      }
   }
}
```

La salida de este programa será:

```
Pablo, 33 anios, Argentino
Juan, 25 anios, Mexicano
Pedro, 18 anios, Español
null
Pablo = Pablo, 33 anios, Argentino
Pedro = Pedro, 18 anios, Espanol
Juan = Juan, 25 anios, Mexicano
```

Notemos que la enumeración que retorna el método `keys` (que invocamos sobre la *hashtable* casi al final del programa) no respeta el orden original en que se agregaron los elementos. En el programa primero agregamos a "Pablo", luego a "Juan" y por último a "Pedro", sin embargo en la consola, cuando recorremos la enumeración, el orden en que aparecen los objetos es: "Pablo", "Pedro" y "Juan". Esto, a veces, puede convertirse en un problema.

9.2.8 Estructuras de datos combinadas

La *hashtable* permite almacenar elementos relacionándolos con una clave de acceso. Sin embargo, si agregamos un elemento asociado a una clave ya existente estaremos pisando al elemento anterior quedando en la tabla solo el último de los elementos asociados a dicha clave.

Con la siguiente estructura de datos, podríamos solucionar este problema:

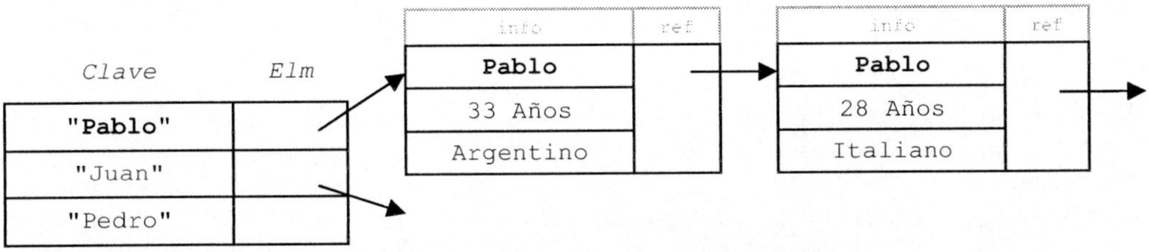

Fig. 9.4 *Hashtable* de listas enlazadas.

Esta estructura representa una *hashtable* donde cada elemento es una lista enlazada de (en este caso) personas con el mismo nombre (clave).

Encapsularemos el uso de esta estructura de datos combinada en la clase `Hashtable2` cuyo código vemos a continuación.

```
package libro.cap09;
import java.util.Collection;
import java.util.Hashtable;
import java.util.LinkedList;
import java.util.Vector;

public class Hashtable2<T>
{
   private Hashtable<String,LinkedList<T>> tabla;
   private Vector<String> claves;

   public Hashtable2()
   {
      tabla = new Hashtable<String, LinkedList<T>>();
      claves = new Vector<String>();
   }

   public void put(String key,T elm)
   {
      LinkedList<T> lst = tabla.get(key);
      if( lst == null )
      {
         lst = new LinkedList<T>();
         tabla.put(key,lst);
         claves.add(key);
      }
      lst.addLast(elm);
   }

   public LinkedList<T> get(String key)
   {
      return tabla.get(key);
   }

   public Collection<String> keys()
   {
      return claves;
   }
}
```

Para respetar la nomenclatura de los métodos de la clase `Hashtable`, aquí también definimos los métodos `put` y `get` para agregar y obtener elementos de la tabla.

En la clase `Hashtable2`, tenemos una instancia de `Hashtable`. Decimos que `Hashtable2` *wrappea* (envuelve) el acceso a esta variable de instancia.

Cada vez que invoquemos al método `put` con una nueva clave, la *hashtable* `tabla` no tendrá ningún elemento asociado con esta. Por tal motivo, primero verificamos si existe algún elemento asociado a la clave y si no existe entonces instanciamos una *linkedlist*, la agregamos a la tabla y luego le agregamos el elemento.

Para solucionar el (a veces) problema de mantener el orden original en el que se agregan las claves a la tabla, utilizamos un *vector*. En el método `put`, cada vez que detectamos que ingresa una nueva clave, la agregamos al *vector* `claves` y proveemos un método `keys` que lo retorna.

Ahora podemos probar el funcionamiento de esta clase con el siguiente programa.

```
package libro.cap09;

import java.util.Collection;
import java.util.LinkedList;

public class TestHashtable2
{
   public static void main(String[] args)
   {
      Hashtable2<Integer> ht = new Hashtable2<Integer>();
      ht.put("par",2);
      ht.put("par",4);
      ht.put("par",6);
      ht.put("impar",1);
      ht.put("par",8);
      ht.put("impar",3);
      ht.put("impar",5);
      ht.put("par",10);
      ht.put("impar",7);
      ht.put("impar",9);

      LinkedList<Integer> pares = ht.get("par");
      for(Integer i: pares)
      {
         System.out.println(i);
      }

      LinkedList<Integer> impares = ht.get("impar");
      for(Integer i: impares)
      {
         System.out.println(i);
      }

      Collection<String> keys = ht.keys();
      for(String k: keys)
      {
         System.out.println(k);
      }
   }
}
```

9.2.9 Árboles

Los árboles son estructuras de datos recursivas que se forman cuando enlazamos nodos que tienen más de una referencia a otros nodos del mismo tipo.

En el siguiente gráfico, vemos un árbol cuyos nodos tienen dos referencias (`ref1` y `ref2`).

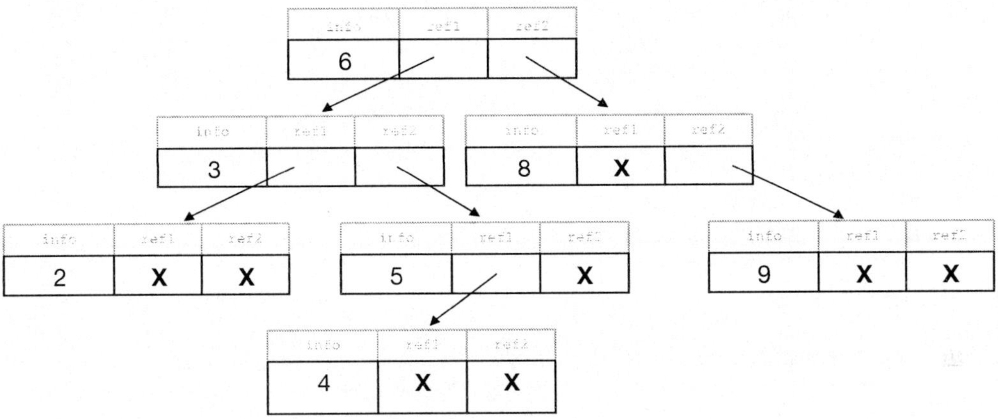

Fig. 9.5 Árbol binario.

Según la cantidad de referencias que tiene el nodo, podemos clasificar al árbol en: árbol binario (2 referencias), árbol ternario (3 referencias), árbol *n-ario* (*n* referencias siendo *n* un valor que puede variar entre nodo y nodo).

9.2.10 Árbol Binario de Búsqueda (ABB)

Si los valores contenidos en los nodos de un árbol binario respetan un determinado criterio de ordenamiento, decimos que el árbol está ordenado. En este caso, el árbol binario garantiza que encontrar un elemento entre sus nodos no tomará (en promedio) más de $log_2(n)$ accesos siendo *n* la cantidad de elementos contenidos en el árbol.

El criterio de ordenamiento es simple: "Cada elemento menor se ubica a la izquierda. Cada elemento mayor (o igual) se ubica a la derecha".

Supongamos que queremos organizar en un árbol binario de búsqueda el siguiente conjunto de valores: { 5, 1, 3, 8, 4, 6, 9 }. Respetando el criterio antes mencionado, el árbol se verá de la siguiente forma:

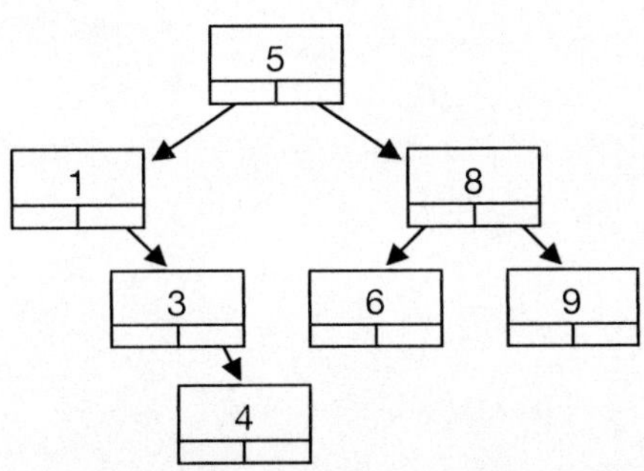

Fig. 9.6 Árbol binario de búsqueda.

Es decir: primero ingresa el valor 5 (en la raíz). Luego ingresa el valor 1 que, como es menor que la raíz, lo ubicamos en la rama izquierda. Luego ingresa el valor 3 que es menor que 5 (vamos por la izquierda) pero es mayor que 1. Entonces lo ubicamos a la derecha de 1. Así con todos los elementos del conjunto.

En este árbol tenemos 7 elementos (o 7 nodos), por lo tanto, para encontrar un elemento en promedio nos tomará $log_2(7) = 2.8$ accesos al árbol.

Veamos: si buscamos el 9 y comparamos con la raíz. Como 9 es mayor comparamos con el hijo derecho. Como 9 todavía es mayor comparamos con el hijo derecho y encontramos un nodo con el valor 9. En total realizamos 3 accesos.

En cambio, si buscamos el 2 comenzamos comparando con el valor contenido en el nodo raíz. Como 2 es menor avanzamos por la izquierda y encontramos a 1. Como 2 es mayor avanzamos por la derecha y encontramos a 3. De estar contenido el valor en el árbol tendría que estar ubicado a la izquierda del 3 pero como este no tiene hijo izquierdo podemos determinar que el árbol no contiene al valor 2. Nos tomó 3 accesos determinarlo.

El algoritmo de búsqueda sobre un árbol binario ordenado es tan eficiente como el algoritmo de búsqueda binaria sobre un *array*. Sin embargo, al tratarse de una estructura de datos dinámica la cantidad de elementos del conjunto sobre el que vamos a buscar no tiene por qué estar acotada.

9.2.11 La clase `TreeSet`

Java provee la clase `TreeSet` en el paquete `java.util` como implementación de un árbol binario de búsqueda. A continuación, veremos un ejemplo de cómo usarla.

```java
package libro.cap09;

import java.util.Iterator;
import java.util.TreeSet;

public class Test
{
   public static void main(String[] args)
   {
      TreeSet<Integer> t = new TreeSet<Integer>();
      t.add(5);
      t.add(3);
      t.add(9);
      t.add(2);

      System.out.println( t.contains(5) );
      System.out.println( t.contains(12) );
      System.out.println();

      for(Iterator<Integer> it = t.iterator(); it.hasNext(); )
      {
         System.out.println(it.next());
      }
   }
}
```

9.3 Resumen

En este capítulo estudiamos las principales estructuras de datos y las clases de la librería Java que las implementan.

El uso de estas estructuras es fundamental y nosotros las utilizaremos fuertemente en el capítulo siguiente donde veremos XML ya que este "lenguaje" tiene una estructura de árbol.

Parametrización mediante archivos XML

10

Contenido

Objetivos del capítulo

- Conocer los fundamentos de XML (*eXtensible Markup Language*).
- Utilizar la API SAX (*Simple* API *for* XML) para *parsear* contenido XML.
- Parametrizar una aplicación mediante el uso de archivos XML.

10.1 Introducción

En los capítulos anteriores, utilizamos archivos de propiedades para almacenar parámetros de configuración. El lector recordará el archivo `jdbc.properties` (utilizado por la clase `UConnection` en el Capítulo 3), el archivo factory.properties (utilizado por la clase `UFactory` en el Capítulo 2) y el archivo `connectionpool.properties` (utilizado por la clase `ConnectionPool` en el Capítulo 8).

Muchas veces necesitaremos especificar parámetros con un mayor nivel de detalle y la estructura simple y básica que proveen los archivos de propiedades ya no será suficiente.

Por ejemplo, recordemos el contenido del archivo connectionpool.properties utilizado por la clase `ConnectionPool` (que estudiamos en el Capítulo 8) para obtener los parámetros de la conexión con la base de datos y los parámetros de configuración del *pool* de conexiones propiamente dicho.

```
# -- DATOS DE LA CONEXION --
usr=sa
pwd=
driver=org.hsqldb.jdbcDriver
url=jdbc:hsqldb:hsql://localhost/xdb

# -- DATOS DEL POOL DE CONEXIONES --
minsize=3
maxsize=8
steep=3
```

Los parámetros definidos en este archivo nos permitieron, en la clase `ConnectionPool`, establecer un *pool* de conexiones conectadas con una base de datos. Sin embargo podríamos vernos limitados si queremos reprogramar la clase para que permita crear diferentes *pooles* de conexiones, conectados con diferentes bases de datos.

Para que lo anterior sea posible tendríamos que poder definir varios conjuntos de parámetros de conexiones JDBC y varios conjuntos de parámetros de *pooles* de conexiones. Evidentemente necesitaremos una manera más ágil y flexible de estructurar estos conjuntos de parámetros que crecerán tanto como crezca la funcionalidad que en nuestras clases vayamos a proveer.

10.2 XML - "Extensible Markup Language"

XML es un lenguaje de marcas (o *tags*) extensible que permite categorizar y organizar información de diferentes maneras. **Los *tags* definen la estructura y la organización del documento y contienen la información propiamente dicha.**

En el siguiente ejemplo, usamos XML para describir y contener la información de una de las filas de la tabla `DEPT` que utilizamos anteriormente.

```
<dept>
   <deptno>10</deptno>
   <dname>Ventas</dname>
   <loc>Buenos Aires</loc>
</dept>
```

Llamamos "elemento", "marca", "etiqueta" o *"tag"* a cada palabra encerrada entre los signos "menor" y "mayor". Los *tags* se abren para encerrar un determinado tipo de contenido (valores concretos u otros *tags*) y luego se cierran cuando aparece su nombre encerrado entre los signos "menor barra" y "mayor".

En el ejemplo anterior, podemos identificar los *tags* `dept`, `deptno`, `dname` y `loc`, y podríamos decir que los tres últimos son *subtags* del primero.

Un *tag* puede contener un valor concreto o puede contener *subtags*. El *tag* `dept` contiene *subtags*. Los *tags* `deptno`, `dname` y `loc` contienen los valores concretos: `10`, `Ventas` y `Buenos Aires` respectivamente.

El código anterior también podría escribirse de la siguiente forma:

```
<dept deptno="10" dname="Ventas" loc="Buenos Aires" />
```

En este caso, tenemos un único *tag* cuyo nombre es `dept` y este tiene tres atributos: `deptno`, `dname` y `loc`. La información descripta en ambos ejemplos es equivalente, sin embargo, el formato es diferente.

Notemos que como el *tag* `dept` no tiene *subtags* entonces podemos cerrarlo directamente finalizando la línea con el signo "barra mayor".

Siguiendo con el ejemplo de la tabla `DEPT`, también podríamos utilizar XML para describir la estructura de la tabla.

```
<tabla nombre="DEPT">
    <campo nombre="deptno" tipo="integer" size="3" />
    <campo nombre="dname" tipo="varchar" size="15" />
    <campo nombre="loc" tipo="varchar" size="25" />
</tabla>
```

Aquí tenemos el *tag* `tabla` que tiene el atributo `nombre` y un *subtag* `campo` con múltiples ocurrencias. Cada ocurrencia del *tag* `campo` tiene los atributos `nombre`, `tipo` y `size`.

Como XML no está limitado a un conjunto de *tags* podemos crear tantos *tags* como necesitemos para describir y contener información de la mejor manera posible.

Obviamente, este tema puede ser profundizado y estudiado en detalle pero este no es el objetivo del capítulo. Nuestro objetivo aquí es el de adquirir una mínima noción de XML para luego utilizar este "lenguaje" de *tags* en la estructuración y definición de los parámetros que volquemos en los archivos de configuración que utilicen nuestras aplicaciones.

10.3 Estructurar y definir parámetros en un archivo XML

A lo largo del libro, hemos utilizado archivos de propiedades para almacenar los parámetros que requerían nuestras clases. Sin embargo, cuando necesitamos especificar parámetros con mayor nivel de detalle, la estructura del tipo *"variable = valor"* que proveen los archivos de propiedades suele resultar limitada y XML puede proveer una solución simple, rápida y extensible a este problema.

La clase `ConnectionPool` (estudiada en el Capítulo 8) es un buen ejemplo en donde podemos utilizar un archivo XML para definir sus parámetros de configuración.

10.3.1 Definición de la estructura de parámetros

Recordemos que la clase `ConnectionPool` tomaba los parámetros leyéndolos desde el archivo connectionpool.properties. Este archivo tenía el siguiente contenido:

```
# -- DATOS DE LA CONEXION --
usr=sa
pwd=
driver=org.hsqldb.jdbcDriver
url=jdbc:hsqldb:hsql://localhost/xdb

# -- DATOS DEL POOL DE CONEXIONES --
minsize=3
maxsize=8
steep=3
```

Esta misma información expresada en XML podría verse como *tags* y *subtags* así:

```
<connection-pool>

   <jdbc>
      <usr>sa</usr>
      <pwd></pwd>
      <url>jdbc:hsqldb:hsql://localhost/xdb</url>
      <driver>org.hsqldb.jdbcDriver</driver>
   </jdbc>

   <pool>
      <minsize>3</minsize>
      <maxsize>8</maxsize>
      <steep>3</steep>
   </pool>

</connection-pool>
```

También podríamos haber definido la estructura expresándola como *tags* con atributos:

```
<connection-pool>

   <jdbc usr="sa"
         pwd=""
         driver="org.hsqldb.jdbcDriver"
         url="jdbc:hsqldb:hsql://localhost/xdb" />

   <pool minsize="3"
         maxsize="8"
         steep="3" />

</connection-pool>
```

Los nombres de los *tags* y su estructuración son arbitrarios por lo que podemos definirlos a la medida de nuestras necesidades pero tenemos que tener en cuenta que el diseño deberá ser lo suficientemente flexible y extensible.

Por ejemplo, la estructura de parámetros del *pool* de conexiones así como quedó definida no es lo suficientemente flexible ya que si el día de mañana pretendemos que la clase `ConnectionPool` pueda instanciar varios *pooles* de conexiones conectados con diferentes bases de datos, nos encontraremos seriamente limitados.

Un mejor diseño sería este:

```
<connection-pool>
   <jdbc>
      <conection name="HSQLDB"
                 usr="sa"
                 pwd=""
                 driver="org.hsqldb.jdbcDriver"
                 url="jdbc:hsqldb:hsql://localhost/xdb" />

      <conection name="ORACLE"
                 usr="scott"
                 pwd="tiger"
                 driver="jdbc.oracle.driver.OracleDriver"
                 url="jdbc:oracle:thin:@1521:ORCL" />
   </jdbc>

   <pools>
      <pool name="P1"
            connection="HSQLDB"
            minsize="3"
            maxsize="8"
            steep="3" />
      <pool name="P2"
            connection="HSQLDB"
            minsize="10"
            maxsize="30"
            steep="5" />

      <pool name="P3"
            connection="ORACLE"
            minsize="5"
            maxsize="10"
            steep="2" />
   </pools>

</connection-pool>
```

Este diseño permite separar la definición de las conexiones JDBC de la definición de los *pooles* de conexiones indicando que cada *pool* se construye en función de una de las conexiones previamente definidas.

En el ejemplo vemos que los *pooles* `P1` y `P2` establecerán sus conexiones con la base de datos cuyos parámetros fueron definidos bajo el nombre `HSQLDB`. En cambio el *pool* `P3` creará sus conexiones utilizando los parámetros definidos bajo el nombre `ORACLE`.

10.3.2 Leer y parsear el contenido de un archivo XML

Java provee diferentes APIs que permiten leer y *parsear* (analizar) el contenido de archivos que contienen código XML (en adelante los llamaremos "archivos XML"). La API que utilizaremos en este libro es SAX (*Simple* API *for* XML).

El siguiente programa Java permite leer y acceder al contenido de un archivo XML.

```
package libro.cap10;

import javax.xml.parsers.SAXParser;
import javax.xml.parsers.SAXParserFactory;

public class TestXML
{
   public static void main(String[] args)
   {
      try
      {
         // obtenemos el parser
         SAXParserFactory spf = SAXParserFactory.newInstance();
         SAXParser sp = spf.newSAXParser();

         // parseamos el archivo depts.xml
         sp.parse("connectionpool.xml", new CPoolXMLHandler() );
      }
      catch(Exception ex)
      {
         ex.printStackTrace();
         throw new RuntimeException(ex);
      }
   }
}
```

Con las líneas:

```
SAXParserFactory spf = SAXParserFactory.newInstance();
SAXParser sp = spf.newSAXParser();
```

obtenemos una instancia de la clase `SAXParser` que será la encargada de *parsear* el archivo XML que le indiquemos.

Luego simplemente invocamos al método `parse` especificando el nombre del archivo que queremos *parsear* y un *handler* (controlador) con el que controlaremos todo el proceso.

```
sp.parse("connectionpool.xml", new CPoolXMLHandler() );
```

El *handler* debe ser una instancia de alguna clase que herede de:

```
org.xml.sax.helpers.DefaultHandler
```

Es decir que ahora tenemos que programar la clase `CPoolXMLHandler` extendiendo a `DefaultHandler` de donde heredará dos métodos: `startElement` y `endElement`.

Estos métodos se invocarán automáticamente cada vez que el *parser* encuentre un *tag* que se abre o un *tag* que se cierra.

Veamos el código:

```
package libro.cap10;

import org.xml.sax.Attributes;
import org.xml.sax.helpers.DefaultHandler;

public class CPoolXMLHandler extends DefaultHandler
{
   public void startElement(String uri
                          , String localName
                          , String qName
                          , Attributes attributes)
   {
      // muestro el nombre del tag
      System.out.println("Comienza tag: "+qName);

      // recorro la lista de atributos del tag
      for(int i=0; i<attributes.getLength(); i++)
      {
         // muestro cada atributo del tag (atributo = valor)
         System.out.print("   "+attributes.getQName(i)+" = ");
         System.out.println(attributes.getValue(i));
      }
   }

   public void endElement(String uri, String localName, String qName)
   {
      System.out.println("Cierra: "+qName);
   }
}
```

La salida del programa, considerando la última versión del archivo `connectionpool.xml` será la siguiente:

```
Comienza: connection-pool
Comienza: jdbc
Comienza: conection
   name = HSQLDB
   usr = sa
   pwd =
   driver = org.hsqldb.jdbcDriver
   url = jdbc:hsqldb:hsql://localhost/xdb
Cierra: conection
Comienza: conection
   name = ORACLE
   usr = scott
   pwd = tiger
   driver = jdbc.oracle.driver.OracleDriver
   url = jdbc:oracle:thin:@1521:ORCL
```

```
Cierra: conection
Cierra: jdbc
Comienza: pools
Comienza: pool
   name = P1
   connection = HSQLDB
   minsize = 3
   maxsize = 8
   steep = 3
Cierra: pool
Comienza: pool
   name = P2
   connection = HSQLDB
   minsize = 10
   maxsize = 30
   steep = 5
Cierra: pool
Comienza: pool
   name = P3
   connection = ORACLE
   minsize = 5
   maxsize = 10
   steep = 2
Cierra: pool
Cierra: pools
Cierra: connection-pool
```

10.3.3 Acceder a la información contenida en el archivo XML

Como vimos en el ejemplo anterior, el *parser* recorre el contenido del archivo XML y nos notifica cada vez que encuentra un *tag* que se abre o se cierra invocando sobre el *handler* a los métodos `startElement` y `endElement` respectivamente.

Sin embargo, esto no nos permite acceder libremente, desde cualquier punto del programa, a los valores de los *tags* y de sus atributos. Es decir, no sería práctico *parsear* el archivo cada vez que necesitemos obtener el valor de un determinado *tag*.

El *parser* recorre la estructura de árbol del archivo XML y notifica al *handler* pero es nuestra responsabilidad definir una estructura de datos tal que nos permita almacenar en memoria los datos contenidos en el archivo XML para tenerlos disponibles y poderlos acceder cada vez que lo necesitemos.

La estructura de datos que vayamos a definir debe ser paralela a la estructura del archivo XML de forma tal que, durante el *parseo*, nos permita almacenar toda la información en memoria. Esta estructura la implementaremos definiendo una clase por cada uno de los *tags* que aparecen en el archivo.

Volvamos a analizar la estructura del archivo connectionpool.xml.

```
<connection-pool>
   <jdbc>
      <conection name="HSQLDB"
                 usr="sa"
                 pwd=""
                 driver="org.hsqldb.jdbcDriver"
                 url="jdbc:hsqldb:hsql://localhost/xdb" />
```

```
      <conection name="ORACLE"
                 usr="scott"
                 pwd="tiger"
                 driver="jdbc.oracle.driver.OracleDriver"
                 url="jdbc:oracle:thin:@1521:ORCL" />
   </jdbc>

   <pools>
      <pool name="P1"
            connection="HSQLDB"
            minsize="3"
            maxsize="8"
            steep="3" />

      <pool name="P2"
            connection="HSQLDB"
            minsize="10"
            maxsize="30"
            steep="5" />

      <pool name="P3"
            connection="ORACLE"
            minsize="5"
            maxsize="10"
            steep="2" />
   </pools>
</connection-pool>
```

Si definimos una clase Java por cada *tag* estaríamos definiendo las siguientes clases: `ConnectionPoolTag`, `JDBCTag`, `PoolsTag` y `PoolTag` cada una con sus correspondientes atributos.

La relación entre estas clases debe ser paralela a la relación que existe entre los *tags* del archivo. Esto es: el *tag* `connection-pool` tiene dos *subtags*: `jdbc` y `pools`. El *tag* `jdbc` tiene un *subtag* `connection` que puede tener múltiples ocurrencias. Análogamente, el *tag* `pools` tiene un *subtag* `pool` que también puede tener múltiples apariciones.

En el siguiente diagrama, representamos esta relación de "composición" entre las clases que conformarán la estructura de datos.

Fig. 10.1 Composición de clases.

Dadas dos clases `A` y `B` decimos que existe una relación de composición cuando `A` usa a `B` y el tiempo de vida de `B` está condicionado por el tiempo de vida de `A`. En un diagrama de clases esta relación se indica con un rombo de color negro en la clase contenedora. En el otro extremo, especificamos la multiplicidad de la relación.

Es decir, `ConnectionPoolTag` tiene 1 `JDBCTag` y este tiene al menos 1 `ConnectionTag`. Y también `ConnectionPoolTag` tiene 1 `PoolsTag` y este tiene al menos 1 `PoolTag`.

A título informativo, para ilustrar la relación de composición entre dos clases podemos pensar en las clases `Auto` y `Motor`. El auto se compone (entre otras cosas) de un motor pero el motor no tiene sentido fuera del auto. Cuando vendemos el auto, lo vendemos con el motor adentro. Un caso diferente sería la relación que existe entre las clases `Auto` y `Cochera`. La cochera existe más allá del auto que, circunstancialmente, la esté utilizando. Incluso una misma cochera, en diferentes momentos, puede ser utilizada por diferentes autos, en cambio, un auto siempre usa el mismo motor. Decimos que la relación existente entre las clases `Auto` y `Cochera` es una relación de "asociación".

Volviendo a nuestro tema, veamos el código de estas clases comenzando por `ConnectionPoolTag` que es la clase principal (la que contiene a todas las otras).

```
package libro.cap10.mapping;

import javax.xml.parsers.SAXParser;
import javax.xml.parsers.SAXParserFactory;
import org.xml.sax.Attributes;
import org.xml.sax.helpers.DefaultHandler;

public class ConnectionPoolTag extends DefaultHandler
{
   private JDBCTag jdbc;
   private PoolsTag pools;

   private static ConnectionPoolTag instancia = null;

   private ConnectionPoolTag()
   {
      jdbc = new JDBCTag();
      pools = new PoolsTag();
   }

   public String toString()
   {
      String x="";
      x+="-- JDBC --\n";
      x+=jdbc.toString();
      x+="-- POOLes --\n";
      x+=pools.toString();
      return x;
   }

   // setters y getters
   // metodos startElement y endElement
   // metodo getInstancia
   // :
}
```

Como vemos esta clase tiene una instancia de `JDBCTag` y otra de `PoolsTag`, sus *setters* y *getters* y sobrescribe al método `toString` retornando la concatenación de lo que retornan los métodos `toString` de estas dos clases.

Esta clase también será el *handler* que controlará el proceso de *parseo* en el que cargaremos todos los datos en memoria. Por este motivo, hereda de `DefaultHandler` y tiene una instancia estática que jugará el papel de *singleton*, pero esto lo analizaremos más adelante.

Veamos ahora el código de la clase `JDBCTag`. Recordemos que esta clase se compone de un conjunto de instancias de `ConnectionTag`. A este conjunto lo mantendremos en memoria en una *hashtable*.

```
package libro.cap10.mapping;

import java.util.Enumeration;
import java.util.Hashtable;

public class JDBCTag
{
   private Hashtable<String,ConnectionTag> connection;

   public JDBCTag()
   {
      connection = new Hashtable<String, ConnectionTag>();
   }

   public ConnectionTag getConnectionTag(String name)
   {
      return connection.get(name);
   }

   public void addConnectionTag(ConnectionTag c)
   {
      connection.put(c.getName(),c);
   }

   public String toString()
   {
      String x="";

      ConnectionTag aux;
      Enumeration<String> e = connection.keys();
      while( e.hasMoreElements() )
      {
         aux = connection.get(e.nextElement());
         x+=aux.toString()+"\n";
      }
      return x;
   }
}
```

Aquí tenemos el constructor y dos métodos a través de los cuales se permite agregar una instancia de `ConnectionTag` y luego obtenerla. Estas instancias serán identificadas por su nombre. Es decir, para obtener los datos de una conexión JDBC tendremos que indicar el nombre de la misma.

En el método `toString`, recorremos toda la colección de instancias de `ConnectionTag` almacenadas en la *hashtable* y concatenamos sus `toString`.

El código de la clase `PoolsTag` es análogo al anterior.

```
package libro.cap10.mapping;

import java.util.Enumeration;
import java.util.Hashtable;

public class PoolsTag
{
   private Hashtable<String,PoolTag> pool;

   public String toString()
   {
      String x="";

      PoolTag aux;
      for(Enumeration<String> e=pool.keys(); e.hasMoreElements(); )
      {
         aux = pool.get(e.nextElement());
         x+=aux+"\n";
      }

      return x;
   }

   public PoolsTag()
   {
      pool = new Hashtable<String, PoolTag>();
   }

   public PoolTag getPoolTag(String name)
   {
      return pool.get(name);
   }

   public void addPoolTag(PoolTag c)
   {
      pool.put(c.getName(),c);
   }
}
```

Veamos ahora el código de las clases `ConnectionTag` y `PoolTag`. Estas clases, además de sobrescribir el método `toString`, solo definen atributos con sus *setters* y *getters*.

```
package libro.cap10.mapping;

public class ConnectionTag
{
   private String name;
   private String usr;
   private String pwd;
   private String url;
   private String driver;

   public String toString()
   {
      return name+", "+usr+", "+pwd+", "+url+", "+driver;
   }

   // :
   // setters y getters
   // :
}
```

```
package libro.cap10.mapping;

public class PoolTag
{
   private String name;
   private int minsize;
   private int maxsize;
   private int steep;

   public String toString()
   {
      return name+", "+minsize+", "+maxsize+", "+steep;
   }

   // :
   // setters y getters
   // :
}
```

Queda por ver cómo cargamos esta estructura de datos a medida que leemos y *parseamos* el archivo XML.

Para facilitar la explicación, voy a saltear momentáneamente el código del *handler* y pasaré directamente a ver un programa en donde accedemos a cualquiera de los datos almacenados en el archivo XML.

```
package libro.cap10;

import libro.cap10.mapping.ConnectionPoolTag;
import libro.cap10.mapping.ConnectionTag;
import libro.cap10.mapping.PoolTag;

public class TestXML
{
   public static void main(String[] args)
   {
      ConnectionPoolTag cp = ConnectionPoolTag.getInstancia();

      // obtengo y muestro los datos de la conexion HSQLDB
      ConnectionTag c1 = cp.getJdbc().getConnectionTag("HSQLDB");
      System.out.println(c1.getDriver());
      System.out.println(c1.getUrl());
      System.out.println(c1.getUsr());
      System.out.println(c1.getPwd());

      // obtengo y muestro los datos de la conexion ORACLE
      ConnectionTag c2 = cp.getJdbc().getConnectionTag("ORACLE");
      System.out.println(c2.getDriver());
      System.out.println(c2.getUrl());
      System.out.println(c2.getUsr());
      System.out.println(c2.getPwd());


      // obtengo y muestro los datos del pool P1
      PoolTag t1 = cp.getPools().getPoolTag("P1");
      System.out.println(t1.getMaxsize());
      System.out.println(t1.getMinsize());
      System.out.println(t1.getSteep());

      // obtengo y muestro los datos del pool P2
      PoolTag t2 = cp.getPools().getPoolTag("P2");
      System.out.println(t2.getMaxsize());
      System.out.println(t2.getMinsize());
      System.out.println(t2.getSteep());
   }
}
```

Ahora sí veamos el resto de la clase `ConnectionPoolTag`. Los métodos `getInstancia`, `startElement` y `endElement`.

```
// ...
public class ConnectionPoolTag extends DefaultHandler
{
   // ...
   public static ConnectionPoolTag getInstancia()
   {
      try
      {
```

```
         if( instancia == null )
         {
            SAXParserFactory spf = SAXParserFactory.newInstance();
            SAXParser sp = spf.newSAXParser();
            sp.parse("connectionpool.xml", new ConnectionPoolTag());
         }

         return instancia;
      }
      catch(Exception ex)
      {
         ex.printStackTrace();
         throw new RuntimeException();
      }
   }

   // sigue mas abajo
   // :
```

En el método `getInstancia`, preguntamos si la variable estática sobre la que vamos a implementar el *singleton* es `null`. Si es así entonces tenemos que instanciarla. Esto lo hacemos en el método `startElement` que se invocará a continuación como parte del proceso de *parseo*.

```
   // :
   // viene de mas arriba

   public void startElement(String uri
                          , String localName
                          , String qName
                          , Attributes attributes)
   {
      if( qName.equals("connection-pool") )
      {
         instancia = new ConnectionPoolTag();
      }

      if( qName.equals("jdbc") )
      {
         jdbc = new JDBCTag();
         instancia.setJdbc(jdbc);
      }

      if( qName.equals("pools") )
      {
         pools = new PoolsTag();
         instancia.setPools(pools);
      }

      if( qName.equals("connection") )
      {
         ConnectionTag c = new ConnectionTag();
         c.setName(attributes.getValue("name"));
```

```
            c.setDriver(attributes.getValue("driver"));
            c.setUrl(attributes.getValue("url"));
            c.setUsr(attributes.getValue("usr"));
            c.setPwd(attributes.getValue("pwd"));
            jdbc.addConnectionTag(c);
        }

        if( qName.equals("pool") )
        {
            int min = Integer.parseInt(attributes.getValue("minsize"));
            int max = Integer.parseInt(attributes.getValue("maxsize"));
            int steep = Integer.parseInt(attributes.getValue("steep"));

            PoolTag c = new PoolTag();
            c.setName(attributes.getValue("name"));
            c.setMinsize(min);
            c.setMaxsize(max);
            c.setSteep(steep);
            pools.addPoolTag(c);
        }
    }

    public void endElement(String uri, String localName, String qName)
    {
    }
}
```

Como podemos ver, a medida que se abre cada *tag* instanciamos y vinculamos los objetos que corresponden. Por ejemplo: cuando se abre el *tag* `connection-pool` instanciamos al *singleton*. Cuando se abre el *tag* `jdbc` instanciamos un `JDBCTag` y lo vinculamos con el *singleton* (el `ConnectionPoolTag`), etcétera.

10.4 Resumen

En este capítulo, estudiamos la estructura de los archivos XML y aprendimos a usar SAX que es una de las APIs que Java provee para acceder a este tipo de contenido.

En el siguiente capítulo veremos "introspección de clases y objetos" tema que sumado a XML nos permitirá desarrollar herramientas para generalizar las tareas rutinarias y repetitivas.

Introspección de clases y objetos

11

Contenido

Objetivos del capítulo

- Conocer la API *reflection* que permite introspectar clases y objetos.
- Utilizar *annotations* para incluir metadatos asociados al código de una clase.
- Invocar dinámicamente constructores y métodos.

11.1 Introducción

La API *Reflection* ("reflexión" o "introspección") que está ubicada en el paquete `java.lang.reflect` permite "interrogar" a clases y objetos para que estos puedan responder en tiempo de ejecución sobre su estructura y contenidos. Esto es: dado un objeto almacenado en una variable de tipo `Object` (o de cualquier otro tipo) podemos conocer concretamente a qué clase pertenece, qué métodos tiene, qué argumentos recibe e incluso, invocar a cualquiera de estos métodos.

Por supuesto que al ser Java un lenguaje fuertemente tipado, esta tarea a veces resulta un tanto engorrosa porque (como ya sabemos) para cualquier recurso que vayamos a utilizar previamente debemos definir su tipo de datos.

En el paquete `java.lang.reflect`, nos encontramos con clases como `Method`, `Constructor`, `Field`, etc. Y el punto de entrada a todo "este mundo" es la clase `Class` que (sin haber explicado su uso) la hemos utilizado para levantar el *driver* JDBC y para crear instancias de objetos dentro de la clase `UFactory` en los Capítulos 3 y 4 respectivamente.

Para entender de qué estamos hablando, veamos un primer ejemplo donde definimos una clase por su nombre (es decir, no *hardcodeamos* el tipo de datos en el programa) y mostramos por pantalla los nombres de los métodos que tiene.

```
package libro.cap11;
import java.lang.reflect.Method;
public class Demo1
{
   @SuppressWarnings("unchecked")
   public static void main(String[] args)
   {
      try
      {
         // definimos el nombre de la clase (incluyendo el paquete)
         String sClass = "libro.cap04.DeptDAO";

         // obtengo una instancia de Class apuntando a la clase
         Class clazz = Class.forName(sClass);

         // obtengo la lista de methods (de tipo Method) de la clase
         Method mtdos[] = clazz.getDeclaredMethods();

         // recorro la lista de methods y muestro sus nombres
         for(Method mtd: mtdos)
         {
            System.out.println(mtd.getName());
         }
      }
      catch(Exception ex)
      {
         ex.printStackTrace();
         throw new RuntimeException(ex);
      }
   }
}
```

La salida de este programa será:

```
buscarTodos
buscarXLoc
buscar
insertar
modificar
eliminiar
```

Le recomiendo al lector cambiar el nombre de la clase en la línea:

```
String sClass = "libro.cap04.DeptDAO";
```

por cualquier otro, por ejemplo: `"java.awt.Button"`, `"java.lang.Object"`, etc., y luego volver a correr el programa para ver los resultados.

11.2 Comenzando a introspectar

11.2.1 Identificar métodos y constructores

Los métodos y los constructores de una clase pueden estar sobrecargados. Por este motivo, para identificar unívocamente a un método no alcanza con especificar su nombre. Además, hay que proveer la lista de parámetros que espera recibir el método (o constructor) que queremos invocar.

En el siguiente programa, instanciamos dinámicamente una ventana de AWT (`java.awt.Frame`) invocando al constructor de la clase que recibe como argumento un *string* y luego a los métodos `setSize` y `setVisible` que reciben dos `int` y un `boolean` respectivamente.

```
package libro.cap11;

import java.lang.reflect.Constructor;
import java.lang.reflect.Method;

public class Demo2
{
   @SuppressWarnings("unchecked")
   public static void main(String[] args)
   {
      try
      {
         // defino el nombre de la clase y obtengo el Class
         String sClass = "java.awt.Frame";
         Class clazz = Class.forName(sClass);

         // invoco al constructor que recibe un String como argumento
         Class[] pTypesCtor = { String.class };
         Object[] pValuesCtor = { "Ventana AWT Relfect" };
         Constructor ctor = clazz.getConstructor(pTypesCtor);
         Object obj = ctor.newInstance(pValuesCtor);
```

```
         // invoco al metodo setSize que recibe dos enteros
         String mtdName1="setSize";
         Class[] pTypes1 = {Integer.TYPE, Integer.TYPE };
         Object[] pValues1 = { 300, 300 };
         Method mtd = obj.getClass().getMethod(mtdName1,pTypes1);
         mtd.invoke(obj,pValues1);

         // invoco al metodo setVisible que recibe un boolean
         String mtdName2="setVisible";
         Class[] pTypes2 = { Boolean.TYPE };
         Object[] pValues2 = { true };
         Method mtd2 = obj.getClass().getMethod(mtdName2,pTypes2);
         mtd2.invoke(obj,pValues2);
      }
      catch(Exception ex)
      {
         ex.printStackTrace();
         throw new RuntimeException(ex);
      }
   }
}
```

Como los métodos y los constructores pueden estar sobrecargados es necesario indicar la cantidad y los tipos de datos de los parámetros que el método que queremos invocar espera recibir. Esto lo hacemos definiendo un `Class[]` (léase “class *array*”) que contenga un elemento por cada uno de estos parámetros.

Por ejemplo, en las siguientes líneas obtenemos e invocamos al método `setSize` sobre el objeto `obj`.

```
String mtdName1="setSize";
Class[] pTypes1 = {Integer.TYPE, Integer.TYPE };
Object[] pValues1 = { 300, 300 };

Method mtd = obj.getClass().getMethod(mtdName1,pTypes1);
mtd.invoke(obj,pValues1);
```

Aquí primero definimos el nombre del método que queremos invocar (`mtdName1`). Luego definimos un `Class[]` que contiene dos `Integer.TYPE` (el tipo de datos del tipo `int`) y luego un `Object[]` con dos enteros que serán los argumentos que le pasaremos al método en el momento de invocarlo. Con todos estos datos, podemos identificar unívocamente al método `setSize` dentro de la clase del objeto `obj` e invocarlo.

Luego obtenemos la referencia al método especificando su nombre (`mtdName1`) y la cantidad y tipos de argumentos (`pTypes1`) y lo invocamos indicando cuál es el objeto *target* (`obj`) y los valores de los argumentos (`pValues1`).

A simple vista, el lector podrá pensar que esto es una excentricidad y que no existe tal nivel de abstracción porque, en definitiva, tanto los nombres de los métodos como las cantidades y tipos de sus argumentos permanecen *hardcodeados* en el programa. Es decir, tenemos que conocer de antemano el prototipo del método que queremos invocar dinámicamente.

Si bien todo lo anterior es cierto, la realidad es que la introspección de clases y objetos es un recurso fundamental para el desarrollo de herramientas que permitan automatizar y generalizar tareas rutinarias y repetitivas.

Por ejemplo: ¿cómo podríamos programar un típico entorno de desarrollo de interfaz gráfica visual del estilo de *Visual Basic*? Estos entornos tienen una barra de herramientas con un botón por cada uno de los componentes gráficos disponibles para el usuario y cuando este selecciona uno se suele desplegar una ventana mostrando todas las propiedades (o atributos) del componente seleccionado, tales como: tamaño, color, ubicación, si está habilitado o no, etcétera.

Nosotros, como programadores, deberíamos abstraernos del tipo de dato del componente seleccionado por el usuario, por lo tanto no podemos pensar en *hardcodear* el nombre de ninguno de sus métodos y/o atributos. Sin embargo, si aceptamos el hecho de que para cada uno de sus atributos la clase tendrá definido un *setter* y un *getter* entonces podríamos decir que "x" es el nombre de un atributo, si existen en la clase un par de métodos tales que sus nombres son "setX" y "getX".

Es decir, si entre los nombres de los métodos de la clase encontramos un "setColor" y luego encontramos un "getColor" podemos aceptar que la clase tiene un atributo cuyo nombre es "color".

11.2.2 Acceso al prototipo de un método

A través de la clase `Method`, podemos obtener dinámicamente toda la información referente al prototipo (o *header*) de un método.

En las secciones siguientes, supondremos la existencia de un método *m* referenciado por el objeto `mtd` de la clase `Method`.

11.2.2.1 Obtener la lista de modificadores

Esta lista la podemos obtener invocando al método `getModifiers` sobre el objeto `mtd`. Este método retorna un `int` dentro del cual se encuentra codificada en potencias de 2 la lista de modificadores del método *m*. Para decodificar esta lista, tenemos que usar las constantes definidas en la clase `java.lang.reflect.Modifiers`.

Por ejemplo, si el método *m* es público y estático entonces se verificará lo siguiente:

```
int i = mtd.getModifiers();

if( i & Modifiers.PUBLIC == i)
{
   System.out.println("Es publico");
}

if( i & Modifiers.STATIC == i )
{
   System.out.println("Es estatico");
}
```

11.2.2.2 Obtener el tipo del valor de retorno

Invocando al método `getReturnType` sobre el objeto `mtd` obtendremos una instancia de `Class` representando al tipo de datos del valor de retorno del método *m* (que está siendo referenciado por `mtd`).

Veamos un ejemplo:

```
Class clazz = mtd.getReturnType();
System.out.println( clazz.getName() );
```

11.2.2.3 Obtener la lista de parámetros

Esta lista la podemos obtener invocando sobre el objeto `mtd` al método `getParameterTypes`. Este método retorna un `Class[]` con tantos objetos `Class` como parámetros espera recibir el método *m*.

Por ejemplo, si el método *m* recibe dos parámetros, el primero de tipo `int` y el segundo de tipo `String` entonces el `Class[]` que obtendremos luego de invocar al método `getParameterTypes` sobre el objeto `mtd` será: { `Integer.TYPE`, `String.class` }.

En el siguiente ejemplo, introspectamos una clase para obtener la lista completa de sus métodos detallando sus modificadores, valor de retorno y lista de argumentos.

```
package libro.cap11;

import java.lang.reflect.Method;
import java.lang.reflect.Modifier;

@SuppressWarnings("unchecked")
public class Demo3
{
   public static void main(String[] args)
   {
      try
      {
         // nombre de la clase
         String sClass = "java.awt.Button";
         Class clazz = Class.forName(sClass);

         // lista de metodos
         Method mtdos[] = clazz.getDeclaredMethods();

         String m;
         for(Method mtd: mtdos)
         {
            m = "";

            // determino que modificadores aplican al metodo
            m += _evalModif(mtd,Modifier.PRIVATE,"private");
            m += _evalModif(mtd,Modifier.PROTECTED,"protected");
            m += _evalModif(mtd,Modifier.PUBLIC,"public");
            m += _evalModif(mtd,Modifier.STATIC,"static");
            m += _evalModif(mtd,Modifier.ABSTRACT,"abstract");
            m += _evalModif(mtd,Modifier.FINAL,"final");
            m += _evalModif(mtd,Modifier.SYNCHRONIZED,"synchronized");

            // determino que tipo de datos retorna
            m+=" "+mtd.getReturnType().getSimpleName()+" ";

            // determino el nombre del metodo
            m+=mtd.getName();
```

```
            // obtengo la lista de parametros
            m+=_tiposParams(mtd.getParameterTypes());

            // muestro el prototipo del metodo
            System.out.println(m);
         }
      }
      catch(Exception ex)
      {
         ex.printStackTrace();
         throw new RuntimeException(ex);
      }
   }

   private static String _tiposParams(Class[] parameterTypes)
   {
      String ret="";

      ret+="(";
      for(int i=0; i<parameterTypes.length; i++)
      {
         ret+=parameterTypes[i].getSimpleName()+
                             ((i<parameterTypes.length-1)?",":"");
      }
      ret+=")";
      return ret;
   }

   private static String _evalModif(Method mtd, int m, String desc)
   {
      return (mtd.getModifiers() & m ) == m ? " "+desc: "";
   }
}
```

El resultado será:

```
private void writeObject(ObjectOutputStream)
private void readObject(ObjectInputStream)
private static void initIDs()
public synchronized void addActionListener(ActionListener)
public void addNotify()
String constructComponentName()
boolean eventEnabled(AWTEvent)
public AccessibleContext getAccessibleContext()
public String getActionCommand()
public synchronized ActionListener[] getActionListeners()
public String getLabel()
public EventListener[] getListeners(Class)
protected String paramString()
protected void processActionEvent(ActionEvent)
protected void processEvent(AWTEvent)
public synchronized void removeActionListener(ActionListener)
public void setActionCommand(String)
public void setLabel(String)
```

11.3 Annotations

A partir de la versión 5 (o JDK1.5), el lenguaje de programación Java incorporó la posibilidad de utilizar anotaciones para puntualizar indicaciones o para retener ciertos valores que nos interese tener disponibles durante el tiempo de ejecución del programa.

Las anotaciones (*annotations*) constituyen un mecanismo que permite añadir metadatos en el código fuente de los programas Java. Luego, se podrá acceder a esta información mediante la API de *reflection*.

Cuando las anotaciones tienen atributos, debemos especificar qué valores queremos que dichos atributos retengan.

Veremos cómo desarrollar una anotación `@HolaMundo` con un atributo `nombre`, una clase que la utilice y un programa que, introspectando esta clase, obtenga el valor que le hayamos asignado al atributo `nombre` de la anotación.

Comenzaremos por la clase `Demo` que aplica la anotación `@HolaMundo` a su método `unMetodo`.

```
package demo;

public class Demo
{
   @HolaMundo(nombre="Pablo")
   public void unMetodo()
   {
      System.out.println("Este es un metodo...");
   }
}
```

En la línea:

```
@HolaMundo(nombre="Pablo")
```

además de invocar la *annotation* `@HolaMundo` estamos especificando que su atributo `nombre` debe tomar el valor "Pablo".

Las *annotations* se definen como *interfaces* Java. Veamos entonces la definición de la anotación `@HolaMundo`.

```
package demo;

import java.lang.annotation.ElementType;
import java.lang.annotation.Retention;
import java.lang.annotation.RetentionPolicy;
import java.lang.annotation.Target;

@Retention(RetentionPolicy.RUNTIME)
@Target(ElementType.METHOD)
public @interface HolaMundo
{
   String nombre();
}
```

Una *interface* que define una *annotation* luce diferente respecto de las *interfaces* tradicionales. En primer lugar, aplicamos el `@` a la palabra `interface`.

```
public @interface HolaMundo
```

Luego, definimos métodos *friendly* (sin modificador de *scope*) para representar a los atributos. Estos métodos también podrían ser `public`.

```
String nombre();
```

Para la definición de *interface*, utilizamos dos *annotations* provistas por Java:

```
@Retention(RetentionPolicy.RUNTIME)
@Target(ElementType.METHOD)
```

Con `@Retencion` indicamos qué tratamiento de retención queremos que el compilador le de a la anotación.

Las opciones son:

- `RetentionPolicy.CLASS`, el compilador almacenará la anotación en el `.class`, pero esta no será retenida por la máquina virtual durante el tiempo de ejecución.
- `RetentionPolicy.RUNTIME`, ídem, pero, en este caso, la anotación estará disponible durante el tiempo de ejecución y podrá ser leída por *reflection*.
- `RetencionPolicy.SOURCE`, indica que la anotación es solo descriptiva por lo que será descartada durante el tiempo de compilación.

Particularmente, nos interesa la opción `RetentionPolicy.RUNTIME` ya que, justamente, nuestro objetivo es acceder a los atributos de la anotación vía *reflection*.

Por otro lado, con `@Target`, indicamos en qué sección del código fuente podrá ser aplicada esta anotación.

Algunas de las opciones son:

- `ElementType.TYPE`
- `ElementType.FIELD`
- `ElementType.CONSTRUCTOR`
- `ElementType.METHOD`

Al haber asignado `@Target(ElementType.METHOD)` a `@HolaMundo`, resulta que esta anotación solo podrá ser aplicada sobre los métodos de las clases y cualquier intento de aplicarla en otra parte del código resultará en un error de compilación.

En cambio, si hubiéramos asignado como *target* `ElementType.FIELD` entonces la anotación solo sería aplicable sobre los atributos.

Veamos ahora el código de un programa donde, vía *reflection*, introspectamos la clase `Demo` para mostrar por consola el valor del atributo `nombre` de la anotación `@HolaMundo` que fue aplicada sobre el método `unMetodo`.

```
package demo;

public class Test
{
   public static void main(String[] args) throws Exception
   {
      String sClass = "demo.Demo";
      Class<?> clazz = Class.forName(sClass);
```

```
        HolaMundo a =
           clazz.getMethod("unMetodo").getAnnotation(HolaMundo.class);

        System.out.println("nombre = "+a.nombre());
    }
}
```

Finalmente, veamos cómo hacer para que el atributo `nombre` de `@HolaMundo` sea opcional y tome un valor por defecto cada vez que no se lo pasemos como argumento.

Veamos nuevamente el código de `@HolaMundo`.

```
// :
@Retention(RetentionPolicy.RUNTIME)
@Target(ElementType.METHOD)
public @interface HolaMundo
{
   String nombre() default "Nombre no especificado";
}
```

Agregamos la palabra `default` seguida del valor que, por omisión, queremos que tome el atributo de la anotación. Luego, al utilizar la *annotation*, el atributo `nombre` será opcional.

Tal vez, a simple vista el lector no llegue a dimensionar la importancia de este recurso cuya principal aplicación está relacionada con la construcción de `frameworks` y herramientas genéricas.

Por esto, consideraremos que todo lo aquí expuesto no es más que una breve introducción al tema, que será profundizado durante los capítulos de "Desarrollo de *frameworks*" e "Hibernate".

11.4 Resumen

En este capítulo estudiamos la API `java.lang.reflect` que permite introspectar clases y objetos.

La verdadera aplicación de este tema la podremos apreciar en el siguiente capítulo donde estudiaremos cómo desarrollar *frameworks* (herramientas que proveen soluciones generales a problemas y tareas rutinarios y repetitivos).

Generalizaciones y desarrollo de frameworks

12

Contenido

Objetivos del capítulo

- Comprender la necesidad de automatizar las tareas repetitivas y rutinarias.
- Entender el concepto de *framework* como herramienta de generalización.
- Discutir sobre la conveniencia de construir nuestro propio *framework* o utilizar alguno ya existente, *open source* o comercial.
- Diseñar y desarrollar un *framework* que facilite el trabajo con archivos XML.
- Diseñar y desarrollar un *framework* que facilite el acceso a las bases de datos.

12.1 Introducción

En ocasiones, cuando programamos, observamos que tenemos que desarrollar la misma tarea una y otra vez. La tarea repetitiva es fácilmente identificable porque es aquella que nos induce a "copiar y pegar" (o en inglés *"cut and paste"*) un conjunto de líneas de código para luego adaptarlas modificando sus valores, tipos de datos y/o parámetros según sea necesario.

"Copiando y pegando" líneas obtenemos una solución instantánea que nos evita escribir el mismo código varias veces pero en el corto o mediano plazo los "efectos colaterales" del *cut and paste* se hacen sentir. Solo imaginemos que copiamos y pegamos un conjunto de 20 o 30 líneas de código en diferentes secciones de nuestro programa para reutilizarlas modificando algunos de sus valores. Más allá de la gran probabilidad de equivocarnos en el momento de introducir las modificaciones (o incluso olvidarnos de hacerlo), puede suceder que descubramos que existían errores en las líneas copiadas o que encontremos una mejor forma de programar las líneas que "copiando y pegando" distribuimos por todos lados.

Cuando comenzamos a pensar en alguna manera de automatizar la tarea que identificamos como "repetitiva", comenzamos a pensar en desarrollar un *framework*.

12.2 ¿Qué es un framework?

Un *framework* es una construcción de software que provee una solución para una problemática determinada. Dado que estas problemáticas generalmente existen en todas las aplicaciones resulta que el uso de *frameworks* facilita enormemente el proceso de desarrollo.

En ingeniería de software, se define como "aplicación vertical" a aquella aplicación cuyo rango de acción está acotado a un determinado tipo de mercado. Por ejemplo, aplicaciones de facturación, cuentas corrientes, historias clínicas, etc. son aplicaciones verticales. En cambio, los *frameworks* son "aplicaciones horizontales", su rango de acción está acotado a una problemática determinada, generalmente común a todas las aplicaciones verticales.

Para verlo gráficamente los *frameworks* (construcciones horizontales) cortan transversalmente a las aplicaciones verticales.

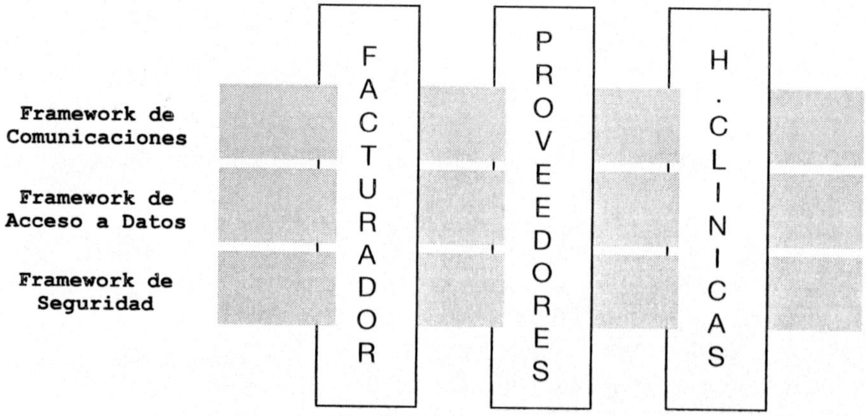

Fig. 12.1 Aplicaciones verticales vs. aplicaciones horizontales.

Es decir, en la mayoría de nuestras aplicaciones tendremos que acceder a bases de datos, implementar mecanismos de seguridad, establecer comunicaciones con otros procesos a través de la red, leer y *parsear* archivos XML, etc. Los *frameworks* pueden ocuparse de estos temas por nosotros permitiéndonos incrementar la productividad en el desarrollo de aplicaciones verticales.

Sin saberlo, en el capítulo de *networking* hemos utilizado un *framework*. RMI es un *framework* de objetos distribuidos.

12.2.1 ¿Frameworks propios o frameworks de terceros?

En la actualidad existen cientos de *frameworks* que proveen soluciones para las más diversas problemáticas y son ampliamente usados en todo el mundo. Probablemente, los más conocidos y usados sean *Hibernate* (acceso a bases de datos) y *Spring* (inyección de dependencias).

12.2.2 Reinventar la rueda

Antes de pensar en desarrollar nuestro propio *framework* es conveniente analizar si ya existe en el mercado (*open-source* o comercial) alguno que podamos utilizar. Por ejemplo: ¿Para qué desarrollar un *framework* de acceso a bases de datos pudiendo usar *Hibernate*?

Hibernate lleva varios años en el mercado *open-source* y tiene una comunidad de cientos de miles de usuarios en todo el mundo. Si usando *Hibernate* nos encontramos con algún problema, seguramente otros usuarios ya habrán pasado por la misma situación antes que nosotros, la habrán podido resolver de alguna manera y compartirán su experiencia en los foros de Internet.

Por otro lado, existe todo un equipo de desarrollo dedicado permanentemente a mejorar la funcionalidad y el rendimiento del *framework* permitiendo que nosotros nos desentendamos de ese tema.

Como contrapartida, utilizar un *framework* proporcionado por terceras partes implica aceptarlo tal como es y en ocasiones esto es inviable por diferentes motivos.

La decisión de comenzar a construir un *framework* o de utilizar un *framework* ya existente es crítica y debe ser tomada con mucha cautela dado que lo que se pone en juego es, por un lado, el rendimiento de nuestra aplicación y, por otro, nuestro tiempo de desarrollo y de mantenimiento.

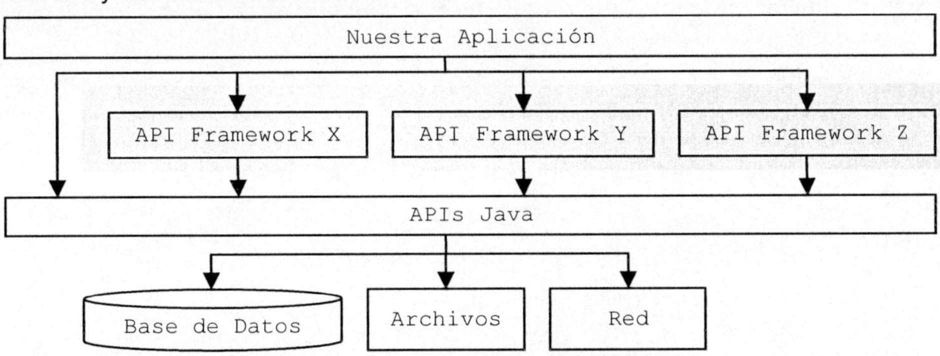

Fig. 12.2 Uso de diferentes *frameworks*.

En este gráfico vemos que nuestra aplicación se codifica usando la API de Java y las APIs provistas por los diferentes *frameworks* que hayamos decidido utilizar. A su vez, los *frameworks* están programados en Java.

Todo el código que está dentro del recuadro gris no lo desarrollamos ni lo mantenemos nosotros, por lo tanto los *frameworks* que decidamos utilizar deben estar probados y garantizar su rendimiento y funcionamiento ya que de lo contrario el impacto negativo se verá reflejado en nuestra aplicación.

En este capítulo estudiaremos cómo desarrollar nuestros propios *frameworks* para automatizar las tareas repetitivas e incrementar la productividad. Para esto, tendremos que usar los conceptos de programación orientada a objetos, estructuras de datos e introspección, por lo tanto, le recomiendo al lector que, de ser necesario, relea los capítulos correspondientes antes de continuar con la lectura del presente.

Para identificar fácilmente las clases que nosotros mismos desarrollamos y que, por lo tanto, serán parte del *framework*, vamos a anteponer el prefijo `X` al nombre de las clases que serán usadas por el usuario final y `U` para las clases utilitarias.

Por ejemplo, algunas de las clases que desarrollaremos a lo largo de este capítulo son: `XTag`, `XSession`, `UString`, `UBean`, etc.

Genéricamente llamaremos a nuestro *framework*: *XFramework*.

12.3 Un framework para acceder a archivos XML

En el Capítulo 10, estudiamos la manera de leer, *parsear* y acceder al contenido de archivos XML. Dado que la API SAX que provee Java solo nos permite recorrer el archivo y notificarnos cada vez que un *tag* se abre y se cierra, tuvimos que diseñar un mecanismo basado en clases para *mappear* (o representar) los *tags* contenidos en el archivo. Recordemos que habíamos definido una clase por cada *tag* y que existía entre estas la misma relación de composición que existía entre los *tags* del archivo XML.

La tarea repetitiva en este caso es la de escribir una clase por cada *tag*, con sus atributos, *setters* y *getters* y mantener las relaciones de composición entre estas implementándolas en *hashtables* o *vectores*. Demás está decir que si decidimos cambiar la estructura del archivo XML tendremos que reprogramar y/o modificar todas o parte de estas clases.

Desarrollaremos un *framework* que nos permitirá leer, *parsear* y acceder a cualquier *tag* o conjunto de *tags* y a los valores de sus atributos abstrayéndonos del problema de tener que *mappear* con clases el contenido del archivo.

Trabajaremos sobre el archivo configuracion.xml cuyo contenido veremos enseguida. Por el momento el lector no debe preocuparse por el significado de los *tags* contenidos en este archivo. Simplemente, debe verlo como un archivo con contenido XML que usaremos para probar el funcionamiento de nuestro *framework*.

```
<framework>

   <data-access>
      <connection-pool usr="sa"
                       pwd=""
                       driver="org.hsqldb.jdbcDriver"
                       url="jdbc:hsqldb:hsql://localhost/xdb"
                       minsize="3"
                       maxsize="8"
                       steep="3" />
```

```
      <mapping>
         <table name="DEPT" type="libro.cap04.DeptDTO">
            <field name="deptno"
                  att="deptno"
                  type="int"
                  pk="true" />
            <field name="dname"
                  type="String"
                  att="dname"  />
            <field name="loc"
                  type="String"
                  att="loc"  />
         </table>

         <table name="EMP" type="libro.cap04.EmpDTO">
            <field name="empno"
                  att="empno"
                  type="int"
                  pk="true" />
            <field name="ename"
                  type="String"
                  att="ename"  />
            <field name="hiredate"
                  type="java.sql.Date"
                  att="hiredate"  />
            <field name="deptno"
                  type="int"
                  att="deptno"  />
         </table>
      </mapping>
   </data-access>

   <!-- mappeo de beans para implementar un factory  -->
   <bean-access>
      <bean name="FACADE"
            type="libro.cap04..FacadeRMIImple"
            singleton="false" />
      <bean name="EMP"
            type="libro.cap04.EmpDAOHsqlDBImple"
            singleton="true" />
      <bean name="FACADE"
            type="libro.cap04.DeptDAO"
            singleton="true" />
   </bean-access>
</framework>
```

12.3.1 Diseño de la API del framework

El diseño de la API es fundamental ya que este es el punto que definirá lo simple o lo complejo que pueda resultar el uso de nuestro *framework*, más allá del rendimiento *(performance)* que luego pueda tener. Una API simple nos garantiza que los programadores que no tengan demasiada experiencia la puedan comprender y utilizar. En otras palabras: no necesitaremos gurúes para delegarles el desarrollo de tareas complejas.

En este caso, definiremos una API basada en dos clases: la clase `XTag` que representará a cada *tag* del archivo y la clase `XMLFactory` que será la encargada de leer, *parsear* y acceder al contenido XML cada vez que el usuario lo requiera.

Veamos un ejemplo de cómo podremos acceder al contenido de un archivo XML cuando nuestro *framework* esté programado.

```
package libro.cap12.framework.test;

import libro.cap12.framework.xml.XMLFactory;
import libro.cap12.framework.xml.XTag;

public class TestXML1
{
   public static void main(String[] args)
   {
      // leemos el archivo y lo cargamos en memoria
      XMLFactory.load("configuracion.xml");

      // accedo al tag especificando su "ruta"
      String path = "/framework/data-access/connection-pool";
      XTag tag = XMLFactory.getByPath(path);

      // accedo a los valores de los atributos
      String usr = tag.getAtts().get("usr");
      String pwd = tag.getAtts().get("pwd");
      String url = tag.getAtts().get("url");
      String driver= tag.getAtts().get("driver");
      String sMinsize = tag.getAtts().get("minsize");
      String sMaxsize= tag.getAtts().get("maxsize");
      String sSteep= tag.getAtts().get("steep");

      System.out.println(usr);
      System.out.println(pwd);
      System.out.println(url);
      System.out.println(driver);
      System.out.println(sMinsize);
      System.out.println(sMaxsize);
      System.out.println(sSteep);
   }
}
```

Como vemos, pudimos acceder los atributos del *tag* `connection-pool` y para eso solo tuvimos que especificar la ruta del *tag*. No fue necesario programar ninguna clase extra.

La salida de este programa será:

```
sa
jdbc:hsqldb:hsql://localhost/xdb
org.hsqldb.jdbcDriver
3
8
3
```

Veamos otro caso: en el siguiente ejemplo accedemos al *tag* `table` identificado por el atributo `name = "DEPT"` (notemos que `table` es un *tag* que puede tener múltiples ocurrencias).

```
package libro.cap12.framework.test;

import libro.cap12.framework.xml.XMLFactory;
import libro.cap12.framework.xml.XTag;

public class TestXML2
{
   public static void main(String[] args)
   {
      // leemos el archivo y lo cargamos en memoria
      XMLFactory.load("configuracion.xml");

      // accedo al tag especificando su "ruta" y atributo
      String path = "/framework/data-access/mapping/table";
      String attName = "name";
      String attValue = "EMP";
      XTag tag = XMLFactory.getByAttribute(path,attName,attValue);

      // accedo a los valores de sus atributos
      String type = tag.getAtts().get("type");
      System.out.println(type);

      // accedo a los valores de sus subtags (field)
      XTag[] fields = tag.getSubtags("field");
      for(int i=0; i<fields.length; i++ )
      {
         System.out.println(fields[i]);
      }
   }
}
```

En este ejemplo accedimos a una de las múltiples ocurrencias del *tag* `table` especificando su *path* y el valor particular de uno de sus atributos. Además, accedimos a la colección de *subtags* `field`. La salida de este programa será la siguiente:

```
libro.cap12.framework.test.EmpDTO
field (att=empno,name=empno,type=int,pk=true)
field (att=ename,name=ename,type=String)
field (att=hiredate,name=hiredate,type=java.sql.Date)
field (att=deptno,name=deptno,type=int)
```

Como vemos, la clase `XTag` sobrescribe el método `toString`.

12.3.2 Análisis del elemento a generalizar

Evidentemente, el elemento genérico con el que vamos a trabajar en este caso es el *tag*, que en términos generales tiene:

- Un nombre (`name`).
- Un conjunto de atributos, que puede o no tener elementos (`atts`).
- Un conjunto de *subtags*, que puede o no tener elementos (`subtags`).

Una clase que represente un *tag* genérico como el que describimos más arriba debe tener un atributo de tipo `String` para almacenar el nombre del *tag* y una *hashtable* para almacenar sus atributos ya que esta estructura nos permite mantener una colección de *nomAtt* = *valorAtt* considerando a *nomAtt* como clave de acceso a la *hashtable*.

El problema se puede presentar con la colección de *subtags* ya que, si bien un *tag* se identifica por su nombre, puede haber *tags* con múltiples ocurrencias. Para este caso, no podremos usar una *hashtable*. Usaremos la clase `Hashtable2` que diseñamos en el capítulo de estructuras de datos y que, básicamente, consiste en una *hashtable* donde cada elemento es una lista enlazada de (en este caso) instancias de `XTag`, todas con el mismo nombre.

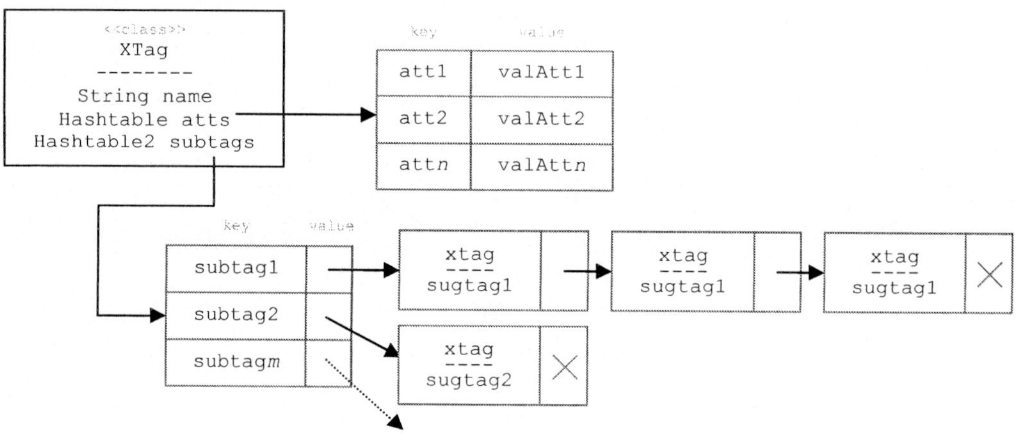

Fig. 12.3 Estructura de datos encapsulada por la clase **`XTag`**.

12.3.3 Parsear el archivo XML y cargar la estructura de datos

Como podemos ver, la clase `XTag` encapsula una estructura de datos con forma de árbol (el archivo tiene un *tag* principal con *subtags*, cada uno de estos puede tener sus propios *subtags*, y así sucesivamente).

El acceso a esta estructura será a través de la instancia de `XTag` que represente al *tag* principal (o raíz del árbol) que, en nuestro archivo configuracion.xml, es `framework`.

12.3.3.1 La clase `XMLFactory`

El *parseo* del archivo y la carga de los datos en memoria lo hará la clase `XMLFactory` cuyo código analizaremos a continuación.

```
package libro.cap12.framework.xml;

// imports ...

public class XMLFactory extends DefaultHandler
{
   private static XMLFactory instancia = null;
   private Stack<XTag> pila;
   private XTag raiz;
```

```
private XMLFactory()
{
   pila = new Stack<XTag>();
}

public static void load(String xmlfilename)
{
   try
   {
      SAXParserFactory spf = SAXParserFactory.newInstance();
      SAXParser sp = spf.newSAXParser();

      instancia = new XMLFactory();
      sp.parse(xmlfilename, instancia );
   }
   catch(Exception ex)
   {
      ex.printStackTrace();
      throw new RuntimeException(ex);
   }
}

// sigue mas abajo
// :
```

En este fragmento de código, vemos el método `load` que recibe el nombre del archivo que debemos leer. En este método preguntamos por el valor de la variable `instancia` (el *singleton*). Si es `null` significa que debemos *parsear* el archivo. Notemos que la misma clase extiende a `DefaultHandler`, por lo tanto, más abajo veremos la implementación de los métodos `startElement` y `endElement`.

Como variables de instancia mantenemos un `XTag` que será la raíz del árbol XML (en nuestro ejemplo el *tag* `framework`) y una pila que nos ayudará más tarde para cargar los *tags* del archivo como *subtags* de la raíz.

La estrategia para cargar la estructura de datos a medida que detectamos que se abre y se cierra cada *tag* es la siguiente: cuando un *tag* se abre instanciamos a `XTag` y metemos el objeto en la pila. Cuando un *tag* se cierra, tomamos dos elementos de la pila. El primero en salir será *subtag* del segundo, por lo tanto los relacionamos y volvemos a apilar el segundo (el padre).

```
// :
// viene de mas arriba

public void startElement(String uri
                       , String localName
                       , String name
                       , Attributes attributes) throws SAXException
{
   // paso los atributos a una hashtable
   Hashtable<String,String> atts = _cloneAttributes(attributes);

   XTag t = new XTag(name,atts);

   if( pila.isEmpty() )
   {
```

```
         raiz = t;
      }

      pila.push(t);
   }

   public void endElement(String uri
                        , String localName
                        , String name) throws SAXException
   {
      if( pila.size() > 1)
      {
         XTag hijo= pila.pop();
         XTag padre = pila.pop();
         padre.addSubtag(hijo);
         pila.push(padre);
      }
   }

   private Hashtable<String, String>
                        _cloneAttributes(Attributes attributes)
   {
      Hashtable<String,String> atts = new Hashtable<String,String>();
      for(int i=0;i<attributes.getLength(); i++)
      {
         atts.put(attributes.getQName(i),attributes.getValue(i));
      }

      return atts;
   }

   // sigue mas abajo
   // :
```

Como vemos existen dos casos particulares: en `startElelent`, si la pila está vacía significa que el *tag* que se está abriendo es la raíz. En `endElement` solo sacamos dos elementos si la pila tiene al menos esos dos elementos. De lo contrario, podemos deducir que el *tag* que se está cerrando es la raíz.

Por último, en lugar de proveer un método del tipo *getInstancia* directamente proveeremos los métodos necesarios para acceder al contenido y así abstraer de este problema al usuario.

```
   // :
   // viene de mas arriba

   public static XTag getByPath(String path)
   {
      return instancia.raiz.getSubtag(path);
   }

   public static XTag getByAttribute(String path
                                   , String attname
                                   , String value)
```

```
   {
      return instancia.raiz.getSubTagByAttribute(path,attname,value);
   }
}
```

12.3.3.2 La clase XTag

Ahora analizaremos el código de la clase XTag.

```
package libro.cap12.framework.xml;

// todos los imports...

public class XTag
{
   private String name;
   private Hashtable<String,String> atts;
   private Hashtable2<XTag> subtags;

   public XTag(String qname, Hashtable<String, String> atts)
   {
      this.name = qname;
      this.atts = atts;
      subtags = new Hashtable2<XTag>();
   }

   // sigue mas abajo
   // :
```

En este fragmento de código, vemos el constructor de la clase y tres variables de instancia: una para almacenar el nombre del *tag*, otra para la colección de atributos y otra para la colección de *subtags*. Sigamos:

```
   // :
   // viene de mas arriba

   public void addSubtag(XTag t)
   {
      subtags.put(t.getName(),t);
   }

   public String toString()
   {
      String x =name + " (";
      String aux;
      int i=0;
      for(Enumeration<String> e = atts.keys(); e.hasMoreElements(); )
      {
         aux = e.nextElement();
         x+=aux+"="+atts.get(aux)+(i++<atts.size()-1?",":") ");
      }

      return x ;
   }
```

```
public boolean equals(Object obj)
{
   return name.equals(((XTag)obj).name);
}

// sigue mas abajo
// :
```

Aquí vemos el método `addSubtag` que recibe un *tag* y lo agrega en la *hashtable2* considerando que su nombre será la clave de acceso. Luego sobrescribimos el método `toString` mostrando el nombre del *tag* y (entre paréntesis) la lista de atributos con sus correspondientes valores. Por último, en el método `equals`, indicamos que dos *tags* deben considerarse iguales si ambos tienen el mismo nombre.

A continuación, veremos el método `getSubtag` que permite obtener un *subtag*. Este método debería utilizarse para obtener *subtags* sin múltiples ocurrencias. De lo contrario retornará solo la primera.

Recordemos que este método es invocado desde el método `getByPath` de la clase `XMLFactory` y el valor del parámetro que recibe puede ser el *path* completo ("`/framework/data-access/mapping/...`"). Dado que desde el punto de vista de la clase `XTag` este valor debe ser relativo, comenzamos convirtiendo el *path* a relativo en caso de que sea necesario.

```
// :
// viene de mas arriba

public XTag getSubtag(String name)
{
   String auxName;

   // si el pathname es absoluto lo convertimos en relativo
   if( name.startsWith("/"+this.name+"/") )
   {
      auxName = name.substring(this.name.length()+2);
   }
   else
   {
      auxName = name;
   }

   StringTokenizer st = new StringTokenizer(auxName,"/");
   XTag dum = this;
   String tok;
   while( st.hasMoreTokens() )
   {
      tok = st.nextToken();
      dum = dum.subtags.get(tok).getFirst();
   }
   return dum;
}

// sigue mas abajo
// :
```

Luego de convertir el *path* (posiblemente absoluto) a un *path* relativo al *tag* actual, *tokenizamos* la ruta y nos movemos por los *subtags* hasta llegar al que el usuario nos pidió.

Veamos ahora el método `getSubtags` que es similar al anterior. Este método retorna un `XTag[]` y aplica para aquellos *tags* que puedan tener múltiples ocurrencias.

```
public XTag[] getSubtags(String name)
{
   String auxName;
   String auxName2;
   int idx = name.lastIndexOf('/');

   LinkedList<XTag> hijos;
   if( idx>0 )
   {
      auxName=name.substring(0,idx);
      auxName2=name.substring(idx+1);

      XTag tag = getSubtag(auxName);
      hijos = tag.subtags.get(auxName2);
   }
   else
   {
      hijos=subtags.get(name);
   }

   int i=0;
   XTag[] t = new XTag[hijos.size()];
   for(Iterator<XTag>it =hijos.iterator();it.hasNext();)
   {
      t[i++]=it.next();
   }

   return t;
}
```

Básicamente, lo que hacemos en este método es preguntar si el *path* que nos pasan como parámetro nos corresponde a nosotros o a alguno de nuestros hijos. Luego obtenemos la lista de *subtags* y la pasamos a un `XTag[]` para retornarlo.

Para terminar veamos el método `getSubtagByAttribute` que invoca al método anterior para dejar pasar solo a aquel *subtag* cuyo atributo `attName` tenga el valor `value`.

```
public XTag getSubtagByAttribute(String path
                                 ,String attName
                                 ,String value)
{
   XTag[] tags = getSubtags(path);
   for(int i=0; i<tags.length; i++ )
   {
```

```
         if( tags[i].atts.get(attName).equals(value) )
         {
            return tags[i];
         }
      }

      return null;
   }
```

12.4 Un framework para acceder a bases de datos

La invocación a sentencias SQL es una tarea totalmente repetitiva que consiste en definir la sentencia, ejecutarla y obtener los resultados.

Por ejemplo, veamos el código del método `buscar` que habíamos programado en la clase `DeptDAO` para buscar y obtener un departamento cuyo `deptno` (clave primaria) se recibe como parámetro. Este método retorna un `DeptDTO` o `null` en caso de que no exista un departamento con el `deptno` especificado.

```
   // :
   public DeptDTO buscar(int deptno)
   {
      Connection con = null;
      PreparedStatement pstm = null;
      ResultSet rs = null;

      try
      {
         con = UConnection.getConnection();

         String sql = "";
         sql+="SELECT deptno, dname, loc ";
         sql+="FROM dept ";
         sql+="WHERE deptno = ?";

         pstm = con.prepareStatement(sql);
         pstm.setInt(1,deptno);

         rs = pstm.executeQuery();

         DeptDTO dto = null;

         if( rs.next() )
         {
            dto = new DeptDTO();
            dto.setDeptno(deptno);
            dto.setDname( rs.getString("dname") );
            dto.setLoc( rs.getString("loc") );
         }

         return dto;
```

```
        }
        //...
    }
    // :
```

En el código vemos que primero obtenemos la conexión con la base de datos:

```
con = UConnection.getConnection();
```

Luego armamos el *query* de la siguiente manera: "`SELECT`" seguido de la lista de campos de la tabla, luego "`FROM`" seguido del nombre de la tabla y finalmente "`WHERE`" seguido de los campos que forman la clave primaria acompañados de " `= ?` ".

```
String sql = "";
sql+="SELECT deptno, dname, loc ";
sql+="FROM dept ";
sql+="WHERE deptno = ?";
```

El siguiente paso es armar la sentencia preparada, *setearle* los parámetros y ejecutar el *query* para obtener el *resultSet*.

```
pstm = con.prepareStatement(sql);
pstm.setInt(1,deptno);
rs = pstm.executeQuery();
```

Por último, si el *resultSet* tiene una fila entonces instanciamos un *dto* (en este caso un `DeptDTO`) y le *seteamos* los valores de sus atributos con los datos cargados en el *resultSet*. Si no, entonces retornamos `null`.

```
DeptDTO dto = null;

if( rs.next() )
{
   dto = new DeptDTO();
   dto.setDeptno(deptno);
   dto.setDname( rs.getString("dname") );
   dto.setLoc( rs.getString("loc") );
}

return dto;
```

12.4.1 Identificación de la tarea repetitiva

Según el análisis anterior, llegamos a la conclusión de que para ejecutar una búsqueda por clave primaria sobre una tabla tenemos que armar el *query*, ejecutarlo y si retorna una fila, instanciar un DTO, *setearle* los datos que obtuvimos en el *resultSet* y retornarlo.

En términos generales, el siguiente pseudocódigo resume lo anterior.

```
// defino el query
sql = "SELECT campo1, campo2, ...
       FROM nombreTabla
       WHERE campoPK = ?"
```

```
// ejecuto el query y obtengo el resultset
rs = ejecutarElQuery(sql)

if( rs.next() )
{
   // retorno un dto con los datos del resultset
   DTO d = new DTO();
   setearDatosEnDTO(d, rs);
   return d;
}
else
{
   return null;
}
```

12.4.2 Diseño de la API del framework

Como comentamos más arriba, el diseño de una API clara, fácil y entendible es fundamental para garantizar que cualquier programador pueda utilizar el *framework* cuyo objetivo es ayudar a incrementar la productividad, no convertirse en herramienta de culto para gurúes.

En este caso, la API se basará en la clase `XSession` la cual proveerá métodos como `findByPrimaryKey` e `insert` (entre otros). El acceso a las instancias de `XSession` se hará a través de la clase `XFactory`.

Una vez terminado, el *framework* de acceso a bases de datos se podrá utilizar de la siguiente manera:

```
package libro.cap12.framework.test;

import libro.cap12.framework.XFactory;
import libro.cap12.framework.XSession;

public class TestDB1
{
   public static void main(String[] args)
   {
      // leo el archivo de configuracion
      XFactory.load("configuracion.xml");

      // obtengo una session
      XSession session = XFactory.getInstancia().getSession();

      // busco el departamento cuyo deptno es 1
      DeptDTO dept;
      dept = (DeptDTO)session.findByPrimaryKey(DeptDTO.class,1);
      System.out.println(dept);

      // busco el empleado cuyo empno es 10
      EmpDTO emp = (EmpDTO) session.findByPrimaryKey(EmpDTO.class,10);
      System.out.println(emp);
   }
}
```

Es decir, para acceder a una tabla y obtener una fila especificando su clave primaria tendremos que definir un DTO con tantos atributos como campos tenga la tabla e invocar el método findByPrimaryKey sobre la *session*.

```
// busco el departamento cuyo deptno es 1
DeptDTO dept;
dept = (DeptDTO)session.findByPrimaryKey(DeptDTO.class,1);
System.out.println(dept);
```

La relación existente entre la tabla y sus campos con la clase (el DTO) y sus atributos deberá definirse en un archivo de configuración con formato XML como el que veremos a continuación:

```
<framework>

   <!-- datos de la conexion JDBC -->
   <data-access>

      <connection-pool usr="sa"
                       pwd=""
                       driver="org.hsqldb.jdbcDriver"
                       url="jdbc:hsqldb:hsql://localhost/xdb"
                       minsize="3"
                       maxsize="8"
                       steep="3" />

      <mapping>

         <table name="DEPT" type="libro.cap12.framework.test.DeptDTO">
            <field name="deptno" att="deptno" pk="true" />
            <field name="dname" att="dname"  />
            <field name="loc" att="loc"  />
         </table>

        <table name="EMP" type="libro.cap12.framework.test.EmpDTO">
            <field name="empno" att="empno" pk="true" />
            <field name="ename" att="ename"  />
            <field name="hiredate" att="hiredate"  />
            <field name="deptno" att="deptno"  />
         </table>

      </mapping>
   </data-access>
</framework>
```

En este archivo definimos los datos de un *pool* de conexiones y luego *mappeamos* varias tablas (en este caso las tablas DEPT y EMP). Para *mappear* una tabla especificamos su nombre, la clase que la representará (el DTO) y la lista de campos.

A su vez, por cada campo indicamos su nombre, el nombre del atributo de la clase con el que se corresponde y si el campo es clave primaria (pk) o no.

12.4.2.1 Limitaciones

Para evitar complicaciones innecesarias aceptaremos que el *framework* tendrá las siguientes limitaciones de funcionalidad:

- Manejará un único *connection pool*.
- Solo soportará claves primarias simples constituidas por un único campo.
- No soportará *foreign keys*, esto es: no traerá de otras tablas los datos relacionados.

12.4.3 Java Beans

Cuando una clase respeta las convenciones de nomenclatura, que describimos en el Capítulo 2, define *setters* y *getters* para todos sus atributos y provee al menos un constructor nulo (sin argumentos) decimos que sus objetos son *beans*.

Es decir, un *bean* es un objeto de una clase que cumple con lo siguiente:

- Para cada atributo *x* define un método *setX* y un método *getX*.
- Provee (al menos) el constructor nulo.

Si bien solo estamos hablando de convenciones, aceptar el hecho de que trabajamos con *beans* es fundamental porque esto nos garantizará que para cada atributo *x* tendremos un método *setX* y otro *getX* o bien, que si existe un método *setY* y existe un método *getY* entonces *y* es uno de los atributos de la clase.

Los *beans* son un recurso fundamental para el desarrollo de *frameworks* y, de hecho, aceptaremos que los *dto* con los que *mappearemos* las tablas lo serán.

12.4.3.1 La clase `XFactory`

Esta clase tiene una *session* y un *connectionPool* como variables de instancia e implementa un *singleton pattern* para garantizar que estas sean únicas. También define un método `load` que delega su tarea en el método `load` de `XMLFactory` ya que, obviamente, para leer y acceder al contenido XML lo haremos utilizando el *framework* anterior.

```
package libro.cap12.framework;

import libro.cap12.framework.xml.XMLFactory;

public class XFactory
{
   private static XFactory instancia;

   private XSession session;
   private XConnectionPool connectionPool;

   private XFactory()
   {
      session = new XSession();
      connectionPool = new XConnectionPool();
   }

   public static XFactory getInstancia()
   {
```

```
        if( instancia == null )
        {
            instancia = new XFactory();
        }

        return instancia;
    }

    public static void load(String xmlfilename)
    {
        XMLFactory.load(xmlfilename);
    }

    public XConnectionPool getConnectionPool()
    {
        return connectionPool;
    }

    public XSession getSession()
    {
        return session;
    }
}
```

12.4.3.2 La clase `XSession`

Esta será la clase a través de la cual se podrá utilizar toda la funcionalidad provista por el *framework*. En este capítulo nos limitaremos a estudiar y analizar solo dos métodos: `findByPrimaryKey` e `insert` (para buscar una fila y para insertar una fila respectivamente), pero como ejercitación adicional el lector podrá agregar la funcionalidad que, finalizando el capítulo, le voy a proponer.

12.4.3.3 El método `findByPrimaryKey`

En este fragmento de código, obtenemos una conexión a través del *pool* de conexiones y armamos la sentencia *sql*.

```
    // ...
    public Object findByPrimaryKey(Class dtoClass, Object pk)
    {
        // obtengo el pool de conexiones
        XConnectionPool pool = XFactory.getInstancia()
                                      .getConnectionPool();

        // obtengo una conexion
        Connection con = pool.getConnection();
        PreparedStatement pstm = null;
        ResultSet rs = null;

        try
        {
            // armo el query
            String sql= "";
```

```
// SELECT campo1, campo2, ...
sql += "SELECT " + _obtenerListaDeCampos(dtoClass)+" ";

// FROM nombreDeTabla
sql += "FROM "+ _obtenerNombreDeTabla(dtoClass)+" ";

// WHERE campoPK = ?
sql += "WHERE "+ _obtenerClavePrimaria(dtoClass);

// sigue mas abajo
// :
```

El método `_obtenerListaDeCampos` retornará un *string* con la lista de los campos de la tabla separados por `,` (coma). Para esto deberá acceder a los parámetros de configuración (el archivo XML) usando el *classname* del *dto* como clave de acceso.

Análogamente, el método `_obtenerNombreDeTabla` retornará el nombre de la tabla y el método `_obtenerClavePrimaria` retornará el nombre del campo que es *primary key* seguido de " `= ?` ".

Con el *query* definido, instanciamos la sentencia preparada `pstm` y le seteamos el valor del parámetro. Luego ejecutamos el *query* para obtener el *resultSet*.

```
// :
// viene de mas arriba

// preparo la sentencia
pstm = con.prepareStatement(sql);

// seteo el parametro sobre la sentencia
pstm.setObject(1, pk);

// ejecuto el query
rs = pstm.executeQuery();

// sigue mas abajo
// :
```

El próximo paso será avanzar el *resultSet* para ver si existe una fila con la *pk* especificada como parámetro. Si existe entonces tendremos que instanciar el *dto* y asignar los valores de sus atributos.

```
// :
// viene de mas arriba

// si existe al menos una fila...
if( rs.next() )
{
   // obtengo una instancia del DTO y
```

```
            // le seteo los datos tomados del ResultSet
            Object dto = _obtenerInstancia(dtoClass);
            _invocarSetters(dto,rs,dtoClass);

            // si hay otra fila entonces hay
            // inconsistencia de datos...
            if( rs.next() )
            {
               throw new RuntimeException("Mas de una fila...");
            }

            // retorno el dto
            return dto;
         }

         return null;

         // sigue mas abajo
         // :
```

A continuación, cerramos el *resultSet*, la *preparedStatement* y, lo más importante, devolvemos la conexión al *pool* de conexiones.

```
         // :
         // viene de mas arriba
      }
      catch(Exception ex)
      {
         ex.printStackTrace();
         throw new RuntimeException(ex);
      }
      finally
      {
         try
         {
            if( rs!=null ) rs.close();
            if( pstm!=null ) pstm.close();
            pool.releaseConnection(con);
         }
         catch(Exception ex)
         {
            ex.printStackTrace();
            throw new RuntimeException(ex);
         }
      }
   }

   // ...
```

Ahora veremos el código de los métodos privados en donde accedemos al contenido XML para obtener la información que relaciona la tabla con el *dto*.

Veamos el código del método `_obtenerListaDeCampos` que retorna la lista de campos de la tabla separándolos por `,` (coma).

```
// ...
private String _obtenerListaDeCampos(Class dto)
{
   XTag[] fields = UXml.getFieldsTAG(dto.getName());

   String ret="";
   for( int i=0; i<fields.length; i++ )
   {
      ret+=fields[i].getAtts()
                          .get("name")+((i<fields.length-1)?", ":"");
   }

   return ret;
}
// ...
```

Para facilitar el acceso al contenido XML utilizamos una clase utilitaria dentro de la cual hacemos "el trabajo sucio". Esta clase es `UXml` y su código es el siguiente:

```
package libro.cap12.framework.xml;

public class UXml
{
   public static XTag getTableTAG(String dtoName)
   {
      String path="/framework/data-access/mapping/table";
      String attname="type";
      String attvalue=dtoName;
      return XMLFactory.getByAttribute(path,attname,attvalue);
   }

   public static XTag[] getFieldsTAG(String dtoName)
   {

      return getTableTAG(dtoName).getSubtags("field");
   }

   public static XTag getConnectionPoolTAG()
   {
      String path="/framework/data-access/connection-pool";
      return XMLFactory.getByPath(path);
   }
}
```

Ahora podemos ver los métodos privados `_obtenerNombreDeTabla` y `_obtenerClavePrimaria`.

```
// ...
private String _obtenerNombreDeTabla(Class dto)
{
   XTag tt = UXml.getTableTAG(dto.getName());
   return tt.getAtts().get("name");
}

private String _obtenerClavePrimaria(Class dto)
{
   XTag[] fields = UXml.getFieldsTAG(dto.getName());

   boolean isPK;
   String sPk;
   String ret="";
   for( int i=0; i<fields.length; i++ )
   {
      sPk=fields[i].getAtts().get("pk");
      isPK = sPk!=null?sPk.equals("true"):false;
      if( isPK )
      {
         if( i>0 )
         {
            ret+=", ";
         }
         ret+=fields[i].getAtts().get("name")+" = ? ";
      }
   }

   return ret;
}
// ...
```

Aún quedan por analizar los métodos `_obtenerInstancia` e `_invocarSetters`. En estos métodos tendremos que utilizar introspección para instanciar dinámicamente al *dto* e invocar cada uno de sus *setters*.

Veamos el más simple: `_obtenerInstancia`.

```
// ...
private Object _obtenerInstancia(Class dtoClass)
{
   try
   {
      return dtoClass.newInstance();
   }
   catch(Exception ex)
   {
      ex.printStackTrace();
      throw new RuntimeException(ex);
   }
}
// ...
```

Veamos ahora el código de `_invocarSetters`.

```
private void _invocarSetters(Object dto
                            , ResultSet rs
                            , Class dtoClass)
{
   try
   {
      // obtengo la lista de tags <field> de la tabla
      XTag[] fields = UXml.getFieldsTAG(dto.getClass().getName());

      // por cada campo voy X voy a invocar a setX en el DTO
      for( int i=0; i<fields.length; i++ )
      {
         attName=fields[i].getAtts().get("att");
         value = rs.getObject(fields[i].getAtts().get("name"));

         // invoco al setter
         UBean.invoqueSetter(dto,attName,value);
      }
   }
   catch(Exception ex)
   {
      ex.printStackTrace();
      throw new RuntimeException(ex);
   }
}

// ...
```

Para resolver este método e invocar a cada uno de los *setters* del DTO, diseñamos e invocamos una clase utilitaria: `UBean` cuyo código es el siguiente:

```
package libro.cap12.framework.util;

import java.lang.reflect.Method;

@SuppressWarnings("unchecked")
public class UBean
{
   public static void invoqueSetter(Object dto
                                   , String attName
                                   , Object value)
   {
      try
      {
         // dado el attName obtengo el nombre del setter
         String mtdName=getSetterName(attName);
```

```
         Class[] argsType = null
         Method mtd = null ;
         try
         {
            // intento obtener el metodo...
            argsType[0] = value.getClass();
            mtd = dto.getClass().getMethod(mtdName,argsType);
         }
         catch(NoSuchMethodException ex)
         {
            // fallo... pruebo con el tipo primitivo
            argsType[0] =_wrapperToType(value.getClass());
            mtd = dto.getClass().getMethod(mtdName,argsType);
         }

         // invoco al setter
         mtd.invoke(dto,value);
      }
      catch(Exception ex)
      {
         ex.printStackTrace();
         throw new RuntimeException(ex);
      }
   }

   private static Class _wrapperToType(Class clazz)
   {
      if( clazz.equals(Byte.class) ) return Byte.TYPE;
      if( clazz.equals(Short.class) ) return Short.TYPE;
      if( clazz.equals(Integer.class) ) return Integer.TYPE;
      if( clazz.equals(Long.class) ) return Long.TYPE;
      if( clazz.equals(Character.class) ) return Character.TYPE;
      if( clazz.equals(Float.class) ) return Float.TYPE;
      if( clazz.equals(Double.class) ) return Double.TYPE;

      return clazz;
   }

   public static String getSetterName(String attName)
   {
      return UString.switchCase("set"+attName,3);
   }

   // ...
```

Notemos que intentamos obtener el *setter* a partir del tipo de datos del parámetro `value` pero este puede ser, por ejemplo, `Integer` y el *setter* podría esperar un `int`. Por este motivo, si obtenemos un `NoSuchMethodException` volvemos a intentarlo, pero esta vez con el tipo de datos del tipo primitivo. Para esto, utilizamos al método `_wrapperToType`.

12.4.3.4 El método `insert`

Analizaremos ahora el código del método `insert` que recibe como parámetro un *dto* conteniendo los valores de la fila que el método insertará.

```
// ...
public int insert(Object dto)
{
   // obtengo el pool de conexiones y le pido una conexion
   XConnectionPool pool = XFactory.getInstancia()
                                   .getConnectionPool();

   Connection con = pool.getConnection();
   PreparedStatement pstm = null;

   try
   {
      // armo el query
      String sql= "";

      int cantCampos = _obtenerCantidadDeCampos(dto);

     // INSERT INTO nomTabla (campo1, campo2...) VALUES (?,?...)
      sql += "INSERT INTO ";
      sql += _obtenerNombreDeTabla(dto.getClass())+"( ";
      sql += _obtenerListaDeCampos(dto.getClass())+") ";
      sql += "VALUES ( ";
      sql += UString.replicate("?",cantCampos,",")+" )";

      // sigue mas abajo
      // :
```

En este fragmento de código, construimos la sentencia *sql* invocando a los métodos privados que analizamos más arriba. Para armar la cadena de signos de interrogación separados por `,` (coma), utilizamos el método `replicate` de la clase utilitaria `UString` cuyo código veremos más adelante.

Sigamos:

```
      // :
      // viene de mas arriba

      // preparo la sentencia
      pstm = con.prepareStatement(sql);

      // seteo el parametro sobre la sentencia
      _setearParametrosEnStatement(pstm,dto);

      // sigue mas abajo
      // :
```

En este fragmento de código, preparamos la sentencia `pstm` y seteamos cada uno de sus parámetros invocando sobre el *dto* los *getters* de cada uno de sus atributos (esto es en el método `_setearParametrosEnStatement`).

Para finalizar, ejecutamos la sentencia y retornamos el *updateCount*. Luego cerramos la sentencia preparada y devolvemos la conexión al *pool* de conexiones.

```
         // :
         // viene de mas arriba

         // ejecuto el insert
         return pstm.executeUpdate();
      }
      catch(Exception ex)
      {
         ex.printStackTrace();
         throw new RuntimeException(ex);
      }
      finally
      {
         try
         {
            if( pstm!=null ) pstm.close();
            pool.releaseConnection(con);
         }
         catch(Exception ex)
         {
            ex.printStackTrace();
            throw new RuntimeException(ex);
         }
      }
   }

   // ...
```

El método más complicado aquí es `_setearParametrosEnStatement` cuyo código analizaremos ahora.

```
   // ...
   private void _setearParametrosEnStatement(PreparedStatement pstm
                                             , Object dto)
   {
      try
      {
         XTag[] fields = UXml.getFieldsTAG(dto.getClass().getName());
```

```
            Object value;
            for( int i=0; i<fields.length; i++ )
            {
               value = UBean.invoqueGetter(dto,fields[i]
                                                  .getAtts().get("att"));
               pstm.setObject(i+1,value);
            }
         }
         catch(Exception ex)
         {
            ex.printStackTrace();
            throw new RuntimeException(ex);
         }
      }

      // ...
```

Como vemos, obtenemos la lista de campos de la tabla y por cada uno invocamos al método estático `invoqueGetter` de la clase `UBean` cuyo código es análogo al método `invoqueSetter` que analizamos anteriormente.

```
   // ...
   public static Object invoqueGetter(Object dto, String att)
   {
      try
      {
         String mtdName = getGetterName(att);
         Class[] parameterTypes = new Class[0];
         Method mtd = dto.getClass()
                          .getMethod(mtdName,parameterTypes);

         Object[] parameterValues = new Object[0];
         return mtd.invoke(dto,parameterValues);
      }
      catch(Exception ex)
      {
         ex.printStackTrace();
         throw new RuntimeException(ex);
      }
   }

   // ...
```

12.4.4 Transacciones

Como ya sabemos los métodos `commit` y `rollback` dependen de la conexión. Es decir que si queremos que diferentes sentencias sean parte de una misma transacción, todas deberán ser ejecutadas sobre la misma conexión de base de datos (la misma instancia de `Connection`).

Esto de alguna manera se contrapone con la metodología que hemos implementado hasta ahora. Incluso, es inaplicable con el método `insert` que estudiamos más arriba ya que en este método pedimos una conexión al *pool*, la utilizamos y luego la devolvemos. Cada vez que invoquemos al método `insert`, este podría trabajar sobre una conexión diferente.

Para ilustrar mejor este problema, veamos un programa donde insertamos un departamento y luego un empleado y pretendemos que todo salga bien o, en el peor de los casos, que nada suceda. Pero de ninguna manera queremos que las cosas se hagan por la mitad.

```
// ...
public class Test3
{
   public static void main(String[] args)
   {
      XFactory.load("configuracion.xml");

      // defino un DeptDTO
      DeptDTO ddto = new DeptDTO();
      ddto.setDeptno(50);
      ddto.setDname("Marketing");
      ddto.setLoc("Islas Canarias");

      // defino un EmpDTO
      EmpDTO edto = new EmpDTO();
      edto.setEmpno(332);
      edto.setEname("Josecito");
      edto.setHiredate(new Date(System.currentTimeMillis()));
      edto.setDeptno(ddto.getDeptno());

      // obtengo la session
      XSession sess = XFactory.getInstancia().getSession();

      //inserto ambos
      sess.insert(ddto);
      sess.insert(edto);
   }
}
```

Obviamente, este programa no producirá ningún resultado. Ninguna fila se insertará en ninguna de las dos tablas porque nadie ha invocado al método `commit`.

El problema es que, desde el punto de vista del método `main`, no tenemos forma de invocar al método `commit` porque no tenemos acceso a la conexión y, para peor, nadie nos garantiza que la conexión que se utilizará en el primer *insert* será la misma que la que se utilizará en el segundo.

Para solucionar este problema, la API de nuestro *framework* provee la clase `XTransaction`. La aplicaremos al ejemplo anterior.

```
// ...
public class Test3
{
   public static void main(String[] args)
   {
      XFactory.load("configuracion.xml");

      // defino un DeptDTO
      DeptDTO ddto = new DeptDTO();
      // seteo sus atributos...

      // defino un EmpDTO
      EmpDTO edto = new EmpDTO();
      // seteo sus atributos...

      // obtengo la session
      XSession sess = XFactory.getInstancia().getSession();

      // comienzo una transaccion
      XTransaction trx = sess.beginTransaction();
      sess.insert(ddto);
      sess.insert(edto);
      trx.commint(); // COMMIT !!!
   }
}
```

La clase `XTransaction` es una "clase ficticia". Cuando iniciamos una transacción invocando al método `beginTransaction` el *framework* sabe que de ahí en adelante, y mientras la transacción iniciada no finalice, siempre deberá utilizar la misma conexión para los pedidos de este programa o, mejor dicho, de este *thread*.

Veamos el método `beginTransaction` de la clase `XSession`.

```
// ...
public XTransaction beginTransaction()
{
   // instancio un XTransactionManager
   XTransaction tm = new XTransaction();

   XConnectionPool pool = XFactory.getInstancia()
                                   .getConnectionPool();

   // el tm manejara su propia conexion
   tm.setConnection( pool.getConnectionForTransaction() );
   return tm;
}
// ...
```

En este método instanciamos a `XTransaction`, le seteamos una conexión obtenida a través del *pool* de conexiones y la retornamos.

El truco está en que el *pool* de conexiones provee el método `getConnectionForTransaction`. Este método tomará una de sus conexiones y la mantendrá asociada al *threadId* del hilo que inició la transacción. Mientras este no invoque al `commit` o al `rollback` el *pool* siempre le retornará la misma conexión. Veamos el código de este método:

```
// ...
public class XConnectionPool
{
   private Vector<Connection> libres;
   private Vector<Connection> usadas;
   private Hashtable<Long, Connection> enTransaccion;

   // ...

   Connection getConnectionForTransaction()
   {
      Connection con = getConnection();
      long threadID = Thread.currentThread().getId();
      enTransaccion.put(threadID,con);
      return con;
   }

   // ...
}
```

Como vemos, pedimos una conexión y la metemos en la *hashtable* `enTransaccion` relacionándola con el *threadId* como clave de acceso.

Ahora tendremos que ver cómo hace el método `getConnection` para retornar siempre la misma conexión si es que el hilo está ejecutando una transacción.

La idea es simple: lo primero que hacemos es obtener el *threadId* y verificar si entre las conexiones que están en transacción existe alguna asociada a este valor. Si es así simplemente la retornamos. Si no, entonces retornamos cualquiera de las conexiones que se encuentren disponibles.

```
   // ...
   public synchronized Connection getConnection()
   {
      // verifico si hay una transaccion abierta
      long threadID = Thread.currentThread().getId();
      Connection con = enTransaccion.get(threadID);
      if( con != null )
      {
         return con;
      }

      if( libres.size() <= 0 )
      {
         if( !_crearMasConexiones() )
         {
            throw new RuntimeException("No hay conexiones ...");
         }
      }
```

```
      con = libres.remove(0);
      usadas.add(con);
      return con;
   }

   // ...
```

Volviendo a la clase `XTransaction`, veamos los métodos `commit` y `rollback`.

```
   // ...
   public void commint()
   {
      try
      {
         connection.commit();
         XConnectionPool pool =XFactory.getInstancia()
                                   .getConnectionPool();
         pool.releaseConnectionForTransaction(connection);
      }
      catch(Exception ex)
      {
         ex.printStackTrace();
         throw new RuntimeException(ex);
      }
   }

   public void rollback()
   {
      try
      {
         connection.rollback();
         XConnectionPool pool =XFactory.getInstancia()
                                   .getConnectionPool();
         pool.releaseConnectionForTransaction(connection);
      }
      catch(Exception ex)
      {
         ex.printStackTrace();
         throw new RuntimeException(ex);
      }
   }

   // ...
```

En cada uno de estos métodos, invocamos el `commit` o el `rollback` sobre la conexión que está guardada como variable de instancia y luego la retornamos al *pool*. Pero claro, utilizando el método especial: `releaseConnectionForTransaction`, cuyo código (clase `ConnectionPool`) veremos ahora:

```
    // ...
    void releaseConnectionForTransaction(Connection con)
    {
       long threadID = Thread.currentThread().getId();
       enTransaccion.remove(threadID);
       releaseConnection(con);
    }
    // ...
```

En este método todo lo que hacemos es remover la conexión de la tabla de conexiones afectadas a transacciones e invocamos al método `releaseConnection` dentro del cual se pasará la conexión al *vector* de conexiones libres.

12.4.5 Mappeo de tablas usando annotations

Finalmente, veremos cómo, usando *annotations*, podemos sustituir el uso del archivo XML para *mappear* las tablas a las que queremos acceder.

Para esto, definiremos las *annotations* `Table`, `Colum` y `Pk`. Las dos últimas las aplicaremos sobre los atributos los DTO para indicar la relación entre estos y las columnas de la tabla. La primera la aplicaremos sobre la clase para indicar cuál es la tabla que este DTO está representando.

```
package libro.cap12.framework.test;

import java.sql.Date;

import libro.cap12.framework.annotations.Colum;
import libro.cap12.framework.annotations.Pk;
import libro.cap12.framework.annotations.Table;

@Table(name="EMP")
public class EmpDTO
{
   @Pk
   @Colum(name="empno")
   private int empno;

   @Colum(name="ename")
   private String ename;

   @Colum(name="hiredate")
   private Date hiredate;

   @Colum(name="deptno")
   private int deptno;

   // :
   // setters y getters
   // :
}
```

Recordemos el código del método findByPrimaryKey de la clase XSession.

```
// ...
public Object findByPrimaryKey(Class dtoClass, Object pk)
{
   // ...
   try
   {
      // armo el query
      String sql= "";

      // SELECT campo1, campo2, ...
      sql += "SELECT " + _obtenerListaDeCampos(dtoClass)+" ";


      // FROM nombreDeTabla
      sql += "FROM "+ _obtenerNombreDeTabla(dtoClass)+" ";

      // WHERE campoPK = ?
      sql += "WHERE "+ _obtenerClavePrimaria(dtoClass);
      // :
}
```

Para hacer que findByPrimaryKey, ahora, lea los metadatos que describen las *annotations* tendremos que reprogramar los métodos _obtenerListaDeCampos, _obtenerNombreDeTabla y _obtenerClavePrimaria. Comenzaremos por _obtenerNombreDeTabla donde le pediremos a dtoClass la anotación Table y retornaremos el valor de su atributo nombre.

```
// :
private static String _obtenerNombreDeTabla(Class<?> dtoClass)
{
   try
   {
      Table table = dtoClass.getAnnotation(Table.class);
      return table.name();
   }
   catch(Exception ex)
   {
      ex.printStackTrace();
      throw new RuntimeException(ex);
   }
}

// :
```

Veamos el código de los métodos: `_obtenerListaDeCampos`.

```
// :
private static String _obtenerListaDeCampos(Class<?> dtoClass)
{
   try
   {
      String[] atts = UBean.getAttNames(dtoClass);

      String ret="";
      for(int i=0; i<atts.length; i++)
      {
         Field field = dtoClass.getDeclaredField(atts[i]);
         Colum colum = field.getAnnotation(Colum.class);

         ret+=colum.name()+(i<atts.length-1?", ":"");
      }
      return ret;
   }
   catch(Exception ex)
   {
      ex.printStackTrace();
      throw new RuntimeException(ex);
   }
}

// :
```

Veamos el método `_obtenerClavePrimaria`.

```
// :
private static String _obtenerClavePrimaria(Class<?> dtoClass)
{
   try
   {
      String[] atts = UBean.getAttNames(dtoClass);

      for(int i=0; i<atts.length; i++)
      {
         Field field = dtoClass.getDeclaredField(atts[i]);
         Pk pk = field.getAnnotation(Pk.class);

         if( pk!=null )
         {
            Colum colum = field.getAnnotation(Colum.class);
            return colum.name()+"=?";
         }
      }

      return null;
   }
   catch(Exception ex)
   {
```

```
            ex.printStackTrace();
            throw new RuntimeException(ex);
        }
    }

    // :
```

Finalmente, veamos el código de las *annotations*.

```
package libro.cap12.framework.annotations;

import java.lang.annotation.*;

@Target(value=ElementType.TYPE)
@Retention(RetentionPolicy.RUNTIME)
public @interface Table
{
    String name();
}
```

```
package libro.cap12.framework.annotations;

import java.lang.annotation.*;

@Target(value=ElementType.FIELD)
@Retention(RetentionPolicy.RUNTIME)
public @interface Colum
{
    String name();
}
```

```
package libro.cap12.framework.annotations;

import java.lang.annotation.*;

@Target(value=ElementType.FIELD)
@Retention(RetentionPolicy.RUNTIME)
public @interface Pk
{
}
```

12.5 El bean factory

Para terminar, agregaremos al *framework* la posibilidad de instanciar *beans*. Es decir, el *framework* también proveerá un *factory method* genérico que el usuario podrá utilizar.

Para esto, solo habrá que definir las implementaciones de las clases en el archivo de configuración de la siguiente manera:

```
<framework>
   <!--   ...   -->
   <bean-access>
      <bean name="DEPT" type="libro.cap04.DeptDAO" singleton="true" />
   </bean-access>
</framework>
```

Dado que permitiremos la opción de que los objetos sean *singleton*, tendremos que utilizar una *hashtable* en la que, para aquellos *beans* definidos como *singleton*, almacenaremos la única instancia.

Todo esto lo haremos en la clase `XFactory`. Veamos un ejemplo de su uso:

```
package libro.cap12.framework.test;

import libro.cap04.DeptDAO;
import libro.cap12.framework.XFactory;

public class Test4
{
   public static void main(String[] args)
   {
      XFactory.load("configuracion.xml");
      DeptDAO dao = (DeptDAO) XFactory.getInstancia().getBean("DEPT");
      System.out.println(dao);
   }
}
```

Veamos el código del método `getBean` de la clase `XFactory`.

```
// ...
public class XFactory
{
   private static XFactory instancia;
   private Hashtable<String,Object> beans=null;

   // ...
   private XFactory()
   {
      beans = new Hashtable<String, Object>();
      // ...
   }

   public Object getBean(String bname)
   {
      Object o = beans.get(bname);
      if( o == null )
      {
         o = _instanciarBean(bname);
         beans.put(bname,o);
      }
      return o;
   }
```

```
   private Object _instanciarBean(String bname)
   {
      try
      {
         String path="/framework/bean-access/bean";
         String attname="name";

         XTag t = XMLFactory.getByAttribute(path,attname,bname);

         String sclazz = t.getAtts().get("type");
         return Class.forName(sclazz).newInstance();
      }
      catch(Exception ex)
      {
         ex.printStackTrace();
         throw new RuntimeException(ex);
      }
   }

   // ...
}
```

12.6 Integración

Con el *framework* terminado podemos pensar en una nueva implementación de la aplicación con la que hemos trabajado a lo largo del libro.

En esta implementación utilizaremos al *XFramework* para resolver el acceso a la base de datos en los DAOs y utilizaremos su *bean factory* para obtener instancias de los objetos de negocio en el *façade* y para obtener la instancia del *façade* en la aplicación cliente.

12.6.1 Los objetos de acceso a datos

Para no atarnos al *framework* y prever la posibilidad de que su rendimiento no nos termine de convencer, definiremos los DAOs como *interfaces* en cuyas implementaciones utilizaremos a *XFramework*, tal como lo estudiamos en el Capítulo 4 al analizar diseño por contratos.

Veamos entonces las (ahora) *interfaces* `DeptDAO` y `EmpDAO`.

```
package libro.app.def;

import java.util.Collection;
import libro.app.dto.DeptDTO;

public interface DeptDAO
{
   public Collection<DeptDTO> buscarTodos();
   public Collection<DeptDTO> buscarXLoc(String loc);
   public DeptDTO buscar(int deptno);
}
```

```
package libro.app.def;

import java.util.Collection;
import libro.app.dto.EmpDTO;

public interface EmpDAO
{
   public Collection<EmpDTO> buscarXDept(int deptno);
}
```

Veamos las implementaciones de estas *interfaces*:

```
package libro.app.def.imple;

import java.util.Collection;
import libro.app.def.DeptDAO;
import libro.app.dto.DeptDTO;
import libro.cap12.framework.XFactory;
import libro.cap12.framework.XSession;

public class DeptDAOImpleXFrm implements DeptDAO
{
   public DeptDTO buscar(int deptno)
   {
      XSession sess = XFactory.getInstancia().getSession();
      return (DeptDTO)sess.findByPrimaryKey(DeptDTO.class,deptno);
   }

   public Collection<DeptDTO> buscarTodos()
   {
      XSession sess = XFactory.getInstancia().getSession();
      return sess.findAll(DeptDTO.class);
   }

   public Collection<DeptDTO> buscarXLoc(String loc)
   {
      XSession sess = XFactory.getInstancia().getSession();
      return sess.findByWhere(DeptDTO.class,"WHERE loc = "+loc);
   }
}
```

```
package libro.app.def.imple;

import java.util.Collection;

import libro.app.def.EmpDAO;
import libro.app.dto.EmpDTO;
import libro.cap12.framework.XFactory;
import libro.cap12.framework.XSession;
```

```
public class EmpDAOImpleXFrm implements EmpDAO
{
   public Collection<EmpDTO> buscarXDept(int deptno)
   {
      XSession sess = XFactory.getInstancia().getSession();
      return sess.findByWhere(EmpDTO.class,"WHERE deptno = "+deptno);
   }
}
```

Para desarrollar estas implementaciones, hemos utilizado los métodos `findAll` y `findByWhere` de la clase `XSession`. Estos métodos no fueron analizados en este capítulo y su desarrollo quedará a cargo del lector.

12.6.2 El façade

Veamos ahora la *interface* `Facade` y su correspondiente implementación.

```
package libro.app.def;

import java.util.Collection;
import libro.app.dto.DeptDTO;
import libro.app.dto.EmpDTO;

public interface Facade
{
   public Collection<DeptDTO> obtenerDepartamentos();
   public Collection<EmpDTO> obtenerEmpleados(int deptno);
}
```

```
package libro.app.def.imple;

import java.util.Collection;
import libro.app.def.DeptDAO;
import libro.app.def.EmpDAO;
import libro.app.def.Facade;
import libro.app.dto.DeptDTO;
import libro.app.dto.EmpDTO;
import libro.cap12.framework.XFactory;

public class FacadeImpleXFrm implements Facade
{
   public Collection<DeptDTO> obtenerDepartamentos()
   {
      DeptDAO dept = (DeptDAO)XFactory.getInstancia().getBean("DEPT");
      return dept.buscarTodos();
   }

   public Collection<EmpDTO> obtenerEmpleados(int deptno)
   {
      EmpDAO emp = (EmpDAO)XFactory.getInstancia().getBean("EMP");
      return emp.buscarXDept(deptno);
   }
}
```

12.6.3 El archivo de configuración

Para que todo funcione, tenemos que confeccionar adecuadamente el archivo configuracion.xml. Veamos su contenido.

```
<framework>

   <!-- datos de la conexion JDBC -->
   <data-access>
      <connection-pool usr="sa"
                       pwd=""
                       driver="org.hsqldb.jdbcDriver"
                       url="jdbc:hsqldb:hsql://localhost/xdb"
                       minsize="3"
                       maxsize="8"
                       steep="3" />
      <mapping>

         <table name="DEPT" type="libro.app.dto.DeptDTO">
            <field name="deptno" att="deptno" pk="true" />
            <field name="dname" att="dname"  />
            <field name="loc" att="loc"  />
         </table>

         <table name="EMP" type="libro.app.dto.EmpDTO">
            <field name="empno" att="empno" pk="true" />
            <field name="ename" att="ename"  />
            <field name="hiredate" att="hiredate"  />
            <field name="deptno" att="deptno"  />
         </table>

      </mapping>
   </data-access>

   <bean-access>
      <bean name="DEPT"
            type="libro.app.def.imple.DeptDAOImpleXFrm"
            singleton="true" />
      <bean name="EMP"
            type="libro.app.def.imple.EmpDAOImpleXFrm"
            singleton="true" />
      <bean name="FACADE"
            type="libro.app.def.imple.FacadeImpleXFrm"
            singleton="true" />
   </bean-access>
</framework>
```

Recordemos que este archivo debe estar ubicado en la carpeta base del *package root*.

12.6.4 El cliente

En el cliente hacemos el *load* del archivo de configuración, obtenemos la instancia del *façade* con el *bean factory* y que provee el *framework*. El resto es conocido.

```
package libro.app.cliente;

import java.util.Collection;
import java.util.Scanner;

import libro.app.def.Facade;
import libro.app.dto.DeptDTO;
import libro.app.dto.EmpDTO;
import libro.cap12.framework.XFactory;

public class MiApp
{
   public static void main(String[] args)
   {
      XFactory.load("configuracion.xml");

      Facade facade = (Facade)XFactory.getInstancia()
                                      .getBean("FACADE");
      Collection<DeptDTO> collDepts = facade.obtenerDepartamentos();

      _mostrarDepartamentos(collDepts);

      Scanner scanner = new Scanner(System.in);
      int deptno = scanner.nextInt();

      Collection<EmpDTO> collEmps=facade.obtenerEmpleados(deptno);
      _mostrarEmpleados(collEmps, deptno);
   }

   // :
}
```

12.7 Resumen

En este capítulo estudiamos cómo desarrollar *frameworks*. Desarrollamos un *framework* para leer archivos XML que luego utilizamos para desarrollar un *framework* de acceso a bases de datos. Todo esto lo aplicamos en una nueva implementación de nuestra aplicación de estudio.

Además, se trataron las anotaciones que, en el lenguaje de programación Java, permiten puntualizar indicacionesa o retener ciertos valores para que se encuentren disponibles durante el tiempo de ejecución de un programa.

En el próximo capítulo, veremos los conceptos de entrada/salida de *streams* que en los Capítulos 1 y 7 los hemos utilizado sin haber hecho las presentaciones adecuadas.

Entrada/Salida

13

Contenido

Objetivos del capítulo

- Entender cómo se resuelven en Java las operaciones de entrada/salida.
- Escribir y leer datos en archivos binarios y de texto.
- Utilizar *buffers* para incrementar el rendimiento de la aplicación.

13.1 Introducción

Java provee una extensa API para administrar las operaciones de entrada y salida. Estas clases e *interfaces* están ubicadas dentro del paquete `java.io` y, entre otras cosas, permiten manipular archivos de texto, archivos binarios, realizar operaciones en bloque (*buffers*), etcétera.

A continuación, analizaremos algunas de estas clases.

13.2 I/O streams (flujos de entrada y salida)

El término *stream* (flujo o corriente) representa un flujo de datos dirigiéndose de una fuente hacia un destino. Es decir: los datos que fluyen entre un programa y un archivo en disco, entre un archivo y un programa, entre dos programas, etc. son considerados *streams*.

Un *stream* puede transportar todo tipo de información: *bytes*, datos de tipos primitivos u objetos.

El programa que recibe el *stream* de datos lo hace a través de un *input stream*. Análogamente, el programa que emite un *stream* de datos lo hace a través de un *output stream*.

13.2.1 Entrada y salida estándar

Todos los lenguajes de programación definen una entrada y una salida de datos estándar que, en general, son el teclado y la pantalla (en modo texto). Es decir, podemos leer datos a través del teclado y escribir datos en la pantalla utilizando la entrada y la salida estándar respectivamente.

En Java, estos *streams* están representados por los objetos estáticos `System.in`, `System.out` y `System.err`. Este último representa a la *standard error*.

El lector recordará la clase `Scanner` que utilizamos en los primeros ejemplos del capítulo 1 para leer los datos ingresados a través del teclado.

```
Scanner scanner = new Scanner(System.in);
int i = scanner.nextInt();
```

A partir de Java 7 se incluye la clase `Console` que permite integrar la salida y la entrada de datos por consola. Por ejemplo:

```
Console c = System.console();
// ingreso el usuario
String u;
u=c.readLine("User? ");
// ingreso el password
char[] p;
p=c.readPassword("Pass? ");
```

El constructor de esta clase recibe el *input stream* que será la fuente desde donde el objeto leerá los datos. Como nuestro interés era leer los datos que el usuario ingresaba a través del teclado (entrada estándar) instanciamos a la clase pasándole como argumento `System.in`. Es decir: el flujo de datos proveniente desde la entrada estándar (el teclado).

Análogamente, para escribir datos en la pantalla (salida estándar) utilizamos los métodos `print` o `println` del objeto estático `System.out`.

```
System.out.println("Hola Mundo !!!");
```

Ejemplo: utilizar `Scanner` para leer datos desde un archivo de texto.

En el siguiente ejemplo, utilizamos la clase `Scanner` para leer los datos contenidos en un archivo de texto y los mostramos en la pantalla.

El archivo de texto es demo.txt, que debe estar ubicado en la carpeta padre del *package root* y su contenido es el siguiente:

```
1 Jaime
2 Berta
3 Motek
4 Teresa
5 Clarisa
6 Jose
0 FIN
```

Veamos el código del programa.

```
package libro.cap13;

import java.io.FileInputStream;
import java.util.Scanner;

public class Demo1
{
   public static void main(String[] args) throws Exception
   {
      // abro el archivo
      FileInputStream fis = new FileInputStream("demo.txt");

      // instancio a Scanner pasandole el FileInputStream
      Scanner sc = new Scanner(fis);

      int i = sc.nextInt();
      String n = sc.next();

      while( !n.equals("FIN") )
      {
         System.out.println(i + ", " + n);

         i = sc.nextInt();
         n = sc.next();
      }

      // cierro el archivo
      fis.close();
   }
}
```

La única diferencia entre este programa y los que hicimos en el Capítulo 1 es que aquí abrimos un `FileInputStream` y se lo pasamos al objeto `scanner` para que este lea datos desde el archivo representado por el *input stream* `fis`.

La clase `FileInputStream` está en el paquete `java.io` y es una subclase de la clase base `InputStream`.

13.2.2 Redireccionar la entrada y salidas estándar

Con los métodos `setIn`, `setOut` y `setErr` de la clase `System`, podemos cambiar la entrada y salidas estándar que, por defecto, son el teclado (para el primero) y la pantalla (para los restantes).

Ejemplo: redireccionar la salida de error para mandarla a un archivo.

En el siguiente programa, redireccionamos el *standard error* hacia el archivo errores.txt (aún inexistente). Luego forzamos la ocurrencia de una excepción de tipo `ArrayIndexOutOfBoundException`. Veremos que el mensaje de error irá a parar al archivo.

```
package libro.cap13;

import java.io.FileOutputStream;
import java.io.PrintStream;

public class Demo2
{
   public static void main(String[] args) throws Exception
   {
      // abro el archivo y redirecciono la standar error
      FileOutputStream fos = new FileOutputStream("errores.txt");
      PrintStream stdErr= new PrintStream(fos);
      System.setErr(stdErr);

      int[] arr = new int[5];

      // error cuando i sea mayor que 4
      for(int i=0; i<10; i++)
      {
         arr[i] = 0;
      }

      // cierro todo
      stdErr.close();
      fos.close();
   }
}
```

El programa no arrojará ningún resultado de error por la pantalla pero generará el archivo errores.txt en la carpeta base del *package root* con el siguiente contenido.

```
Exception in thread "main" java.lang.ArrayIndexOutOfBoundsException: 5
   at libro.cap13.Demo2.main(Demo2.java:26)
```

Análogamente podemos redireccionar la *standard output* o la *standard input*.

13.2.3 Cerrar correctamente los streams

En los ejemplos anteriores, para priorizar la claridad del código pasamos por alto el detalle de que la forma correcta de cerrar los *streams* (recursos) es hacerlo en la sección `finally` de un bloque *try-catch-finally*.

A continuación, veremos una mejor manera (y más segura) de codificar el ejemplo anterior cerrando los objetos `fos` y `stdErr` en la sección `finally`.

```
// ...
public class Demo2
{
   public static void main(String[] args)
   {
      FileOutputStream fos = null;
      PrintStream stdErr = null;

      try
      {
         // abro el archivo
         fos = new FileOutputStream("errores.txt");

         // instancio un printstream basado en el input stream
         stdErr= new PrintStream(fos);

         // seteo la estandard error
         System.setErr(stdErr);

         int[] arr = new int[5];

         // error cuando i sea mayor que 4
         for(int i=0; i<10; i++)
         {
            arr[i] = 0;
         }
      }
      catch(Exception ex)
      {
         ex.printStackTrace();
      }
      finally
      {
         try
         {
            if( stdErr != null ) stdErr.close();
            if( fos != null ) fos.close();
         }
         catch(Exception ex)
         {
```

```
            ex.printStackTrace();
         }
      }
   }
}
```

13.2.4 Streams de bytes (`InputStream` y `OutputStream`)

A través de un *stream*, podemos enviar y recibir todo tipo de datos. Desde *bytes* hasta objetos. Comenzaremos analizando cómo leer y escribir *bytes*.

Si bien en este capítulo solo consideraremos *streams* que fluyen desde y hacia archivos en el disco, el lector recordará que en el capítulo de *networking* utilizamos *streams* para enviar y recibir *bytes*, datos y objetos a través de la red, mediante el *input* y *output stream* provistos por el *socket*.

Ejemplo: abrir un archivo y leerlo *byte* por *byte* mostrando cada uno de estos en la pantalla.

```
package libro.cap13;

import java.io.FileInputStream;

public class Demo3
{
   public static void main(String[] args) throws Exception
   {
      FileInputStream fis = new FileInputStream(args[0]);

      int c = fis.read();

      while( c!=-1 )
      {
         System.out.print((char)c);
         c = fis.read();
      }

      fis.close();
   }
}
```

El método `read` retorna el *byte* leído. Notemos que el tipo de datos del valor de retorno del método es `int` y no `byte`. Esto se debe a que en Java el tipo de datos `byte` es signado, por lo tanto no admite valores superiores a 127. Es decir, el tipo `byte` admite solo la mitad de los valores que se pueden representar en 8 bits.

Para indicar que se llegó al fin del archivo *("end of file"* o *eof)*, el método retornará el valor -1.

Java provee la clase `File` (en el paquete `java.util`) que permite leer la cabecera de un archivo o directorio. De este modo, podemos averiguar su nombre, longitud, permisos, etcétera. Por ejemplo:

```
// cabecera del archivo
String s = "c://miarchivo.txt";
File f = new File(s);
long size = f.length();
```

o bien:

```
// cabecera de un directorio
String z = "c://midir";
File d = new File(z);
String lst[]=d.list();
```

A partir de Java 7 esta clase incorpora nuevos métodos.
Invito al lector a consultar el capítulo correspondiente.

13.2.5 Streams de caracteres (readers y writers)

Internamente, Java almacena los valores de los caracteres usando la convención *UNICODE*. Para codificar un carácter, se utilizan 2 *bytes*. Esto permite que los programas Java puedan soportar los juegos de caracteres de (prácticamente) todos los idiomas.

En el paquete `java.io`, se proveen clases a través de las cuales podemos enviar y recibir flujos de caracteres para luego, si fuera necesario, convertirlos a los diferentes conjuntos de caracteres e internacionalizar nuestros programas.

Las clases base de las que heredan todas las clases que proveen soporte para enviar y recibir *streams* de caracteres son `Reader` y `Writer`.

Veamos un ejemplo en el cual leemos caracteres desde un archivo para escribirlos en otro. Los nombres de ambos archivos se especifican como argumentos en línea de comandos.

```
package libro.cap13;

import java.io.FileInputStream;
import java.io.FileReader;
import java.io.FileWriter;

public class Demo4
{
   public static void main(String[] args) throws Exception
   {
      FileReader fr = new FileReader(args[0]);
      FileWriter fw = new FileWriter(args[1]);

      int c = fr.read();
      while( c != -1 )
      {
         fw.write(c);
         c = fr.read();
      }
```

```
        fw.close();
        fr.close();
    }
}
```

Como podemos ver, leer y escribir *bytes* o caracteres a través de un *stream* es prácticamente lo mismo. El método `read` de la clase `FileReader` retorna un valor de tipo `int`. La diferencia entre este `int` y el `int` que retorna el método `read` de la clase `FileInputStream` es que el primero codifica 16 bits (un `char`) mientras que el segundo codifica 8 (un *byte*).

Como comentamos en el capítulo de *networking*, a través del *stream* siempre se envían y se reciben *bytes*, por lo tanto los *readers* y los *writers* (es decir, las clases a través de las que podemos recibir y enviar caracteres) enmascaran este flujo de *bytes* para darnos la idea de que lo que está fluyendo son caracteres.

13.2.6 Streams bufferizados

Java provee clases que permiten almacenar temporalmente en memoria los datos que queremos enviar o leer a través de un *stream*. El uso de estas clases incrementa el rendimiento de nuestro programa porque ayuda a minimizar el *overhead* generado por el uso de recursos como accesos a disco, actividad de red, etcétera.

El área de memoria temporal en el que se almacena la información que llega o que se envía se llama *buffer*. Un programa puede escribir en un *buffer* pero físicamente el *stream* fluirá cuando el *buffer* esté lleno. Análogamente, un programa puede leer datos desde un *buffer*, pero físicamente se leerá el *stream* cuando el *buffer* esté vacío.

Las clases que permiten *bufferizar streams* son `BufferedReader`, `BufferedWriter`, `BufferedInputStream` y `BufferedOutputStream`.

El ejemplo anterior podría mejorarse notablemente usando las clases `BufferedReader` y `BufferedWriter`.

```
package libro.cap13;

import java.io.BufferedReader;
import java.io.BufferedWriter;
import java.io.FileReader;
import java.io.FileWriter;

public class Demo5
{
   public static void main(String[] args) throws Exception
   {
    BufferedReader br = new BufferedReader(new FileReader(args[0]));
    BufferedWriter bw = new BufferedWriter(new FileWriter(args[1]));

      int c = br.read();
      while( c != -1 )
      {
         bw.write(c);
         c = br.read();
```

```
        }

        bw.close();
        br.close();
    }
}
```

13.2.7 Streams de datos (`DataInputStream` y `DataOutputStream`)

Las clases `DataInputStream` y `DataOutputStream` permiten leer y escribir tipos de datos primitivos a través de un *stream*. El lector recordará que utilizamos estas clases en el capítulo de *networking* para enviar comandos y resultados entre el cliente y el servidor.

En este caso, veremos un ejemplo en el cual escribimos en un archivo los datos que ingresa el usuario por teclado. El nombre del archivo debe especificarse como argumento en la línea de comandos.

```
package libro.cap13;

import java.io.BufferedOutputStream;
import java.io.DataOutputStream;
import java.io.FileOutputStream;
import java.util.Scanner;

public class Demo6
{
    public static void main(String[] args) throws Exception
    {
        BufferedOutputStream bos = new BufferedOutputStream(
                                   new FileOutputStream(args[0]));
        DataOutputStream dos = new DataOutputStream(bos);

        Scanner scanner = new Scanner(System.in);

        int i = scanner.nextInt();
        while( i>0 )
        {
            dos.writeInt(i);
            i = scanner.nextInt();
        }

        dos.close();
        bos.close();
    }
}
```

El archivo de salida tendrá *n**4 *bytes* siendo *n* la cantidad de valores enteros que haya ingresado el usuario.

Cada valor se almacenará en el archivo con el mismo formato que Java utiliza para codificar los enteros (usando 4 *bytes*). Por este motivo, si intentamos abrir el archivo con algún editor de texto solo veremos símbolos y caracteres raros. No veremos los valores numéricos que el programa guardó.

A continuación, veremos el programa inverso que lee el archivo generado recientemente y muestra en la pantalla cada uno de los enteros leídos.

```
package libro.cap13;

import java.io.BufferedInputStream;
import java.io.DataInputStream;
import java.io.EOFException;
import java.io.FileInputStream;

public class Demo7
{
   public static void main(String[] args) throws Exception
   {
      BufferedInputStream bis= new BufferedInputStream(
                                  new FileInputStream(args[0]));
      DataInputStream dis = new DataInputStream(bis);

      try
      {
         int i = dis.readInt();
         while( true )
         {
            System.out.println(i);
            i = dis.readInt();
         }
      }
      catch(EOFException ex)
      {
         System.out.println("-- EOF --");
      }

      dis.close();
      bis.close();
   }
}
```

Cuando se encuentra el fin de archivo *(eof)*, el método `readInt` arrojará una excepción.

13.2.8 Streams de objetos (`ObjectInputStream` y `ObjectOutputStream`)

Las clases `ObjectInputStream` y `ObjectOutputStream` permiten recibir y enviar objetos *serializables* a través de un *stream*.

Recordemos que en el capítulo de *networking* las hemos utilizado y explicamos que podíamos escribir o leer cualquier objeto siempre y cuando este sea instancia de alguna clase que implemente la *interface* `Serializable`.

A continuación, definiremos la clase `Persona` que implementa la *interface* `Serializable` y tiene tres atributos con sus correspondientes métodos de acceso para, luego, grabar instancias de `Persona` en un archivo.

```
package libro.cap13;

import java.io.Serializable;

public class Persona implements Serializable
{
   private int edad;
   private String nombre;
   private String dni;

   public Persona(int e, String n, String d)
   {
      edad = e;
      nombre = n;
      dni = d;
   }

   public String toString()
   {
      return nombre + ", "+ edad+", "+dni;
   }

   // :
   // setters y getters ...
   // :
}
```

Con el siguiente programa, grabamos tres instancias de `Persona` en el archivo personas.dat. El archivo quedará grabado en la carpeta base del *package root*.

```
package libro.cap13;

import java.io.BufferedOutputStream;
import java.io.FileOutputStream;
import java.io.ObjectOutputStream;

public class Demo8
{
   public static void main(String[] args) throws Exception
   {
      String arch = "personas.dat";
      BufferedOutputStream bos = new BufferedOutputStream(
                                     new FileOutputStream(arch));
      ObjectOutputStream oos = new ObjectOutputStream(bos);

      oos.writeObject(new Persona(10,"Pablo","23.112.223"));
      oos.writeObject(new Persona(20,"Pedro","35.213.321"));
      oos.writeObject(new Persona(30,"Juan","17.554.843"));

      oos.close();
      bos.close();
   }
}
```

Ahora veamos el programa inverso que leerá los objetos almacenados en el archivo personas.dat y los mostrará en la pantalla. El método `readObject` arrojará una excepción de tipo `EOFException` cuando encuentre el *eof*.

```
package libro.cap13;

import java.io.BufferedInputStream;
import java.io.EOFException;
import java.io.FileInputStream;
import java.io.ObjectInputStream;

public class Demo9
{
   public static void main(String[] args) throws Exception
   {
      String arch = "personas.dat";
      BufferedInputStream bis = new BufferedInputStream(
                                  new FileInputStream(arch));
      ObjectInputStream ois = new ObjectInputStream(bis);

      try
      {
         Persona p = (Persona)ois.readObject();
         while( true )
         {
            System.out.println( p );
            p = (Persona)ois.readObject();
         }
      }
      catch(EOFException ex)
      {
         System.out.println("-- EOF --");
      }

      ois.close();
      bis.close();
   }
}
```

13.3 Resumen

En este capítulo estudiamos las clases que permiten manejar *streams* de *bytes* y aquellas que implementan *wrappers* para brindar al usuario la "ilusión" de que está haciendo fluir (por ejemplo) objetos.

En el próximo capítulo, veremos algunas consideraciones finales.

Consideraciones finales

14

Contenido

Objetivos del capítulo

- Discutir sobre la conveniencia de utilizar ciertas clases o implementaciones según cuál sea el contexto de la aplicación que vamos a desarrollar.

14.1 Introducción

En este capítulo introduciré algunas acotaciones que por cuestiones didácticas preferí no mencionar en los capítulos anteriores pero que, dada su importancia, el lector deberá tenerlas presente a la hora de programar en Java.

14.2 Consideraciones sobre multithreading y concurrencia

14.2.1 Clases con o sin métodos sincronizados

En Java existen varias clases que prácticamente son idénticas y sin embargo tienen una diferencia importante: los métodos que proveen son sincronizados o no lo son.

A lo largo del libro, utilizamos las clases `Vector`, `Hashtable` y `StringBuffer`. Todas estas proveen métodos sincronizados lo que, en un contexto *singlethread*, es innecesario y puede hacer decaer el rendimiento de la aplicación.

Por lo anterior se recomienda reemplazarlas por las siguientes clases:

Clase con métodos sincronizados	Clase con métodos NO sincronizados
`Vector`	`ArrayList`
`Hashtable`	`HashMap`
`StringBuffer`	`StringBuilder`

Las clases `Vector` y `ArrayList` implementan el mismo conjunto de *interfaces*: `Cloneable`, `Collection`, `List`, `RandomAccess` y `Serializable`, por lo tanto, tienen prácticamente los mismos métodos.

Las clases `Hashtable` y `HashMap` también implementan el mismo conjunto de *interfaces*: `Cloneable`, `Map` y `Serializable`, por lo tanto, también sus métodos son prácticamente idénticos.

Los métodos de `StringBuffer` no están definidos en ninguna *interface* en particular. Sin embargo, `StringBuilder` se diseñó con el mismo conjunto de métodos para posicionarse como una alternativa no sincronizada a `StringBuffer`.

14.2.2 El singleton pattern en contextos multithreaded

Por cuestiones didácticas y de simplicidad, en diferentes capítulos utilizamos una implementación básica de este patrón de diseño como la que vemos a continuación:

```
public class MiClase
{
   private MiClase instancia = null;

   public static MiClase getInstancia()
   {
      if( instancia == null )
      {
         instancia = new MiClase();
      }
      return instancia;
   }
}
```

Esta implementación, en un contexto *multithreaded*, podría permitir que se creen dos o más instancias de `MiClase` (situación que justamente pretendemos evitar).

A simple vista, podríamos resolver el problema anterior haciendo que el método `getInstancia` sea sincronizado.

```
public class MiClase
{
   private MiClase instancia = null;

   public static synchronized MiClase getInstancia()
   {
      if( instancia == null )
      {
         instancia = new MiClase();
      }

      return instancia;
   }
}
```

Ahora que el método `getInstancia` es sincronizado, cada vez que lo invoquemos estaremos ejecutando una sincronización, aun cuando la instancia ya haya sido alocada. Para evitar esto, aplicaremos un doble control que permitirá liberar la sincronización luego de que la simple y única instancia de `MiClase` haya sido alocada.

```
public class MiClase
{
   private volatile MiClase instancia = null;

   public static MiClase getInstancia()
   {
      if( instancia == null )
      {
         synchronized(this)
         {
            if( instancia == null )
            {

               instancia = new MiClase();
            }
         }
      }

      return instancia;
   }
}
```

14.3 Consideraciones sobre clases "legacy"

14.3.1 La clase `StringTokenizer` y el método `split`

La clase `StringTokenizer` es una de las clases originales de Java, pero actualmente está quedando en desuso y se recomienda reemplazarla por el método `split` de la clase `String`.

`StringTokenizer` se mantiene en las nuevas versiones de Java por cuestiones de compatibilidad hacia atrás.

En el Capítulo 1, hemos analizado ejemplos de uso de la clase `StringTokenizer` y del método `split` de la clase `String`.

14.4 Resumen

En este capítulo analizamos algunos temas relacionados con ciertas cuestiones de concurrencia; los cuales, por razones de simplicidad preferí no tratar a lo largo del libro. Hemos hecho, también, consideraciones sobre la conveniencia de usar o no clases con métodos sincronizados y, finalmente, mejoramos nuestra implementación básica del *singleton pattern*.

Si bien no son temas relevantes, es bueno tenerlos presentes y aplicarlos dependiendo del contexto en el que nuestra aplicación se vaya a ejecutar.

Object Relational Mapping (ORM) y persistencia de datos

15

Contenido

Objetivos del capítulo

- Comprender la necesidad de implementar un ORM (*Object Relational Mapping*).
- Descubrir Hibernate como *framework* de persistencia y ORM.
- Usar Hibernate para *mappear* tablas y acceder a la información que persiste en la base de datos.
- Entender los diferentes tipos de relaciones que existen entre las entidades del modelo: *one-to-many*, *many-to-one* y *many-to-many*.
- Usar HQL (*Hibernate Query Language*) para ejecutar consultas.

15.1 Introducción

Como estudiamos en los capítulos anteriores, un *framework* es una implementación genérica de alguna solución para una problemática determinada.

Aplicaciones de naturaleza diferente como podrían ser las que liquidan sueldos, las que emiten la facturación o las que administran la gestión de RRHH tienen en común las mismas necesidades respecto de las cuestiones de plataforma. Es decir que todas tienen requerimientos de seguridad, de persistencia de datos, de comunicación, etc.

El mismo *framework* de persistencia, por citar un caso, puede proveer a los programadores de cualquiera de estas aplicaciones una solución concreta a esta problemática particular: la persistencia de datos.

También hemos planteado la discusión sobre que sería más conveniente: ¿utilizar un *framework* ya existente o escribirlo nosotros mismos? Según mi criterio, inclinarse por una u otra opción sería una equivocación si primero no analizamos los siguientes aspectos:

Si desarrollamos nuestro propio *framework* entonces:

- ¿Qué costo (medido en tiempo, dinero, recursos, etc.) tendría?
- Una vez desarrollado, ¿qué costo de mantenimiento insumiría?
- ¿Qué grado de dependencia generará en nuestras aplicaciones?
- ¿Que tan pronunciada será la curva de aprendizaje por la que deberán transitar los programadores que se incorporen al desarrollo de nuestras aplicaciones?

En cambio, si optamos por un *framework* ya existente deberíamos plantearnos cuestiones tales como:

- ¿Cuánto tiempo hace que existe de manera estable en el mercado?
- ¿Qué comunidad de usuarios tiene?
- ¿Qué opiniones recoge el framework en los foros especializados?

Según mi criterio, priorizar la elección de un *framework* existente por sobre la posibilidad de desarrollar el nuestro propio tiene las siguientes ventajas:

- Los programadores ya lo conocen porque lo estudiaron en la universidad o porque lo utilizaron en sus trabajos anteriores.
- Como ya está probado, podemos saber con qué nos vamos a encontrar.
- En los foros de usuarios, siempre habrá alguien que, gracias a que lo experimentó primero, explicará cómo se resuelve el problema con el que nos vayamos a encontrar.

Sin embargo, desarrollar el nuestro propio también tiene sus propias ventajas:

- Lo desarrollamos a nuestra medida, ni más ni menos.
- Conocemos su código en profundidad.

Hoy en día, en el mundo del desarrollo Java existe una infinidad de *frameworks*, *open source* y comerciales, que proveen soluciones genéricas para las más diversas problemáticas que podamos imaginar. Sin embargo, hay dos *frameworks* que, dado su crecimiento y su masiva aceptación, son, prácticamente, ineludibles en cualquier proyecto de desarrollo: Hibernate y Spring.

15.2 Hibernate framework

Hibernate es un *framework* de persistencia que no solo automatiza el acceso a la base de datos sino que, además, provee una visión orientada a objetos del modelo de datos relacional.

15.2.1 El modelo de datos relacional

En general, los sistemas de información guardan sus datos en bases de datos relacionales. Oracle, DB2, SQLServer, MySQL, etc., son los motores que, frecuentemente, utilizamos para gestionar la información de nuestras aplicaciones que, como ya sabemos, queda almacenada en tablas.

Una tabla es un conjunto de filas y columnas. Llamamos "registro" a cada fila y "campo" a cada columna. Por lo tanto, un registro se compone de un conjunto de campos cuyos valores son coherentes entre sí.

Por ejemplo, veamos una representación de la tabla DEPT (tabla de departamentos):

deptno	dname	loc
1	Ventas	Buenos Aires
2	RRHH	Buenos Aires
3	Cobranzas	Córdoba

Fig. 15.1 Tabla de departamentos.

Si observamos las filas vemos que cada una agrupa una terna: (`deptno`, `dname`, `loc`). Dado que una fila es un registro, entonces, cada registro de la tabla `DEPT` contiene todos los valores que caracterizan a un departamento.
Como las tablas están relacionadas entre sí hablamos de "modelos de datos relacionales".

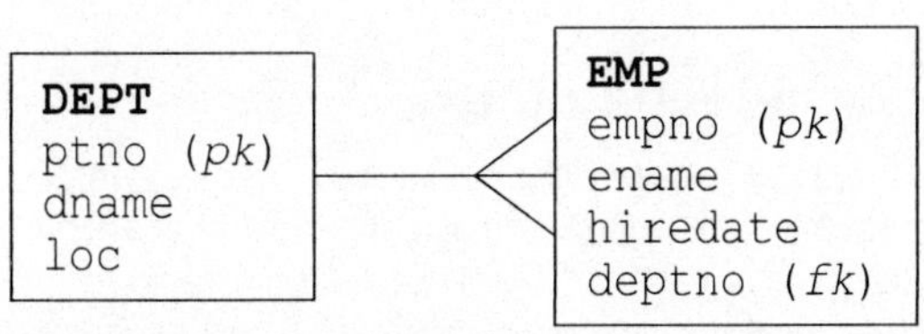

Fig. 15.2 Diagrama de Entidad/Relación - "Departamentos y Empleados".

El diagrama de la figura anterior se llama DER (Diagrama de Entidad/Relación) y documenta la existencia las tablas `DEPT` y `EMP`, y una relación que las une a través del campo `deptno`.
Los registros de `EMP` que en el campo `deptno` tengan el valor 1 estarán representando a los empleados que trabajan en el departamento número 1.

DEPT

deptno	dname
1	**Ventas**
2	RRHH
3	Cobranzas

EMP

empno	ename	hiredate	deptno
10	**Juan**	**2/10/2007**	**1**
20	**Pedro**	**14/06/2012**	**1**
30	Pablo	25/04/2011	2
40	Carlos	4/12/2009	3
50	Diego	9/05/2008	3
60	**Marcos**	**1/11/2009**	**1**

Fig. 15.3 Tablas DEPT y EMP.

Según este ejemplo, los empleados Juan, Pedro y Marcos trabajan en el departamento de ventas, identificado con el número 1.
Si bien cada empleado trabaja para un único departamento, en un mismo departamento, probablemente, trabajen varios empleados. Esto nos permite identificar dos tipos de relaciones:

- Relación de "uno a muchos" o *one-to-many* entre las tablas `DEPT` y `EMP`.
- Relación de "muchos a uno" o *many-to-one* entre las tablas `EMP` y `DEPT`.

15.2.2 ORM (Object Relational Mapping)

Hibernate resuelve la problemática de ORM proveyendo una metodología para representar el modelo relacional de la base de datos mediante un conjunto de objetos. En este modelo de objetos, las clases representan tablas y los atributos de estas clases representan a los campos de las tablas.

> Podríamos traducir la palabra *mapping* como "representar". Sin embargo, en la jerga, lo habitual es adoptar esta palabra del inglés y conjugarla como si tratara de un verbo en español. Aquí no haremos la excepción por lo que me permitiré utilizar expresiones tales como "*mappear*", "*mappeamos*", "*mappeo*", etcétera.

Las relaciones que existen entre la tabla que estamos *mappeando* y las otras tablas (*foreign key*) se representan con instancias o colecciones de las clases que *mappean* a las tablas relacionadas.

Para *mappear* un modelo de datos relacional, Hibernate ofrece dos mecanismos: uno mediante archivos descriptores con formato XML y otro basado en *annotations*. En este capítulo trabajaremos con *annotations*.

15.2.3 Configuración de Hibernate

Independientemente del mecanismo de *mappeo* que vayamos a utilizar (*annotations* o XML), antes de comenzar tenemos que configurar el *framework* confeccionando el archivo `hibernate.cfg.xml` que, básicamente, contiene la siguiente información:

- Datos de la conexión JDBC (*driver*, *url*, *user* y *password*).
- Dialecto que Hibernate debe utilizar para generar las sentencias SQL.
- Los *mappings* (las clases que *mappean* las tablas).

Una configuración típica de este archivo podría ser la siguiente.

`hibernate.cfg-xml`

```
<?xml version='1.0' encoding='UTF-8'?>
<!DOCTYPE hibernate-configuration PUBLIC
          "-//Hibernate/Hibernate Configuration DTD 3.0//EN"
          "http://hibernate.sourceforge.net/hibernate-configuration-3.0.dtd">

<hibernate-configuration>
   <session-factory>
      <property name="dialect">org.hibernate.dialect.HSQLDialect</property>
      <property name="connection.url">jdbc:hsqldb:hsql://localhost/xdb
      </property>
```

```
        <property name="connection.username">sa</property>
        <property name="connection.password"></property>
        <property name="connection.driver_class">org.hsqldb.jdbcDriver
        </property>
    </session-factory>

</hibernate-configuration>
```

Por el momento no hemos *mappeado* ninguna tabla, pero a medida que las vayamos *mappeando* tendremos que registrar los *mappings* en este archivo de configuración.

15.2.4 Mappeo de tablas

Como dijimos más arriba, *mappear* una tabla significa representarla mediante una clase Java. Luego, utilizando *annotations* podremos describir la relación que existe entre esta clase y la tabla que *mappea*.

Veamos un ejemplo: comenzaremos escribiendo la clase `Dept` que *mappea* la tabla `DEPT`.

```
package demo;

import javax.persistence.Column;
import javax.persistence.Entity;
import javax.persistence.Id;
import javax.persistence.Table;

@Entity
@Table(name="DEPT")
public class Dept
{
   @Id
   @Column(name="deptno")
   private Integer deptno;

   @Column(name="dname")
   private String dname;

   @Column(name="loc")
   private String loc;

   // :
   // setters y getters
   // :
}
```

Utilizamos las anotaciones `@Entity` y `@Table` para indicar que esta clase es la representación de una tabla.

En los atributos utilizamos las anotaciones `@Id` y `@Column` para indicar cuál es la clave primaria y para establecer una correspondencia entre los atributos de la clase y los campos de la tabla.

Si el nombre de la clase coincide con el nombre de la tabla entonces podemos prescindir de la anotación `@Table`. Análogamente, podemos prescindir de las anotaciones `@Column` para aquellos atributos que coincidan con el nombre del campo que representan.

Ahora tenemos que registrar el *mappeo* en el archivo `hibernate.cfg.xml` agregando la siguiente línea:

```
:
      <mapping class="demo.Dept" />
   </session-factory>
</hibernate-configuration>
```

En el programa que veremos, a continuación, usamos Hibernate para buscar un departamento por su clave primaria.

```
package demo;
import org.hibernate.Session;

public class Test1
{
   public static void main(String[] args)
   {
      // obtengo la session a traves del SessionFactory
      Session session = HibernateSessionFactory.getSession();

      // busco por primary key
      Dept d = (Dept) session.get(Dept.class,1);

      // si lo encontre entonces muestro los datos
      if( d!=null )
      {
         System.out.print(d.getDeptno()+", ");
         System.out.print(d.getDname()+", ");
         System.out.println(d.getLoc());
      }

      // cierro la session
      session.close();
   }
}
```

La clase `HibernateSessionFactory` demos escribirla nosotros mismos. Generalmente, las IDEs que ofrecen soporte para Hibernate permiten generarla a través de un *wizard*. Una versión básica de esta clase podría ser la siguiente:

```
package demo;

import java.io.File;

import org.hibernate.Session;
import org.hibernate.SessionFactory;
import org.hibernate.cfg.AnnotationConfiguration;

public class HibernateSessionFactory
{
```

```
   // nombre y ubicacion del archivo de configuracion
   public static String CONFIG_FILE = "hibernate.cfg.xml";
   private static SessionFactory sessionFactory = null;
   private static Session session = null;

   public static Session getSession()
   {
      if( sessionFactory==null || !session.isOpen() )
      {
         File f = new File(CONFIG_FILE);
         sessionFactory = new AnnotationConfiguration()
                                      .configure(f)
                                   .buildSessionFactory();
         session = sessionFactory.openSession();
      }

      return session;
   }
}
```

15.2.5 La sesión de Hibernate

En el ejemplo anterior, usamos el objeto `session` (instancia de `org.hibernate.Session`) para realizar una búsqueda por clave primaria:

`Dept d = (Dept) session.get(Dept.class,1);`

La sesión es el punto de acceso a todos los servicios que provee el *framework* que, entre otros, son los siguientes:

- Búsquedas por clave primaria.
- Búsquedas por algún determinado criterio.
- Búsquedas por algún determinado HQL (el SQL de Hibernate).
- Insertar, modificar e eliminar filas.
- Administrar transacciones.

15.3 Asociaciones y relaciones

Como ya sabemos, entre las tablas de nuestra base de datos existen diferentes tipos de relaciones.

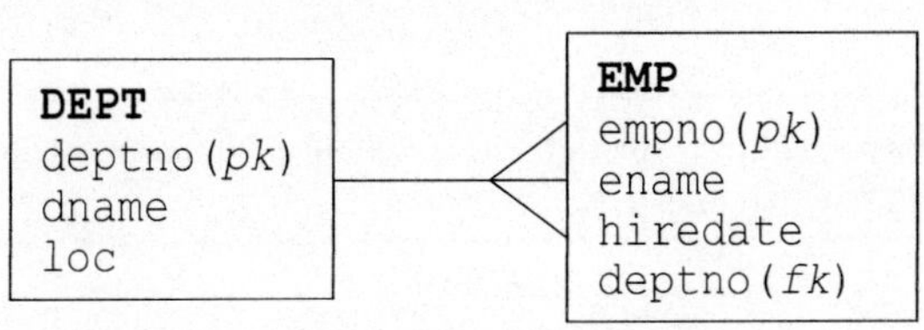

Fig. 15.4 Diagrama de Entidad/Relación - "Departamentos y Empleados".

La tabla `EMP` tiene una *foreign key* que la relaciona con la tabla `DEPT`. Esto indica que:

- Un empleado "pertenece" a un departamento.
- Un departamento "tiene" muchos empleados.

Aquí identificamos dos relaciones:

- Una relación *many-to-one* ("muchos a uno") entre `EMP` y `DEPT` ya que "muchos empleados pueden trabajar en un mismo departamento".
- Una relación *one-to-many* ("uno a muchos") entre `DEPT` y `EMP` ya que "en un mismo departamento pueden trabajar muchos empleados".

Las relaciones entre las tablas se representan como asociaciones entre las clases que las *mappean*.

15.3.1 Asociación many-to-one

Veamos la clase `Emp` donde representaremos la relación de "muchos a uno" mediante una variable de instancia de la clase `Dept`.

```
package demo;

import java.sql.Date;
import javax.persistence.Column;
import javax.persistence.Entity;
import javax.persistence.Id;
import javax.persistence.JoinColumn;
import javax.persistence.ManyToOne;
import javax.persistence.Table;

@Entity
public class Emp
{
   @Id
   private Integer empno;
   private String ename;
   private Date hiredate;

   @ManyToOne
   @JoinColumn(name="deptno")
   private Dept dept;

   // :
   // setters y getters
   // :
}
```

> Desde el punto de vista "del empleado", muchos empleados trabajan en el mismo departamento. Por esto, la relación es `many-to-one`.

Antes de probarlo tenemos que agregar la clase `Emp` al archivo de configuración.

```
:
      <mapping class="demo.Dept" />
      <mapping class="demo.Emp" />
   </session-factory>
</hibernate-configuration>
```

Ahora veremos como Hibernate maneja, automáticamente, la relación.

En el siguiente programa, buscamos un empleado y, además de mostrar sus datos, mostramos también los datos del departamento en donde trabaja.

```
package demo;
import org.hibernate.Session;

public class Test2
{
   public static void main(String[] args)
   {
      Session session = HibernateSessionFactory.getSession();

      // busco el empleado 1
      Emp e=(Emp) session.get(Emp.class, 1);

      // muestro sus datos
      System.out.print(e.getEname()+", ");
      System.out.print(e.getHiredate()+", ");

      // accedo a la relacion many-to-one
      System.out.println(e.getDept().getDname());

      session.close();
   }
}
```

La salida de este programa será:

```
Pablo, 2011-07-26 00:00:00.0, Ventas
```

15.3.2 Asociación one-to-many

Desde el punto de vista del departamento, "en un departamento trabajan muchos empleados". Esta relación de "uno" (el departamento) a "muchos" (los empleados que allí trabajan) se representa agregando una colección de instancias de `Emp` en la clase `Dept` de la siguiente manera:

```
package demo;

import java.util.Collection;
import java.util.ArrayList;
import javax.persistence.Column;
import javax.persistence.Entity;
import javax.persistence.Id;
import javax.persistence.JoinColumn;
import javax.persistence.OneToMany;
import javax.persistence.Table;

@Entity
@Table(name="DEPT")
public class Dept
{
```

```
   @Id
   @Column(name="deptno")
   private Integer deptno;

   @Column(name="dname")
   private String dname;

   @Column(name="loc")
   private String loc;

   @OneToMany
   @JoinColumn(name="deptno")
   private Collection<Emp> emps = new ArrayList<Emp>();

   // :
   // setters
   // :
}
```

> Desde el punto de vista "del departamento", en 1 departamento trabajan muchos empleados. Por esto, la relación es *one-to-many*.

El código anterior puede leerse así: "el departamento tiene una colección de empleados".

Ahora veremos un programa donde probaremos la relación *one-to-many* buscando un departamento y mostrando la lista de todos sus empleados.

```
package demo;
import java.util.Collection;
import org.hibernate.Session;

public class Test3
{
   public static void main(String[] args)
   {
      Session session = HibernateSessionFactory.getSession();
      // obtengo el departamento
      Dept d=(Dept) session.get(Dept.class, 1);

      // muestro los datos del departamento
      System.out.print(d.getDname()+", ");
      System.out.println(d.getLoc());

      System.out.println("--[EMPLEADOS]--");

      // acceso a la relacion
      Collection<Emp> emps=d.getEmps();

      for(Emp e:emps)
      {
```

```
            System.out.print(e.getEmpno()+", ");
            System.out.print(e.getEname()+", ");
            System.out.println(e.getHiredate());
        }

        session.close();
    }
}
```

La salida de este programa será:

```
Ventas, Buenos Aires
--[EMPLEADOS]--
2, Juan, 2011-07-26
3, Pedro, 2011-07-26
1, Pablo, 2011-07-26
```

15.3.3 P6Spy

P6Spy es un *driver open source* que intercepta las llamadas JDBC de nuestro programa y las registra en un archivo de *log*. Esto nos permitirá analizar el comportamiento de Hibernate y, llegado el caso, descubrir errores producidos por un *mappeo* mal hecho.

El *driver* puede descargarse desde www.sourceforge.net:

`http://sourceforge.net/projects/p6spy/`

15.3.3.1 Configuración

Primero, tenemos que modificar el archivo `hibernate.cfg.xml` para que Hibernate utilize el *driver* JDBC de P6Spy.

```
:
   <session-factory>
      <property name="dialect">org.hibernate.dialect.HSQLDialect</property>
      <property name="connection.url">jdbc:hsqldb:hsql://localhost/xdb
      </property>
      <property name="connection.username">sa</property>
      <property name="connection.password"></property>
      <property name="connection.driver_class">
          com.p6spy.engine.spy.P6SpyDriver
      </property>
   </session-factory>
:
```

El segundo paso consiste en copiar el archivo `spy.properties` (provisto con P6Spy) a cualquier carpeta que esté incluida en el `CLASSPATH` de la aplicación. En Eclipse, por ejemplo, podemos copiarlo en la carpeta del proyecto en el que estamos trabajando.

Luego editamos el archivo `spy.properties` y remplazamos el valor la propiedad `realDriver` por el *driver* de nuestra base de datos.

Por ejemplo, si usamos HSQL, entonces, esta parte del archivo debería quedar así:

spy.properties

```
:
realdriver=org.hsqldb.jdbcDriver
:
```

Finalmente, cuando ejecutemos nuestro programa, P6Spy generará el archivo `spy.log` donde dejará el rastro de cada una de las llamadas JDBC que Hibernate haga o intente hacer.

A continuación, utilizaremos P6Spy para analizar cómo se comporta Hibernate cuando tiene que recuperar datos relacionales.

15.3.4 Lazy loading vs. eager loading

Por defecto, las relaciones *one-to-many* y *many-to-one* son *lazy* (peresozas). Esto significa que Hibernate solo recuperará los datos foráneos de la relación cuando, desde el programa, realmente los necesitemos usar.

Por esto, en el siguiente programa, se realizan dos sentencias SQL.

```
// :
public static void main(String[] args)
{
   Session session = HibernateSessionFactory.getSession();

   // obtengo el departamento
   Dept d=(Dept) session.get(Dept.class, 1);

   // :
```

Esto genera la siguiente sentencia SQL:

```
select dept0_.deptno as deptno0_0_
     , dept0_.dname as dname0_0_
     , dept0_.loc as loc0_0_
from DEPT dept0_
where dept0_.deptno=1
```

Luego, siguiendo con el código del programa:

```
   // :
   // muestro los datos del departamento
   System.out.print(d.getDname()+", ");
   System.out.println(d.getLoc());

   System.out.println("--[EMPLEADOS]--");

   // acceso a la relacion
   Collection<Emp> emps=d.getEmps();
   // :
```

Cuando invocamos al método `getEmps` que retorna la colección de empleados, Hibernate ejecutará la segunda sentencia SQL:

```
select emps0_.deptno as deptno1_
     , emps0_.empno as empno1_
     , emps0_.empno as empno1_0_
     , emps0_.deptno as deptno1_0_
     , emps0_.ename as ename1_0_
     , emps0_.hiredate as hiredate1_0_
from EMP emps0_
where emps0_.deptno=1
```

Luego continúa el programa sin nuevos accesos a la base de datos.

```
      // :
      for(Emp e:emps)
      {
         System.out.print(e.getEmpno()+", ");
         System.out.print(e.getEname()+", ");
         System.out.println(e.getHiredate());
      }

      session.close();
   }
}
```

Lazy loading proporciona un gran aporte al rendimiento de la aplicación porque limita la cantidad de objetos que serán cargados en memoria. Claro que este beneficio tiene un costo: realizar dos accesos a la base de datos cuando un único acceso sería suficiente.

En contraste, podríamos unificar las dos sentencias en un único `SELECT` con un `LEFT OUTER JOIN`. A esto, lo llamamos *eager loading*.

Veamos cómo quedaría la clase `Dept`.

```
   // :
   @OneToMany(fetch=FetchType.EAGER)
   @JoinColumn(name="deptno")
   private Collection<Emp> emps = new ArrayList<Emp>();
   // :
```

Simplemente, agregando el parámetro `fetch=FetchType.EAGER` a la anotación `@OneToMany` en la clase `Dept`, la conducta será diferente:

Luego de ejecutar:

```
// obtengo el departamento
Dept d=(Dept) session.get(Dept.class, 1);
```

Hibernate hará el siguiente y único acceso a la base de datos, al buscar un departamento por primera vez.

```
select dept0_.deptno as deptno0_1_
     , dept0_.dname as dname0_1_
     , dept0_.loc as loc0_1_
     , emps1_.deptno as deptno3_
     , emps1_.empno as empno3_
```

```
     , emps1_.empno as empno1_0_
     , emps1_.deptno as deptno1_0_
     , emps1_.ename as ename1_0_
     , emps1_.hiredate as hiredate1_0_
from DEPT dept0_ left outer join
     EMP emps1_ on dept0_.deptno=emps1_.deptno
where dept0_.deptno=1
```

Como mencioné más arriba, por defecto, las relaciones *one-to-many* y *many-to-one* son *lazy loading*. En cambio, las relaciones *many-to-many* y *one-to-one* que analizaremos más adelante son *eager loading*.

15.4 Recuperar colecciones de objetos

15.4.1 Criterios de búsqueda vs. HQL

Hibernate provee dos mecanismos a través de los cuales podemos obtener colecciones de datos: los "criterios" y las "consultas HQL", una especie de SQL orientado a objetos que, luego, será transformado al SQL nativo de la base de datos representada por el dialecto que indicamos en el archivo de configuración.

Ejemplo 1

Queremos obtener todos los empleados cuyo nombre comienza con la letra "P".

Usando criterios lo haremos así:

```java
public static void main(String[] args)
{
      Session session = HibernateSessionFactory.getSession();

      Criteria cr = session.createCriteria(Emp.class);
      cr.add( Restrictions.like("ename", "P%") );
      List<Emp> emps = cr.list();

      for(Emp e:emps)
      {
         System.out.println(e.getEname());
      }

      session.close();
}
```

Usando HQL quedará de la siguiente manera:

```java
public static void main(String[] args)
{
   Session session = HibernateSessionFactory.getSession();

   String hql = "FROM Emp e WHERE e.ename LIKE 'P%'";
   Query query = session.createQuery(hql);
```

```
        List<Emp> emps = query.list();

        for(Emp e:emps)
        {
           System.out.println(e.getEname());
        }

        session.close();
    }
```

El código HQL es *case sensitive* porque hace referencia a las clases y a sus atributos. La sentencia anterior:

`FROM Emp e WHERE e.ename LIKE 'P%'`

debe interpretarse así:

Los objetos `e`, instancias de la clase `Emp`, tal que el valor de su atributo `ename` comience con la letra "P".

Ejemplo 2

Queremos recuperar todos los empleados que trabajan en 'Buenos Aires'.

Usando criterios haremos lo siguiente:

```
    public static void main(String[] args)
    {
        Session session = HibernateSessionFactory.getSession();

        Criteria cr1 = session.createCriteria(Emp.class);
        Criteria cr2 = cr1.createCriteria("dept");
        cr2.add(Restrictions.eq("loc", "Buenos Aires"));

        List<Emp> emps = cr2.list();

        for(Emp e:emps)
        {
           System.out.println(e.getEname()+", "+e.getDept().getLoc());
        }

        session.close();
    }
```

En cambio, con HQL es así:

```
    public static void main(String[] args)
    {
        Session session = HibernateSessionFactory.getSession();

        String hql="FROM Emp e WHERE e.dept.loc = 'Buenos Aires'";
        Query query = session.createQuery(hql);
```

```
        List<Emp> emps = query.list();

        for(Emp e:emps)
        {
           System.out.println(e.getEname()+", "+e.getDept().getLoc());
        }

        session.close();
    }
```

Para más información sobre el uso de criterios consultar en esta página:
http://docs.jboss.org/hibernate/core/3.3/reference/en/html/querycriteria.html

Para más información sobre el uso de HQL consultar en esta página:
http://docs.jboss.org/hibernate/core/3.3/reference/en/html/queryhql.html

15.4.2 Named queries

Podemos definir *queries* para invocarlos a través de la sesión. Por ejemplo, el siguiente *query* retorna todos los empleados registrados en la tabla EMP, ordenados por nombre.

Emp.java

```
// :
@NamedQueries( { @NamedQuery(name="POR_NOMBRE"
                           , query="FROM Emp e ORDER BY e.ename") })
@Entity
@Table(name="EMP")
public class Emp
{
   // :
}
```

Luego, podemos invocar el *query* POR_NOMBRE de la siguiente manera:

```
   public static void main(String[] args)
   {
      Session session = HibernateSessionFactory.getSession();

      Query query = session.getNamedQuery("POR_NOMBRE");
      List<Emp> emps = query.list();

      for(Emp e:emps)
      {
         System.out.println(e.getEname()+", "+e.getDept().getLoc());
      }

      session.close();
   }
```

Más información sobre *named queries* en:
http://docs.jboss.org/hibernate/core/3.3/reference/en/html/querysql.html

15.4.3 Ejecutar SQL nativo

También tenemos la posibilidad de ejecutar un *query* nativo, sin usar HQL.

```
public static void main(String[] args)
{
   Session session = HibernateSessionFactory.getSession();

   Query q = session.createSQLQuery("SELECT * FROM EMP");

   Collection<Object[]> coll = (Collection<Object[]>)q.list();
   for(Object[] reg:coll)
   {
      for(int i=0; i<reg.length; i++)
      {
         System.out.print(reg[i]+((i<reg.length-1)?", ":"\n"));
      }
   }

   session.close();
}
```

La documentación referente al tratamiento de *queries* nativos está en esta dirección:
http://docs.jboss.org/hibernate/core/3.3/reference/en/html/querysql.html

15.4.4 Queries parametrizados

Los *queries*, tanto nativos como HQL, pueden ser parametrizados. En el siguiente ejemplo, obtenemos todos los empleados que pertenecen a un determinado departamento, indicado como parámetro en el *query*.

```
// :
Query q = session.createSQLQuery(
     "SELECT * FROM EMP WHERE deptno=:d").addInteger("d",1);
// :
```

15.5 Insertar, modificar y eliminar filas

15.5.1 Transacciones

Cualquier *update* (alta, baja o modificación) sobre los datos de una tabla debe estar encerrado dentro de una transacción. En Hibernate las transacciones se inician a través de la sesión mediante el método `beginTransaction`. Este método retorna una instancia de la clase `org.hibernate.Transaction` sobre la que podemos invocar los métodos `commit` o `rollback`.

15.5.2 Insertar una fila

El siguiente programa inserta una fila en la tabla `DEPT`.

```
public static void main(String[] args)
{
   Session session = HibernateSessionFactory.getSession();

   // inicio una transaccion
   Transaction trx = session.beginTransaction();

   // instancio el objeto que voy a insertar
   Dept d = new Dept();
   d.setDeptno(100);
   d.setDname("Test Dname");
   d.setLoc("Test Loc");

   // inserto el objeto
   session.save(d);

   // commiteo la transaccion
   trx.commit();

   System.out.println(d.getDeptno()+", "+d.getDname());

   session.close();
}
```

15.5.3 Estrategia de generación de claves primarias

Hibernate admite diversas formas de tratar las claves primarias. La más simple es aquella en la que nosotros mismos debemos indicar la clave que tendrá el nuevo objeto (o la nueva fila). Esta es la estrategia por *default* y se conoce como "*assigned*".

Sin embargo, si la *primary key* es autonumerada, entonces, podemos optar por la estrategia "auto" para delegar en la base de datos la tarea de crear de la clave. Cuando *mappeamos* la clase, lo expresamos de la siguiente manera:

`Dept.java`

```
// :
@Entity
@Table(name="DEPT")
public class Dept
{
   @Id
   @GeneratedValue(strategy=GenerationType.AUTO)
   @Column(name="deptno")
   private Integer deptno;

   // :
}
```

15.5.4 Modificar una fila

El siguiente programa busca un objeto, modifica algunos de sus valores y luego lo graba modificado.

```
public static void main(String[] args)
{
   Session session = HibernateSessionFactory.getSession();

   // obtengo la fila que quiero modificar
   Dept d=(Dept)session.get(Dept.class, 2);

   // modifico algunos de sus valores
   d.setDname("Nuevo nombre");

   Transaction trx = session.beginTransaction();

   // grabo las modificaciones
   session.saveOrUpdate(d);

   // commiteo
   trx.commit();

   System.out.println(d.getDeptno()+", "+d.getDname());

   session.close();
}
```

15.5.5 Múltiples updates y deletes

Con el método `executeUpdate`, podemos ejecutar una sentencia HQL que actualice más de una fila. Este método retorna el *update count*.

```
public static void main(String[] args)
{
   Session session = HibernateSessionFactory.getSession();

   Transaction tx = session.beginTransaction();

   String sql = "";
   sql +="UPDATE Dept d SET d.loc=:nueva ";
   sql +="WHERE d.loc=:vieja ";

   int updateCount = s.createQuery(sql)
     .setString( "nueva","Rosario" )
     .setString( "vieja","Buenos Aires")
     .executeUpdate();

   System.out.println(updateCount+" filas afectadas");

   tx.commit();

   session.close();
}
```

La documentación correspondiente a este tema se encuentra en esta dirección:
`http://docs.jboss.org/hibernate/core/3.3/reference/en/html/batch.html#batch-direct`

15.6 Casos avanzados

Analizaremos un nuevo modelo de datos que, dado su mayor nivel de complejidad, nos permitirá visualizar situaciones que no estaban presentes en el modelo anterior.

15.6.1 Análisis y presentación del modelo de datos

El siguiente modelo de datos corresponde al sistema de alquiler de películas de un video club.

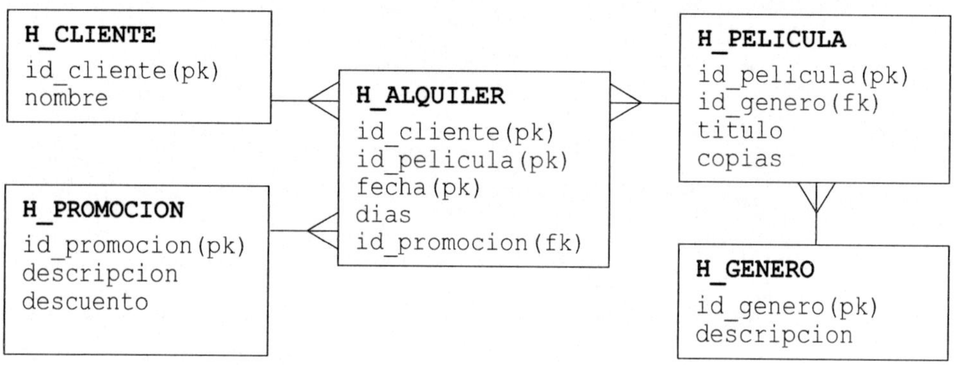

Fig. 15.5 Diagrama de Entidad/Relación - "Videoclub".

El videoclub tiene clientes (tabla `H_CLIENTE`) que alquilan películas (tabla `H_PELICULA`), cada una de las cuales pertenece a un determinado género (tabla `H_GENERO`).

Los clientes alquilan películas o, lo que es lo mismo, las películas son alquiladas por los clientes. Esto denota la existencia de una relación de "muchos a muchos" implementada por la tabla `H_ALQUILER`.

Como un cliente pudo haber alquilado la misma película en más de una oportunidad resulta que la combinación `id_cliente+id_pelicula` no necesariamente será única y, por esta razón, no podemos considerarla como *primary key*. Sin embargo, la combinación `id_cliente+id_pelicula+fecha` sí lo es y constituirá la clave primaria de esta tabla.

Por último, existen *tickets* promocionales (tabla `H_PROMOCION`) que los clientes pueden presentar para obtener descuentos en el alquiler de las películas.

Comencemos con las tablas `H_GENERO` y `H_PROMOCION` que, al no tener *foreign keys* resultan ser las más fáciles de *mappear*.

Genero.java

```
// :
@Entity
@Table(name="H_GENERO")
public class Genero
{
   @Id
   @Column(name="id_genero")
   private Integer idGenero;
   private String descripcion;
```

```
    // :
    // setters y getters
    // :
}
```

Promocion.java

```
// :
@Entity
@Table(name="H_PROMOCION")
public class Promocion
{
    @Id
    @Column(name="ID_PROMOCION")
    private Integer idPromocion;
    private String descripcion;
    private double descuento;

    // :
}
```

15.6.2 Asociaciones many-to-many

La tabla `H_ALQUILER` es la implementación de una relación de "muchos a muchos" entre las tablas de clientes y películas. Como dijimos más arriba, un cliente puede alquilar muchas películas y una película puede ser alquilada por muchos clientes.

Hibernate puede manejar esta relación y, para esto, tenemos que *mappear* las tablas `H_CLIENTE` y `H_PELICULA`, como veremos a continuación, agregando en `Cliente` una colección de películas y en `Pelicula` una colección de clientes.

Pelicula.java

```
@Entity
@Table(name="H_PELICULA")
public class Pelicula
{
    @Id
    @Column(name="id_pelicula")
    private Integer idPelicula;

    private String titulo;
    private Integer copias;

    @ManyToOne
    @JoinColumn(name="id_genero")
    private Genero genero;

    @ManyToMany
    @JoinTable(
        name="H_ALQUILER",
        joinColumns={@JoinColumn(name="id_pelicula")},
        inverseJoinColumns={@JoinColumn(name="id_cliente")})
    private Collection<Cliente> clientes;
```

```
   // :
   // setters y getters
   // :
}
```

Cliente.java

```
@Entity
@Table(name="H_CLIENTE")
public class Cliente
{
   @Id
   @Column(name="id_cliente")
   private Integer idCliente;

   private String nombre;

   @ManyToMany
   @JoinTable(
      name="H_ALQUILER",
      joinColumns={@JoinColumn(name="id_cliente")},
      inverseJoinColumns={@JoinColumn(name="id_pelicula")})
   private Collection<Pelicula> peliculas;

   // :
   // setters y getters
   // :
}
```

Ahora, en el siguiente programa, mostramos la colección de películas que alquiló el cliente `id_cliente=1` y luego, mostramos la colección de clientes que alquilaron la película `id_pelicula=1`.

```
   public static void main(String[] args)
   {
      Session session = HibernateSessionFactory.getSession();

      // busco el cliente id_cliente=1 y muestro todo lo que alquilo
      Cliente c = (Cliente)session.get(Cliente.class,1);

      for(Pelicula p:c.getPeliculas())
      {
         System.out.println(p.getTitulo());
      }

      // busco id_pelicula=1 y muestro los clientes que la alquilaron
      Pelicula p = (Pelicula)session.get(Pelicula.class,1);

      for(Cliente cliente:p.getClientes())
      {
         System.out.println(cliente.getNombre());
      }

      session.close();
   }
```

En este ejemplo no fue necesario *mappear* la tabla `H_ALQUILER` porque al representar la relación *many-to-many* indicamos cuáles de sus columnas son las que implementan la relación.

En la clase `Cliente`:

```
@ManyToMany
@JoinTable(
   name="H_ALQUILER",
   joinColumns={@JoinColumn(name="id_cliente")},
   inverseJoinColumns={@JoinColumn(name="id_pelicula")})
private Collection<Pelicula> peliculas;
```

y en la clase `Pelicula`:

```
@ManyToMany
@JoinTable(
   name="H_ALQUILER",
   joinColumns={@JoinColumn(name="id_pelicula")},
   inverseJoinColumns={@JoinColumn(name="id_cliente")})
private Collection<Cliente> clientes;
```

Sin embargo, probablemente, nos pueda interesar *mappearla* porque a través de este *mappeo* tendremos mayor flexibilidad para manipular sus registros.

15.6.3 Claves primarias compuestas (Composite Id)

El problema con el que nos encontraremos al *mappear* la tabla `H_ALQUILER` es que su *primary key* está compuesta por más de un campo. En estos casos, tenemos que proveerle a Hibernate una clase que represente la clave compuesta. Esta clase debe tener un atributo por cada uno de los campos que componen la clave.

Desarrollaremos la clase `AlquilerPK` para representar la clave primaria compuesta de la tabla `H_ALQUILER`. Notemos que la clase está encabezada con la anotación `@Embeddable`.

`AlquilerPK.java`

```
// :
@Embeddable
public class AlquilerPK implements Serializable
{
   @Column(name="id_cliente")
   private Integer idCliente;

   @Column(name="id_pelicula")
   private Integer idPelicula;

   @Column(name="fecha")
   private Date fecha;

   public AlquilerPK(){}

   public AlquilerPK(Integer idCliente,Integer idPelicula,Date fecha)
   {
```

```
        this.idCliente = idCliente;
        this.idPelicula = idPelicula;
        this.fecha = fecha;
    }

    // :
    // setters y getters
    // :
}
```

Luego, en la clase `Alquiler`, definimos el `@Id` como una instancia de `AlquilerPK`.

`Alquiler.java`

```
@Entity
@Table(name="H_ALQUILER")
public class Alquiler
{
    @Id
    private AlquilerPK pk;
    private Integer dias;

    @ManyToOne
    @JoinColumn(name="id_promocion")
    private Promocion promocion;

    // :
    // setters y getters
    // :
}
```

Ahora, el siguiente programa inserta una fila en la tabla `H_ALQUILER`.

```
    public static void main(String[] args)
    {
        Session session = HibernateSessionFactory.getSession();

        Transaction trx = session.beginTransaction();

        Alquiler alq = new Alquiler();

        Date hoy = new Date(System.currentTimeMillis());
        alq.setPk(new AlquilerPK(1,3,hoy));
        alq.setDias(1);
        alq.setPromocion(null);

        session.save(alq);

        trx.commit();

        session.close();
    }
```

Por último, veamos un programa que ejecuta un *query* sobre `Alquiler` para obtener las filas de `H_ALQUILER` que representan los alquileres de 3 o más días del cliente 1.

```
public static void main(String[] args)
{
   Session session = HibernateSessionFactory.getSession();

   // los alquileres de :idCli por mas de :dias
   String hql = "";
   hql+="FROM Alquiler a ";
   hql+="WHERE a.pk.idCliente=:idCli ";
   hql+="  AND a.dias>:dias ";

   // defino el query
   Query q = session.createQuery(hql);
   q.setInteger("idCli", 1);
   q.setInteger("dias", 2);

   // ejecuto la consulta
   List<Alquiler> lst = q.list();

   for(Alquiler a:lst)
   {
      System.out.println(a);
   }

   session.close();
}
```

15.7 Diseño de aplicaciones

Hasta aquí, simplemente, analizamos las diferentes posibilidades que ofrece Hibernate, pero no nos detuvimos a pensar en cómo debemos diseñar una aplicación que lo utilice de forma tal que resulte lo suficientemente mantenible y flexible como para que, si el día de mañana, decidimos cambiarlo por otro *framework,* este cambio no, necesariamente, implique tener que reprogramar toda la aplicación.

Para esto, primero hagamos un repaso del modelo de desarrollo en capas.

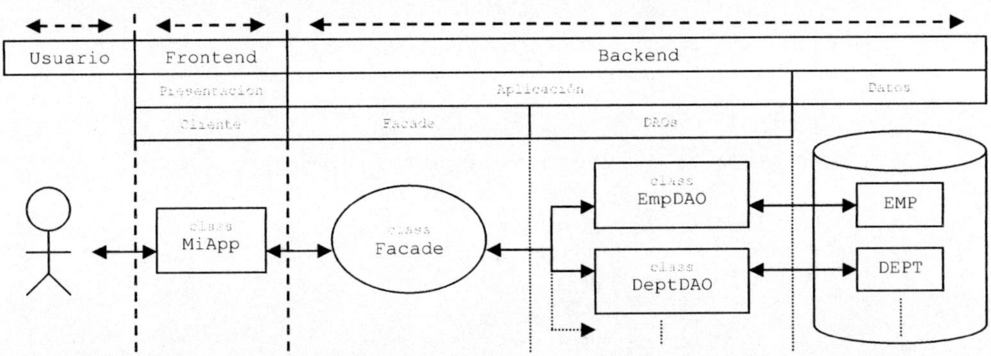

Fig. 15.6 Diseño de una aplicación Java en capas.

El gráfico se lee de izquierda a derecha y representa al usuario final interactuando con la aplicación. El usuario desconoce qué es lo que sucede cada vez que él realiza alguna interacción con el sistema y solo espera obtener resultados.

Desde el punto de vista del desarrollador, el programa `MiApp` juega el rol del cliente. Su responsabilidad es interactuar con el usuario permitiéndole ingresar datos, luego enviarlos a procesar y, finalmente, mostrarle los resultados.

La responsabilidad de procesar los datos que ingresa el usuario no es del cliente. Para esto, tenemos la capa de servicios que llamamos `Facade`. Este es el punto de entrada al *backend*.

El `Facade` no tiene interacción con el usuario, simplemente, es el punto de contacto entre el *frontend* y los objetos de acceso a datos: los DAOs.

Los DAOs (*Data Access Object*) son los objetos que resuelven el acceso a las tablas de la base de datos. Generalmente, desarrollamos un DAO por cada tabla para evitar accederla directamente. Las búsquedas y los *updates* deben quedar encapsulados dentro de los métodos de estos objetos.

En este esquema, el uso de Hibernate queda circunscripto a los métodos de los objetos de acceso a datos. Así, si el día de mañana queremos sustituirlo por otro *framework* todo lo que tendremos que hacer será reprogramar los DAOs.

15.7.1 Factorías de objetos

El modelo anterior tiene sentido, siempre y cuando, no *hardcodeemos* las implementaciones dentro del programa. Para esto, usamos las factorías de objetos.

Analizaremos la estructura de un programa que le permite al usuario ingresar un número de departamento y luego, le muestra todos los empleados que trabajan allí.

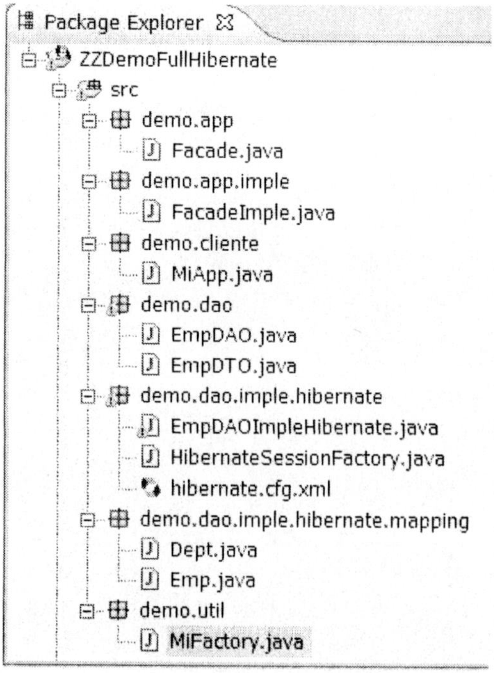

Fig. 15.7 Estructura de una aplicación completa.

Como vemos, todo lo referente a Hibernate quedó dentro de los paquetes:

- `demo.dao.imple.hibernate;`
- `demo.dao.imple.hibernate.mapping;`

Incluso la clase `HibernateSessionFactory` y el archivo de configuración `hibernate.cfg.xml` también están allí.

Fuera de estos dos paquetes, no hay nada que comprometa a la aplicación con el *framework*.

También, veremos, a continuación, que el `Facade` y los DAOs son *interfaces* cuyas implementaciones se encuentran en clases separadas.

Ahora podemos analizar la aplicación que, siguiendo el gráfico de desarrollo en capas de izquierda a derecha, comienza por el cliente: la clase `MiApp`.

`MiApp.java`

```java
package demo.cliente;

import java.util.Collection;
import java.util.Scanner;

import demo.app.Facade;
import demo.dao.EmpDTO;
import demo.util.MiFactory;

public class MiApp
{
   public static void main(String[] args)
   {
      Scanner scanner = new Scanner(System.in);

      // ingreso el numero de departamento
      System.out.print("Ingrese deptno: ");
      int deptno=scanner.nextInt();

      // obtengo el facade a traves de la factoria
      Facade f=(Facade)MiFactory.getObject("FACADE");
      Collection<EmpDTO> emps=f.obtenerEmpleados(deptno);

      for(EmpDTO dto:emps)
      {
         System.out.println(dto.getEmpno()+", "+dto.getEname());
      }
   }
}
```

Como vemos, el programa cliente "no sabe" que nosotros estamos usando Hibernate. Incluso tampoco sabe nada a cerca de la implementación del *facade*, de quién solo necesita conocer su *interface*. Esto lo mantiene aislado e impermeable a cualquier cambio de implementación que pudiera acontecer en el *backend*.

Como dijimos más arriba, el *facade* es el punto de contacto entre el cliente y el *backend*. El cliente accede a la implementación del `Facade` a través de una factoría de objetos rudimentaria que llamamos `MiFactory` cuyo código es el siguiente:

`MiFactory.java`

```java
package demo.util;

import java.io.FileInputStream;
import java.util.Properties;

public class MiFactory
{
   public static Object getObject(String name)
   {
      FileInputStream fis = null;
      try
      {
         // archivo de propiedades que define las implementaciones
         fis = new FileInputStream("mifactory.properties");
         Properties props = new Properties();
         props.load(fis);

         String sClazz = props.getProperty(name);
         return Class.forName(sClazz).newInstance();
      }
      catch(Exception ex)
      {
         ex.printStackTrace();
         throw new RuntimeException(ex);
      }
      finally
      {
         try
         {
            if( fis!=null ) fis.close();
         }
         catch(Exception ex)
         {
            ex.printStackTrace();
            throw new RuntimeException(ex);
         }
      }
   }
}
```

Es decir, cuando en el cliente hacemos:

```java
Facade f = (Facade)MiFactory.getObject("FACADE");
```

`MiFactoy` lee el archivo `mifactory.properties` para saber cual es la implementación de `Facade` que debe instanciar y retornar.

Veamos entonces la configuración actual del archivo de propiedades.

mifactory.properties

```
FACADE=demo.app.imple.FacadeImple
EMP=demo.dao.imple.hibernate.EmpDAOImpleHibernate
```

Por el momento solo nos interesa la línea que define la implementación de `Facade` que, como vemos, es: `demo.app.imple.FacadeImple`.

Veamos el código de la clase `FacadeImple`.

FacadeImple.java

```
package demo.app.imple;

import java.util.Collection;

import demo.app.Facade;
import demo.dao.EmpDAO;
import demo.dao.EmpDTO;
import demo.util.MiFactory;

public class FacadeImple implements Facade
{
   public Collection<EmpDTO> obtenerEmpleados(int deptno)
   {
      EmpDAO dao = (EmpDAO)MiFactory.getObject("EMP");
      return dao.buscarEmpleados(deptno);
   }
}
```

Como dijimos más arriba, el *facade* es el punto de contacto entre el cliente y los objetos de acceso a datos. Por lo tanto, en el método `obtenerEmpleados`, simplemente, obtenemos la instancia de `EmpDAO` e invocamos al método que nos dará los resultados.

Nuevamente, en `FacadeImple` "no conocemos" cuál es la implementación concreta de `EmpDAO` con la que estamos trabajando. Esto nos libera de toda vinculación o compromiso con Hibernate o cualquier otro *framework*. Todo cambio de implementación que pudiera surgir en los DAOs no ocasionará ningún impacto negativo en el *facade*.

Según el archivo de configuración `mifactory.properties`, la línea:

```
EmpDAO dao = (EmpDAO)MiFactory.getObject("EMP");
```

retornará una instancia de la clase `EmpDAOImpleHibernate` cuyo código veremos a continuación.

EmpDAOImpleHibernate.java

```
package demo.dao.imple.hibernate;

import java.util.ArrayList;
import java.util.Collection;

import org.hibernate.Query;
import org.hibernate.Session;
```

```
import demo.dao.EmpDAO;
import demo.dao.EmpDTO;
import demo.dao.imple.hibernate.mapping.Emp;

public class EmpDAOImpleHibernate implements EmpDAO
{
   public Collection<EmpDTO> buscarEmpleados(int deptno)
   {
      Session session = HibernateSessionFactory.getSession();

      // creo que query
      String hql="FROM Emp e WHERE e.dept.deptno=:d";

      // le seteo los parametros
      Query q=session.createQuery(hql).setInteger("d", deptno);

      // creo la coleccion
      ArrayList<EmpDTO> ret = new ArrayList<EmpDTO>();

      Collection<Emp> coll = q.list();
      for(Emp e:coll)
      {
         EmpDTO dto = new EmpDTO();
         dto.setEmpno(e.getEmpno());
         dto.setEname(e.getEname());
         dto.setHiredate(e.getHiredate());
         dto.setDeptno(deptno);
         ret.add(dto);
      }

      return ret;
   }
}
```

Finalmente, hemos utilizado Hibernate.

Notemos que el método `buscarEmpleados` retorna una colección de `EmpDTO`. La clase `EmpDTO`, cuyo código veremos a continuación, no es más que una clase con atributos, *setters* y *getters*.

Retornar, directamente, la colección de objetos que *mappean* las tablas sería un error por dos motivos.

- Estaríamos comprometiendo a la aplicación con el *framework* Hibernate.
- Las asociaciones *one-to-many* y *many-to-one* son *lazy*.

Veamos al código de `EmpDTO`.

`EmpDTO.java`

```
package demo.dao;

import java.sql.Date;

public class EmpDTO
{
```

```
    private Integer empno;
    private String ename;
    private Date hiredate;
    private Integer deptno;

    // :
    // setters y getters
    // :
}
```

Ahora podemos ver los *mappings*:

Dept.java

```
package demo.dao.imple.hibernate.mapping;

import java.util.Collection;

import javax.persistence.Entity;
import javax.persistence.Id;
import javax.persistence.JoinColumn;
import javax.persistence.OneToMany;

@Entity
public class Dept
{
    @Id
    private Integer deptno;
    private String dname;
    private String loc;

    @OneToMany
    @JoinColumn(name="deptno")
    private Collection<Emp> emps;

    // :
    // setters y getters
    // :
}
```

Emp.java

```
package demo.dao.imple.hibernate.mapping;

import java.sql.Date;

import javax.persistence.Entity;
import javax.persistence.Id;
import javax.persistence.JoinColumn;
import javax.persistence.ManyToOne;

@Entity
public class Emp
{
```

```
    @Id
    private Integer empno;
    private String ename;
    private Date hiredate;

    @ManyToOne
    @JoinColumn(name="deptno")
    private Dept dept;

    // :
    // setters y getters
    // :
}
```

Por último, veamos las *interfaces*.

Facade.java

```
package demo.app;

import java.util.Collection;
import demo.dao.EmpDTO;

public interface Facade
{
   public Collection<EmpDTO> obtenerEmpleados(int deptno);
}
```

EmpDAO.java

```
package demo.dao;

import java.util.Collection;

public interface EmpDAO
{
   public Collection<EmpDTO> buscarEmpleados(int deptno);
}
```

15.8 Resumen

En este capítulo analizamos el *framework* Hibernate, desde cómo configurarlo y cómo establecer una sesión, hasta la mecánica que debemos respetar para *mappear* tablas, describir relaciones, etcétera.

También estudiamos los distintos tipos de asociaciones que se dan entre las entidades: *many-to-one*, *one-to-many* y *many-to-many*. Las diferentes estrategias de recuperación de la información *lazy* y *eager loading*, y el *framework* P6Spy que permite inspeccionar las sentencias SQL que finalmente Hibernate ejecutará contra la base de datos.

En el próximo capítulo, analizaremos el *framework* Spring que podríamos describir como una "gran factoria de objetos profesional". Estudiaremos la técnica de inversión del control a través de la inspección de dependencias y la integración que existe entre ambos *frameworks*: Spring e Hibernate.

Inversión del control por inyección de dependencias

16

Contenido

Objetivos del capítulo

- Entender la problemática de la dependencia entre objetos.
- Usar Spring como motor de inyección de dependencias.
- Configurar un *dataSource* con Spring.
- Integrar Spring con Hibernate y desarrollar una aplicación utilizando toda esta tecnología.

16.1 Introducción

La dependencia de un objeto respecto de otro ocurre cuando el primero necesita del segundo para completar alguna de sus tareas.

Un caso típico es el del auto que depende del motor para, por ejemplo, poder avanzar.

```
public class Auto
{
   private Motor motor;

   public Auto(Motor m) { this.motor = m; }

   // usa el motor para poder avanzar
   public void avanzar(){ motor.acelerar(); }

}
```

Lo anterior no representa ningún problema ya que los objetos de los cuales dependemos, generalmente, los recibimos a través de los *setters*, como parámetros en el constructor de la clase o, como veremos a continuación, los conseguimos nosotros mismos mediante el uso de alguna factoría de objetos.

```
public class Auto
{
   private Motor motor;

   public Auto()
   {
      this.motor = (Motor) MiFactory.getObject("MOTOR");
   }

   public void avanzar(){ motor.acelerar(); }
}
```

Sin embargo, a medida que la aplicación crece la trama de dependencias entre las diferentes clases se vuelve cada vez más compleja y difícil de mantener lo cual se convierte en un problema.

La inversión del control es una técnica de programación que libera a las clases de la responsabilidad de obtener los objetos de los que dependen aceptando que, de alguna manera, estos objetos le serán provistos por "alguien" que se los "inyectará".

16.2 Spring framework

Spring es un *framework* que cubre varias problemáticas, pero su foco principal es la inversión del control mediante la inyección de dependencias.

En principio podemos verlo como "una gran factoría de objetos" ya que, básicamente, permite definir *beans* (objetos) asociando un nombre a una implementación. Luego, utilizando una clase provista por el *framework*, al pedir un objeto por su nombre obtendremos una instancia de la implementación asociada.

La configuración se realiza en un archivo XML que, generalmente, se llama `beans.xml`.

Veamos un ejemplo simple, un “Hola Mundo Spring”. En el archivo de configuración, asociaremos la clase `HolaMundoImple` al nombre `HOLAMUNDO`.

beans.xml

```
<?xml version="1.0" encoding="UTF-8"?>
<beans
    xmlns="http://www.springframework.org/schema/beans"
    xmlns:xsi="http://www.w3.org/2001/XMLSchema-instance"
    xmlns:p="http://www.springframework.org/schema/p"
    xsi:schemaLocation="http://www.springframework.org/schema/beans
    http://www.springframework.org/schema/beans/spring-beans-3.0.xsd">

   <bean name="HOLAMUNDO" class="demo.HolaMundoImple" />
</beans>
```

Veamos ahora la *interface* `HolaMundo` y la clase `HolaMundoImple` que la implementa.

HolaMundo.java

```
package demo;

public interface HolaMundo
{
   public void saludar(String nombre);
}
```

HolaMundoImple.java

```
package demo;

public class HolaMundoImple implements HolaMundo
{
   public void saludar(String nombre)
   {
      System.out.println("Hola Mundo, "+nombre);
   }
}
```

Por último, veamos un programa donde le pedimos a Spring un objeto `HOLAMUNDO`.

```
package demo;

import org.springframework.beans.factory.xml.XmlBeanFactory;
import org.springframework.core.io.ClassPathResource;

public class Test
{
   public static void main(String[] args)
   {
      // levanto el framework
      XmlBeanFactory factory = new XmlBeanFactory(
                              new ClassPathResource("beans.xml"));
```

```
        // pido un objeto por su nombre
        HolaMundo h = (HolaMundo)factory.getBean("HOLAMUNDO");

        // invoco sus metodos
        h.saludar("Pablo");
    }
}
```

Podemos observar que para cambiar la implementación del objeto `HOLAMUNDO` alcanza con modificar la definición del *bean* en el archivo `beans.xml`. Y esto no provocará ningún impacto negativo en el programa ya que, en ninguna parte, hemos hecho referencia al tipo de datos de su implementación.

16.2.1 Desacoplar el procesamiento

En la implementación del método `saludar` del ejemplo anterior, escribimos en la consola la cadena "Hola Mundo" seguida del nombre que nos pasan como parámetro.

Tal vez, podríamos desacoplar esta tarea diseñando una *interface* `Procesador` que nos permita desentender de este proceso. Luego, jugando con diferentes implementaciones de `Procesador` podremos optar por escribir el saludo en la consola, escribirlo en un archivo, enviarlo a través de la red, enviarlo por *e-mail* o, simplemente, hacer con la cadena lo que necesitemos hacer en ese momento.

El siguiente diagrama de clases ilustra este razonamiento. Veremos que la clase `HolaMundoImple` implementa la *interface* `HolaMundo` y para procesar su saludo utiliza una instancia de alguna de las implementaciones de la *interface* `Procesador`.

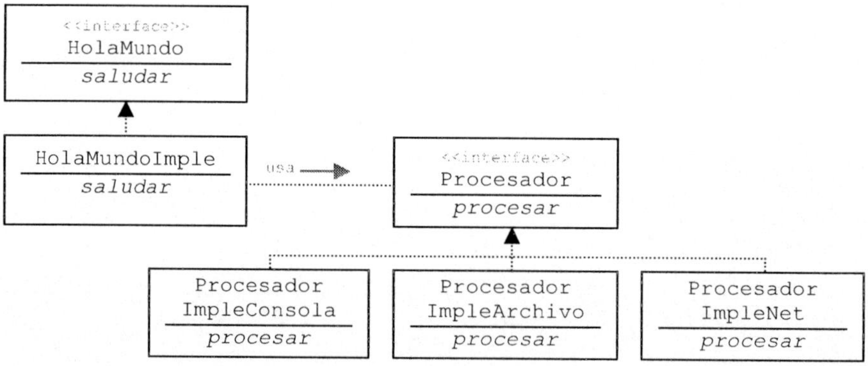

Fig. 16.1 Diagrama de clases.

Veamos el código de la *interface* `Procesador`.

`Procesador.java`

```
package demo;

public interface Procesador
{
    public void procesar(String s);
}
```

Ahora hagamos que `HolaMundoImple`, en lugar de *hardcodear* el proceso de su cadena, delegue esta responsabilidad en una instancia de `Procesador`.

`HolaMundoImple.java` (utiliza una instancia de `Procesador`)

```
package demo;

public class HolaMundoImple implements HolaMundo
{
   private Procesador procesador;

   public void saludar(String nombre)
   {
      procesador.procesar("Hola Mundo, "+nombre);
   }

   // :
   // setProcesador y getProcesador...
   // :
}
```

Lo interesante aquí es que, en `HolaMundoImple`, utilizamos el objeto `procesador` sin haberlo instanciado, aceptando el hecho de que "alguien" no solo lo instanció sino que, además, nos lo "inyectó" a través del método `setProcesador`.

Para que Spring "inyecte" una instancia de `Procesador` en el objeto `HOLAMUNDO`, tenemos que reflejar esta dependencia en el archivo de configuración. Veamos:

`beans.xml` (define el *bean* `PROCESADOR` y se lo inyecta a `HOLAMUNDO`)

```
:
   <bean name="HOLAMUNDO" class="demo.HolaMundoImple" >
      <property name="procesador" ref="PROCESADOR" />
   </bean>

   <bean name="PROCESADOR" class="demo.ProcesadorImpleConsola" />
:
```

Veamos ahora una implementación de `Procesador` que imprime por consola la cadena que recibe como parámetro.

`ProcesadorImpleConsola.java`

```
package demo;

public class ProcesadorImpleConsola implements Procesador
{
   public void procesar(String s)
   {
      System.out.println(s);
   }
}
```

Luego de esto, la salida del programa será exactamente la misma, pero su estructura ahora es mucho más flexible, escalable y extensible. Y para probarlo definiremos dos nuevas implementaciones de `Procesador`.
En la implementación de `Procesador` que veremos, a continuación, grabamos la cadena en un archivo cuyo nombre se recibe como parámetro a través del constructor.

`ProcesadorImpleArchivo.java`

```java
package demo;

import java.io.FileOutputStream;

public class ProcesadorImpleArchivo implements Procesador
{
   private String filename;

   // en el constructor recibo el nombre del archivo
   public ProcesadorImpleArchivo(String filename)
   {
      this.filename=filename;
   }

   public void procesar(String s)
   {
      try
      {
        FileOutputStream fos = new FileOutputStream(filename,true);

         // grabo en el archivo
         long ts = System.currentTimeMillis();
         String x="\n["+ts+"] - "+s;
         fos.write(x.getBytes());
         fos.close();
      }
      catch(Exception e)
      {
         e.printStackTrace();
         throw new RuntimeException(e);
      }
   }
}
```

Ahora tenemos que cambiar la implementación de `PROCESADOR` en el archivo de configuración `beans.xml`.

`beans.xml` (utiliza la implementación de `ProcesadorImpleArchivo`)

```xml
   :
   <bean name="HOLAMUNDO" class="demo.HolaMundoImple" >
      <property name="procesador" ref="PROCESADOR"></property>
   </bean>

   <bean name="PROCESADOR" class="demo.ProcesadorImpleArchivo">
      <constructor-arg index="0" value="salida.txt" />
   </bean>
:
```

Notemos que en la definición del *bean* `PROCESADOR` indicamos que, al instanciarlo, se debe pasar como primer argumento del constructor la cadena "salida.txt".

Luego, al correr el programa estaremos generando el archivo `salida.txt` con la cadena que genera por el *bean* `HOLAMUNDO`.

El lector podrá observar que, si queremos que la salida del programa se vuelque hacia otro archivo, bastará con indicar el nombre del nuevo archivo en `beans.xml`. Y si queremos cambiar el procesamiento de la cadena que genera `HOLAMUNDO`, todo lo que tenemos que hacer es escribir una nueva implementación de `Procesador` y configurarla en `beans.xml`.

Ahora analicemos otra implementación de `Procesador` que, en este caso, enviará la cadena generada por `HOLAMUNDO` a través de la red conectándose a una determinada dirección IP en un puerto especificado.

`ProcesadorImpleNet.java`

```
package demo;

import java.io.OutputStream;
import java.net.Socket;

public class ProcesadorImpleNet implements Procesador
{
   private String host;
   private int port;

   public void procesar(String s)
   {
      try
      {
         Socket socket = new Socket(host,port);
         OutputStream os=socket.getOutputStream();
         os.write(s.getBytes());
         os.close();
      }
      catch(Exception e)
      {
         e.printStackTrace();
         throw new RuntimeException(e);
      }
   }

   // :
   // setter y getter para el atributo host
   // setter y getter para el atributo port
   // :
}
```

Veamos como, en el archivo `beans.xml`, además de indicar la nueva implementación de `Procesador`, especificamos los valores que deben tomar sus atributos `host` y `port`.

`beans.xml` (utiliza la implementación de `ProcesadorImpleNet`)

```
:
   <bean name="HOLAMUNDO" class="demo.HolaMundoImple" >
      <property name="procesador" ref="PROCESADOR"></property>
   </bean>

   <bean name="PROCESADOR" class="demo.ProcesadorImpleNet">
      <property name="host" value="127.0.0.1"/>
      <property name="port" value="5432"/>
   </bean>
:
```

16.2.2 Conclusión y repaso

En el ejemplo anterior, Spring nos permitió desacoplar el procesamiento de la información y configurar los valores de los parámetros con los que la aplicación debe trabajar.

El hecho de contar con la posibilidad de cambiar las implementaciones de los objetos con las que trabajamos, la forma en la que estos serán instanciados, cómo recibirán sus parámetros e, incluso, qué valores tomarán estos parámetros nos ayuda a incrementar dramáticamente la mantenibilidad, la extensibilidad y la escalabilidad de nuestras aplicaciones en las que, manteniendo las mismas interfaces, podemos conectar y desconectar a gusto sus implementaciones.

Repasemos el programa principal y la primer versión del archivo `beans.xml`.

```
public static void main(String[] args)
{
   // levanto el framework
   XmlBeanFactory factory = new XmlBeanFactory(
                              new ClassPathResource("beans.xml"));
   // pido un objeto
   HolaMundo h = (HolaMundo)factory.getBean("HOLAMUNDO");

   // invoco sus metodos
   h.saludar("Pablo");
}
```

`beans.xml` (define el *bean* `PROCESADOR` y se lo inyecta a `HOLAMUNDO`)

```
:
   <bean name="HOLAMUNDO" class="demo.HolaMundoImple" >
      <property name="procesador" ref="PROCESADOR" />
   </bean>

   <bean name="PROCESADOR" class="demo.ProcesadorImpleConsola" />
:
```

Como resultado de este programa, el saludo que emite el objeto `h` (instancia de `HolaMundoImple`) se imprime en la consola.

Luego desarrollamos una nueva implementación de Procesador para que, en lugar de imprimir la cadena en la consola, la grabe en un archivo.

Así, en mismo programa principal con la siguiente configuración en beans.xml, genera el archivo salida.txt agregándole una nueva línea cada vez que lo ejecutemos.

```
public static void main(String[] args)
{
   // levanto el framework
   XmlBeanFactory factory = new XmlBeanFactory(
                                new ClassPathResource("beans.xml"));
   // pido un objeto
   HolaMundo h = (HolaMundo)factory.getBean("HOLAMUNDO");

   // invoco sus metodos
   h.saludar("Pablo");
}
```

beans.xml (utiliza la implementación de ProcesadorImpleArchivo)

```
:
   <bean name="HOLAMUNDO" class="demo.HolaMundoImple" >
      <property name="procesador" ref="PROCESADOR"></property>
   </bean>

   <bean name="PROCESADOR" class="demo.ProcesadorImpleArchivo">
      <constructor-arg index="0" value="salida.txt" />
   </bean>
:
```

Por último, desarrollamos una implementación de Procesador que envía el saludo generado por HolaMundo a través de la red a un *host* y un *port* especificados.

Es decir que el mismo programa principal con la siguiente versión de beans.xml, envía la cadena a través de la red.

```
public static void main(String[] args)
{
   // levanto el framework
   XmlBeanFactory factory = new XmlBeanFactory(
                                new ClassPathResource("beans.xml"));
   // pido un objeto
   HolaMundo h = (HolaMundo)factory.getBean("HOLAMUNDO");

   // invoco sus metodos
   h.saludar("Pablo");
}
```

beans.xml (utiliza la implementación de ProcesadorImpleNet)

```
:
   <bean name="HOLAMUNDO" class="demo.HolaMundoImple" >
      <property name="procesador" ref="PROCESADOR"></property>
   </bean>

   <bean name="PROCESADOR" class="demo.ProcesadorImpleNet">
      <property name="host" value="127.0.0.1"/>
      <property name="port" value="5432"/>
   </bean>
:
```

16.3 Spring y JDBC

Spring permite definir *data-sources* (*pooles* de conexiones JDBC) para inyectarlos en los objetos que definimos en beans.xml.

Veamos una implementación JDBC de EmpDAO (la *interface* que usamos en el capítulo anterior) donde accederemos a la conexión con la base de datos a través de un *data-source* inyectado por Spring.

EmpDAOJdbcImple.java

```
package demo.dao.imple.jdbc;

import java.sql.Connection;
import java.sql.PreparedStatement;
import java.sql.ResultSet;
import java.util.ArrayList;
import java.util.Collection;

import javax.sql.DataSource;

import demo.dao.EmpDAO;
import demo.dao.EmpDTO;

public class EmpDAOJdbcImple implements EmpDAO
{
   // este datasource me lo intectara Spring
   private DataSource dataSource;

   public Collection<EmpDTO> buscarEmpleados(int deptno)
   {
      Connection con=null;
      PreparedStatement pstm=null;
      ResultSet rs=null;

      try
      {
```

```
         // obtengo la conexion
         con = dataSource.getConnection();
         String sql="";
         sql+="SELECT empno, ename, deptno, hiredate ";
         sql+="FROM emp ";
         sql+="WHERE deptno=? ";

         pstm=con.prepareStatement(sql);

         pstm.setInt(1, deptno);

         rs = pstm.executeQuery();

         ArrayList<EmpDTO> ret=new ArrayList<EmpDTO>();
         while( rs.next() )
         {
            EmpDTO dto=new EmpDTO();
            dto.setDeptno(rs.getInt("deptno"));
            dto.setEname(rs.getString("ename"));
            dto.setEmpno(rs.getInt("empno"));
            dto.setHiredate(rs.getDate("hiredate"));
            ret.add(dto);
         }
         return ret;
      }
      catch(Exception e)
      {
         e.printStackTrace();
         throw new RuntimeException(e);
      }
      finally
      {
         try
         {
            if(rs!=null) rs.close();
            if(pstm!=null) pstm.close();
            if(con!=null) con.close();
         }
         catch(Exception ex)
         {
            ex.printStackTrace();
            throw new RuntimeException(ex);
         }
      }
   }

   // :
   // setDataSource y getDataSource
   // :
}
```

Nuevamente, utilizamos un objeto del cual somos dependientes, en este caso, `dataSource`, aceptando el hecho de que "alguien" lo instanció y nos lo inyectó.

Veamos el archivo `beans.xml` donde definimos el DAO, el *data-source* y la dependencia entre ambos.

`beans.xml`

```
:
   <bean name="EmpDAO" class="demo.dao.imple.jdbc.EmpDAOJdbcImple">
      <property name="dataSource" ref="MiDataSource" />
   </bean>

   <bean id="MiDataSource" class="...SingleConnectionDataSource"
         destroy-method="closeConnection">
      <property name="driverClassName" value="org.hsqldb.jdbcDriver"/>
      <property name="url" value="jdbc:hsqldb:hsql://localhost/xdb"/>
      <property name="username" value="sa"/>
      <property name="password" value=""/>
   </bean>
:
```

NOTA: el atributo `class` del *bean* `MiDataSource` debe tener el siguiente valor: `org.springframework.jdbc.datasource.SingleConnectionDataSource`

Ahora podemos ver un programa que, vía Spring, obtiene una instancia de `EmpDAO` y la utiliza.

```
   public static void main(String[] args)
   {
      XmlBeanFactory factory = new XmlBeanFactory(
                               new ClassPathResource("beans.xml"));
      EmpDAO emp = (EmpDAO)factory.getBean("EmpDAO");

      // lo empleados del departamento 1
      Collection<EmpDTO> coll = emp.buscarEmpleados(1);

      for(EmpDTO dto:coll)
      {
         System.out.println(dto.getEmpno()+", "+dto.getEname());
      }
   }
```

16.4 Integración Spring + Hibernate

Spring puede crear un *session factory* de Hibernate e, incluso, administrar la lista de *mappings* de nuestra aplicación. Esto permite:

1. Unificar la configuración de ambos *frameworks*.
2. Inyectarle a los DAOs el *session factory* de Hibernate.

En el diagrama de clases que veremos, a continuación, se exponen las clases que intervienen en una aplicación completa que, desarrollada en capas, utiliza Hibernate y Spring.

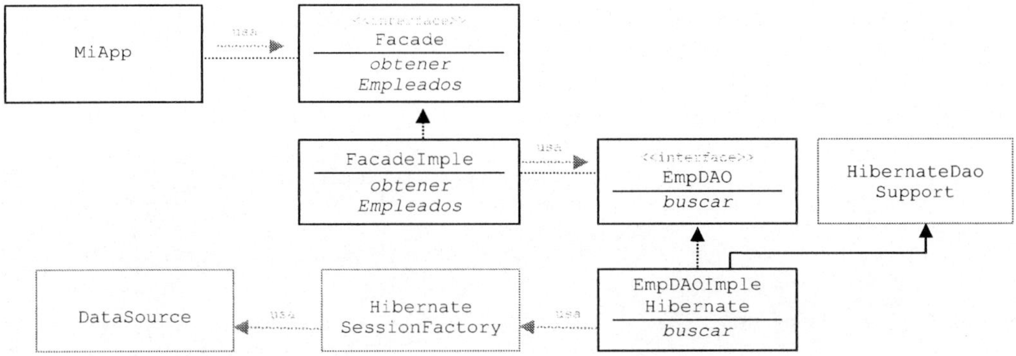

Fig. 16.2 Aplicación desarrollada en capas utiliza Hibernate y Spring.

Como podemos ver, el cliente (la clase `MiApp`) usa una instancia de `Facade`, cuya implementación usa una instancia de `EmpDAO`. Su implementación, `EmpDAOImpleHibernate`, extiende de la clase `HibernateDaoSupport`, provista por Spring.

Desde el punto de vista de la dependencia de objetos, lo anterior se resume en la siguiente lista:

- `MiApp` usa `Facade` (su implementación `FacadeImple`)
- `FacadeImple` usa `EmpDAO` (su implementación `EmpDAOImpleHibernate`)
- `EmpDAOImpleHibernate` usa `HibernateSessionFactory`
- `HibernateSessionFatory` usa `DataSource`

Ahora, veamos el archivo `beans.xml` donde definiremos la configuración de Hibernate y los *beans* que Spring debe administrar. Lo analizaremos por partes.

Primero, el encabezado y los esquemas:

```
<?xml version="1.0" encoding="UTF-8"?>
<beans xmlns="http://www.springframework.org/schema/beans"
    xmlns:xsi="http://www.w3.org/2001/XMLSchema-instance"
    xmlns:p="http://www.springframework.org/schema/p"
    xsi:schemaLocation="http://www.springframework.org/schema/beans
                        http://www.springframework.org/schema/beans/
spring-beans-3.0.xsd">
```

Ahora la configuración del *data-source*:

```
<bean id="myDataSource"
      class="org.apache.commons.dbcp.BasicDataSource"
      destroy-method="close">
   <property name="driverClassName" value="org.hsqldb.jdbcDriver"/>
   <property name="url" value="jdbc:hsqldb:hsql://localhost/xdb"/>
   <property name="username" value="sa" />
   <property name="password" value="" />
</bean>
```

Configuremos ahora el *session factory* de Hibernate donde Spring debe inyectar el *data-source* que acabamos de definir. Aquí también registraremos la lista de *mappings*.

```
<bean id="mySessionFactory"
   class="....annotation.AnnotationSessionFactoryBean">
      <property name="dataSource" ref="myDataSource" />
      <property name="annotatedClasses">
         <list>
            <value>demo.dao.imple.hibernate.mapping.Emp</value>
         </list>
      </property>
      <property name="hibernateProperties">
         <value>
            hibernate.dialect=org.hibernate.dialect.HSQLDialect
         </value>
      </property>
</bean>
```

NOTA: el atributo class del *bean* `mySessionFactory` debe tener el siguiente valor: `org.springframework.orm.hibernate3.annotation.AnnotationSessionFactoryBean`.

Por último, definimos los *beans* que Spring debe administrar y sus dependencias.

```
<bean name="FACADE" class="demo.app.imple.FacadeImple">
   <property name="empDAO" ref="EmpDAO" />
</bean>

<bean name="EmpDAO"
      class="demo.dao.imple.hibernate.EmpDAOImpleHibernate" />
   <property name="sessionFactory" ref="mySessionFactory"/>
</bean>

</beans>
```

Veamos ahora la clase `EmpDAOImpleHibernate` que extiende de `HibernateDaoSupport` de donde hereda el método `getSession` que le da acceso a la sesión de Hibernate, previamente, inyectada por Spring.

`EmpDAOImpleHibernate.java`

```
// :
public class EmpDAOImpleHibernate extends HibernateDaoSupport
                                  implements EmpDAO
{
   public Collection<EmpDTO> buscarEmpleados(int deptno)
   {
      // heredo el metodo getSession desde HibernateDaoSupport
      Session session = getSession();

      // creo que query
      String hql="FROM Emp e WHERE e.dept.deptno=:d";
```

```
      // le seteo los parametros
      Query q = session.createQuery(hql).setInteger("d", deptno);

      // creo la coleccion
      ArrayList<EmpDTO> ret=new ArrayList<EmpDTO>();

      Collection<Emp> coll=q.list();

      for(Emp e:coll)
      {
         EmpDTO dto=new EmpDTO();
         dto.setEmpno(e.getEmpno());
         dto.setEname(e.getEname());
         dto.setHiredate(e.getHiredate());
         dto.setDeptno(deptno);
         ret.add(dto);
      }

      return ret;
   }
}
```

Luego, para completar el ejemplo, veremos la clase `FacadeImple` que, a diferencia de la versión anterior, tiene el atributo `empDAO` donde Spring inyectará una instancia del DAO que hayamos configurado en el archivo `beans.xml`.

`FacadeImple.java`

```
// :
public class FacadeImple implements Facade
{
   private EmpDAO empDAO;

   public Collection<EmpDTO> obtenerEmpleados(int deptno)
   {
      return empDAO.buscarEmpleados(deptno);
   }

   // setEmpDAO y getEmpDAO ...
}
```

Veamos ahora el programa principal:

`MiApp.java`

```
//:
public class MiApp
{
   public static void main(String[] args)
   {
      Scanner scanner = new Scanner(System.in);

      // ingreso el numero de departamento
      System.out.print("Ingrese deptno: ");
```

```
        int deptno = scanner.nextInt();

        XmlBeanFactory factory = new XmlBeanFactory(
                                 new ClassPathResource("beans.xml"));

        Facade f = (Facade) factory.getBean("FACADE");

        Collection<EmpDTO> emps = f.obtenerEmpleados(deptno);

        for(EmpDTO dto: emps)
        {
          System.out.println(dto.getEmpno() + ", " + dto.getEname());
        }
    }
}
```

16.5 Resumen

En este capítulo estudiamos el *framework* Spring y analizamos estrategias para desacoplar la implementación y el posicionamiento. Vimos también cómo configurar *datasources*, y cómo mejorar ambos *frameworks*, Spring e Hibernate, configurando, en Spring, los parámetros de la sesión y los *mappings* de Hibernate.

El lector debe saber que tanto este capítulo como el anterior son introductorios ya que los dos *frameworks* son verdaderamente complejos y su estudio detallado justificaría un libro dedicado para cada uno de ellos.

Actualización a Java 8

17

Contenido

Objetivos del capítulo

- Analizar los principales cambios provistos con Java 7 y Java 8.

17.1 Introducción

Desde su primera versión estable, conocida como JDK1.0.2, hasta la versión actual: Java 8 o JDK8, todas las versiones de Java han sido inclusivas respecto de las anteriores. De este modo, JDK1.1 incluyó a JDK1.0; JDK1.2 incluyó a JDK1.1 y así sucesivamente.

A partir de JDK1.2, Java recibió el nombre comercial de "Java 2" y se mantuvo con este nombre hasta la presentación del JDK1.5, conocido también como "Java 5". Luego fue "Java 6", "Java 7" y, más recientemente, "Java 8".

Java 5 extendió al lenguaje de programación dotándolo, entre otras cosas, con la posibilidad de utilizar clases genéricas y annotations. Java 7 y Java 8 agregarón más posibilidades extendiendo su potencialidad de programación.

En este capítulo explicaremos las características más relevantes que aportaron a Java las versiones 7 y 8.

17.2 Novedades en Java 7

Muchos de los ejemplos que veremos a continuación han sido casi literalmente tomados del sitio de Oracle:

`http://docs.oracle.com/javase/7/docs/technotes/guides/language/enhancements.html#javase7`

17.2.1 Literales binarios

Los tipos de datos enteros (`byte`, `short`, `int`, `long`) pueden ser representados usando el sistema de numeración binario, anteponiendo el prefijo `0b` ("cero b").

Por ejemplo:

```
// un literal de 8 bits:
byte b = (byte)0b00100001;

// un literal de 16 bits:
short s = (short)0b1010000101000101;

// un literal de 32 bits:
int i1 = 0b10100001010001011010000101000101;
int i2 = 0b101;
int i3 = 0B101; // "B" puede estar en mayuscula o en minuscula

// un literal de 64 bits:
long lo = 0b1010000101000101101000010100010110100001010001011010000101000101L;
```

17.2.2 Literales numéricos separados por "_" (guion bajo)

Para incrementar la legibilidad, Java 7 permite mezclar el carácter "_" (guion bajo o *underscore*) con los literales numéricos enteros.

Por ejemplo:

```
// un entero de 8 digitos representando una fecha con formato: AAAA_MM_DD
// en este caso la fecha es: 24 de octubre de 2012
int fecha = 2012_10_24;
```

o, en binario:

```
long bytes = 0b11010010_01101001_10010100_10010010;
```

17.2.3 Uso de cadenas en la sentencia `switch`

Ahora, en Java 7, podemos usar el `switch` para seleccionar entre diferentes posibles cadenas de caracteres.

Veamos:

```
public String procesarDia(String dia)
{
   String ret = null;

   switch (dia)
   {
      case "Lunes":
         ret = "Comienza la semana";
         break;
      case "Martes":
      case "Miercoles":
      case "Jueves":
         ret = "Mitad de semana";
         break;
      case "Viernes":
         ret = "Finaliza la semana laboral";
         break;
      case "Sabado":
      case "Domingo":
         ret = "Fin de semana";
         break;
      default:
        throw new IllegalArgumentException("Dia incorrecto: "+dia);
   }
   return ret;
}
```

17.2.4 Inferencia de tipos genéricos

Java 7 puede inferir del contexto los tipos de datos genéricos, siempre y cuando estos sean evidentes.

Por ejemplo, antes hacíamos:

```
Hashtable<Integer,String> h = new Hashtable<Integer,String>();
```

Ahora podemos simplificarlo de la siguiente manera:

```
Hashtable<Integer,String> h = new Hashtable<>();
```

O también:

```
Collection<String> = new ArrayList<>();
```

17.2.5 Sentencia `try` con recurso incluido

Java 7 permite incluir el recurso dentro de la misma sentencia `try`.

```
public String leerPrimeraLinea(String f) throws IOException
{
  try(BufferedReader br = new BufferedReader(new FileReader(f)))
  {
    return br.readLine();
  }
}
```

Notemos que no estamos cerrando los recursos que utilizamos dentro de la sentencia `try`. Estos se cerrarán automáticamente cuando la sentencia finalice ya que, en Java 7, implementan la interface `java.lang.AutoClosable`.

Podemos incluir más de un recurso dentro del `try`. Veamos:

```
// :
String sql= "SELECT * FROM emp";
try( pstm = con.prepareStatement(sql);
     rs = pstm.executeQuery() )
{
   // :
}

// :
```

17.2.6 Atrapar múltiples excepciones dentro de un mismo bloque `catch`

En lugar de repetir código escribiendo varios bloques `catch`, Java 7 permite unificarlos en un único bloque de la siguiente manera:

```

   // :
}
catch(SQLException|IOException|ClassNotFoundException ex)
{
   ex.printStackTrace();
   throw new RuntimeException(ex);
}

// :
```

17.2.7 Nuevos métodos en la clase `File`

Java 7 agrega los siguientes métodos a la clase `File`:

Métodos que retornan el espacio en disco:

- `getTotalSpace`: retorna el tamaño, en bytes, de la partición.
- `getFreeSpace`: retorna el espacio libre, en bytes, de la partición.
- `getUsableSpace`: retorna el espacio "usable"; esto es, libre y con permisos de escritura.

Métodos para manipular los permisos:

- `setWritable`: asigna permiso de escritura para el dueño o para cualquiera.
- `setReadable`: asigna permiso de lectura para el dueño o para cualquiera. `setExecutable`: asigna permiso de ejecución.
- `canExecute`: indica si el archivo es ejecutable.

17.3 Novedades en Java 8

Cada nueva versión de Java, además de mejorar el rendimiento, agrega características y funcionalidades que agilizan y facilitan la tarea de programación. Por ejemplo, podemos decir que, entre otras cosas:

- JDK 1.1 le agregó a Java la posibilidad de conectarse a una base de datos a través de la API JDBC.
- JDK 1.2 (Java 2) agregó la API Swing, que permitió mejorar la interfaz gráfica de las aplicaciones Java, tanto estética como funcionalmente.
- JDK 1.5 (Java 5) agregó recursos de programación tales como el *for-each*, las *annotations* y las clases genéricas.
- JDK 1.7 (Java 7) agregó más recursos de programación: las *interfaces* autocloseables y el `try` con recursos incluidos.

En el caso de Java 8, el principal agregado consiste en la posibilidad de utilizar expresiones Lambda. Estos temas los analizaremos a continuación.

Expresiones Lambda

Una expresión Lambda consiste en un conjunto de parámetros más una expresión que describe una operación entre dichos parámetros.

Aunque las expresiones Lambda tienen diversas aplicaciones, su principal utilidad es permitir, de manera rápida y sencilla, implementar e instanciar *interfaces*.

De algún modo, las expresiones Lambda sustituyen a las clases anónimas y a las *inner classes* que implementan a las *interfaces* que, luego, vamos a instanciar.

La manera más fácil para entender cómo y cuándo debemos usar expresiones Lambda será analizar un ejemplo concreto, como el que veremos a continuación.

Sin usar expresiones Lambda

```
ArrayList<String> x  = new ArrayList<>();

x.add("Pablo");
x.add("Zamuel");
x.add("Alberto");
x.add("Carlos");
```

```
// la clase CompararCadenas la implementaremos como inner class
Collections.sort(x,new CompararCadenas());
```

En el código anterior, instanciamos un *arraylist*, le agregamos elementos y, finalmente, ordenamos su contenido utilizando el método estático `sort` de la clase utilitaria `Collections`. Este método recibe el *arraylist* que queremos ordenar y una implementación de la *interface* `Comparator`.

Como `Comparator` es una *interface*, debemos crear una *inner class* que la implemente sobrescribiendo, adecuadamente, el método abstracto `compare`.

```
class CompararCadenas implements Comparator<String>
{
   public int compare(String a,String b)
   {
      return a.compareTo(b);
   }
}
```

Usando expresiones Lambda

En el mismo ejemplo, una expresión Lambda puede sustituir a la clase `CompararCadenas`.

Veamos cómo hacerlo:

```
ArrayList<String> x  = new ArrayList<>();

x.add("Pablo");
x.add("Zamuel");
x.add("Alberto");
x.add("Carlos");

// instanciamos la interface Comparator con una expresion lambda
Comparator<String> c = (String a,String b)->a.compareTo(b);

// utilizamos la instancia para ordenar la coleccion
Collections.sort(x,c);
```

Un ejemplo un poco más complejo podría ser el siguiente:

```
ArrayList<String> x  = new ArrayList<>();

x.add("31/11/2014");
x.add("25/03/2015");
x.add("28/12/2010");
x.add("13/04/2011");

// instanciamos la interface Comparator con una expresion lambda
Comparator<String> c = (String a,String b)->
   {
      String aAnio=a.substring(6);
      String bAnio=b.substring(6);
      String aMes=a.substring(3,5);
      String bMes=b.substring(3,5);
      String aDia=a.substring(0,2);
      String bDia=b.substring(0,2);
```

```
        int cmpAnio=aAnio.compareTo(bAnio);
        int cmpMes=aMes.compareTo(bMes);
        int cmpDia=aDia.compareTo(bDia);
        return cmpAnio<0?-1:cmpAnio>0
                ?1:cmpMes<0?-1:cmpMes>0?1:cmpDia;
    }

// utilizamos la instancia para ordenar la coleccion
Collections.sort(x,c);
```

En el código anterior, ordenamos cadenas de caracteres que contienen fechas. Sabemos que existen otras maneras más simples de hacer lo mismo, pero el objetivo en este ejemplo es mostrar que la expresión Lambda puede ser tan compleja como se quiera.

Cualquier *interface* que defina un único método podrá ser implementada mediante una expresión Lambda.

Bibliografía

- ECKEL, BRUCE - *Piensa en Java*, Prentice Hall, España, 4a ed., 2007.
- JOYANES AGUILAR, LUIS Y ZAHONERO MARTÍNEZ, IGNACIO - *Programación en C, Metodología, Algoritmos y Estructura de Datos,* McGraw Hill, España, 2a ed., 2005.
- KERNIGHAN, BRIAN W. Y RITCHIE, DENNIS M. - *El Lenguaje de Programación C,* Prentice Hall, México, 2a ed., 1991.
- LÓPEZ, GUSTAVO; JEDER, ISMAEL Y VEGA, AUGUSTO - *Análisis y Diseño de Algoritmos, Implementaciones en C y Pascal*, Argentina, 2009.
- STROUSTRUP, BJARNE - *El Lenguaje de Programación C++,* Addison-Wesley, España, 2002.
- SZNAJDLEDER, PABLO - *Algoritmos a fondo, Con implementaciones en C y Java*, Alfaomega Grupo Editor, Argentina, 2012.
- SZNAJDLEDER, PABLO - *HolaMundo.Pascal, Algoritmos y Estructuras de Datos,* Editorial del CEIT, Argentina, 2008.